长期价值主义

Long-term Value Doctrine

数智时代的赢家思维

Winner Thinking In The Age of Digital & Intelligence

华夏基石产业服务集团◎主编

中国财富出版社有限公司

图书在版编目（CIP）数据

长期价值主义：数智时代的赢家思维／华夏基石产业服务集团主编．—北京：中国财富出版社有限公司，2021.10

ISBN 978-7-5047-7538-2

Ⅰ.①长… Ⅱ.①华… Ⅲ.①企业管理 Ⅳ.①F272

中国版本图书馆 CIP 数据核字（2021）第 198282 号

策划编辑 李 晗 **责任编辑** 邢有涛 李 晗
责任印制 梁 凡 **责任校对** 杨小静 卓闪闪 张营营 **责任发行** 黄旭亮

出版发行 中国财富出版社有限公司
社　　址 北京市丰台区南四环西路 188 号 5 区 20 楼 **邮政编码** 100070
电　　话 010-52227588 转 2098（发行部） 010-52227588 转 321（总编室）
010-52227566（24 小时读者服务） 010-52227588 转 305（质检部）
网　　址 http://www.cfpress.com.cn **排　　版** 宝蕾元
经　　销 新华书店 **印　　刷** 宝蕾元仁浩（天津）印刷有限公司
书　　号 ISBN 978-7-5047-7538-2/F·3358
开　　本 710mm×1000mm 1/16 **版　　次** 2021 年 10 月第 1 版
印　　张 24.25 **印　　次** 2021 年 10 月第 1 次印刷
字　　数 435 千字 **定　　价** 68.00 元

编　委　会

目录

卷首语

彭剑锋　华夏基石集团董事长

以长期价值主义迈向卓越之路

我们正进入一个确定与不确定并存的、变幻莫测的复杂新时代，在这么一个复杂的新时代，对于企业而言，实际没有寒冬和春天之分，冷暖交织，生死同行。无数企业在死，无数企业在生，优者更优，强者更强，一切取决于我们自己，取决于我们对未来的洞见、对客户需求的洞察、对人性的洞悉，取决于我们活下去并要活好的信念与意志力。

一、优秀企业有两条路可以走：做大做强 or 做精做专

企业要长青，首先还要回归现实，活在当下。我曾经提出过十二字活法"现金为王、内功为要、人才为本"。从我个人观点看，我一直相信信仰的力量，不管外部环境怎么变，都要坚定活下去的信念。宏观环境对企业的发展不是决定性因素，决定性因素还是在于自己，在于我们在这么一个变化的时代是不是真正能够认清方向，勇于变革与创新。总而言之还是一句老话：坚定信念，做好自己，拥抱变化，就有未来。

2020 年我带领华夏基石的团队做了两个项目的研究，我认为它们代表中国企业转型升级与目标追求的两个方向：第一个方向是如何打造具有全球竞争力的世界级领先企业，真正具有全球竞争力的世界一流企业的最优实践和绩效标准到底是什么？第二个方向是如何打造行业领袖与隐形冠军？中国中小企业占绝大多数，对于很多中小民营企业而言，不一定都要做成世界 500 强，而是要成为隐形冠军、成为细分领域里的行业领袖。**所以对绝大多数企业而言，方向恰恰是要做精、做专、做强、做好、做久。**

二、衡量世界级领先企业全球竞争力的六大绩效标准

几年前我们一直在研究全球五十家企业的发展史，我带着团队也出了三十本书——世界级领先企业最优实践案例研究，现在这个系列在中国台湾也出版了。通过研究，我们总结了具有全球竞争力的世界级领先企业有六大绩效标准。

一是有领先的经营规模和行业地位。包括营业收入、全球市场占有率和全球标准制订话语权。中国现在的企业在经营规模上没有问题，有 129（截至 2019 年）家企业已经进入世界 500 强，问题在于我们的市场地位和全球话语权并没有真正得到确立。

二是有领先的技术与创新能力。包括研发费用投入占比、国际发明专利数、产品领先（产品市场竞争力与新产品产值率、产品盈利能力）、人才领先（领先的顶尖技术创新人才与领导人才）。世界级企业的研发费用投入占比多少？至少要占到企业收入的 6% 或者 8% 以上，这是硬指标。但是现在中国企业在这个环节基本上只有 1% 左右，研发投入占比不够，国际专利发明的数量不够、质量不高，这是我们与世界领先企业的最大差距之处。

三是品牌影响力、品牌价值。包括较高国际知名度和美誉度的品牌，以及品牌溢价与品牌价值。中国很多世界 500 强企业品牌溢价是不够的，品牌的美誉度和影响力也是不够的，同样的东西我们卖的是地皮价，挣的是辛苦钱。

四是领先的全球化能力。包括全球化产品市场指数、全球化战略业务布局、全球资源配置能力。我们不光要把产品卖到全世界去，还要有全球化的业务布局以及人才、资金、技术资源等在全球的配置能力。

五是运营效率和经济效益。包括净利润盈利能力、净资产收益率、全员劳动生产率。我们在净利润盈利能力、净资产收益率上跟世界级企业相比差距很大，世界级企业纯利基本都在 10% 以上，苹果一家公司手机的利润几乎是我国所有手机产业利润的总和。

六是领先的价值主张与最优的管理实践。包括领先的行业长期价值主张（生态、环保、社会责任）、领先的公司治理与商业模式、领先的最优管理实践。在行业内的价值主张应该是领先的，中国很多互联网企业虽然在全球规模上是领先的，但是产品所体现的人文关怀不够，社会责任缺失。同时，领先的公司治理、商业模式、领先最优实践要能成为全球学习标杆。

三、以中国标准为依据的世界一流企业评价指标体系即将推出

2019 年，我带着团队和中国企业家协会合作，做了一个很重要的项目，是国资委的委托课题——世界一流企业评价指标体系。这个指标体系已在中国 500 强大会上进行了研讨论证。现在全球企业的排名基本上依据的是西方的评

价机构、第三方咨询机构制订的标准体系，如果得到政府有关部门的最终认可，我们与中国企业家协会将正式推出世界一流企业评价指标体系，同时会推出全球一流企业的排行榜。这套指标体系包括五项指标，基本是可测量的，数据具备可获得性。

第一项指标是企业的创新能力，包括全球首创技术、研发费用的占比、国际发明专利数。

第二项指标是主导产业在全球的话语权和影响力。一个企业的真正领先是标准领先，三流企业卖力气，二流企业卖产品，一流企业卖技术，超一流企业卖标准、卖文化。真正的超一流企业一定能够主导产业在全球的话语权和影响力。这里包括三个指标，一是国际标准的数量；二是产业控制能力，尤其是核心技术、标准、品牌在产业里的掌控能力和对产业关键环节的控制权，这是中国企业现在产业升级的一个发展方向；三是拥有较高知名度和美誉度的品牌。这三个指标主要是体现一个企业在产业之中的支配力、话语权和影响力。

第三项指标是全球化能力。真正具有全球竞争力的企业必然具备全球化能力，为了好衡量，我们基本上会用三个指标：海外资产的总额、海外的营业收入、海外员工的总数。这些都是硬性指标，衡量全球化还有很多软性指标。

第四项指标是效益效率指标。这个指标主要看资产的盈利能力，包括两方面：一个是净资产收益率，另一个是人均营业收入。虽然中国现在有100多家国有企业进入世界500强，但是客观来讲，我们的资产利用效率、净资产收益率是全球最低的。而且因为人均效率低，员工工资、待遇上不去，在全球的竞争能力就不够。

第五项指标是行业特性指标，包括全球一流的产品与服务、数字资产指标，等等。

按照这套评价指标体系，我们明年会分行业对全球的企业进行排名。当然这套评价指标体系还很不完善，但是要先推出，很多东西都是在实践过程中优化的，要想等所有的专家都认同这套指标，就没法推了。有时候专家讨论越多，越出不来。好比搞企业有时候还得“专制”一点，先就这么干了，再在实践中优化。

最近我们正在对一些企业进行试评，包括国家电网、华为，虽然试评还不是很准确，但总体来讲，按照创新能力、主导产业的话语权、全球化能力、效益效率和行业特性，华为和 IBM、亚马逊、微软、爱立信相比，一点儿都不逊色。在中国 129 家具有全球竞争力的世界 500 强企业里，真正每一项得分都在 80 分以上的只有华为一家，所以华为是一个真正具有世界竞争力的领先企业。我们之所以要推出这套指标体系，也是想让中国企业从过去盲目追求做大，真正转向去提升自身的全球竞争能力，提升中国企业在全球产业中的话语权以及产业的控制能力。**企业不光是做大，更要强健。**

四、为什么要研究隐形冠军和行业领袖？

我们认为，中国现在要培育一批像华为一样，真正具有全球竞争力的世界级领先企业，更需要造就一批细分领域的行业领袖与隐形冠军。中国绝大多数企业不应该追求盲目做大、做多，而是要在细分领域里面做专、做精、做强、做好、做久。真正能成为世界级 500 强的企业是塔尖上的，数量有限，而真正支撑一个国家经济繁荣发展的基础是广大的中小企业，是中小企业中的佼佼者，是细分领域中的行业领袖与隐形冠军。如果我们脚踏实地在细分领域里把产品做得最好、技术创新做得最好、管理做得最好，企业同样具有持续的全球竞争能力。肥胖不等于强壮，如何从肥胖真正走向强壮，这是中国企业需要进行的转型之路。

今年我们主要研究行业中的隐形冠军与行业领袖。为什么要研究隐形冠军和行业领袖？中国又为什么要造就隐形冠军和行业领袖？可以说，**隐形冠军的多寡和行业分布，最能说明这个经济体是否健康和强壮。中国的中小企业能否产生更多的隐形冠军，将决定着中国制造业的全球化梦想能否实现。**

隐形冠军企业，是最健康的长寿企业，是真正的市场掌控者。作为市场的领导者和行业的精神领袖，他们是规则的制订者，承载着行业责任，引领行业价值主张。他们以细分的市场和专业的精神将企业做专、做精、做大、做久，而不是盲目的、不负责任的多元化。他们深信，只有通过业务的聚焦和深耕才能成为世界一流企业。这些企业以自身的经历指出，除了多元化，除了价格战，中国企业还有更好的出路。他们专注于自己的核心业务，贴近客户，成长为一个个行业的典范。在他们各自的领域，几乎所有的企业都按照他们的定价、遵循他们的行规。他们在做好自己的同时，还在为整个行业的发展探路、制订规则。

五、中国经济的持续增长和高品质发展需要一大批隐形冠军与行业领袖

首先，隐形冠军企业是中国经济的重要引擎。隐形冠军企业主要来源于私营企业或家族企业，而私营企业，尤其是具备创新能力的隐形冠军企业，是中国经济持续增长的重要引擎。在过去的十多年中，私营企业数量快速增长，工业销售产值与国有企业相比分化加速。私营企业正担当着越来越重要的角色。可以说，中国经济的腾飞离不开资产使用效率更高的私营企业能量的释放。而作为私营企业中“领头羊”的隐形冠军企业，是未来中国经济持续增长的中坚力量。

其次，隐形冠军企业是中国经济高质量发展的重要抓手。通过对比过去 8 年和 18 年中，中国几大产业类别里大、中、小型企业的成长和盈利指标，其中包括隐形冠军企业最集中的工业领域数据，可以看出，中国隐形冠军或准冠军企业，在市场竞争中强者更强，并引领了所处行业的全要素生产率水平，从而推动中国各细分行业在全球化的竞争中持续发展壮大，成为中国经济高质量发展的重要支撑力量。

最后，隐形冠军企业是中国产业结构升级的重要力量。中小民营企业中的隐形冠军已经是带动中国产业结构升级、摆脱中等收入陷阱的重要力量。随着人口红利终结、经济增速放缓，中国亟须通过人才培养、重视研发、长期激励等方式提升生产效率。隐形冠军企业与中国经济发展方向一致，出于保护市场领先地位的需要，不断提升效率，是帮助中国脱离中等收入陷阱的重要推手。

六、“隐形冠军”概念的提出与十大特质

《隐形冠军》系列丛书是德国管理学思想家赫尔曼・西蒙的经典之作。他因此被称为“隐形冠军之父”。这本书集合了赫尔曼・西蒙几十年研究精髓，诠释了“德国制造”的成功奥秘。通过研究隐形冠军，我们要直面中国机遇与挑战，打造中国的隐形冠军！

赫尔曼・西蒙认为：一个国家若想取得经济成功，确实需要大公司，但如果想做到表现超群，必须依靠那些拥有强大国际竞争力的中小企业。这些中小企业就是隐形冠军，隐形冠军才是国际竞争能力的源泉。他在书中下了定义：隐形冠军（Hidden Champions），就是长期专注于某些特定细分产品市场，生产技术或工艺国际领先，单项产品在国内或国际市场上占据绝大部分份额，但社

会知名度很低的中小企业。

通俗地讲，隐形冠军就是大众不太知道，但是在行业里面广为人知的企业。赫尔曼·西蒙1986年首次提出，除了众所周知的世界500强企业，更优秀的企业是闷声发大财的行业隐形冠军，这些企业年收入并不是很高，可能低于50亿欧元，是中小型企业，但是它们具有持续的竞争能力。

他总结了德国、日本以及欧美地区隐形冠军的十大特质。

第一，宏大的目标，有做世界级领袖的雄心。比如，Chemetall（德国凯美德公司）的目标是要成为世界上一流的技术和专业领域领导者。它如今是世界上特殊金属，尤其是锂和铯的领导者。3B Scientific（德国一家从事医疗保健、患者教育解剖模型的公司）是解剖学教具方面的全球领先者，他们的口号是"成为世界第一并保持世界第一"。

第二，保持专注，专注于一个相对狭窄的行业。例如，全球医药包装系统的领导者Uhlmann（德国乌尔曼公司），他们的策略是"以前我们只有一个客户，将来我们也只有一个客户：医药行业。我们只做一件事情，但我们会把它做好"。

第三，全球化策略。把对产品的专注和全球销售以及全球营销结合起来。

第四，勇于创新。隐形冠军勇于创新，会把自己接近7%的收入放在研发上。另外他们所得到的专利数量要比大企业的专利数量多五倍，大企业人均专利只有6个，这些隐形冠军企业能够达到人均30个。

第五，亲近客户。调查显示，88%的德国隐形冠军企业都说他们很靠近客户，他们30%以上的员工都跟客户有着非常频繁的接触，通常大企业这个比例只有8%。

第六，竞争优势。具有竞争优势的员工素质和产品质量。

第七，高效员工和有力领导。

第八，去和最强对手PK。想成为隐形冠军就要去要求非常高的市场，而不是要求低的市场。

第九，精简机构。这些企业不臃肿，因为它整个是客户导向、市场导向。对于那些典型的"单一产品和单一市场"的隐形冠军，一般采用职能型组织结构。当公司的业务因为不同目标客户的不同诉求而变得复杂的时候，隐形冠军一般就把组织结构转换为事业部制。隐形冠军的流程组织在尽可能地使用先进的信息技术来管理他们遍及全球的业务。

第十，自主加工，谨慎外包。隐形冠军偏向内部解决问题，自主完成各价值链环节，谨慎采用外包。

西蒙教授还用了三个环来代表隐形冠军的特质（见图 1）。

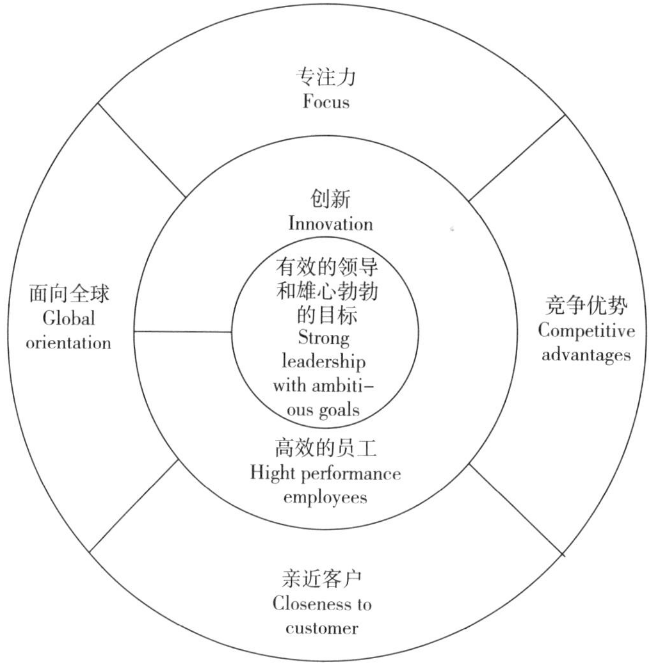

图 1　隐形冠军的特质

第一环，要有雄心壮志的强力领导者；第二环，要有创新能力和高素质、高效率的员工；第三环，这些隐形冠军企业非常专注于做一个细分市场，他们跟客户的距离很近，他们非常忠于客户，他们是以全球化为导向的企业。

七、华夏基石对“隐形冠军”的重新定义

按照西蒙教授的说法，隐形冠军基本上是给大企业生产配套零部件的企业，专注于细分领域零部件的生产。如今在产业互联网时代，很多东西都在跨界，完全把隐形冠军定义为一些不知名零部件企业，已经不太符合现在产业生态的发展趋势。但从总体特征来看，隐形冠军企业是专注于细分市场，牢牢控制市场占有率，而且远远超出第二名的，基本是各细分领域的领军企业，研发投入非常高，专注于核心业务。基于上述我们打造行业领袖和隐形冠军企业的意义，我们对中国行业隐形冠军企业做了如下定义：**隐形冠军企业可能是那些我们平时耳熟能详的公司，也可能籍籍无名，但这些企业往往专注于某个细分**

领域，拥有独特的核心技术与专长，牢牢控制着本地区甚至全球市场，市场占有率往往大幅领先第二名及其后的追随者。

对这类企业的研究目前国内也很多。兴富产业经济研究中心认为，隐形冠军首先必须是各细分领域的领军企业，在中国市场名列第一或亚洲位列前三强，规定年营业额低于 80 亿元人民币且不是众所周知的公司。细分领域这一条我们是赞成的，但是如果界定隐形冠军企业营业额就只能低于 80 亿元不能超过 100 亿元，我们不认同。现在很多在一个细分领域非常专注的企业，能做到上千亿元。

我们选了 100 家德国企业、100 家日本企业、100 家以色列和欧洲企业，一共 300 家企业，来研究隐形冠军到底具有什么特点。我们认为不能把隐形冠军定义为中小企业，隐形冠军在销售收入上是不设限的，专注于一个产业领域把一个产品打穿、做透，同样能够做到世界 500 强。

《中外管理》杂志从 2017 年开始推出“中国造 · 隐形冠军”的评选活动，他们对隐形冠军的定义主要是“专精核心能力的应用多元化”，关键不在规模大小，也不在是否“隐形”，而是在于是否“专精”或“专一”。因此，评委甚至一起建议将“隐形冠军”改称“精一冠军”（Niche Champion）。

八、隐形冠军、独角兽、单项冠军的区别

隐形冠军和独角兽有什么关系？独角兽强调那种成长速度更快、被资本市场高度认可、享受高估值的企业。但是隐形冠军不一样，隐形冠军是强调在某一个细分领域里具有牢固的市场地位和话语权，存续时间通常很长，经历了市场的检验、波折而仍然能够屹立不倒的企业。

工信部现在提出的“单项冠军”的“专精特新”这基本和德国的定义差不多。单项冠军强调的是符合工业强基工程等重点方向，从事的细分产品市场属于制造业关键基础材料、核心零部件、专用高端产品，以及属于《中国制造 2025》战略文件重点领域技术路线图中有关产品的企业。

我们所提的隐形冠军有两种，一种是专注在一个领域，做到足够的市场地位；另一种可能是多元化企业，专注主营业务，特定细分产品销售收入占企业全部业务收入的比重较高。如美国艾默生（Emerson）公司在网络能源、环境优化、工业自动化、家电应用技术、专业工具、电机科技、储存技术等细分领域造就了一大批隐形冠军。艾默生虽然是多元化的，但是专注培养打

造各个行业的隐形冠军。艾默生企业本身的品牌影响不大，但是在专业领域里，艾默生有将近 20 个品牌在全球都是排在第一的，是专门打造隐形冠军的多元化企业。

九、德国“隐形冠军”：集中于工业制造，在全球细分领域里具有话语权

2019 年，我们统计了德国能够进入隐形冠军的企业有 1500 家左右，其中 90% 以上的企业都分布在原西德地区。就行业分布来看，86% 在工业制造领域，14% 属于服务行业。近 1/4 的隐形冠军在机械制造领域，其次是电子电气领域占 10.5%，医疗技术、金属加工、化学工业、金属生产和塑料加工占隐形冠军企业总数的 5% ~6%。我们从德国 1500 家企业里面选了 100 家做研究，德国企业之所以全球竞争力很强，就在于它拥有在全球细分领域里具有话语权的这些隐形冠军。我们的团队专门研究了这些隐形冠军的发展史，包括这些企业是怎么能够成长为今天的隐形冠军，在人才、组织、机制建设上到底有什么样的最优实践，等等。2022 年我们准备从这些企业里面挑出一批进行访问，带着中国企业家“走出去”，真正接触德国那些优秀的隐形冠军。

像德国伍尔特公司就专注生产螺丝螺母的连接件产品，上至航天飞机下至儿童推车都要用到这个连接件，在全球 80 多个国家有 294 家销售网点，2020 年的营业收入是 138 亿欧元，换算成人民币则有 1000 多亿元。所以我们为什么不能把隐形冠军定义为营收额 100 亿元以下，因为现在有很多隐形冠军的营收额都突破了千亿元。当然更多的是一些小企业，像德国的布里塔滤水器，占据全球同类产品市场份额 85%；德国旺众，全球 50% 的机场都在用这家公司的产品，年收入 18 亿欧元。小企业同样也能做到行业的领先地位，比如，德国虹霓，在高速卷烟机市场上拥有 90% 的市场份额；还有一家专门做狗链的企业，占有全球 80% 的市场份额，有超过 90% 的产品出口到 90 多个国家。这些企业在技术上、产品上、管理上都是行业中的领先者（见图 2）。

十、日本“隐形冠军”：依附于大企业和供应链

我们还研究了 100 家日本企业的隐形冠军。2018 年日本企业在世界市场份额第一的隐形冠军有 200 多家，虽然现在都说日本失去了 20 年，经济几乎零增

图2　德国典型的隐形冠军企业

长，但是日本经济没有出现大的起伏，而且有一批埋头发财的隐形冠军中小企业（见图3）。

和德国的隐形冠军企业不同，**德国的隐形冠军企业基本都是单打独斗型，和大企业没有固定的合作关系；日本的则以系列关系（配套、分包商）为主，一定是依附于某一家大企业，大多数是依附于某一个供应链。**这其中的关键在于日本比较特殊的企业结构和研发体系。和中国、德国隐形冠军的创新模式不同，日本的隐形冠军企业主要采用市场分割型创新，对已有的市场进行细化，在某一项技术上不断突破，做得越来越好。日本对隐形冠军企业的评价也有四个标准：第一个是定量考察，主要考察盈利能力，一是人均年销售收入，二是营业利润率，营业利润率必须在10%以上；第二个是战略性，在全球隐形冠军的数量，以及有多少企业客户数量；第三个是过去5年全球密集市场的隐形冠军产品及新产品占总销售额的比例，全球市场的占有率；第四个是国际化，海外销售比例，销售国家数量。

日本隐形冠军企业的特点，我们总结了如下十项。

第一，总体来说，在日本企业成为隐形冠军，光有技术不够，只提供满足客户需求的产品不够，还得有营销渠道、营销战略。

第二，他们有共性的经营哲学和战略，比如，有全球化、国际化的意识和行动，日本隐形冠军企业海外销售收入的占比平均45%。

第三，68%的日本“隐形冠军”企业通过跟客户联合开发、共同开发进行产品和技术创新。

第四，品牌化，高中低端市场全线切入。

第五，通过专利等一系列的方法，利用全球的法律体系来保护自己的知识产权，维持自己的竞争力。

第六，关键的设备、零部件全部自主研发，保证技术不外流，不被限制。

第七，活用核心技术，不断寻找新的领域进入关联的新的细分市场，用新技术开发新用途，找到新市场。

第八，深耕老用户，并加强对新客户的拓展，保证持续增长。

第九，对员工进行有效管理，包括薪酬方面、信息保密、信息获取的授权，等等。

第十，以小微企业居多。在日本百年企业中，雇佣 4 个人以下的占 47.1%，接近一半以上，10 人以下的占 16%，10～49 人占 24.5%。综合来看，80% 的百年企业的规模都是比较小的。

在行业方面，日本隐形冠军企业有做摩擦材料的、有做热处理设备的，还包括做工程投资、化学制品、医疗器械、精密机械，甚至还有专门做钓乌贼的钓机，生产这种钓机的东和电机占据全球 70% 以上的市场。

图 3　日本典型的隐形冠军企业

十一、中国典型的隐形冠军企业：以机械设备为主，做细分行业领袖

我们也关注了中国的隐形冠军企业。从行业来看，国内隐形冠军企业主要

集中在机械设备行业。在这个领域里国内隐形冠军众多，包括港口机械领域的振华重工，目前已占据港机领域全球75%的市场份额，而中集集团则生产了全球近半的标准集装箱。长青集团是全球最大的燃气阀门制造商；格力占据全球30%的家用电器市场份额；圣雅伦专门做指甲刀。服装、电子等人力密集行业也是国内隐形冠军企业来源。在生物医药、家用电器、电气设备等行业，国内隐形冠军企业亦有突破。

从特点来看，首先，隐形冠军多数为中小企业，定位于一个稳定的细分市场，受经济周期的影响相对较小。在制造和研究方面表现出较高的自主化率，关键零部件自主研发是隐形冠军保持竞争力的主要原因。其次，设计与研发的持续投入，在技术投入、人力成本投入等方面有一定优势。

在“中国隐形冠军企业”的提法之前，工信部每年会评选单项冠军，目的是培育制造业全球单项冠军，提升企业专业化能力和水平，突破制造业关键领域短板，推动产业整体迈向全球价值链中高端，促进我国制造业高质量发展。其实，在中国企业的语境下，有时候不一定用“隐形”这个词，我们所说的隐形冠军实际上就是细分行业的领袖，属于“闷声发财”的企业，不被大多数人所知道，但同时也专注于特定的领域，品牌影响度很大。

中国隐形冠军企业的优势来源，第一是拥有远高出同行业的研发投入。我们的隐形冠军在研发上面的支出也比普通的企业多出一倍。他们研发投入与营业收入占比普遍保持在3%～6%，比如，欧菲光公司已超过5.5%、贝特瑞公司为5.03%、汉威电子公司2018年占比为9.21%、新北洋公司为12.50%、东港公司为13.43%等（此几项数据截至2018年）。相比之下，更多中国企业对研发投入不够，尤其是中小型企业的投入更为不足。

其次，它们是细分领域的绝对王者。例如，振华重工，目前已占据港机领域全球75%的市场份额；中集集团则生产了全球近半的标准集装箱；欧菲光在触摸屏领域出货量全球第一，是全球最大的触控屏供应商，实现营业收入430亿元；大族激光是全球产销量最大的光纤激光设备企业；科伦药业已成为全球最大的输液管线制造商；金风科技为全球最大的永磁直驱机组制造商；鲁泰是全球高端衬衫面料龙头；互太纺织是全球针织面料龙头；伟星股份是世界最大的纽扣生产企业；三一重工挖掘机械的销售收入全球第一；宁德时代动力电池市场占有率41%；海天国际注塑机2018年的销售收入108亿元，但是全球市场占有率超过了60%以上；福耀玻璃在自己的领域里面也是绝对的产业领袖。

中国的隐形冠军企业已经具备了自身的影响力。无论是就业人数还是产品出口比例，它们都不逊色于大型跨国企业。在细分领域，它们甚至比大企业掌握了更多的话语权。与那些巨无霸一样，这些企业同样是制造业的灵魂载体。当然，与其他国家企业相比，中国隐形冠军与细分行业领袖企业也具备自己的特质。

第一，中国较大比例的隐形冠军企业，属于产业链中上游的制造业公司或生产服务类公司。

第二，中国隐形冠军企业在各自细分市场中高度聚焦，形成了领先的行业地位。当然还需要持续巩固市场领导地位。

第三，隐形冠军企业需要通过持续创新来保持产品差距或者重塑差距，从而捍卫跟竞争对手的价格差异。

第四，隐形冠军企业保持了较长时间的持续增长，能够持续占据和保持市场领先地位。

第五，隐形冠军企业强调贴近客户，重视服务深度，其业务范围通常包括客户价值链的多个环节。

第六，隐形冠军企业保持着稳定的企业价值观和持续的发展战略，其管理层普遍有较强的持续性，平均在职时间也较长。

十二、世界级细分领域产业领袖与隐形冠军的十大特质

虽然各国隐形冠军企业有着不同特质，但通过对全球 3000 家隐形冠军企业的研究，我们得出一个基本的结论，这个结论和西蒙教授的结论很相近，即**世界级的细分领域产业领袖与隐形冠军企业一般具备十大特质。**

第一，企业家有做世界级行业领袖的雄心与清晰的行业战略定位思维，奉行长期价值主义，有足够的战略定力与意志力。

第二，保持专注，主营业务聚焦，定位并专注于特定客户与相对狭窄的产业领域，致力于培育专精核心专长与技能。

第三，全球化策略，产品市场全球化，人才、技术、资本资源全球化。

第四，技术创新领先，研发投入占比 8% 以上，拥有国际专利的数量行业领先，是行业标准参与制订者。

第五，深耕客户关系，客户关系稳定持久，构建全球战略供应链系统。

第六，奉行产品主义，具有较高的产品差异化、品质、成本竞争优势，有较高的行业定价权与影响力。

第七，优化的公司治理与产业领袖领导力，承担行业与社会责任。

第八，人才量级及人均效能行业领先，盈利水平超过10%。

第九，简洁而客户化的敏捷组织与流程，组织内部充满活力、创新的文化与机制。这些企业没有像我们搞平台化、网络化那么复杂，基本上这些企业的领袖带有一定的集权色彩，文化统一性、集权性非常强，组织非常简洁。

第十，相对完整的产品生产与供应链掌控力。

这是我们对这些中外隐形冠军企业的最优实践所做的总结，在此基础上，我们正在研究隐形冠军行业领袖的指标体系。

十三、中国隐形冠军企业正在面临哪些挑战和陷阱?

中国隐形冠军企业在全球竞争中的地位，真实映照了中国制造的世界地位。同时，这些企业承受的挑战与压力也非比寻常，有的隐形冠军企业在参加国外的招标会时，就遭到了国外企业的全面封杀。一些企业虽然市场份额够大，但一直徘徊在中低端市场。如国内拉链行业的龙头企业，虽是全球第二大拉链生产商，但高端市场被YKK公司占领，其竞争优势短期难以逾越。中国隐形冠军企业也正在面临以下挑战。

（1）中国经济从高速增长转为中高速增长，经济结构不断优化升级，要素成本优势在不断弱化甚至消失，发展动力从要素驱动、投资驱动转向创新与人才驱动。

（2）全球需求放缓，中国制造业，尤其是中低端制造业已呈现产能全面过剩局面。

（3）2017年国家开始加大了去杠杆力度，在去杠杆过程中，出现了部分企业流动性危机，也给经济带来一定的下行压力。

（4）中美贸易摩擦、英国脱欧等事件，代表了近几年全球化倒退潮流已开始涌现，美国为遏制中国发展采取技术封锁措施等。

（5）随着中国隐形冠军企业进入成熟期，保持增长的难度大于创造增长。

（6）通过学习、模仿全球冠军企业的成功模式发展起来的中国隐形冠军企业，随着技术、产品、模式逐步与全球冠军企业并驾齐驱，在达到巅峰缺乏对标学习对象后，如何制订正确的发展战略，对中国隐形冠军企业将是巨大挑战。

（7）同行业和非同行业竞争对手的破坏性创新，已经让众多曾经的行业龙头没落。

隐形冠军面临的陷阱是什么？

我认为首先是**强调聚焦、专注与企业的时代变化适应性两者之间的矛盾，这可能是这个时代隐形冠军所要面临的一个最大陷阱**。工业文明时代，大客户是稳定的，只做单一产品没问题，但产业互联网时代是不确定的，强调跨界、连接，做产业生态，彼此相互交叉、相互关联。工业文明时期做好一个产品、守着一棵大树就可以，产业互联网时代要找到自己在社会协同体系中的定位，就得连接多种资源，不能再守着一棵大树了，得抱几棵大树才能生存，这叫“超生态”。这也是我们前面谈到需要重新定义隐形冠军的原因之一。专注、聚焦还是要提倡的，但怎么专注、怎么聚焦需要讨论。比如，美国艾默生有几十个产业，各个产业都不搭界，但是每个产业都做到市场同类产业的前三名，这种多元化的产业形态就不能说它不是隐形冠军。

还有人才稳态的利与弊。从单项冠军的角度来看，人才稳定有利于专业化，因为知识需要积淀。但专业化人才反过来就是问题：一旦流失了，短期从劳动市场上找不着，不像其他的产业，人才被挖走了，企业可以再去挖别人的。单项冠军企业的人才被挖走了，可能就没地方挖了。再者，人才过于稳态的话，往往内部的创新、活力就不足，尤其是如果老板脾气好，人很善，最后就会惰怠，大家都不奋斗了，这是一个大问题。我认为，企业还是离不开竞争淘汰机制，要把外部市场竞争压力转化到企业内部，增加员工的紧张感。

再比如组织结构太单一，过度集权，文化没有创新，组织对外部变化的适应性较弱，等等。特别是最后这条。很多单项隐形冠军之所以比多元化公司倒得快，就是因为一旦采购方大企业不行了，隐形冠军企业一夜之间也就没有了订单。比如，谁以前和诺基亚、MOTO绑得越紧，谁倒得就越快。而业务多元化公司不同，“东方不亮西方亮”。

另外，长期价值主义与现实生存策略的平衡。长期价值主义肯定是方向，但该在地上“抓泥巴”的时候，还是要适当抓一把。

以上可能是单项隐形冠军的陷阱。当然，多元化也有多元化的陷阱，我们要把问题、陷阱找出来，更好地防范。**在实践中，企业是单向聚焦，还是多元聚焦，还要根据企业特性、企业家的判断等来裁定，没有绝对性的标准。**

十四、中国企业如何打造隐形冠军

中国企业如何打造隐形冠军？我谈几个建议。

一是企业家要从机会导向转为战略导向。隐形冠军对自己的战略定位要非常清晰，要有这种认识，隐形冠军不是机会导向。机会导向是有机会就行动，而隐形冠军一定有非常清晰的产业战略定位，把要干什么想明白了，然后专注，保持战略定力。

二是坚持客户价值和长期价值导向。**真正的隐形冠军是以客户为中心的，围绕客户提供解决方案。**做产业配套也是这样，也要以长期价值主义导向创新产品服务，真正为客户提供解决方案。甚至在某种意义上还要比客户更了解客户，要超越客户需求，不是被动地等待客户需求。

三是形成独特的核心能力和超生态。中国现在的很多制造企业，面临的最大问题就是没有筹码与大企业谈判，完全被生态化。超生态指的是，在核心技术上让大企业没得选，只能选择你。这就需要在细分领域的技术创新、产品差异、产品品质上，真正做到与众不同。要成为大企业生态中的核心企业，才会有话语权。

德国和日本很多企业的利润率能达到12%，一分钱都不能少赚，否则就不合作，这是一种底气。我们的很多企业没有这种底气，就只能拼价格，后果是不仅赚得少，还随时可能被替代。比如，德国企业和日本企业在某些领域的精密仪器，毛利润是100%，就是因为全世界仅此一家，没得选。这意味着，中国的隐形冠军企业必须加大对技术创新的投入、对人才的投入。

中国加工企业的隐形冠军之所以赚钱少，主要在于两方面原因。一方面是生态企业没有生态的概念，中小企业往往被大企业压得利润很低，并没有建立起利他共生的生态；另一方面是缺乏独特的核心能力，没有话语权和议价条件。二者互为因果。没有议价条件是因为产品差异化不够，产品差异化不够是因为技术创新不够，再加上管理不够，导致总成本过高。

四是有强大的盈利能力。隐形冠军的特点绝不是低价，恰恰体现为高价格。中国的企业要从简单的OEM转向ODM，最后做到JDM。OEM是简单做加工，ODM是从设计到加工，JDM是参与式、研发式制造模式，是一体化解决方案。比如，歌尔声学，最初做OEM，后来上升为ODM，再到做手机的声光电一体化解决方案，盈利能力大幅提升。在制造业方面，如果自动化工程能力强，可以自主设计柔性生产线，生产成本自然降低，利润率应该可以保持在15%～20%，同时不可替代，这就是企业面临的转型升级问题。

在这个层面上，企业不仅要做到专注、聚焦，还要做到不可替代，形成独特的核心能力，最终把产品做到与众不同，成为真正的隐形冠军。

虽然有着诸多挑战，但隐形冠军对于中国绝大多数企业出路的探索，无疑提供了理想的样本。在中国企业提升国际竞争力的漫漫长路上，随着越来越多的隐形冠军出现，中国企业的脚步也会越来越坚实。

张文锋　华夏基石产业服务集团
执行合伙人

咨询业如何为客户创造价值

“为客户创造价值，与客户共同成长”是我们华夏基石的核心价值观。为什么我要谈这个主题？不久前我和彭老师一起吃饭，他说：文锋，你在深圳公司给大家洗脑了。我说我从没给员工洗过脑，我就是华夏基石佛堂里一个念经的和尚，我念的这本经就是“为客户创造价值，与客户共同成长”。

这是我发自内心的一句话。2015 年，在不被看好的情况下，我们 12 个华夏基石产业服务集团的创始人来到深圳，那时我们是“三无”人员，要什么没什么，我们的第一个办公室是在湖边一个咖啡厅的二楼，那个房间连窗户都没有，从那里开始了我们的创业。

现在我为什么能说这番话，有这样的感慨？是因为我们践行了“为客户创造价值，与客户共同成长”。不只把价值观挂在墙上，还在全力践行，这是一个分水岭。华夏基石已经连续四年被中国企业联合会评为“中国管理咨询机构前 50 大”的第一名，华夏基石在一路向上，我认为核心因素就是因为我们践行了这一价值观。

一、获得了客户的信任，他们就会给你持续的价值

什么是“为客户创造价值”？每个人有各自的理解。客户需要的不是一份报告，我们不做花哨的工具模型、言之无物的报告，一定站在客户的角度解决经营持续增长的问题，解决由经营的持续增长带来的一系列战略、组织、人才、机制的管理问题。“为客户创造价值”不是一句口号，要成为深深植入我们身体里面的理念和灵魂。与客户一起去感受市场的压力，一起迎接机会与风险的浪潮，一起面对难以解决的问题，即使我们自身利益受损，我们也永远不做损害客户利益的事情。

几年前曾有这样一件事，当时我们很需要钱，很需要项目，我们在给一个公司做咨询方案时，碰到了它的上游公司，是一家国企。这家国企负责人看过我们的方案后，说：“张老师，你们不要跟他们合作了，来跟我们合作吧。我们这里有更多的资源，你跟他们不一定能干成，跟我们一定能干成。”

当时在场的有我们几个合伙人，大家的立场非常一致：如果你跟我们的合

作伙伴合作，我们就建立合作关系；如果你不跟他合作，那么我们也不能跟你们合作，因为我们是通过合作伙伴才认识你们的。为什么要坚持这样的立场？因为我们要坚守客户对我们的信任。做咨询的人或机构赚的是一份咨询费吗？不是，**我们赚的是客户的那份信任，**这个问题值得大家思考。

“信任”这两个字很好写，但也最难写，你可能用了10年的时间才积累起“信任”，但一件事就能把它毁了。如果客户对你没有信任，你每天都要疲于奔命，天天去游说客户；但如果你获得了客户的信任，他们就会给你持续的价值。要获得客户的信任，光讲仗义也没用，你的产品和服务还要具有专业性，**要能为客户提供他们缺乏而又有迫切需求的东西，而不是推销他们已经知道的东西。**

我们要站在客户的角度来思考问题，而不是站在专家的角度思考问题。你要让对方感受到，对于企业需要解决的问题，你比他还要着急。我们深圳公司现在有一位投资人，他是我们多年的好友，也是我们的客户，他近年来每年都给我们上千万的订单。他的老板给我讲过一句这样的话：文锋，你知道为什么我愿意跟你们深圳公司合作吗？不是你们的每一个项目都做得有多么好，而是因为我们能感受到你们比我们还着急。这就是我对“信任”二字的解读。

二、咨询服务的三个境界

什么叫“与客户共同成长”？客户的需求在进化，对我们的要求也在不断变化和提高，如果不能与客户同步成长，甚至超越客户成长的速度，我们将被淘汰。我们绝不满足于解决客户提出的需求，而要以企业资源与产业经营的思考高度，审视企业面对的机会与挑战，给出最符合现实的解决方案。我们要做到理解客户需求、满足客户需求、引导客户需求。

这是咨询服务的三层境界：第一层境界是理解客户需求。坦率地说，我现在看到很多咨询师做的方案根本没有理解企业老板想要干什么。对方提出的可能是一个人力资源的问题，但问题的根源在人力资源范畴里并不能解决，它其实是一个战略问题，或是一个组织问题。对方提出股票市值太低的问题时，实质上可能是“为什么我的经营不能持续增长的问题”。第二层境界是满足客户需求。你需要有系统的支持体系，有提供系统解决方案的能力。第三层境界最高，即引导客户需求。我曾经跟一个企业家说过这样的话，很简单，5G时代到来了，场景是最重要的，谁掌握着场景呢？如果你自己没有场景，那么你需要合伙人。这个合伙人不是内部合伙人，我们从来不把合伙机制限定在内部合伙，你要去整合、那些拥有场景的人，把他变成可以为你所用的人。做好这件事，才叫作“有人”。

光有人，没钱你也干不了事。如何基于业务循环，去拉动业务循环？只要有人、有钱，这个事就能干起来，没人、没钱，这事就干不成。我想到赵本山和小沈阳演的一个小品，“你知道人最悲哀的是什么吗？人还在，钱没了；最最悲哀的又是什么？钱还在，人没了。”这里面是包含着哲理的，有人、有钱，这对做企业来说太重要了，只要有人、有钱，企业就能生存、发展。人在、钱没了，不行；钱在、人没了，也不行。

这就要求我们能说出企业家最想说的话，能找到他心里最想要的那个东西。我们给企业做的仅仅是事业合伙人机制吗？不是，我们要做的是帮助企业如何在5G的场景化商业时代继续生存，并获得进一步的成长。所以我们永远要戒骄戒躁、战战兢兢、如履薄冰，永远要凭本事吃饭，这是这个时代对我们的基本要求，也是华夏基石未来成长为全球范围内最伟大的“管理咨询+产业服务”机构的根本保障。

“凭本事吃饭”这句话我很喜欢，它成了华夏基石深圳公司对自己立身咨询服务、产业服务的一个要求。最近流行这么一句话：靠机会得到的财富，会在靠实力的时代加倍地失去。如果你没有这个本事，没有这份深层次的能力，单纯去给客户许诺能实现什么样的先进机制，让人家失望一次可以，下次还会有机会吗？只有我们自己长本事，我们才能长财富，这是我的一个不成熟的见解。

三、咨询业如何做到“凭本事吃饭”

凭本事吃饭，怎样做到这一点？我认为要做三个研究——研究理论、研究产业、研究现场问题。第一点，重视理论研究，这是我们作为研究型咨询公司的基本素质要求。没有理论功底，我们的服务就是空中楼阁，你看到的是楼能盖多高，更要看到它的地基打得多深。现在的很多年轻咨询师不看书，像我们这批中生代的咨询师，基本保持着一周看一本书的习惯，我们华夏基石不比谁的财富更多，比谁看的书多。

勤于学习和研究，这是华夏基石的一个文化基因，年轻咨询师们看到我们的很多领衔专家和大师，羡慕他们在台上醍醐灌顶般的理论演绎，但你们没看到他们看过了多少本书，用了多少反复求索的学习和实践功夫。

第二点，深入研究产业的发展规律。全球产业的发展和变化，使很多原有的产业模型已经不再适用，只有站在产业发展规律的角度，才能真正帮助客户得出正确的结论，才能把握企业发展的机遇与风险。比如，我们过去常用迈克尔·波特的“五力模型”做战略分析，但这套理论框架在现在恐怕已经不适用，因为现在你的竞争对手可能是你的合作伙伴，竞争对手和你的关系转变成了一种竞合关系，你的客户也不仅是你的客户，在某种程度上，他是你的生产者、研发者、销售者。

我跟很多人说，华夏基石深圳公司不是在干企业咨询，我们是在干产业咨询。首先你要有产业发展理论，要有构建产业生态的商业交易结构，要有要素资源的获得。企业、资本、政府，以及产业发展相关的机构、资源，这些都是产业要素资源。有了这些，你才能站在一个更大格局的产业发展高度，去给企业提战略的建议、组织的建议、人才的建议、文化的建议。

第三点，研究现场问题。所有问题都发生在现场，所有问题的解决方案也必然来源于现场。只有扎根于现场问题的发现、分析、解决，才是我们为客户提供的真正价值，在办公室里永远写不出来一流的咨询方案。

我们这一代咨询人保持着一个工作习惯，所有咨询方案都在现场完成，对客户进行访谈，两个小时后报告就出来了。如果在办公室憋这个报告，你不能永远憋不出来，不是写不出来，是你没想明白。

以上是我们对“为客户创造价值，与客户一起成长”的解读，这几项原则也是 2017 年写入华夏基石产业服务集团基本法的核心内容，如果我们的员工做业务不能遵守这样的原则，那么他必须离开这个团队。我在此以这样的价值观和事业指导思想与大家共勉。

四、咨询行业面临的机会和挑战

中国经济正面临几十年未有之变局。我跟很多企业家说过这样的话，企业能从零做到几十亿元、几百亿元，不是你干得有多好，而是因为中国经济在高速增长。正如华为之所以成为通信行业的领袖，首先不是因为华为干得有多好，是因为这个行业正处在爆发式增长的历史时期，阿里巴巴的巨大成功首先也是因为中国互联网和移动互联网本身具有爆发式增长的巨大潜力。只有大的市场才能成就大的企业。

中国企业现在走向了逆周期，咨询行业也处在一个逆周期，**在这样的时期，会有两个现象同时产生，一是产业集中度会大幅提高，二是区域经济集中度大幅提高，**这也是最近我在给一些头部企业和一些政府机构讲课时提出的核心观点，企业家们基本上都同意我的这个观察。

这两种集中度的提高会同时给企业带来机遇和挑战。过去，因为经济高速发展，所以产业形态呈现分散化，大家各有各的优势，各有各的生存空间，行业第一名占不到市场份额的5%。但这个时代已经结束了。在未来五年到十年，各行业都会进入一个寡头经济的阶段，排名第一的企业可能会占到50%的市场份额，第二名占20%，第三名则更少，剩下的企业要么被产业淘汰，要么成为被别人生态化的企业。

我一直在想，华夏基石未来是会创造一个生态，还是我们被别人生态化？我们今天坐在这里，明年我们还有没有机会坐在这里？未来我们还敢不敢喊出来“世界的华夏基石”这样的口号？所以我们时时刻刻战战兢兢、如履薄冰。你现在能生存，不代表你未来能生存。

令我们最担心的、带来威胁最大的有哪些内、外部因素？不开放，则无法形成基于团队合作的长板效应，单打独斗，吃光分光，这是我最担心的，这也是一个行业观察者的分析，他认为这样的行业作风会葬送中国的咨询行业。虽然不同意他所有的看法，但我同意他的这个结论。

第一个因素，大多数咨询公司都是以一个一个的小团队来完成组织运营的，这种组织方式最简便，但它造成了各团队之间的割裂。现在企业需要的咨询服务已经变成了一个系统性、复杂的咨询工程，你要懂管理，还要懂产业、资本、土地等，我们哪一个团队和专家能够拥有所有的这些核心能力呢？我不认为会有，起码我做不到，我只会我专长的东西。

所以在这样的时期，我们一定要形成开放性的团队合作，一定要发挥出基于团队紧密协作的长板效应，你有你的专长，我有我的专长，我们加起来，1+1+1=111。我曾到意大利讲课，罗马大学有个教授听了之后，第二天非要找我，他问：为什么1+1+1=111，不等于3？我跟他讲了这个道理，只有分工协同、团队合作，才能提高每个团队的工作效益。

我们不用做得最好，我们只要比别的咨询公司做得更好就够了，未来被我们超越的咨询公司就会被我们淘汰，被我们生态化，我们就是中国的华夏基石，我们就是世界的华夏基石。

第二个因素，是来自跨行业进入者构成的机会和威胁。我一直认为，未来超越华夏基石的不是咨询行业的某个公司，能够颠覆这个行业的是行业外部的潜在进入者。比如，华为、阿里巴巴、平安、复星资本，如果它们都能从外部给客户一个完整的解决方案，构建一个完整的生态，那么这样的企业才是我们真正的竞争对手。我们平常能看到的对手其实是一些“小鱼小虾”，真正潜在的对手是更具实力的“大家伙”。

因为我们正在做一些产业上的布局，我们可以看到在不同的层级，竞争格局是不一样的，真正的对手不会来跟你做单纯咨询业务上相应的竞争，它的咨询可以根本上就不收费。比如，现在 M 公司就是这样做的，他们不收企业的咨询费，而是跟企业共享成长带来的收益。M 公司为什么敢这么做？一是它有扎实的咨询功底，二是它有足够丰富的产业资源和政府资源，这是他们敢于提供这样一个合作方案的基础。

因此，我认为未来我们的模式创新，不是我们要不要做的问题，而是不得不面对的选择。

第三个因素，在经济逆周期，企业对非刚需咨询的需求下降了。客户的日子不好过——活都活不下去了，还要咨询干什么？很多企业不愿意或没有能力再去购买非刚性的服务，这也是一年来很多咨询公司经营业绩下滑的原因。

第四个因素，是客户对整体解决方案及交钥匙工程要求的提升，即对系统性服务的需求在提升。客户需要的不再是某一项专业性的服务，它需要一个整体解决方案，这就是现在很多客户需求的演化。

第五个因素，是客户对服务的专业深度要求的提升，单纯的知识贩卖无法满足客户的需求。客户不需要知识的贩卖，尤其在未来人工智能、大数据的 5G 时代，客户获得知识的速度比我们还快得多。我们要深挖自己专业的深度，不要存有任何卖弄才华的想法，而要做到认识问题比别人深刻。比如，讲人力资源，你能跟别人讲得不一样，这样的知识才有价值，因为深刻、独到的洞察和系统性思考，是靠大数据和人工智能无法获得的。

在未来，单纯的知识没有价值。有人问过我，张老师你的讲义能不能发给我，我说可以发给你，知识是没有产权的，用知识创造的价值才是有产权的。对方说张老师你这个观点比较独特。我认为知识本身不能创造价值，它是为了创造价值而形成的基本工具和条件。

第六个因素，企业对咨询师的专业性、经验、灵魂深处的交互的要求提高了，即对服务者的可信任度的要求提高了。咨询师要和企业家形成朋友般相互信任的关系。我们面临的机会和挑战很多，除了这几个方面，还有很多。

彭老师问我为什么深圳公司成长的速度那么快？成长得越快，我就越睡不着觉，因为我看到更多的不是机会，是危险和风险。可能在不知不觉中，我们就被这个时代淘汰了。现在可能还意识不到，等被彻底淘汰时，可能才会意识到，在三年甚至五年前，就已经犯了一个决定性的错误。

综前所述，我们作一个总结，咨询行业面临着重新洗牌，产业集中度会大幅提高，咨询模式和赢利模式的创新是咨询行业面临的机会和挑战，机会和挑战并存。在这样一个不确定性的时代，我们面临的机会和挑战同时被放大了。

五、“五拼”的能力构建

2020 年年底，我们几个合伙人在讨论，提出了“五拼”的能力构建。

“五拼”能力的构建包括：拼成功案例，拼品牌，拼行业理解深度，拼行业资源，拼专业服务能力。

客户为什么购买你的服务？

第一是拼成功案例。自己没有成功案例，老讲别人的案例，有用吗？贩卖别人的成功经验我认为意义不大，只有我们自己把事情干成，这样才有议价能力。

第二是拼品牌。因为未来行业集中度的提高，会死掉一批咨询公司，要拼品牌。品牌的背后不是你做了多少广告，而是你拥有的口碑。华夏基石从来不重视市场工作，因为客户对我们的服务品质口口相传。

我们深圳公司也是这样，很多客户都是通过同学、朋友介绍到我们这里来的。我们从来不对客户做工具、方法的展示，而是开门见山，直接进入对方需要我们解决的问题，你有些什么问题？我们站在你的问题的角度上，为你提出解决方案。这就是我们讲的拼品牌，不是去花钱在机场、地铁铺广告，这绝对不是未来华夏基石应该去干的事情。我们要做出一个一个的成功案例，打造在客户中间的口碑，为达成使命，重在坚守我们心中“为客户创造价值，与客户共同成长”的信念。

第三是拼行业理解深度。未来的咨询越来越体现出这样的趋势，即你必须在两个维度上拥有非常强的能力，其一是在管理领域的专业知识上有很强的能力，其二要懂行业。

你不能对行业没有认知。比如，医药行业，如果你给这个行业的企业做咨询，必须了解这个行业的基本逻辑已经发生了改变。我们的医改政策以前都是短期的，没有持续执行过，但我断言这次的新政策会持续下去，执行得会很坚决，根本不会再有“4+7”这个概念，也不会再有带量采购了，没有量了，你能入围就不错了。道理只有一个，因为预算紧缩了，它要大幅降低医保的支出，所以医药行业在未来不可能再维持目前的高市值和高市盈率，企业的经营方针因此要相应作出调整。

华夏基石现在提出医药产业的产业发展模型，概言之：以药品创新作为入口，建立起从预测、预防、检验到诊断、治疗、康复、康养的客户整体解决方案，从经营产品到经营用户，从经营销售规模到经营数据，从经营企业到经营产业生态。我给客户谈到这样的产业发展模型，所有接触到的医药企业都对我们谈的内容非常感兴趣，非常认同。这就是懂行业，现在如果不懂行业，就干不了咨询。

第四是拼行业资源。因为有相关要素资源和整合能力，我们不仅能帮客户干，还能帮客户干成。

第五是拼专业服务能力，这是我们的老家底，是我们的看家本领。

六、管理赋能、产业赋能、人才赋能、资本赋能

华夏基石提出对企业的四个赋能——管理赋能、产业赋能、人才赋能、资本赋能。管理赋能只是四个赋能内容的其中之一，不能光做管理赋能。这个口号不是今天提出来的，是2015年我们深圳公司提出来的服务目标。

“华夏基石产业服务集团致力于成为产业生态新格局的推动者与贡献者，通过产融结合、管投结合、产研结合，帮助企业、资本、政府及各价值创造相关方合作共赢，提高产业经营的质量与效率，加速产业生态的进化”（2015年深圳公司）。

我们当年提出这样的产业服务蓝图时，旁边的人认为我们有病，是一群疯子。的确，自己都活不下去的时候，说这样的大话好像跟谈论国家的工作目标差不多，但就是因为我们坚持了这样的道路，才取得了现在的成绩。

我学习彭老师的归纳法，也把最后想分享给大家的观点凑成了十条。“给咨询从业者的十大建议”其实不是拼凑的，它真的是我发自内心给大家的建议。

七、给咨询从业者的十大建议

第一个建议，做减法。不要什么都去做，未来值得你帮助的区域、行业和企业是为数不多的。只有做减法，才能聚焦你的资源和能力，聚焦你的时间，这样才能在某些细分领域做到第一，甚至做到唯一。只有当我们做到唯一，才能获得两个权力——产业的定价权和产业链条的利润分配权。

第二个建议，是我们这几年悟出来的一个道理，要选择优质企业做服务，优质企业就是头部企业和隐形冠军企业。如果老选择"猪队友"，你要猪飞上天不可能，跟猪一起摔死倒很有可能。要围绕优质企业和有成为优质企业潜能的好企业，在这里聚焦我们的资源，去追求做到细分领域产业服务的第一和唯一。

在硅谷学习的时候，我明白了一个道理，对于好企业、好机会，就要全力投入，我们要同好企业一起实现互相陪伴式成长。这个问题我们要想明白。有些企业的很多问题其实我们帮它解决不了，把很多精力放在它们身上，最后大家都干不成事。

最近我向夏惊鸣老师学到了三个词，产生了很大的共鸣，这就是"认真、坚持、做透"，做到这三个词的要求，就是我理解的"陪伴式成长"。要么不做，要做就认真、坚持、做透。还是那句话，我们赚的不是咨询费，我们赚的是信任。

第三个建议，要学会跟企业家对话，乐于跟企业家对话。站在企业家的角度思考问题，成为企业家的朋友，我们之间的关系不是交易双方，我们不是一个被雇用的公司，如果仅完成企业让我们去做的局部业务、局部管理动作，我们永远成不了企业家的朋友。

很多咨询师不习惯跟老板直接沟通，老去找些能认同自己的人沟通，这是错误的。要迎难而上，今天不能跟企业家交流没关系，早晚有一天你能跟他们交流。别卖弄专业，别把简单的问题复杂化。

帮助企业要直击要害，不做表面文章，抓住问题的核心。比如我们帮助 A 企业，关键要做的就一件事——找钱，B 企业的情况则是，它需要我们干的有三件事——找人、找钱、找业务。在一个行业里，有人、有钱、有业务，它就活了，没有这三样，它就死了。

怎么找人？要做事业合伙人机制；怎么找钱？你需要一个基于资本化运作

的平台；怎么找业务？跟上下游形成事业合伙人关系。我们面对的问题不是就管理谈管理，一定是就经营谈管理。别老抱怨，别认为企业家什么都不懂，任何一个企业它只要做到一定规模，老板都不是吃闲饭的，我认为他们的水平都比平常的咨询师高明。

我自己经营了几年深圳公司，现在才懂得了做一个老板的思维方式，如果你自己没做过经营，你就理解不了在两眼一闭一睁之间，多少钱已经花出去了的那种感觉。如果不懂经营，你就理解不了企业真正要解决的问题是什么。

第四个建议，是想到了就干，别老在做规划，不要做了三年规划，到现在还什么都没干。规划等于空想，行动才是关键，规划 100 分的东西，不如先干出一个 10 分的东西，因为从 0 到 1 是最难的。

第五个建议，一个咨询师要在全科（系统性）和专科（专业性）之间作出选择，你不可能既是一个有系统性知识的全才，又是一个专门领域的高手；要在成为专家和成为企业家之间作出选择；在赚快钱和做事业之间作出选择。

第六个建议，我认为我们不仅要研究现在的标杆企业，而且要研究在全球历次逆周期中，头部企业和隐形冠军是如何产生的，这对指导企业变革与成长更具现实意义。我认为研究现在的标杆企业相对来说意义不大，要研究当和我们同样处在逆周期的时候，美国、欧洲、日本那些优秀企业是怎样逆势崛起的，它们都干了些什么事。

第七个建议，一个真正优秀的咨询顾问，不要仅仅研究管理，还要研究产业、宏观经济、金融，研究“产业—土地—资本”的经营循环逻辑。把这些都研究到位了，你才能跟企业家对话。如果你只是一个在管理上拥有专业知识的人，你没有办法去跟企业家真正在灵魂深处对话，因为你仍然谈的是管理，谈的不是经营。

为什么要研究宏观经济？比如，中美贸易摩擦，这类突发事件和政策变动对你的客户来说，可能是崩盘性的影响，如果这样的情况到来，你想到手的咨询费又在哪里？一个发生在远方的、似乎与我们做管理咨询不相关的事情，可能会直接决定我们给企业作出的决策是救命的，还是致命的。

第八个建议，这也是我们产业服务集团的经营哲学：赚钱的事让别人干，不赚钱的事我们干；先赚钱的事让别人干，后赚钱的事我们干；别人能干的事让别人干，别人不能干的事我们干；别人愿意干的事让别人干，别人不愿干的事我们干。越是不赚钱、后赚钱、别人不能干和不愿干的事，越是最赚钱的事。

我第一次在北京讲这个经营哲学的时候，别人都在笑，这不是“傻子”吗？但也就是因为我们这么干了，所以我们现在赚到的钱还不少。为什么？别人都看到的机会，那还叫机会吗？如果只有你看到的机会，别人都没干，那么最后所有人都会来找你购买服务，那个时候你就把钱都赚到了。这就是我们的经营哲学。

第九个建议，不要单打独斗，因为任何一个团队、任何一个专家都不可能拥有所有的核心能力。坚持开放性的合作，在任何一个领域，只要有人比我们干得好，就跟他们合作，前提是志同道合，是为客户创造价值。这个道理就跟玩扑克牌的“斗地主”游戏一样，我们不需要“大王”，我们需要“四个3”，因为“四个3”能管住“大王”，它是一个“炸”。

第十个建议，是对年轻咨询师的建议和要求。**我的导师包政先生讲过这样的话：在经典当中研究理论，在企业当中研究问题。我又加了两句：在标杆当中研究经验，在时代当中研究模式。**不同的经济发展时代，商业模式是不一样的，你用一个旧时代的商业模式去给一个企业赋能，这样做有可能等于犯罪。坚持学习，坚持奋斗，你的地基打多深，楼才能盖多高。

最后分享一句话，这也是我在 2015 年写下的，这个观点到今天仍没有改变：

在这一轮经济周期中，中国新的产业机遇到来了，未来的趋势一定是以互联网和去中心化为思想，以“平台 + 分布”为模式，以事业合伙人为机制，以产业生态为组织形态的供给侧集群与需求侧差异化偏好在细分领域的重新匹配。

我也希望，在这样一个重新匹配的过程中，我们华夏基石能够真正站在产业的巅峰上，向世界宣告：我们是中国的华夏基石，我们是世界的华夏基石！

未来已来：理念之变与动能转换

新经济环境下中国企业经营理念的三大转变

张文锋

无论多强大的个人，其命运往往会随时代浮沉。企业也如此，其成功、成长也时时受到环境的影响，某种意义上来说，企业只是环境的产物。没有成功企业，只有时代企业，企业只能顺应时代发展趋势、适应商业环境变动，不犯历史性错误，不错失战略性发展机遇，做好自己，主动拥抱时代，变革成长。

对不确定性环境的洞察，在不确定性中找到确定性，是企业生存必修课。在可预见的未来，中国企业的经营环境将至少受到以下四方面因素影响：第一，在国际环境方面，战略竞争与对抗状态将成为新常态；第二，在社会环境方面，疫情和抗疫将成常态化；第三，中国宏观经济方面，在经济结构调整中“提质缓速”，开启“双循环”新发展格局成为新常态；第四，全球科学技术方面，数字化智能化成为常态。

面对新趋势、新常态、新格局，中国企业该如何生存发展？如何在不确定性中找到确定的方向？如何提升抗经济逆周期的生存能力？如何坚持活下去并实现持续成功？华夏基石认为，解决问题的关键是经营理念的转变，秉持长期价值主义追求企业持续增长。持续增长是企业坚持长期价值主义的核心命题。

为什么说经营理念转变是关键？一方面，从企业内生动力来看，转变经营理念是企业持续增长的根本动力源泉；另一方面，从时代发展和技术进步等外部环境影响来看，数字化、智能化新时代倒逼企业经营理念不得不转变。我们认为，未来的企业发展趋势，是以互联网和去中心化为思想，以平台加分布为模式，以事业合伙人为机制，以产业生态为组织形态的供给侧集群与需求侧差异化偏好在细分领域的重新匹配。

结合国内众多领先企业转型成功的经验，华夏基石建议企业深入系统思考和完成经营理念的三个转变：从生产导向转型升级为客户导向；从销售导向转型升级为数据导向；从企业导向转型升级为产业生态导向。

一、从生产导向转型升级为客户导向

经营理念的第一个转变，强调的是坚持以客户为中心，从自我出发的生产导向转型升级为从市场出发的客户导向。

（一）从“先定义产品”到“先定义用户”

传统的经营管理理念与活动更多停留在先思考我们生产什么，再思考我们卖给谁的逻辑里，将企业和市场客户之间切割成了内外部的关系，割裂了价值创造的链条，导致企业过分关注自己的战略、生产与自己的长板和诉求，客观上忽视了客户的需求以及用户场景与市场变化。

从生产导向转型升级为客户导向，要求企业重新审视从用户出发的价值创造链条，从用户的角度重新思考我们一直以来的工作，并且定义未来的工作。

比如，曾经我们以为自己是一家生产和销售保温杯的企业，我们追求的是产品的保温效果，而当我们从用户的角度思考这件事情时，问题可能会变成：如何满足用户出差时随时能喝到热水这样的场景化需求？当用这种场景设置来思考需求时，你会发现，保温杯保温效果太好反而是个“毛病”——保温效果太好了，上车时接了一杯热水，到下车时还烫得喝不到嘴里！由此，我们可能就要重新定义“保温杯”这个产品了（它不一定是个杯子，它也许是个其他形态的物品，但它一定是能满足“出差途中随时能喝到热水”的需求）

显然，**从客户导向出发更贴近需求场景，也更贴近真实需求，它将带来真正“以客户为中心”的研产供销的改变。**

（二）从关注广义市场到关注细分市场

所谓“广义市场”，或“广义需求集合”，是指产品（服务）未细分的全部顾客及需求集合。不同的需求集合，其内部往往存在不同程度的离散化需求偏好分布：有些市场内部，顾客需求无差异或差异较小，即需求的细分度较低；而有些市场内部，顾客需求差异较大，即需求的细分度较高。面对前一种市场，基本上无须进行市场细分，可以选择“广义市场”作为目标市场；而面对后一种市场，则需进行细分，以特定的顾客群和需求集合作为目标市场。从关注广义市场到同时关注细分市场会发生以下几个变化。

第一，产品的关注点和着力点要发生变化，过去是要把规模做得足够大，规模做得足够大就必须要面对广义市场，现在在用户导向下就不一样了，用户导向就必须要关注细分市场，因为不同的用户有不同的需求。企业就不再会单一追求规模更大而生产完全标准化、同质化的产品，细分市场需求一定是个性化、定制化的产品。

第二，过去是大规模生产，现在是柔性生产，背后的生产逻辑和销售逻辑都不一样了。致力于广义市场，追求的是大规模、低成本，致力于细分市场，追求的则是为客户创造独特的价值，满足客户的个性化需求，提高客户的体验感，创造用户体验价值。过去是先生产再销售，现在是先销售再生产，整个经营模式，包括生产模式、营销模式、运营模式都会相应发生变化。

第三，从营销的角度来讲，大众营销将慢慢消失，针对细分市场的差异化营销、个性化营销将成为主要模式。从过去面向所有人群，到现在将市场和客户人群划分为：女性、老人、儿童，又或是划分为高收入人群、中等收入人群以及低收入人群；将区域市场划分为一线市场、二线市场、三线市场以及四线市场、五线市场；将人群以偏好或同一诉求划分为“驴友群”“书虫群”“病友群”，等等。

关于这一点，华夏基石领衔专家施炜博士在其专著《连接：顾客价值时代的营销战略》中进行了分析。他认为在企业营销实践中，有一个很特殊的现象，即某些产品和服务，虽然所面对的市场内部差异化和细分度较高，却超越了不同细分顾客群和需求集合之间的区隔，获得几乎所有顾客群（广义市场）的接受和认同，即契合了千差万别的顾客群的共同需求——虽然人以群分、习性殊异，但共同、共通的人性是存在的。例如邓丽君的歌声，在“华人”这个“广义市场”上，无分男女老幼，无分社会层级高低，也无分区域东西南北，普遍都喜爱。若干年前，IBM笔记本电脑，用方方正正、黑色庄重的相同产品造型，几乎赢得了不同职业、不同国别、不同性别的所有顾客。随着消费升级和竞争加剧，几乎所有的市场都出现了内部需求持续分化的现象，因此，面向广义市场，无须进行顾客（需求）细分的情况将越来越少见，与此相关联，大众营销将慢慢消失，针对细分市场的差异化营销、个性化营销是当下的主流。

（三）从客户需求和用户场景出发重构企业的价值链条

从生产导向转型升级为客户导向，要求企业重新从用户导向出发审视价值创造的链条。过去中国企业基本没有真正意义上去经营过产品，大多都是生产导向，产品力本身是欠缺的，所以我们倡导从用户导向审视价值链。从经营产品到经营用户，就是要求一切从用户出发。

过去企业是自我定义产品，从自我出发，现在是从客户出发，是用户需要这个特定的东西，我再生产，这是一个非常大的转型变化。以往，企业运营路线图为：产品—经销商—分销商—用户（结束）；现在，企业运营路线图为：用户（开始）—产品—体验—口碑。

过去思考我们的战略和组织时，通常的思考顺序是：战略规划—业务流程与核心能力—规划组织结构和部门定位—厘清责权利能体系。而当我们以客户为中心思考我们的战略和组织时，这个顺序可能会转变为：重新定义客户需求和用户场景—规划要素资源和商业模式—机制和数据支撑体系的构建—规划要素组合方式—落实到组织结构。

总之，从客户需求和用户场景出发重构企业的价值链条，其核心转变点可以理解为：过去是生产出产品，然后考虑怎么把产品卖给需要的人，现在以经营用户为导向来经营产品，先定位需求，再根据需求生产产品。过去是我生产什么卖什么，现在是用户需求什么，我生产什么；过去是大量库存再经销，现在是零库存，可直接从生产方到需求方手里。这是一个非常大的经营模式转变。

需要强调的是，从产品定义转向用户定义，并不是不重视产品了，恰恰我们要更重视产品，要从满足客户需求，创造客户价值的角度，重视产品品质。**既强调用户导向，也要不断强化产品主义。**

二、从销售导向转型升级为数据导向

迈入数字化、智能化时代，数字化必将成为企业的一个核心战略。企业要从销售导向转变为数据导向，使数据资产成为企业的最大资产，海量的数据、算力、算法将成为企业的核心能力。数字化应用的核心是实现生产和消费者的精准对接，以提高整个运营系统的效率。而且，不光是系统效率的提升，消费者的体验感也要提升。在满足消费者个性化需求的同时，提升消费者的体验。

以数据为导向，要求企业的整个业务流程体系实现智慧化升级，由过去生产导向的业务流程，转向以用户为核心的智慧化流程。这其中尤为重要的是要关注客户数据的价值、挖掘客户数据的价值。有两个关键：一是建立用户链接，二是经营数据，使数据真正成为企业的最大资产。

（一）大数据应用带来顾客交互链与流通链的全新变化

在智能时代，原来以产品服务为核心的 4P、4C 等营销思维和工具方法，将转变成通过大数据牵引，甚至直接代替传统模式。比如，小米现在的销售就不再是单一的铺渠道、开门店，而是把小米的产品植入使用场景中去展示、销售。未来，小米还可以通过大数据的分析，把用户可能需要的产品直接送到用户家门口，用户只要签单付款就可以了。

营销方式的转变，背后的逻辑是顾客交互链发生了全新改变，以及这种改变带来的流通与交付方式的变化。

华夏基石领衔专家施炜博士对企业与市场之间的链接进行了深入的分析，提出了“两个桥梁，三个空间”的分析模型。传统的链接模式为两层基本上相互独立的“桥梁”：一是顾客认知链，二是产品（服务）交易链。从企业角度看，前者是传播链，后者是流通链。而“传播”的基本特点是大众传播，“流通”的基本特点是从分销到零售多层次交易。在互联网背景下，传播价值链和流通价值链产生了融合，实现了一体化。大众传播链和流通价值链相互融合产生了顾客交互链。原来的流通价值链分离出了物流服务链。所谓顾客交互链，指企业与顾客互动和合作的过程。和大众传播相比，顾客交互链上，企业（品牌）交互的对象是特定的目标人群，双方交互的形态以反馈式、循环式为主；交互的目的和内容是使顾客对产品（服务）以及品牌的价值、特性产生认知，使交易达成（销售实现），以及构建双方长期合作的伙伴关系。

顾客交互所发生的空间主要有三个：一是互联网的虚拟空间；二是企业/品牌由目标顾客所组成的社群；三是顾客亲身体验的实体及物理空间（现场）。这三个空间存在一定的交集：顾客社群既在线上，也在线下；社群中的部分成员来源于零售终端以及其他线下场所；而零售终端等场所亦会接纳社群成员前来体验和选购。同时，线上、线下相互引流；线下零售终端及其他场所将成为把顾客（流量）引向网络空间的入口；随着商业智能时代的到来以及增强现实技术（AR）、虚拟现实技术（VR）等的应用，物理空间和虚拟空间的界线将会变得模糊，两者会出现一定程度的重叠。

当虚拟的网络空间、“人—人”连接的社群空间、以零售终端为主的“现场”实体空间形成结构化的组合后，流通价值链亦会发生重大变化。就实物产品而言，从制造者（B 端）到消费者（C 端）之间的流通环节将越来越少，路径将越来越短；从流通形态上说，直销（制造企业直接与消费者对接）、直供（制造企业直接与零售网络对接）的比重将会增大，而分销空间将会缩减（只有当零售网点数量较多且分布散状时，分销才有存在理由）。与此相对应，流通价值链中的物流配送功能成为顾客价值实现的重要支柱和保证；它逐步从原来的分销体系和网络中分离出来成为独立的价值链。

（二）业务流程将基于大数据进行梳理与重构

传统的流通价值链，是产品（服务）从供给方传递、交付给顾客的中介和过程。产品销售驱动整个企业的运营，即“研产销一体化”，企业所有的工作是围绕着销售提高研产销的运营效率。而在数字化、智能化的趋势下，在用户导向下，企业从销售导向升级为数据导向，以用户场景和数据驱动整个企业的运营。这一经营理念转变将带来几个显著变化（见图1）。

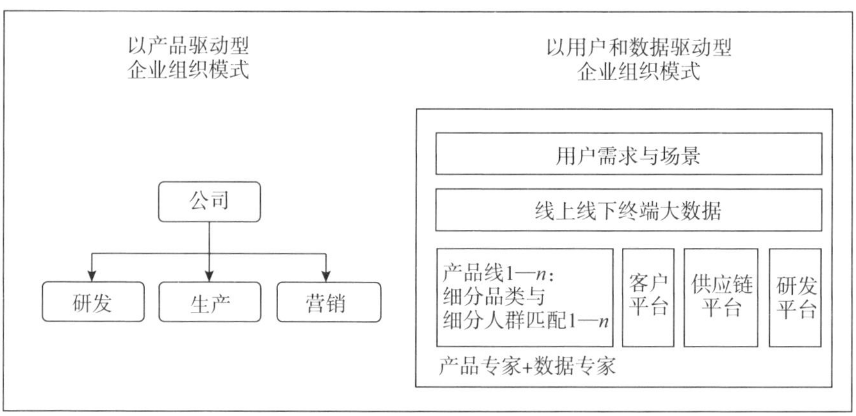

图1　经营理念转变带来的显著变化

（1）从关注商品的进、销、存信息（数据）转向关注顾客端的信息（数据），顾客端的信息（数据）决定企业端的信息。过去企业是围绕着商品流动运转，而现在则是围绕着信息流运转，这个信息流不仅是从企业出发的“进、销、存”的信息（可称为“下行”信息），还有从顾客端出发的顾客需求信息、顾客使用场景数据等信息（可称为“上行”信息），上行信息决定着下行信息。

（2）关注销售额，更要关注市场份额。过去企业围绕着产品的销售转，销售额决定一切，现在不光是要关注销售额，更要关注市场份额。有时候销售额很大，但是市场份额低。市场份额要放在很重要的位置，因为它不单是销售和利润的问题，而是反映了企业和客户的有效连接程度。

（3）关注流量，更要关注与用户的链接程度。互联网经济重视流量，流量固然很重要，但流量的本质是“流动不居”，而只有跟用户建立起更深的连接，不止是一次交易管理，而是用户消费的全生命周期管理，才能将流量价值转化为链接价值、数据价值。

（三）数据导向的内核仍然是客户导向

企业经营就是要增长，就是要实现与市场、客户的深度链接和价值增值。因此，数据导向的核心仍然离不开以客户为中心的客户导向。**企业如何实现数据导向？**第一，要认识到数据是企业最大的资产，要关注数据资产的价值。第二，要经营数据，挖掘数据的价值，要跟客户进行深度的链接，这就意味着你跟客户之间的关系不再是简单的一次性的交易关系，而是多次交易关系，是客户的终身价值，是对客户全生命周期的经营。第三，实现生产与消费者的精准匹配。以消费者为中心，先销售后生产，可以实现生产和消费的精准配置，这样就提高了系统效率。为什么要经营大数据？就是为了实现生产和消费者的精准配置，使得人力资源不浪费，效率最高，这是企业经营数据所要关注的核心问题。

三、从企业导向转型升级为产业生态导向

任何一个产业发展的历史性机遇都源于产业供给端与产业需求端匹配方式的重新配置，以及社会化分工体系的重构。

“生态”是数智化商业的核心概念。原湖畔大学教务长曾鸣教授认为，一个商业生态就是一个协同网络，是多元角色的复杂在线协同对于传统供应链管理的超越，是平台和多元物种的组合。“未来的企业只有两种，要么是生态化，要么被生态化”（彭剑锋）。产业生态时代的核心主题词是：去中心化、链接交互、平台赋能、自主经营体、利他趋势、生态体系、颠覆创新、数据驱动。

要抓住产业生态时代的机遇，企业需要升级经营理念，从经营企业升级为去中心化思想、利他主义、长板效应的开放式产业生态经营理念，在构建或参与产业生态中寻找到自己的新繁荣之道。

（一）构建开放竞合的产业生态体系

我们所理解的产业生态有以下几个显著特征：一是开放。生态一定是开放式系统。产业生态导向要求企业从封闭式系统走向开放式系统，从封闭式产业链到开放式产业链。二是破界。破界、跨界，产业生态就是要跨界融合，组织模式、经营模式都是跨界的，不是过去单一的聚焦。从产业生态来讲，未来的企业就是两类：要么是产业生态的构建者，要么被生态。三是利他。生态一定要利他取势，共生、共赢，不能利益独享、资源垄断，利他是价值基点，共创共赢是目的。四是协同。未来，整个社会是一个开放的协同体系，企业的战略定位就是你在这个社会化协同体系当中的定位。也就是说，你必须自觉地把自己看成生态体系中的一个点，依据与其他的点的协同，连成生态链、生态圈，继而在一个巨大的面（生态网络）上获取比传统模式下大得多的商机。五是平台加分布式。未来的组织一定是以用户为中心的"平台＋分布式"的赋能型组织。企业要么构建一个平台，要么加入一个平台。这也是曾鸣教授所讲的"平台和多元物种的组合"。

随着社会经济的发展和科学技术的进步，社会分工日趋深入和细化，企业的价值创造过程越来越复杂多变，用线性的研产销流程已无法提供满足市场和客户需求的产品与服务。**未来，社会与市场是一个深度关联、跨界融合、开放协同、利他共生，看似无序但生机勃勃的生态圈系统。**企业需要从传统封闭、线性发展思维，对立竞争的个体生存方式转变到开放、竞合、深度关联的产业生态中寻求更大的发展。从线性思维到生态思维，从工厂思维到客户价值思维，从用户视角出发做出极致产品，从封闭式的产业链思维到开放式的产业生态思维，从单一中心到多中心分布式的思维，这是一场认知的革命。

（二）从对称性战略到非对称性生态型战略

产业生态思维下，企业的战略也要发生转变。从战略目标来讲，企业一是要从企业导向转型升级为产业生态导向，要求我们的战略目标一是要有前瞻性，一定要面向未来，预见未来，战略很多是来自对未来的预见。提出更高的挑战性的目标，去挖掘尽可能多的可能性，要跳起来去够到这个目标。二是要走出经验曲线，从连续思维到非连续思维。也就是说，战略生态化要求战略目标的制订要有颠覆式创新的战略思维，一定要提出具有挑战性的、大胆的战略目标，基于未来去寻找更大的新的战略增长点，寻找增长的第二极。

从战略定位来讲，过去主要还是目标市场定位，现在的战略定位是在整个社会化协同体系中怎么找到自己的定位。从企业的战略优势来讲，要形成内在核心能力 + 外在生态优势，内外双轮驱动的两大战略优势。从战略的格局来看，要跨界融合、开放无界，从封闭式的战略思维走向开放式的战略思维，从有围墙的花园走向与用户融合的生态圈思维。从战略资源配置原则来讲，从非对称性资源配置原则到对称性资源配置的原则，从把鸡蛋放在一个篮子里面，到把鸡蛋放在 10 个篮子里面。但这并不是说不聚焦，而是在动态之中去选择、去聚焦；从单一的聚焦走向在试错、迭代中去寻找聚焦点。从竞争意识上来讲，要从零和博弈思维走向利他取势，竞争合作，共建生态链。过去的竞争是把竞争对手打死，独木成林，现在是要利他取势。构建同生共赢的竞合关系和生态体系环境。

（三）坚持长板主义，与产业生态要素资源共同发展

产业发展中最核心的是要素资源的使用与配置，过去，企业之间的竞争主要是要素资源的抢夺，而在产业生态思维下，企业要做的事情，就是要坚持长板主义，与产业之间进行要素资源协同，以谋求产业生态发展。

生态协同发展的核心要点是用“长板理论”替代“木桶理论”。“木桶理论”关注于补齐短板，是一种均衡对称的思维；“长板理论”则是把自己的长项（核心优势和能力）发挥到极致，形成产业链中不可或缺的要素，再去寻找其他要素长板，紧密协同、共创，成为“容量”更大的“桶”，装更多的水，并根据分配机制进行价值共享。

“长板理论”是一种非对称均衡的优势发展理论，在生态协同发展思维下，“长板理论”的要点是不要试图去补齐自己的短板，因为要补齐短板，有时候需要锯了自己的长板（牺牲已有的优势）去补自己的短板。如果用生态协同发展思维，每个产业生态伙伴都要把自己的长板做到更长，用别人的长板补自己的短板，形成聚合优势，共创、共担、共赢。基于“长板理论”的产业生态构建将是智能化时代产业发展的主旋律，任何一家企业不可能也不需要构建产业生态的所有核心要素资源。

比如，苹果、安卓的手机操作系统很强大，但实际上，苹果和安卓都只是提供了一个平台，供其他人在上面做生意（App、应用小程序、游戏等），通过

提成的方式来实现收益，这就是平台式开放合作的典型案例。

再如，小米生态模式有两个最打动人的地方：第一，实现了员工和客户之间无边界的对话，客户和小米的员工之间可能会随时转化，这在其他企业里不太容易实现的。这就是所谓的打破边界，把客户和企业的边界打破，这是很厉害的一个地方。第二，小米本身不做任何一个产品的生产，它出资本、管渠道、定品牌，提供供应链及提供产品开发设计和用户研究，其他的环节全都由生态链上的公司做，这是典型的无边界的概念。也就是说，小米只做自己擅长的东西，其他全部采用外包或合作的方式。小米就是典型的产业要素协同发展的商业模式，从组织模式上来说就是“平台 + 分布式”，这种模式可以很快速地建立产能、开发新产品。

对这些企业的探索中，我们总结认为，**进行产业要素资源协同发展，有以下三个关键转变。**

第一，从所有权思维转变为使用权思维。即改变过去使用资源就要先占有资源的思维。现在不一定要先占有，而是可以先使用，只要能使用且能把价值发挥出来就可以，通过产业要素之间的协同共同创造价值。当然，前提是你自己有能够和别人进行协同的长板，你不可能拿自己的短板去和别人的长板协同，反过来也一样。产业上的各个环节是协同共创、价值共享的思维，而不是独享和占有思维。在产业互联网时代，一切皆可连接，一切皆可交互，一切产业资源与生产要素都可以进行社会化、全球化，整合起来为我所用。**产业的技术创新要素、人才要素、品牌要素、资本要素等将日益社会化。**不求人才所有，但求人才所用；不求资本所有，但求资本所用；不求资源所有，但求资源所用。也就是说，人才、资本、资源都要从过去的所有权思维，转变为使用权思维。未来，企业构建的是平台，是生态，只有当所有的要素资源能够在平台上去展示、发挥作用、放大个体价值时，才是真正的平台和生态。

第二，内部资源社会化，社会资源共享化。产业要素资源协同，前提是开放合作，企业要将内部的产业要素社会化，转化为社会化的共享与基础体系，把你的长板和社会连接，把内部的基础资源、优势资源进行社会化共享，从成本中心转化为利润中心，这都是可行的。未来，如阿里巴巴、京东这种企业可能都将成为生态型、平台型企业。一方面，这些企业会将内部的产业要素社会化，为社会提供基础平台。京东的物流，未来只有为社会提供基础性的物流平台体系，才有生命力，否则一定会遇到成长的瓶颈；另一方面，这些企业也会充分进行社会化要素内部化的转换和使用，开放、合作集聚社会资源。就像苹果公司一样，0～1 的创新都是社会的，而不是苹果自己的。而1～10、10～100都是在苹果的平台上去实现的。因为0～1 的创新一定要靠天才，天才本就稀缺，企业也不可能培养那么多天才，因此就得借由社会化创新，跟社会化资源进行链接。这样，企业的创新成本相对较低，且具有不衰的活力。

充分利用要素资源的社会化是产业生态构建的核心。社会化的意思就是不要封闭在企业内部，要敢于破界、跨界，不要把资源都封闭在自己的厂房里面，进行内循环，而是要到生态中去循环，这样资源才能创造出更大的价值。

第三，产业要素资源协同牵引产业发展模式巨变。企业要坚持“长板理论”，与产业生态要素资源协同发展。具体操作上可以采用包括但不限于战略合作方式、参股控股方式、产业基金方式、事业合伙方式等，目的是形成紧密长期的利益和事业连接纽带。

产业要素资源协同将带来一系列转变，将产业链上游从供应商的短期交易模式转变为依靠长期资本增值与共享的供给侧整合平台模式；将产业链下游从代理商的短期交易模式转变为依靠长期资本增值与共享的需求整合平台模式；将竞争对手从简单低层次的竞争关系转变为产业增量机遇共享背景下的竞合关系；将资本资源从简单的讨价还价对价博弈转变为资本供给与产业价值整合的模式；将政府资源从简单的政策支持转变为基于产业发展与区域经济发展逻辑的合作共赢模式；将服务机构从授权短期服务费的模式转变为长期的基于价值创造的共同体模式。

（四）企业要成为产业生态的组织者、参与者或者超生态的链接者

从企业导向转型升级为产业生态导向，未来的企业组织将会是这三大类：第一类是生态圈的构建者，例如，当前的阿里、华为、腾讯、小米等企业，通过赋能平台的构建，为众多生态圈企业提供坚实的生存发展空间；第二类是生态圈的参与者或依附者，如小米的生产制造商、温氏的家庭农场主等，他们在生态圈构建者的平台上生存发展；第三类是超生态的链接者，例如，某些细分或垂直领域的隐形冠军企业，凭借独特的产品、技术、资源等要素，与众多生态企业连接、交互成为超生态者。

生态是技术和商业发展的必然，企业在未来发展的路径上将不得不与产业生态共舞，企业如何进行产业生态构建？华夏基石建议：首先，找到产业基础

和创新的原点，思考增量在哪里，原有市场是否存在，为什么别人愿意与我合作，大家如何盈利等问题；其次，形成战略生态化的价值主张，然后找到自己的长板，并将这种长板能力平台化，然后完成生态伙伴 0 ~ 1 的合作，在磨合的过程中理解生态伙伴的真实需求，进一步深入设计交易结构与合作模式，通过帮助生态伙伴取得成功树立标杆作用，并与更多的潜在生态伙伴完成连接与交互，形成模式的复制，随后持续迭代，使产业生态保持创新活力与创新优势。

华夏基石认为，在数字化、智能化时代发展潮流中，未来的企业发展趋势会是这样的——以互联网和去中心化为核心思想，以“平台 + 分布式”为模式，以合伙人为机制，以产业生态为组织形态的供给侧集群与需求侧差异偏好在细分领域的重新匹配。

企业要顺应时代潮流、跨越经济周期和成长陷阱，保持长期价值主义追求企业持续增长和成长转型，首要的是进行认知革命与思维创新，进行三大经营之变：从生产导向转型升级为客户导向；从销售导向转型升级为数据导向；从企业导向转型升级为产业生态导向。

树立“新六化”思维，构建企业持续增长的新动能

彭剑锋　陈　明

在新时代，企业首先要改变的是思维与认知模式，认知与思维的革命要从经营管理的基本命题开始，即战略、组织、人才、领导、资源、运营。面对新挑战，企业需要围绕战略生态化、组织平台化、人才合伙化、领导赋能化、运营数字化、要素社会化这“六化”，构建持续增长的新动能。

一、战略生态化：打破战略边界，成为产业生态组织者、参与者或跨越者

（一）企业战略的核心，是针对持续成功的顶层设计思考

“顶层设计”这个名词最早来自信息产业，主要包括基本的价值取向，要达到的主要目的及先后顺序。顶层设计的核心就是确立价值取向，目标在什么地方，资源配置的先后秩序是什么，要有秩序的发展。从无序发展、野蛮成长，真正走向有序的发展。华夏基石所倡导的顶层设计是企业面向未来的核心价值观体系及有关事业理论与经营命题的基本假设系统，是体现企业家内在的使命追求与长期价值主义的正确表达系统，尤其是要体现企业家长期价值主义的追求。

顶层设计的思考基本上围绕五个主要方面：共同的目标追求是什么；价值观和立场是什么；核心的经营命题假设与商业模式的底层逻辑是什么；如何打造和激发一支能打胜仗的队伍；如何打造组织能力。

（二）基于生态的企业战略选择与战略定位转变

1. 战略生态化思维

企业的战略思维要从基于经验曲线的连续性线性思维转向基于未来不确定性洞见的生态战略思维，企业家要从埋头拉车、种地，转变为洞察未来的趋势、变化与机遇。依靠旧地图，找不到新大陆，要勇于创新，走出经验的舒适区。企业的战略定位，要从有界到跨界融合的社会化网络分工体系中去定位，从点、线、面、体四个方面去寻求生存和发展的位势。企业的战略选择不再是非对称性的、单一聚焦战略选择，而可能是对称性的多选择、动态探索中的迭代聚焦。市场竞争不再是“零和博弈”的二元对立思维，而是利他取势、共生共存的生态圈思维。未来的企业主要有三类：生态圈构建者，生态圈参与者或依附者，超生态连接者。

未来是产业互联网与物联网时代，企业需要有产业生态思维：从战略长度来讲，就要更具前瞻性战略思维，站在未来看未来，走出经验曲线，勇于突破资源与能力局限，创新成长；从战略宽度来讲，要具有跨界融合、开放无界、利他取势的战略思维，在社会化网络协同体系中找到企业的战略定位；从战略深度来讲，必须要有全产业布局与产业整合、全球资源配置与运营的战略思维，必须站在全球化的角度整合人才，让全球人才与智慧为我所用。

2. 小米的生态战略实践

小米的成功是战略生态化的典型范例。小米用8年时间做到了1800亿元规模，除了依靠业界“牛人”组成的团队外，更重要的是它有领先的生态战略思维，即所谓的用互联网的思维去做实体经济。小米构建了一个产业生态，从产品设计到用户连接，从产品研发到供应链管理，从品牌营销到渠道建设，到资本运作，全方位为产业生态企业提供服务、进行赋能的一套产业生态体系。参与到小米生态链的有几百家企业，小米对这些企业持股不超过20%（有的5%，有的8%），也就是说在产权上这家企业可以不为我所有，但是你必须在我的平台上运行。对于生态企业来讲，要么你构建生态，要么你参与一个生态，因为你只有参与生态，借助于小米的产品设计、渠道、供应链，你才能得到迅速地发展。

通过这种平台的构建、生态体系的构建，小米就不再是一个手机生产商，它现在成为全球最大的消费性物联网平台。小米的核心能力第一个是大数据，因为所有的产品将来都会进入物联网，都可以收集消费者需求和使用数据，所有的数据要回到小米的平台上。未来像小米这种企业，最大的财富就是所拥有的消费者数据，通过消费者数据提高企业的算力，通过算力去给消费者提供解决方案，然后整合生态体系，为消费者提供各种产品服务。围绕客户需求提供全方位的产品解决方案。

同时，"米粉"作为员工，让其参与产品设计、产品的市场推广、产品的研发过程，又构成了一个人才生态圈。除了我们所讲的物流生态圈、产品生态圈、信息生态圈，还有人才生态圈。有时候小米一款产品研发可以发动数百万网友一起来进行，研发完当场可以下单，基本上可以实现先消费再生产，而不是先生产再把产品卖出去，这就是互联网时代新的模式。企业经营的是客户价值，而不再是所谓的产品。一家企业拥有的最大资产是消费者数据，是与消费者的连接，是跟消费者之间的体验和交互。

3. 百果园的产业生态构建与管理

百果园的发展是生态构建的又一典型范例。百果园给自己的定义不是一个简单的零售商，而是新零售商，本质上是一个以水果产品为核心的产业生态商。百果园提出"为消费者提供好吃的水果"，这就不仅仅是卖水果，也不仅仅是渠道的问题，而是要打造好吃水果的产业生态，就必须抓住六个产业生态的要素：一是全球基地的连接；二是优选品种；三是保证生态种植；四是注意科学的采摘；五是水果的物流运送链；六是有严格的质量标准。

百果园这几年的生态布局，打造了三个生态。一是渠道生态，线上线下渠道。二是产品生态，构建了一个优质的产品生态体系。三是赋能生态，最重要的是要赋能，消费者需求、偏好这种数据经过长期的积累就拥有了消费者数据，还包括养殖的数据、科技的数据。养殖的赋能，怎么帮助果农更好地生产，资本的赋能管理服务，要提供赋能的服务体系。至此，百果园完成了从传统的水果零售企业到产业生态构建者的转变，围绕着为消费者提供好吃的水果，进行产业生态链的建设、管理与赋能。

通过小米和百果园的实践探索，我们看到，在数字化、智能化时代，必须要从传统的线性思维转向产业生态的理念，拥有海量数据和数据应用能力，通过客户价值主张、数据，整合产业生态，为消费者提供不同层次、不同类别的产品和服务，这就是生态化的战略思维。

二、组织平台化：从层级组织转变为面向需求和场景的“平台化+分布式”组织

（一）组织无变革不成长

1. “大企业病”的陷阱

无数企业兴衰的案例证明：大企业失败的原因只有少部分是源于对外部战略机会的误判，大部分是因为无法调整内部组织及人才机制以适应已经改变的世界与新机会。诺基亚、摩托罗拉这些曾经的巨星企业之所以陨落，不是因为领导者没有看到移动互联网时代手机的智能化趋势，而是无法调整在功能型手机时代积攒的组织惯性，不愿走出成功的“舒适区”，懒于组织变革，无法调整组织的航道，建立起与转型相匹配的新组织能力与人才队伍。

许多小企业活不长、做不大，也不是企业家没有抓住风口和机会，主要原因在于，一方面，企业的成功完全依赖企业家个人的能力，企业的发展受制于企业家有限的时间和精力，没有构建一个团队，没有打造一个不依赖于个人的组织，完成从机会成长到组织成长、从个人能力到组织能力的转型。另一方面，组织未老先衰，高管团队小富即安、激情衰竭，小企业出现“大企业病”，失去了小企业的敏捷与活力。所以，**企业要持续成长，核心还是组织变革与人才机制要常青常新。**

2. 组织面临的挑战

在数字化、大连接、人工智能时代，消费者与人才需求的变化倒逼组织变革与人才机制创新，倒逼组织必须面向客户，打造客户化组织，倒逼组织必须持续激活人的价值创造活力。

从消费者需求层面来讲，消费者需求层次提高，进入品质诉求时代；消费者需求变化加速并且日趋个性化、多样化；消费者主权意识崛起，对信息对称和信任、信用诉求提升；消费者价值诉求趋向一体化体验和整体价值诉求。这几大变化都在倒逼组织进行创新。

从人才需求层面来讲，人才的价值创造地位变了，不仅分享价值，还要参与公司治理，从雇佣关系要变为合伙关系；个体价值通过组织平台与赋能而被放大，改变了个人与组织的关系；万物连接创新了人的组织与劳动价值创造方式，创新了人的沟通与组织协同机制；人才需求层次提高，参与感提高。这几

大变化同样在倒逼组织创新。

3. **组织的六大问题与变革方向**

市场和人才在倒逼组织变革，同时，企业内部积累的不适应新时代的组织与人才机制问题也逼着组织不得不变。概括起来，组织有以下六大问题与变革方向。

（1）组织运行行政权力导向，而非客户导向，使得企业内部官僚主义、形式主义盛行，领导行为不务实、不接地气；

（2）组织离客户太远、决策重心过高，层序多，审批环节过多，机构臃肿、信息不畅、机体僵硬、行动缓慢，对外部变化反应迟钝；

（3）组织人浮于事，人为地互相制造工作，许多人很忙、很累但不创造价值，不能成为价值创造者，也不能有价值地工作；

（4）组织内部等级森严，信息封闭，部门墙、本位主义严重，流程冗长、不畅，部门之间不配合、不协同，各自为政；

（5）组织封闭、不开放，功能模块板结、机制僵化，危机意识淡薄，员工守成、组织气氛沉闷，员工被动工作、活力不足；

（6）组织雇佣军文化、价值观不统一、凝聚力差、一盘散沙，“空降部队”与“地面部队”文化难以融合，缺乏价值观的统一。

面对挑战和问题，企业必须进行变革，一方面通过建立“平台化 + 分布式”的组织，来克服时代变化、消费者变化等对组织的挑战，另一方面在解决组织问题的过程中建立起组织理性、打造组织能力。华夏基石根据对全球五十家世界级领先企业的发展史和最优实践的研究总结，决定和影响企业持续成长的有八大最优实践，也称为“组织能力建设”的八个方面，分别是：

第一，正确的战略选择与超强执行力。

第二，优化的公司治理与卓越领导力。

第三，超强的组织能力与客户化流程。

第四，领先的产品技术与市场营销能力。

第五，敏捷高效的供应链与价值链管理系统。

第六，具有凝聚力的文化和充满价值创造活力的人才。

第七，共享的知识、信息与协同合作平台。

第八，卓越的财务技能与资本运作力量。

（二）未来组织：平台化＋分布式

1. 组织变革实践中的“五去”趋势

与战略的生态化相适应，组织日益扁平化、网络化，“平台化＋分布式”将成为主流的组织模式选择。平台化既是一种新经营模式，也是一种全新的组织模式，淘宝网、小米生态、温氏的企业＋农场主就是一种平台化企业或平台化经营模式，而华为、美的、海尔、韩都衣舍则是一种平台化组织管理与内部平台赋能模式。

许多企业已经在理论和实践方面做出了有益探索。如红领集团提出了“源点组织论”，韩都衣舍提出了“平台＋项目小组”的蚂蚁军团式组织，海尔提出了“平台＋自主经营体＋创客化”的指数型组织，华为提出了基于“平台＋小集成经营体”的“铁三角”“陆战队”与“重装旅”式组织，小米实践了“开放式平台＋生态化组织”，京东提出了“新三维组织”（客户导向型组织、价值契约的钻石型组织、竹林共生的生态型组织），阿里巴巴提出了“平台＋赋能型组织”。2015 年，美的集团开始了“去中心化、去权威化、去科层化”的内部组织改造，并借此构建了 7 大平台、8 大职能和 9 大事业部为主体脉络的“789”新组织架构；温氏构建了基于互联网连接的“平台化管理＋56000 个家庭农场”的分布式组织模式；永辉超市提出了“平台＋小前端＋富生态”的组织形态……

我们总结归纳认为，所有这些企业的平台化组织变革与创新都具有五个特征：

（1）去中介化。缩减中间层，降低组织决策重心与减少管理层级，由垂直科层、单一结构转向扁平网状结构，打造扁平化、平台化、赋能型组织。

（2）去边界化。打破内外边界，构建生态，使整个组织内外跨界、开放融合，拆除部门墙、打破流程桶，以客户为中心平行自动协同，形成生态化系统，为客户提供一体化价值体验。

（3）去戒律化。打破固有秩序与规则，开放包容，鼓励员工创新创业，充分尊重人的自主创新精神，通过事业合伙机制，真正让员工有更多机会参与管理与共治，使员工从被动工作转向自我担责、自我驱动。

（4）去威权化。淡化威权领导，倡导赋能领导，打破官本位，开放职业发展通道，尊重专业权威与业务权威，按角色与任务责任建立汇报沟通关系。

（5）去中心化。打破一切以行政领导为中心的垂直指挥命令系统，一切以客户为中心构建多中心平行运行机制，去中心化不是说组织不要核心，不集中配置资源，而是要以客户为中心来实现资源的动态配置，中心不是来自预先设计，而是来自市场与客户动态选择。

2. “平台化 + 分布式”将是组织变革的主流趋势

“平台化 + 分布式”的生态化组织经营模式是众多领先企业基于互联网与共享经济的长期战略选择和经营模式的创新。

（1）从企业实践来看，苹果、微软、谷歌以及脸书和亚马逊这五家公司能获得急速成长，而且具有极强的引领能力，就是因为“平台化 + 分布式”的生态化组织体系建设。

（2）平台化加分布式的生态化组织经营模式一旦形成，既能够使小作业单元独立自主经营，具有创新创业的冲动和活力，又可以充分发挥平台化、集约化的规模经营与管理效应。

（3）“平台化 + 分布式”的生态化组织经营模式能激发员工的创造性，依据员工的创造性和激发组织的活力，使得整个组织快速响应消费者需求，进行低成本条件下的企业创新、试错以及快速的迭代，只有平台化 + 小前端（项目、自主经营体） + 生态化，才能真正实现价值链创新、协作关系创新和资源配置创新。

（4）基于平台的自主经营体充满活力与内在经营扩张冲动，易于实现规模扩大和业务指数型增长。

（5）数字化、大连接与人工智能为“平台化 + 分布式 + 生态化”模式的有效管控与运营提供了坚实的数字化、平台化的技术条件，使平“台化 + 分布式 + 生态化”模式的高集约、高效率、高活力、高成长成为可能。

3. “平台化 + 分布式”组织的 48 字方针

未来组织模式到底是什么样？我们研究了 20 多家企业的平台加分布式前端（项目、自主经营体）的生态组织模式，认为**未来的平台化经营与组织管理模式，可以用 48 个字来概括：生态布局、网状结构，数字驱动、平台管理，责任下沉、权力下放，领导赋能、任务协同，独立核算、自主经营，共识共担、共创共享。**

（1）生态布局、网状结构

在战略上，企业必须要有生态的战略思维、生态的业务布局，对平台化与生态有长远的战略意识、足够的战略耐心与战略定力。同时，通过变革，打破科层制组织的垂直结构，代之以扁平化的网状组织结构，组织不再封闭，要开放合作，跟客户与外部生态之间要融合构建生态优势，整个组织的结构体系，不再是一种垂直结构——指挥命令系统一统到底，而是一种串联和并联交织在一起的网状结构，是多头的、多中心并行的、交织的网状型结构。

（2）数字驱动、平台管理

在生态布局和网状结构的组织中，组织的有效运行必须有两个基础条件。第一个基础条件是数字驱动。没有数字驱动就谈不上生态布局以及网状结构的运行，所以企业必须要实现数字驱动。数字驱动不仅仅是信息数字化、业务数字化，更需要企业在经营管理模式上进行数字化转型。整个企业内部的运行不再是根据上级指令，而是依据需求端所产生的市场任务和任务所转化的业务数据实现数字驱动。第二个基础条件是管理的平台化。有了数字上移、数字驱动，组织就可以构建管控与赋能平台，向一线前端配置资源并赋能，给前端“打仗”提供空中支持，提供好的“枪支弹药”，提供充足和及时的“粮草”，提高一线综合作战能力。

（3）责任下沉、权力下放

有了数字和平台做保障，经营责任就可以往下沉，而不是往上推，组织中“端对端”都在承担经营责任。企业一定要建立责任共担体系，在责任共担体系下沉的同时，还要做到权力下放。没有责任下沉，权力下放，就谈不上自主经营体，就谈不上分布式经营与管理。

（4）领导赋能、任务协同

领导不再是威权化领导，一定是愿景 + 赋能式的领导，愿景使得全员对应目标，用规范化、体系化取代领导化。领导的角色转变为对整个组织建立标准、规范、体系和机制承担责任，以确保整个体系的运转和优化，这就需要组织在扁平化、中间层消减以后，真正走向赋能式领导、愿景型领导。最重要的是内部任务要市场化。企业内部的任务是基于数据进行资源（包括资金资源、人才资源）的配置，企业内部的任务将来一定是市场化交易。也就是说，各个经营“作战”单元跟平台之间的关系主要是市场化交易关系：一是内部任务可以市场化交易，二是内部任务也可以外包化。前提条件是必须建立内部的任务市场交易体系。

（5）独立核算、自主经营

没有独立核算体系，就谈不上分布或自主经营。企业内部必须建立独立核算体系，重构财务核算系统。只有这样，才能做到内部任务市场依据标准和模块，真正实现任务市场的交易。依据任务市场的市场化交易来组合人才、整合资源，未来企业里可能没有那么多职能部门、没有那么多领导，所有的职能部门都将是动态化、模块化、标准化、插件化的，依据任务市场来形成新的机构和新的人才组合。当然前提条件就是必须要独立核算，自主经营。

（6）共识共担、共创共享

组织的责权利机制必须建立在合伙机制基础之上，这就是我们所讲的真正要建立在共识共担、共创共享的机制之上。所谓共识就是共享愿景与目标，所谓共担就是共担风险与共担责任，共创就是发挥个体优势，团队协同共创价值，并依据价值贡献，分享公司剩余价值。

三、人才合伙化：动态股权增量分享，打造共识共担、共创共享的事业合伙制

（一）事业合伙制是针对创新创业者的内部战略性动力机制

1. 事业合伙制是一种长期的战略动力机制

经过近几年经济增长方式的结构性转型升级，中国经济逐步进入创新驱动、人才驱动的新发展阶段，从单一追求 GDP 规模增长转向品质发展时期，从资源与外向拉动转变为内生式创新与人才驱动。创新与人才驱动发展的背后，实质上是创新性人才和创业者驱动。要使得大量创新与创业型人才脱颖而出，企业就必须要找到一种战略动力机制，鼓励创新创业，使得知识创新者能脱颖而出、创业者能开拓奋斗。也可以说，在经济社会进入新的发展阶段后，企业建立新的竞争优势和谋求新事业、新业务的突破性成长的关键，在于能否创造一种长期的战略动力机制和激励机制。而事业合伙制正是一种长期的战略动力机制。事业合伙制是中国企业创新驱动、寻找新动能的一种战略选择，是一种战略动力机制。从时代大背景的角度来讲，它也是能实现动能转换的大势所趋。

事业合伙制的对象主要是两种人：创新者和具有企业家精神的创业者（我们叫准企业家）。事业合伙制不是普惠制，不可能针对企业所有的人员。华夏基石事业合伙制主要针对企业具有创新精神与创新能力的高端人才，具有企业家精神的创业者，是一种非普惠制的长期激励机制。

2. 事业合伙制是吸引、激励、培养和保留创新性人才的有效制度

事业合伙制对于吸引、激励、培养和保留创新性人才，对激发企业内部的创新创业激情，是一种较好的制度安排。

（1）事业合伙制是实现生态战略的有效机制。第一，可以全球整合人才，全球整合创新型人才、具有企业家精神的人才，为我所用。第二，打破组织边界，以合伙制整合产业生态。按照华夏基石提出的事业合伙制可以有渠道合伙人、产业生态合伙人，所以合伙制不仅仅局限于企业，也是一种打通上下游、破界整合资源的一种制度安排。第三，有利于产业生态的形成，通过跨界合作和合伙制连接更多的资源。

（2）事业合伙制是一种基于互联网连接人才资源、连接创新资源的“凝固剂”，通过连接实现人才聚集、能量交互的“连接器”，通过连接人才来连接生态。

（3）事业合伙制可以在企业内部形成不同形式的人才聚合体，围绕共同的目标运行，实际上不仅是分布式经营，人才也是分布式的，它不再是以一个人为中心来进行组织，而是去中心化的分布式、多中心。

（4）事业合伙制恰恰是激发人的创新创造潜能，回归人的价值最重要的体现。数字经济时代最本质的特征是创新，人是创新创业的主体，创新就是要调动人的内在潜能，激发人创新创业的激情，真正回归到人本主义，真正回归到人的价值。**事业合伙制本质上是一种“智合”，它首先体现为智能合作与权、利分享。一是剩余价值索取权的分享，二是对企业的经营决策有话语权。**海尔搞自主经营体是基于“人是目的不是工具”，人最重要的是要有尊严、要有成就感，而事业合伙制是真正激发人的价值创造，呼唤创新创业精神，承认人的价值，给人的价值回报最好的方式。事业合伙制通过“智合”与“资合”的连接，让个体融入组织、融入共同的事业，在平台上聚合和放大每个个体的价值，也让个体得到充分的尊重、获得成就感。

（5）事业合伙制是一种真正回归到人本、回归到价值的机制制度。所有变化的底层原因是需求变了，企业经营是围绕消费者在变、围绕人在变，就都回归到人本。事业合伙制是一个全新的商业文明，是一种新的公司治理，是一种事业成长的内在战略性动力机制，新的人才动力机制。

像海尔的“人单合一”的自主经营体，温氏的56000个农场，韩都衣舍几百个产品小组组长，每个分布式经营体的责任承担者就是事业合伙人。也就是说，在平台化＋自主经营体这种组织模式下，平台更多的是赋能，提供支持帮助，每个分布式的自主经营体的责任人就是一个合伙人。这种生态型组织的典型实践案例如苹果公司，几乎不做从0到1的事，而是把那些初创企业、小微企业连接进生态，把它们的创新技术和产品通过平台的放大效应，把它从1做到100、1000，实际上就是通过连接创新性的人才来构建生态。国内的典型实践案例，如怡亚通通过加盟店、温氏通过合伙农场、小米通过品牌和投资，实际上是把具有企业家精神的人聚合在一起，真正实现了公司治理的相关利益者共担、共创、共享。

3. 建立事业合伙制要求先选对合伙人

合伙制作为企业的一种针对创新、创业者的内部战略性动力机制安排，首先要选对合伙人。选对人可能比培养人更重要，企业要辨别真正的具有创新创业精神的创新创业者，要么是有创新意识和创新潜能的人，要么是能去开拓一番事业、独立承担经营责任的人，这两类人其实是最适合合伙机制的。产品创新、机制创新都是创新，能从0到1，把产品设计出来，或者从1到100，能够开拓一个市场，独立承担市场的经营责任的准企业家，这都是企业事业合伙制要找的人。

知识型员工成为企业价值创造主体，人力资本与货币资本的关系不再是资本雇佣劳动、剥削者与被剥削者的对立关系，而是相互雇佣、平等的合作伙伴关系。知识型员工三大价值诉求：一是剩余价值索取权；二是经营管理参与权；三是工作成就感。

（二）华夏基石事业合伙制32字价值主张

在多年研究、实践、优化、创新事业合伙制理论与实践的基础上，结合华夏基石丰富的咨询案例成果，华夏基石提出了中国企业事业合伙制新价值主张，即以事业合伙机制为战略动力机制，凝聚和激励企业知识创新者与经营管理人才，持续奋斗，突破企业事业发展瓶颈，实现企业事业与业务新增长的32字方针：志同道合，利他取势，共担共创，增量分享，相互赋能，自动协同，价值核算，动态进退。

1. 志同道合

“志”是共同的志向与抱负，共同的使命追求，共同的事业追求。首先是有理想、有追求，然后对未来的目标追求有共识，是同道人。即目标追求的契合度，要有共享的事业目标，共同的对产业、对事业的深度理解。“道”是共享的价值观，是共同的规则和经营的道德底线。道不同不相为谋，要搞事业合伙制首先要找到同道人，选人比培养人更重要。大家的价值观一致，价值取向一致，就可以减少内部交易成本。不仅要有共享的价值观，能够达成共识，也需要大家愿意遵守这种价值观，坚守这种价值观。有了共享的价值观，企业才会有战略定力，才能够坚守。事业合伙制是一种新的制度体系、新的规则体系，所谓“始于信任，守于规则”，一方面是大家能够遵守规则，认同规则；另一方面是守住企业经营的底线。事业合伙制不是一种机会主义动力机制，而是长期价值主义的动力机制，需要大家有足够的战略耐心，能够控制欲望，掌控节奏。需要合伙人有长期的战略思维，要有战略定力。

2. **利他取势**

“利他”来自产业生态思维。“利他”不是简单地给人让利、分利，“利他”的核心是成就他人，就是成就各相关利益者，为人才创造价值，为客户创造价值，为股东创造价值，这个基点是不变的。这种价值的创造是成就人才、成就客户、成就股东、成就合作伙伴，形成生态。同时，“利他”就是赋能。基于价值创造，为相关利益者赋能、为员工赋能，整个组织就是赋能的平台。平台是合伙人能力的助推器、价值的放大器，离开这个平台，自己单打独斗就干不成什么事。

什么叫“取势”？取势的核心是能量的聚集。一是能量聚集，通过数字化、互联网连接，聚集小的力量可以产生大的能量场；二是相互赋能、相互借势，形成多中心的能量场，不是一个能量场。此外，“取势”还意味着企业不要只追求短期利益，短期可能让渡了利益，但是获取了长期持续发展的势能。未来的组织成长，通过人才、资源的连接构建生态，实现生物化般的裂变和聚变效应，通过组织的裂变和聚变，企业可跃迁式成长、突变性成长，而不仅仅是积累性成长和连续性成长。未来企业的成长思维，很关键的就是“利他取势”，在产业生态中相互成就，相互创造价值，相互赋能。

3. **共担共创**

合伙制价值主张最核心的就是要共担风险，如果没有风险共担就不叫合伙人。合伙制在资金层面上就是要买股票，一定要出钱，利润分享的份额要实缴，而不是一种赠予，一定要担风险。因为合伙制就是要选拔具有创新创业的企业家精神的人。企业家精神最核心的是什么？第一是创新，第二是敢担风险。落实到操作层面上，合伙人首先要担风险，其次要扛责任，要有责任担当。合伙制是一个绩效责任体系，合伙人要独立承担经营责任，这是核心。

“共创”的核心内涵，首先是每个合伙人都是价值创造者，创造价值是合伙人能够在组织之中获得尊严、获得话语权、分享利益的基石。共创实质上是要带来企业的增长，这跟后面的“增量分享”是有关系的，每个合伙人都要为企业创造额外的价值，要带来企业的增量成长。每个合伙人都是独立的价值创造者、贡献者，创造价值是核心。实际上合伙制产生的前提就是承认知识创新是企业价值创造的主导要素，合伙人必须是一个价值创造者，不是价值创造者不能成为合伙人。“共创”另一个内涵是协同创造价值。合伙制除了要发挥每个人的价值创造的能量，把每个人价值创造的能量发挥到极致，还要强调协同产生价值。合伙制产生的思维是生态思维，除了聚合思维、取势思维，共创也是生态思维：共同创造生态价值，共同维护整个价值生态体系。

4. **增量分享**

增量分享的核心内涵是我们所讲的合伙制一定要带来组织的成长，客户价值和企业利润的增长。成长是合伙制的共同目标，如何实现企业的战略成长，如何为企业带来增量、带来价值，是合伙制的核心。价值增量包含几个层面：要带来组织的价值增量，带来企业成长，带来业绩增长；要为客户带来增量的价值；要为人才带来增量的价值；要为相关利益者带来增量。所以，首先要有成长，要有增量。组织要实现裂变和聚变效应，实现“变道超车”，其核心就是实现企业的增量成长。

华夏基石事业合伙制的特色之一，就是强调增量分享，而不是去分享存量。合伙人要分享增量的利润，前提是企业必须要有持续的盈利能力，否则分享就失去了依据。而且盈利能力要持续的增长，利润就是价值增量。所谓“分享增量”，一方面要实现净资产的增长、资本的增长，分享资产的增量；另一方面是分红。当然，强调增量的同时也要激活存量，通过价值要素的重构来实现存量资产的增值，另外还要创造新的利润。

5. **相互赋能**

相互赋能首先要开放、破界。在运营层面，“赋能”有以下三层具体含义：一是组织要构建赋能的平台。二是领导就是赋能，领导不再是威权领导，要去威权化，现在叫愿景型领导、赋能型领导，领导方式也在变。三是员工之间的相互赋能。领导跟被领导之间，将来也是相互赋能的关系，它不是单向的赋能关系，是双向的赋能关系；不是单向的串联关系，是并联与串联形成的赋能的网状结构关系。

要强调的是，**"赋能"不是被动地等待被赋能，而是主动地求助，发起合作。**在组织当中，不是被动等待别人给你赋能，你要去主动求助，主动呼唤"炮火"，同时平台也要主动为前方"打仗"提供支持和服务。所以我们强调，赋能一定不是被动的被赋能，而是主动寻求赋能，以及给别人赋能。

6. **自动协同**

自动协同的含义是协同产生价值。在合伙制里面协同产生价值，是因为相互赋能、利他取势。未来的战略是在社会化高度协同体系之中，找准企业的战略定位，而推行事业合伙制就是推行企业生态战略落地的一个重要方法，因为合伙制的核心内涵就是协同。在操作层面，"协同"有三个关键点要把握：一是主动创造、自动协同，不主张创造价值不可能产生协同；二是平行协同，不是威权协同，不是依据上级的指令来上下协同，而是自动平行协同；三是点、线、面的系统协同，系统协同不是线性的，而是网状的，另外，系统协同需要精确的控制，没有神经中枢，就构不成系统，系统就崩溃了。

在高度社会化协同体系中，未来社会就是一个协同社会，协同产生价值，企业的战略定位，就是要去思考在这个协同系统中你能干什么，你能贡献什么样的价值，这就决定了你在协同网络中、在产业生态链中处于什么位置。事业合伙人团队也是一个协同组织，而且是一个高能量个体的集合体，你不是高能量个体，或者说你在团队中、事业中贡献不了高价值，你可能就不够格成为合伙人。这也是"自动协同"的一个前提，**即合伙人能力一定是旗鼓相当的，一定是都有各自的核心能力和价值的，否则能量输出就不对等，就没有办法协同。**

7. **价值核算**

为什么我们要强调价值核算？因为合伙机制所强调的是基于你为组织创造了多大的价值。合伙机制是创新创业机制，作为创新创业机制来讲，一定要独立核算你为组织所创造的价值。价值创造是增量分享的前提，要分享价值就必然要先衡量出你为组织创造了多少价值，所以要建立基于数据和事实的价值核算体系，要独立核算，自主经营。

合伙制的核心就是独立核算，自主经营，独立承担经营责任。要独立承担经营责任的前提就是要建立核算体系，没有核算体系没法衡量每个人的价值创造，没法做到增量分享，没法做到公平公正。华为人力资源管理的核心就是价值管理循环，价值管理循环的核心就是价值评价、价值核算。合伙制建立在增量分享的基础之上，分享不是平均主义，所以价值核算实际包含了价值评价、价值核算、价值分配，是一个完整的价值管理循环。

合伙制要重构一套价值管理体系，重构一套价值创造、价值评价、价值分配体系，这里面的核心就是价值核算。价值核算包括绩效的价值核算、岗位与价值观的评估、经济效应的核算，等等，实践中可以量化为具体的指标。要强调的是：价值核算要做到客观公正，一定是数字驱动，以数字说话，用事实说话，用你的贡献说话，更强调贡献导向、结果导向。

8. **动态进退**

动态进退指的是整个合伙机制不可能是固化、僵化的体系，它一定是动态的、有活力的。动态进退的关键点包括：第一，要不断引入新的合伙人，要开放而不是封闭式的体系；第二，当你没有持续贡献的时候，要有退出机制。只有实现动态进退，才能使得整个合伙制充满生命力和价值创造的活力。这与任正非的“小熵理论”也是相符的，就是组织永远要保持熵减，要实现合伙人团队的熵减就必须要动态进退。

当然，动态进退要注意三点：第一，要建立动态进退的标准；第二，要有动态进退的流程和合法程序，很多企业的团队矛盾集中在进退程序不合法；第三，要有退出保障，要保障退出者的基本权益，要有合理的退出途径安排，要充分协商，而不是直接把人“干掉”，否则大家就都没有安全感了。在动态进退中，设立分层退出机制比较关键，比如，阿里巴巴的合伙人团队，只有马云和蔡崇信是终身合伙人，可以永远不退出，但他们是不拿奖金的，只分享利润；还有荣誉合伙人，退出团队但可以进入荣誉堂，有荣誉奖金保障。阿里巴巴的合伙人机制实践很有借鉴意义。

四、运营数字化：将用户数据的采集、维护、挖掘和传递贯穿经营管理的始终

（一）数字化与智能化转型是认知与思维革命

1. **建立数字化认知**

这个时代是一个互联网综合技术应用创新的时代，是一个人与技术共同进

化的时代，也是一个实体经济跟虚拟经济高度融合的新时代，是从线性思维转向生态思维的时代，这个时代必须要确立数字化认知与思维。

数字化转型，不仅是一种技术革命，更是一种认知革命，是一种思维方式与经营模式的革命。工业文明的认知与思维是一种连续的、结构化的线性思维，而数字化智能时代的思维是非线性、非结构性的多要素交互融合的生态型思维。中国企业如何进行基于数字化的认知革命，如何进行数字化的转型，如何提升数字化时代的生存能力，如何进行数字化的管理重构，如何来加速创新以应对商业范式的断点、突变与不连续，是数字化与智能时代企业家与企业都必须面临的认知与思维革命。

对中国企业而言，数字化与智能化是新一轮世界产业革命的核心驱动力，是企业的核心战略，不是一种风口和短期机会。企业要有长期价值主义思维，要有顶层设计，同时数智化的转型升级是一场认知与思维革命，是一场脱胎换骨的系统变革。企业不仅对转型升级要有长期的技术、人才、变革管理的投入，创新的投入，而且要进行观念的变革、思维的革命、能力的提升。要走出工业文明成功的陷阱，走出互联网企业以“烧钱”获得流量，用钱砸出商业模式的惯性。

数字化作为一种战略，制订很容易，但是执行起来很难，常常出现“一说就大、一做就小”的现象。中国企业在推进数字化、智能化过程中，面临的最大障碍还是来自价值观，来自认知与思维方式的滞后，来自过去中国企业，尤其是互联网企业成功的套路和路径依赖。很多企业家和高层对转型升级没有正确的价值立场，还是把它当成一种风口，一种投机，没有长期主义思维。

2. 数字化转型失败的 8 大原因

一些企业推行数字化转型失败，究其原因是对数字化转型升级缺乏系统思考与战略共识，导致转型升级的战略准备度不够，变革领导力不足，战略执行力差。具体来说，面临八大问题与瓶颈。

（1）机会导向，暴发户心态，非长期主义思维，没有真正把数字化作为长期战略；

（2）核心价值观缺失，滥用创新与大数据，无底线经营；

（3）转型升级过程中，有数据无洞察，有理性无温度，有效率无人情味；

（4）转型的信息与管理地基不牢，产业不配套；

（5）企业家与高层转型升级领导力不足，责任担当缺失；

（6）转型升级仅仅成为信息部门或者 CTO 的责任，各级领导者不承担转型升级的责任；

（7）转型升级组织结构不适应，组织能力不能支撑，组织机制僵化；

（8）核心人才短缺，干部跟不上，人才机制滞后，动力长期乏力。

大数据的应用与数字化转型升级已成中国企业共识，中国企业只有抓住数字化转型这个历史性的发展机遇，才能实现高质量的成长，才能真正实现动能转换、创新驱动。因此，众多企业将数字化作为企业的核心战略。但从实际操作层面来讲，真正要把数字化战略落地，中国企业还有漫长的路要走。另外，如果整个产业生态不能数字化，只有单个企业是一个封闭式的数字化产业链，不跟外部环境实现对接，产业生态就难以形成，企业的数字化也就很难真正实现。现在很多企业就面临整个供应链、价值链不配套的问题。

3. 认识数字化转型的本质

我们深刻感受到，对转型升级，很多企业还是在赶时髦，没有真正想明白为什么搞数字化。数字化转型是一场系统的变革，要伤筋动骨，要涉及很多利益关系的重构，这就需要企业家、高层团队要有变革创新的勇气与责任担当。而且，数字化转型是一个长期的过程。像美的的转型，从 2010 年到现在已有十多年的时间。海尔的转型也经历了十几年的时间，本质上还属于 2.0～3.0 的阶段，还没有达到 3.0 阶段、4.0 阶段，未达到真正意义上的数字化。企业最终要实现的，是业务活动数字化、数字活动业务化。只有实现这两者之间的互动融合，才能真正去创造价值，否则就会掉入数字化工具的陷阱，很难产生价值，很难带来企业新的增长。

面对未来的数字化社会，**对中国企业而言，不仅仅要实现信息的数字化，更重要的是要实现业务活动的数字化，实现整个企业从战略到运营全价值链的数字化转型**。以韩都衣舍为代表的企业，内部的运营现在基本上走向基于数字化平台的智能管理体系，企业内部形成几百个直接面对客户的小前端经营管理团队。这些经营管理团队跟公司是什么关系？就是基于数字的平台化连接的关系，即“大平台＋小前端”的赋能体系，公司总部变成了 12 个平台，这些平台为几百个小组提供面料采购服务、供应链服务、品牌服务以及各项职能支撑。这时候总部对各个业务小组、产品小组的管控就不再是按照直线垂直系统的指挥命令，不再是计划、组织、指挥、管控，而是提供赋能。企业最关键的任务是捕捉客户需求，把客户的需求转化成为内部任务，内部任务通过市场化来进行协同，企业真正实现“大平台 + 小前端”的赋能体系。这是我们所谓运营数字化的典范之一。

（二）实现数字化经营的六大要素

建立数字化思维的核心是什么？就是要从过去的线性管理思维真正转向生态管理思维。未来企业的竞争能力在于数字化的竞争能力和数字化的生存能力，要提升数字化的生存能力，从企业数字化经营与管理角度看，主要有六个要素。

要素一，数字化的战略思维与商业模式创新。数字经济将是企业新的战略增长点，数字化的转型升级与数字化的商业模式创新将成为企业创新成长的新动能，作为企业家必须要有数字化的战略思维才能赢得未来。

要素二，数字化领导力。企业要培育和打造数字化领导力，未来的企业内部不再是靠行政命令权威驱动，而是靠数据驱动和文化驱动，领导者要从威权领导转型成为基于数据化决策的愿景型领导与赋能型领导。

要素三，数字化的组织与人的关系。未来的组织形态与结构将是数字化的表达与呈现，形成数字化的组织形态，数字化的虚拟团队，组织与人的关系要基于数字化重构、连接与交互，人才要自我驱动，组织要数字化驱动。

要素四，企业运营与业务的数字化。企业要将业务活动数字化，要打造数字化的组织运营平台管理系统。

要素五，营销体系与客户连接的数字化。客户需求将数字化，通过客户需求连接与数字化的精准营销，实现客户个性化需求。

要素六，数字化人才管理平台与人才社区。建立数字化协同、数字化驱动的人才管理平台与数字化人才社区，实现基于数字的全价值链的高效协同，减少流程环节、提高协同价值。

五、领导赋能化：以领导代替威权，以赋能支撑团队价值创造

（一）从威权领导向赋能式领导转变

1. 组织模式变化倒逼领导方式转变

在传统的金字塔式科层制组织管控模式下，组织的运行以最高层领导为单一中心，各级领导者的基本职能是指挥、命令、监督控制。领导者的权威来自单一威权中心的职位层序所赋予的职权，职位越高，权力和资源集中度越大，

老板是绿皮火车头——火车跑多快，全靠车头带。但在生态战略思维、平台化组织与人才合伙机制中，组织是多中心与多动力的“动车组”，每节车厢都自带动力驱动。组织的运行是一切以客户为中心，领导者的核心职能是洞察客户需求与趋势，指明组织前进的方向，创新机制，激活组织价值创造动能。领导不再是高高在上的威权领导，而是赋能式领导。威权领导难以激发人才的成就动机，会抑制组织的活力与创新。

赋能式领导的主要特点是：从威权命令驱动到愿景与正能量引领，从老板高高在上决策、集权力于一身，到老板深入一线洞察市场与客户，授权于一线决策；从以老板为中心调动资源为一线赋能转向平台化、多中心、多层次依据一线需求进行资源调配与赋能。领导就是指明方向、激发活力、组织赋能。

2. 领导赋能化的三个关键

（1）企业家的自我超越。领导赋能化的第一个关键，是企业家的自我超越。企业要适应未来新的事业，领导团队很重要，企业家的自我超越更重要。企业所有人才瓶颈里面，老板才是最大的瓶颈，企业家自己才是企业最大的“敌人”。一个企业能不能做大，首先来自企业家的追求，企业家要有想做大做强做久的信念，这是企业成功的前提。除此之外，企业家还要进行八大转型。第一，所有权从“我的”转变为“我们的”，把企业建成共同的事业平台。第二，企业文化从“老板文化”转变为“组织文化”，要确立起组织理性、组织规则、组织共识。第三，企业的评价体系从“老板个人主观评价”转变为“构建客观评价体系”，分钱的背后一定要有理性依据。第四，从“个人敬畏”转变为“组织规则敬畏”，员工不是怕老板，是怕机制制度。第五，企业决策从“老板决策”转变为“群体决策，责任共担”。第六，企业家从“盯能人”转变为“关注人背后的机制和制度建设”。第七，员工从“对老板负责”转变为“对组织与客户负责”。第八，企业家的追求由“做生意”养家糊口，转变为“做事业”实现价值。

（2）基于价值观的团队领导力。**领导赋能化的第二个关键，是构建基于价值观的团队领导力**。什么是基于价值观的团队领导力？简明扼要地讲，就是重塑企业核心价值观，建立新的共同的学习机制与方法论、稳定的治理与团队纪律约束，抓干部队伍，包括干部的使命、责任、能力。实现企业家个人智慧到团队智慧，企业家个人能力到互补性团队领导力。力出一孔、利出一孔。文化是组织能力之魂，基于价值观的领导力决定组织凝聚力与战略执行力。我们强调企业家要从个人智慧到团队智慧，包含三个方面的意思：一是高层要研讨，要重视研讨的过程，而非结果。就像《华为基本法》，上下几轮讨论修改，耗费许多时日才定稿，但这个过程让高层达成了共识；二是行动学习，在不断学习的过程中形成，或者创造群体智慧；三是高层要持续进行自我批判。

（3）重构高层领导团队。领导赋能化的第三个关键，就是重构高层领导团队。一家企业如何能够打造一个有领导力的高层团队，有两种模式：一种是华为这种模式，从学生兵入手，培养、锤炼高潜质的优秀毕业生，优秀的毕业生领导人才，然后统一思想，达成共识；另一种是像小米雷军这种模式，搜寻聪明能干的人组建一个优秀的团队。为什么小米要学华为成立干部管理总部？因为培养人不是靠人力资源部，是靠干部。各个层次的干部都要担起培养人、发展人的责任，一家企业的首席人才官是老板，真正的顶级人才都是靠老板去培养的，而不是靠人力资源部。人力资源部主要帮企业构建“之”字形人才体系，而顶尖人才体系则需老板亲自构建。

比如，三星有个参谋部，顶尖 CEO 都来自参谋部。参谋部的人从哪里来？老板经常跑一线，跟年轻人聊天，如果这个年轻人懂管理又懂业务，老板就把他调到参谋部待上两年。这些人天天跟老板在一起，全局思维建立起来了，就放到一个方面当“司令”，直接跨级当一把手锻炼。三星 2/3 的一把手来自参谋部，华为也是这样。华为的自我批判、团队学习，也是一种领导力提升的原创工具和方法。

（二）高层领导团队重构

高层领导团队的重构主要是体现在 6 个方面。

（1）高层领导团队真正是使命驱动，而不是单一的利益驱动，整个高层团队真正要志同道合，对未来的发展要达成共识。我们**认为中国企业到了新一轮的顶层设计时期，所谓顶层设计就是高层领导团队完成对企业未来的系统思考，对企业未来的目标达成共识**。中国企业现在处于多种选择时期，高层团队现在存在的问题经常是思想不统一，达不成共识。

（2）中国企业现在的领导团队需要变革，尤其很多企业发展到今天，面临几个问题，一个是知识结构太单一，学农的全是学农的，学化学的全是学化学的。现在的人才需要跨界，首先知识结构、专业结构需要跨界。第一个是知识结构要调整，第二个是专业结构要调整，第三个我们认为现在中国企业最重要的，如果领导班子里“八零后”“九零后”占不到1/3，那这个企业的年龄结构是有问题的。我们最近到很多企业，深刻感受到企业高层年龄太大，尤其是国有企业。如果整个领导班子全是五六十岁的人员，怎么适应未来的发展需求？像任正非就很清楚这个问题，45岁强制性退休，就是强制性调整干部队伍的年龄结构，我们现在很多企业的领导团队就是知识结构太单一，专业结构太同质化，年龄整体偏大。要打造一个全新的领导团队，真正具有跨界融合的领导力，就要调整领导团队的知识结构、专业结构、年龄结构。

（3）在这么一个转型时期，真正要用一些优秀人才，整个高层领导团队必须要有开放包容的心态。现在企业所面临的较大问题就是缺少包容开放的心态，文化不开放不包容，“空降部队”一落地都落在“沼泽”地上。还有一个问题是对有真正个性的人才不包容。在我们这个新的时代，只有多元文化并存，才能实现“全球人才为我所用”。只有具有开放包容的心态才能懂得妥协，才能够容忍能人的缺点，允许下属犯错误，没有这种心态，没法去用那些顶尖的人才。

人才有三种：人物、牛人、能人。人物就是顶尖的天才级创新人才、经营人才，这种人才都是有个性的，如果一家企业没有开放包容的心态，不能包容个性，还按工业文明时期那样，只要有执行能力就行，不需要他有思想，不需要他有个性，那创新型人才、经营人才很难脱颖而出。这就是任正非所说的，真正顶尖的人物级人才一定有缺点，所以他提出“有‘洁癖’的人不能当领袖”，余承东就是两次被任职资格评价要下岗的人，但任正非认为他有个性，能够打破常规、有创新性的思维，是个领导型人物。领导型人才多多少少是有一些“毛病”的。

（4）未来的企业要么是构建生态，要么是加入生态，要么是构建平台，要么是被平台化。任何一家企业都需要有并生、共生的战略思维，没有生态并生的战略思维，很难融入整个社会化协作体系。

（5）未来组织扁平化，领导必须分享、赋能，绝对不能独享利益，独享权力，一定要分权、分利和赋能。

（6）在企业团队里越来越强调自我批判和自我超越，整个团队如何开展自我批判，如何让高层领导团队能够出现自我改变，这是我们所讲的一家企业除了老板本人实现自我超越之外，关键是要打造一个面向未来的高层领导团队，没有一个面向未来的高层领导团队，显然难以抓住这一轮新的经济发展机遇。

六、要素社会化：将简单交易升级为合作共赢，与社会生态要素长期共生

（一）要素社会化的底层逻辑是从所有权思维到使用权思维

在数字化与产业互联时代，一切皆可连接、一切皆可交互，一切产业要素皆可社会化，皆可为我所用。产业的技术创新要素、人才要素、品牌要素、资本要素等日益社会化。不求人才所有，但求人才所用，不求资本所有，但求资本所用，产业要素资源要从所有权思维转变为使用权思维，这就是要素社会化的底层逻辑。没有哪一家企业能够通过自己构建所有的产业要素，一家企业也没有必要去构建所有的产业要素。产业的不同要素之间本来就存在上下游的关系，通过构建一种新的交易结构，生态伙伴之间就会形成你中有我、我中有你的关系，而不再是过去简单的买卖关系。

各生态伙伴、上下游企业之间，怎么通过一个交易结构来形成更稳定、更持久的合作关系，构建成一个产业生态，把产业做大，大家共享增量。这就要依靠要素社会化的途径。企业要构建产业生态，一方面要开放合作，要将内在产业要素社会化，转化为社会化的共享与基础系统，另一方面要将社会化要素内部化使用，要开放合作，集聚社会化要素资源为我所用。

对于不同的利益相关者，通过事业合伙，形成不同的利益关系。对于产业链上游，从供应商的短期交易模式转变为依靠长期资本增值与共享的供给侧整合平台的事业合伙人模式；对于产业链下游，从代理商的短期交易模式转变为依靠长期资本增值与共享的需求侧整合平台的事业合伙人模式；对于竞争对手，从简单的低层次竞争关系转变为产业增量机遇共享背景下的竞合关系；对于资本资源，从简单的资本博弈转变为资本供给与产业价值整合的事业合伙人模式；对于政府，从简单的政策支持转变为基于产业发展与区域经济发展逻辑的合作共赢；对于服务机构：从收取短期服务费用转变为长期的机遇价值创造的“共同体”合作共赢。

对于要素社会化比较重要的一点，就是它要有一个载体，可能要有一个合资公司，在成立合资公司的时候，关键是要考虑交易结构，里面的核心点是股权结构。不同的股权结构意味着不同的权力与责任，以及风险承担与利益分配。

（二）要素社会化实现的关键点：做增量

要素社会化如何实现？关键在于要素合作必须产生增量，没有增量，就不可能有产业生态的构建。你跟别人合伙，你们的合伙生意必须有增量，这样才能赚到钱，不然早晚要散伙。因此构建或加盟产业生态，找到要素社会化的创新原点，企业先要回答以下四个问题。

第一个问题，增量在哪里？一定是合作的双方各自具备独特的优势，你们的优势通过互补、融合，能产生更大的效益和增值，这样就有了增量市场。

第二个问题，别人为什么愿意跟我合作？要把别人的诉求搞明白。很多人想跟互联网巨头们合作，但这些巨头们到底想要什么，它们最看重的是什么，很多人未必能看得明白。如果你去跟京东说，我能给你带来多少利润，京东大概不会感兴趣，因为在它的估值逻辑里，利润并不是最重要的一项指标。全球最大的零售企业亚马逊，前几年都是亏损的，近年来才有了微薄的利润，但这并不妨碍它成为仅居苹果之后的全球市值第二大公司。它的经营逻辑是重视现金流，账面上现金流不断地在增加，用户数量和流量也不断在增加。腾讯也是如此，它最关心的不是利润，它重视的其一是用户价值，它依靠用户价值的提升来提高对用户的黏性，用马化腾的话来讲，就是看你拿出来的东西“好玩儿不好玩儿”，不好玩儿就没什么价值，因为它不会提升对用户的黏性；其二是产品价值，产品是否确实以客户利益为中心；其三才是效益。不同机构、企业跟你合作，它们各自想要的价值点是不一样的，所以我们首先要搞清楚，对方想要的是什么，要站在合作伙伴的角度去思考问题，养成生态思维、利他共生思维。

第三个问题，别人跟我合作怎么盈利？企业家要有结构设计的能力，实施合作，要设计出一个结构。很多企业都有与战略互补型企业合作的愿望，但它们仅停留在表达愿望上，老是在说这件事，就是提不出具体的合作方案。

第四个问题，我怎么盈利？产业链要素资源的协同，不是只作贡献，仍然是要追求长期的盈利。

以上这四个问题是有先后顺序的。在这个思考过程中，一定要以生态化的思维方式，先想清楚我怎么帮别人赚钱，再想自己怎么赚钱。有些企业在考虑合作时，琢磨这四个问题的顺序是反过来的，先考虑自己怎么赚到钱，然后选一家认为能帮自己赚到钱的企业，跟人家去谈合作，结果往往发现，人家根本不需要它。这四个问题的思考顺序，是要素社会化合作实践中摸索出来的经验之谈。

面向未来，企业只有在创新和改变中不断求生存和求发展。在新时代，企业首先要改变的是思维与认知模式。数字化与智能化不仅是一种技术革命，更是一种对世界、对社会、对组织与人、对人与人关系的认知与思维的革命。对于企业而言，最大的贫困是思维与认知的贫困。认知与思维的革命从何开始，还是要从经营管理的基本命题开始，即战略、组织、人才、领导、资源、运营。为此，企业在数字化与智能化新时代，要确立六大新动能：战略生态化、组织平台化、人才合伙化、领导赋能化、运营数字化、要素社会化。

赢在根本：顶层设计、战略与文化

赢在顶层设计

彭剑锋

一、世界级领先企业的发展之道

为什么华为是一个伟大的企业，是值得我们中国企业研究的企业？

我认为中国企业未来成长的方向有两个：一个是如何去打造具有全球竞争力的世界级领先企业；另一个是如何去打造全球性的细分行业、领袖与隐形冠军。

99% 的企业不一定要成为华为这样的世界 500 强、世界领先级企业，但我们 99% 的企业恰恰要成为细分行业的行业领袖与隐形冠军。就像德国和日本的上千家企业——这些企业虽然并没有达到千亿体量，但是在细分领域做到了行业领袖和隐形冠军，盈利能力和生命力都非常强，很多都是百年老店。

中国企业除了像华为一样做大做强，还可以做精、做专、做好、做久，这也是 条道路，不一定都要成为华为。

我们对全球 100 多家行业领袖与细分领域行业冠军做了研究。2019 年世界 500 强企业中，中国（含香港、台湾地区）已经有 129 家，首次超过美国，美国是 121 家。从规模上来说，中国企业或许可以说现在已经全面超过了美国，但是属于中国本土的，真正具有全球竞争力的世界级企业还是微乎其微。

我们还曾带领团队研究了 50 家全球领先的世界级企业，研究他们的企业发展史，其中 30 家企业已经作为案例被我们写成了书。

从案例研究结果来看，要成为具有全球竞争力的领先企业，绩效标准就六个方面。

第一，必须具备领先的经营规模与行业地位，中国企业在经营规模上不成问题，到 2019 年我们已经有 129 家企业成为世界 500 强，但客观来说，我们的企业在全球的市场占有率以及全球行业标准的话语权还远远不够。

第二，领先的技术创新能力，包括企业的研发费用投入占比、发明的专利数、产品和人才是否领先。这一点上，中国企业与世界级企业的差距是最大的。中国现在进入新一轮的高科技投入，很多企业都在逐步加大对于技术创新的投入。

第三，品牌影响力和品牌价值。我们的品牌溢价和品牌美誉度还是不够的。

第四，领先的全球化能力，就是企业能不能把产品卖到全世界，全球的产业化布局情况如何，以及全球资源的整合配置能力。技术、人才、品牌资源能否在全球范围内实现整合。现在中国很多企业已经做到了全球整合人才、技术、资本，然后扎根中国市场，这就是全球资源的整合配置能力。

第五，运营效率和经济效益，主要包括三个指标：净利润、净资产收益率、全员劳动生产率，我们的盈利能力和人均效率与世界级企业差距很大。

第六，领先的价值主张与最优管理实践，不仅仅是利润、规模领先，更重要的是有能力在行业中提出长期的价值主张，具有领先的公司治理模式与商业模式，企业管理实践成为全球学习标杆。

以上六点就是我们研究总结的世界领先型企业的六大绩效标准。

2019 年我们受国资委委托，与中国企业协会合作研究提出了世界一流企业的评价指标体系。之所以要提出这套指标体系，是希望能够引领中国企业不要一味求大，而是要真正提升在全球的竞争能力。

在我们提出的指标体系中，**排在第一位的还是创新能力，希望中国企业加大创新**。创新能力包括全球首创技术，管理商业模式能力，研发费用占比，国际发明专利数等。

第二位是主导产业在全球的话语权和影响力。我们很多企业，尤其是央企，规模做得很大，但我们的全球产业整合能力，产业话语权和影响力是弱的。这里的衡量指标就包括国际标准数量、产业控制能力、拥有较高知名度和美誉度的品牌。

第三位是全球化能力。

第四位是效率效益。

第五位是全球一流的产品服务与数字资产能力。

按照这套指标来评价的话，华为在所有维度上与世界级企业相比，都是相对领先的。当然，华为也有短板，华为的短板，正如任正非所指出的是产业生态；正如余承东所痛感的，华为的芯片设计技术没问题，但华为芯片材料、制造等产业生态还被别人“卡着脖子”。

但无论未来如何，华为无疑是一个伟大的企业，是一个具有全球竞争力的中国企业。

美国现在之所以举全球之力来打压华为是有原因的。通常我们认为美国有三大霸权：美元霸权、军事霸权、科技霸权。其中，真正的霸权是科技。华为5G技术全球领先，而5G是数智化的基础设施，所以特朗普也认为美国在5G时代是不能输的，如果美国在5G时代输了的话，其军事霸权就会面临巨大威胁，从而导致美元霸权衰落。因此站在美国国家利益的角度来讲，选择这种打压是出于国家战略。客观来说，华为在这种全球打压下确实面临着前所未有的挑战和困难。但是任正非还是很有信心的，他在十年前就预料到了这种局面，“总有一天要到山顶与美国交锋”。当年2012实验室的成立，就是为了十年之后与美国在山顶的“拥抱或摔打”所做的准备。

华为赢在对于常识的尊重，赢在对长期价值主义的坚守与执行，赢在顶层设计与价值观领导力，赢在始终充满价值创造活力的组织与人。总结为两点：**一个是基于长期价值理念的顶层设计，另一个是具有强大战略执行力的超强组织能力。这是华为与全球世界级企业相比非常独特的地方。**

二、华为的顶层设计

企业的成功，首先还是企业家的成功。

评价任正非个人的话，我借用古人评价历史上伟大的军事家、政治家都有的三个特点：爱财如命，挥金如土，“杀人如麻”，我再加上一条：奋斗不息。

但是华为只有任正非够不够？很多人不了解，华为的背后还有一位同样优秀的女企业家，孙亚芳，以及各有所长的郭平、纪平、徐直军、胡厚崑、徐文伟、余承东、洪天峰、孟晚舟等互补性的高层领导人才，个个都是精英，帅才与将才云集。

企业家要打造领导团队，首先要找到好的搭档，形成稳定的二元结构，孙亚芳就是任总的一个好搭档。两个人个性与能力互补，能够做到相互欣赏、高度信任。因此华为构建了强有力的二元结构基础上的稳定的领导团队，也就是高层有共识，能力个性互补，各负其责，不折腾。高层折腾是因为没有一个稳定的互补的二元结构。

任正非的领导力离不开他的搭档，有了互补的搭档，他们才共同搭建了华为的领导团队，他不是一个人在战斗。尤其是 2003 年后，华为落实了轮值 CEO 制度，进入了集体领导阶段。这个高层领导团队保持了高度的稳定性。稳定的高层领导团队也是企业是否具有战斗力的关键。能够打造一个共享价值观、目标一致，力/利出一孔的高层领导团队是华为能够持续成功的重要因素。

除了企业家、领导团队之外，华为最独特地方还在于以下关键四点：长期价值主义、基于未来完成顶层设计、把能力建在组织上、建立持续奋斗的人才机制。

什么是长期价值主义？我个人的定义是：摒弃投机主义、短视主义，确立宏大而长远的目标追求，长时间为之奋斗，心无旁骛。以足够的耐心和定力，长期做好心中认定的大事或事业。

华为是以长期价值主义为指引，以活着为最高生存战略。长期价值主义体现的是一个企业长远的追求和情怀，但做企业不能仅仅靠情怀，在中国错综复杂的商业生态中，还要求企业必须懂江湖，必须活下去。所谓懂江湖就是通人性，务实。一个企业没有情怀走不远，但只有情怀不懂江湖，搞不定市场与客户，也活不下去。所以我认为华为就是以长期价值主义为指引，但以活着为最高生存战略。企业该怎么干就怎么干，该喝酒喝酒，桌上产品服务过硬，桌下的沟通同样做得出色。

伟大的企业都是长期价值主义者，而长期价值主义具有以下十大特征。

第一，远大的目标价值追求与务实的行动方案，企业家从做生意到做事业，追求可持续盈利能力，追求可持续发展，坚持自己相信的（华为的实践：走出小富即安的舒适区，突破现有资源和能力，制订足够高远而激动人心的目标，并且让高远目标变成大家的共识，让大家相信）。

第二，客户第一的文化价值取向，为客户创造长期价值，致力于赢得客户的忠诚，追求品牌长期价值增长（华为的实践：企业始终坚持围绕客户做有价值的事情，构建以客户为中心的组织与流程）。

第三，足够的战略定力和耐心，安然踏实耕耘的长期主义行为，扎根于市场与客户，深耕客户关系，与供应商建立战略合作伙伴关系，让合作伙伴挣钱（华为的实践：抵御与战略不相关的投机机会的诱惑，战略聚焦、压强，专心专注按战略打）。

第四，舍得为未来长期发展投入，注重软实力与内在管理能力的打造；软硬兼修（华为的实践：对人才、技术、管理等舍得投、连续投、长期投；人力资本投资优于财务资本投资，与全球三十多家外脑公司合作，引进全球最优管理工具与方法）。

第五，创造阳光利润、享受坦荡生活，愿意付出规则成本（华为的实践：对法律和规则有敬畏之心，愿意付出守法成本，依法纳税，打造力出一孔的企业内部监管体系）。

第六，构建利他共生的产业生态，承担相应的社会责任（华为实践：正确认识生态的不足，努力构建让合作伙伴及生态圈挣钱的产业生态）。

第七，长期艰苦奋斗的文化，持续激活的人才机制，人才与企业共同成长，注重人才的长期培养与职业发展（华为实践：以奋斗者为本、竞争淘汰、任职资格与多通道能力发展系统、拉开差距、远离平衡，小熵理论与人才激活）。

第八，长期绩效导向与核心人才中长期激励设计（华为实践：战略绩效管理与核心人才中长期激励方案，利润分享与获取分享制）。

第九，产品主义，注重技术创新，产品领先，品质制胜（华为实践：研发投入10%以上，技术与产品领先，为客户提供极致产品与服务）。

第十，变革创新的文化，主动走出舒适区，不断自我批判、自我超越，勇于变革创新。经受住挫折与失败，面临大痛大苦大难大悲都不放弃梦想与追求（华为实践：危机中的凝聚力与战斗力，EMT团队宣言与团队自我批判，持续变革，组织激活，反惰怠）。

长期价值主义如何能够成为企业长期的行为？我认为是需要有企业的顶层设计。华为的成功在于在每个发展阶段都能够对过去、现在、未来完成系统性思考。

所以我把顶层设计定义为企业家与企业洞见未来、面向未来的核心价值观体系，及有关事业理论与经营命题的基本假设系统与未来成长的创新思维，是体现企业家内在的使命追求与长期主义价值主张的正确表达系统，是企业家精神与高层领导意志、智慧、共识及领导力的集中体现，是企业战略的战略，是打通战略、组织与人，将能力建在组织上的共同行动纲领。企业要把能力建在组织上，首先要完成对未来的系统性思考。

顶层设计的核心命题是：企业的使命愿景与核心价值观；企业的事业领域

界定与成长方式的系统思考与创新思维；企业战略成功的关键驱动要素与资源配置原则；企业的组织与人才机制设计等。从企业家到高层都要完成系统性思考。

对于现在大多数企业来说，顶层设计能解决如何突破成长瓶颈，寻求持续成功的问题。作为企业家和企业的高层，面对错综复杂的环境，至少需要思考六个方面的问题。

第一个，人生为一件大事而来，我们这么多优秀人才在一起，我们要做什么样的大事？我们的事业是什么？包括企业的使命、愿景及事业领域的界定。

第二个，无论外部环境如何变化，我们都要坚守的价值立场是什么？即企业的核心价值观及经营原则是什么？

第三个，如何发展成我们想要的样子，未来我们的成长道路是什么，如何成长，靠什么成长？商业逻辑与核心能力是什么？

第四个，我们依靠什么样的组织和队伍去实现我们的愿景：企业组织能力建设与人才队伍。

第五个，如何激发人才队伍：责、权、利、能、廉机制设计。

第六个，如何使员工处于有组织的状态？使得个人能力变成组织能力，一时的能力变成持久的能力：组织治理、模式与赋能。

以上是企业家进行顶层设计系统性思考的一种经典框架，当然系统性思考也可以从经营管理架构切入。尤其当一个企业面临成长瓶颈的时候，可以从以下框架进行思考。①增长点：企业业务选择——增长的机会在哪里，未来在哪里增长；②战略规划：赢得竞争、实现增长的业务定位、核心竞争力和竞争策略是什么；③战略解码：增长的责任如何分解、传递；④能力营盘：公司治理/高层组织的领导力；研发体系、供应链体系、财务管理体系等能力营盘；⑤服务增长、激发奋斗：如何实现价值创造、权力分配、机会分配与收入分配；⑥以人为主体：一切都是人在做，管理是作用于团队，落实战略去实现增长目标。

以上六点就是企业基于经营框架去完成系统性思考的基础。

有很多人问顶层设计的目的是什么？**顶层设计的基本目的是帮助企业家完成系统思考，实现自我超越，高层达成共识，构建基于价值观的领导力。**这个过程比结果重要，战略领导力与战略执行从达成共识开始，群体智慧比个人智慧重要。

三、两份纲领性文件

研究华为的成功与未来的发展，我认为两个经典文件是最能体现华为长期价值主义思想与人才机制创新的。第一个是《华为基本法》（以下简称《基本法》），第二个是2008年之后华为更新为以人才为核心的新基本法——《华为2018年人力资源管理纲要2.0》（以下简称《管理纲要》）。这份《管理纲要》虽然是以人为核心，但实际上回答了华为未来的战略、公司治理、管控模式、组织体系及人才机制问题，围绕着企业的经营问题又一次完成了系统性思考并在企业中达成了共识。所以研究华为，我认为离不开这两个关键性文件。

《基本法》在华为经营管理上的主要思想及对华为发展的影响主要体现在以下方面。

（1）确立世界级领先企业的远大追求：华为的追求是在电子信息领域实现顾客的梦想，并依靠点点滴滴、锲而不舍的艰苦追求，使我们成为世界级领先企业。

（2）战略上高度聚焦：为了使华为成为世界一流的设备供应商，我们将永不进入信息服务业（第一条）；我们中短期经营方向集中在通信产品的技术与质量上，重点突破、系统领先，摆脱在低层次市场上角逐的被动局面……不进行其他有诱惑力的项目，避免分散有限的力量及资金（第二十一条）；我们坚持压强原则，在成功的关键因素和选定的战略生长点上，以超过主要竞争对手的强度配置资源（第二十三条）。

（3）长期价值投入：我们强调人力资本不断增值的目标优先财务资本增值的目标（第九条）；我们的经营模式是，抓住机遇，靠研究开发的高投入获得产品技术和性能价格比的领先优势（第二十二条）；我们保证按销售额的10%拨付研发经费，有必要且可能时还将加大拨付的比例（第二十六条）；资源是会枯竭的，唯有文化才会生生不息。

（4）企业成长和发展的四种牵引力：机会、人才、技术和产品是公司成长的主要牵引力，机会牵引人才，人才牵引技术，产品牵引更多更大机会（第十三条）。

（5）公司的价值创造与分配：我们认为，劳动、知识、企业家和资本创造了公司的全部价值（第十六条）；利用股权的安排，形成公司的中坚力量和保持对公司的有效控制；知识资本化与适应技术和社会变化的有活力的产权制度，是我们不断探索的方向……我们实行员工持股制度，一方面，普惠认同华为的模范员工……另一方面，将不断地使最有责任心和才能的人进入公司的中坚层（第十七条）；华为的价值分配形式是：机会、职权、工资、奖金、安全退休金、医疗保障、股权、红利，以及其他人事待遇（第十八条）；价值分配的依据是：能力、责任、贡献和工作态度，按劳分配要充分拉开差距（第十九条）。

（6）研究与开发：顾客价值观的演变趋势引导着我们的产品方向（第二十六条）；持续不断地进行容差设计试验和改进工艺降低产品成本，加快技术开发成果的商品化进程（第二十八条）。

（7）市场营销：品牌、营销网络、服务和市场份额是支撑市场地位的关键要素（第二十九条）；战略市场的争夺和具有巨大潜力的市场和开发，是市场营销的重点（第三十条）；营销体系的架构是按对象建立销售系统，按产品建立行销系统；形成矩阵覆盖的营销网络（第三十一条）；要求前方营销队伍必须得到及时强大的综合支持（第三十三条）。

（8）生产方式：我们的先产战略是在超大规模销售的基础上建立敏捷生产体系（第三十四条）；不断提高质量、降低成本、缩短交货期、和增加制造柔性，使公司的制造水平和管理水平达到世界级大公司的基准。

（9）组织政策：强化责任……简化流程……提高协作……信息交流……培养领袖（第三十九条）；具有战略意义的关键业务和新事业增长点，应当在组织上有一个明确的负责单元（第四十条）；管理者的基本职责：公司富有前途、工作富有成效、员工富有成就（第四十二条）；公司基本组织结构将是一个二元结构：按战略性事业划分的事业部和按地区划分的地区公司（第四十四条）；当按职能专业化原则划分的部门与按对象专业化原则划分的部门交叉运作时，就在组织上形成了矩阵结构（第四十八条）；公司的高层管理组织的基本结构为三部分：公司执行委员会、高层管理委员会与公司职能部门；公司高层委员会有：战略规划委员会、人力资源委员会、财经管理委员会（第五十一条）；我们遵循民主决策、权威管理的原则；高层重大决策需经高层管理委员会充分讨论，决策的原则是从贤不从众，真理往往掌握在少数人手里；一旦形成决议，就要实现权威管理；放开高层民主；强化基层执行。

（10）基本人力资源政策：通过无依赖的市场压力传递，使内部机制永远处于激活状态（第一条）；共同的价值观是我们对员工作出公平评价的准则（第五十七条）；认真负责和管理有效的员工是华为最大财富；尊重知识、尊重个性、集体奋斗和不迁就有功员工，是我们事业可持续成长的内在要求（第二条）；我们不搞终身雇佣制，但并不等于不能终身在华为工作，我们主张自由雇佣制，但不脱离中国实际（第六十条）；我们通过建立内部劳动力市场，引入竞争和选择机制；人才配置使人适合职务，使职务适合于人（第六十一条）；人力资源管理不只是人力资源部门的工作，而且是全体管理者的职责（第六十二条）；金无足赤，人无完人；优点突出的人往往缺点也很明显（第六十五条）；我们对中高级主管实行职务轮换政策，没有周边工作经验的人，不能担任部门主管。

《基本法》的精髓就是在华为内部真正实现了“力出一孔、利出一孔”。

当然即使是《基本法》，也不是一成不变的，《基本法》也经历过持续不断的升华，但是《基本法》原始的管理思想其实到现在都是始终如一的。

2005 年，华为成为世界通信企业前三强，实现了《基本法》提出的世界级企业的愿景目标，所以华为提出了新的愿景是“丰富人们的沟通和生活”，使命是“聚焦客户关注的挑战和压力，提供有竞争力的通信解决方案”。

但 2008 年之后，华为就面临很多新的问题，主要是很多干部有了钱之后不思进取、倦怠。因此 2010 年华为就核心价值观进行了系统性的总结提炼，提出了新的价值观“客户为中心、以奋斗者为本。持续艰苦奋斗。”

为了让这两句话落地，形成了三大管理纲要，以匹配可操作性的工具方法。华为是通过三大管理纲要（人力、业务、财务），真正实现了高效决策，运营管理、绩效管理，真切实践企业以客户为中心。

在华为内部学这三大管理纲要，每人要交 12000 元，而且还必须请 9 天事假脱产参加培训。培训合格后会获得相应的证书。华为之前的培训都是人力资源部花钱，但现在开始认为人力资本也是员工个人的资本，只有员工和企业共同投入，才会对于培训更加用心和认可。

2015 年全员学了三大管理纲要之后，也讨论过是否需要再起草《基本法》的问题。但后来认为没有必要，现在华为的问题是人，体系已经基本建立起来了，面临的新问题在于如何使人能够不断奋斗，如何使优秀人才被吸引到华为。

在此背景下，华为 2018 年推出了新的人力资源管理纲要。我认为这就是以人为核心的《新基本法》。这个纲要不仅在解决人力资源的问题，而且回答了华为的新的使命：把数字世界带入每个人、每个家庭、每个组织，构建万物互联的智能世界。这就说明华为全面进入整个信息服务领域里面，要实现技术创新、撑大管道、赋能行业实现数字化转型。目前华为也在学习苹果，走向共建生态，让合作伙伴都赚钱。这个纲要总结了华为过去成功的经验，肯定了人力资源管理是华为过往成功的核心要素，深入剖析了华为在人力资源上的问题以及未来公司战略组织、组织管理应该怎么做，同时明确了华为业务模块基本结构的顶层设计：一个中心，两个基本点。企业坚持以客户为中心，产品发展的路标是客户需求导向，企业管理的目标是流程化组织建设。

华为的发展，经历了从“一无所有”到“三分天下”，从“积极跟随者”到“行业领先者”的不同阶段。如果说每个阶段具有什么特点的话，就是都做了系统性的总结与思考。分析华为的过去哪些东西做对了，比如，以客户为中心，产品目标是产品需求导向，并对此进行了系统的总结提炼，同时提出了人力资源管理是商业根本，要去构筑核心价值观的底座，打造价值创造的循环。其中的精神文明建设、物质文明建设、干部队伍建设、人才队伍建设、组织管理建设共同构建成为人力资源管理的理念与实践体系。其中对华为过去的东西，例如，以客户为中心，正确评价价值，合理分配价值这些华为赖以成功的关键要素，都做了新的这种诠释，这里面有很多都值得我们细细去品味、研究。

30 年持续努力取得伟大成就的同时，华为也同样面临着组织活力不断激发的新问题：如使命感的认同，干部任用，干部流动板结、结构不平衡，专业天花板，人才结构面临系统化，职能碎片化、运作成本较高等问题。

基于这些问题的深度剖析，同时针对外部环境的变化，华为提出未来的挑战面对的核心问题是如何实现从“一棵大树”到“一片森林”的发展，建立“共同价值守护与共同平台支撑下的分布式经营模式”，实现公司在多业务结构下的持续健康发展。

人力资源管理作为公司治理的核心抓手，如何通过组织治理，实现全力创造价值，正确评价价值，合理分配价值，如何激发好精神与物质动力，管理好干部、人才和组织，通过核心价值观导向奋斗，激发愿景，建立信任，协作共进。华为基于组织模式、管理模式、管控模式都完成了系统性思考及顶层设计。

华为是非常重视顶层设计的企业，务虚当作务实来做。做企业一定要想明白、想透，然后玩命干。所以我认为成功的一个关键就是，企业家能够从企业长期价值出发去完成未来发展的战略系统性思考，去完成顶层设计，并借助外部的力量，形成团队群体智慧，达成共识，从而打造企业面向未来的高层领导力，把能力建立在组织上。

战略产业分析的八个重点

施　炜

产业的特征和背景对企业制订经营战略具有重要的影响作用，掌握科学的产业分析方法，将对企业做出正确合理的经营决策产生重大的价值。

产业分析属于企业战略的范畴。**企业的战略理论，总地来说有两个流派，**一个是以美国企业实践为主的竞争结构流派，它的创始人就是迈克尔·波特，他的书《竞争战略》《竞争优势》在中国有很大的影响。美国的企业战略理论是指，一个企业的竞争优势，包括持续的成长，很大程度上取决于其所在的产业的特征。产业的竞争结构、产业的盈利水平决定了企业的竞争战略和企业的盈利。这种思想对中国的企业家来说是比较合适的，因为它本质上是机会思想，产业就是机会。

日本有另外一个战略理论流派，叫能力理论。日本的很多企业认为，产业并不重要，无所谓好的产业还是坏的产业，一个企业的成功，关键取决于有没有内在资源和能力。

事实上，能力和产业机会，在经济发展不同的时期，企业会在这两者之间做出不同的选择，有的时候偏于前者，有的时候偏于后者。但必须要承认的是，产业属性对于企业战略的影响的确很大。新兴的产业，容易孕育出优秀的成长型企业。产业虽然只是企业的一个外生的变量，它却是我们战略思考的时候不能够忽略也无法回避的问题。

首先我想把有关定义做一下界定。我们在分析产业的时候，经常使用两个概念——产业或市场。所谓“市场”，从理论上来说，就是需求的集合，包括顾客甚至包括渠道在内；而产业则是供给的集合。

举一个例子，比如，啤酒市场是啤酒的消费者以及啤酒需求的集合；啤酒产业，就是啤酒厂家的集合。关于市场和产业，在一般的文章中界定并不是很严格。比如，西方研究市场营销的书在讲到市场的时候，有时也包括产业，科特勒在讲美国的汽车市场时除了包括美国汽车的消费者也包括汽车产业。

我们中国人常讲要进入哪一个产业，我们在做产业分析的时候里面也会包括市场分析。另外，中国人还很喜欢用“行业”这个词：哪个行业好，哪个行业坏，炒股票的时候，要选择哪个行业板块，等等。其实，行业和产业意思也差不多。中国人有时候觉得产业大一点，行业小一点，这个只是程度上的区分，对于定义没有什么意义。

产业的边界在不同的坐标系下，它的界定都是相对的。站在国务院角度，农业是产业，工业是产业；站在工业部门角度，能源是产业，机械加工也是产业；站在能源的角度，煤炭是一个产业，石油是一个产业。产业的界定都是有特定语境的，在语境前提下我们来定义产业的边界，一般来说不会引起什么混淆。

一、产业分析重点之一：产业容量（规模）分析

企业家往往首先分析产业最核心的概念——产业容量，即产业规模。大产业孕育大企业。这个道理不必多说，我们看看中国进入千亿级规模的企业，通信设备以及消费电子业、家电产业、房地产、装备制造业等产业中显然大企业多，如华为、海尔、美的、万科、中科重工等。我认为中国大产业的顺序是这样的，先从消费到装备、能源原材料然后会到电子元器件、核心零部件。

产业容量跟市场的容量是相关的，因为我们说产业容量是从供给角度来说的，比如，全中国制造一千万部汽车，实际上意味着市场有一千万部的需求。产业容量和市场容量又是互动的，有的情况下是市场在牵引产业，从而达到均衡；有的时候又是产业在推动市场，产业发展了，产能增加了，有了规模经济，价格就降低了，就引发了需求。供给也会创造需求，这是经济学的基本原理。

对产业容量的分析，我们有的时候需要从动态的角度进行，即分析产业在未来会有怎样的发展状况。我们概括了一下，对产业容量的动态分析往往有三个技术角度的方法。

第一，时间序列的分析方法。以历史数据为依据，比如，作为汽车产业，它的孕育期通常需要多长时间，成长期一直到成熟期分别要多长时间，整个过程在以往的历史数据中都可以得到体现。过去的数据能够在一定程度说明现在，喻示未来。

第二，影响因素分析。分析有哪些因素会影响到未来的产业容量。比如，要分析汽车产业未来的容量，就要考虑到石油的供给情况、道路交通状况、消费者的购买力等，如果分析农村汽车，还要分析农业的产业结构等。把影响汽车需求和产业规模的因素都找出来，并逐一分析，我们大体就能够知道未来产业的容量。

第三，产业的生命周期分析。就是判断现在这个产业处于生命周期的哪一阶段以及生命周期的形态。产品生命周期有孕育、成长、成熟三个阶段，如果是成长阶段，产业规模就会迅速扩大。比如，中国的空调，从 2001 年到 2010 年，国内空调行业每年的复合增长率都在 20% 以上，因为空调大量进入中国的家庭，包括农村家庭。不同的产业，它们的生命周期的图形是不一样的，有的产业起来了就不下滑了，有的产业迅速下滑再起来，呈现不同的形态。所以准确把握产业什么时候会到一个峰值，什么时候会下来，这对企业的战略制订至关重要。**对产业生命周期曲线的准确把握总能让你找到产业的机会窗。产业的机会窗打开的时间很短暂，一旦抓住了你就起来了，如果抓不住，你可能要等下一个机会窗了。**

二、产业分析重点之二：产业的平均利润水平

马克思说，资本主义有一个基本规律——利润的平均化。哪个行业利润高了，资本就流入，流入之后行业利润就下来了，也就是说通过资本的流动，实现了利润的平均化。平均化只是一个结果，不平均是绝对的，而平均是相对的。从静态来看，总是存在高利润行业和低利润行业。产业的平均利润是产业吸引力的主要标志。

管理学里有一个矩阵叫“通用矩阵”，通用电气在进行行业选择的时候，往往从两个维度考虑，一个是产业吸引力，另一个是自身的竞争力和市场地位。在这个矩阵里，产业吸引力有几十个指标，第一个指标就是行业的利润。

为什么有些行业利润高，有些却很低呢？从趋向来看，影响行业平均利润的主要因素有两个。

第一，是不是属于需求细分度高的行业。有一些行业需求细分度很高，需求的个性化程度也就很高，比如说时装、餐饮。而水泥行业就不一样了，水泥有国家标准，你修这样的桥，就得用这样的水泥，所以对水泥需求的差异性很小的。而像食品需求就有很大的差异，这就意味着价值创新的空间会扩大。如

果行业一直在创新，这个行业的毛利率就不会下降，它走的不是规模经济，走的是范围经济、差异化的道路。而反过来，黄沙、石子、钢筋这些东西很难找到价值创新的空间。

第二，生产能力所形成的条件。任何一个行业生产能力形成都有一些条件，土地条件、资本条件、设备条件、人才条件，这些条件也可以说是要素。一些行业要形成产能，需要比较长的时间，对要素的要求也比较高，这样的行业通常利润难以下降。而有一些行业比如生猪饲养业，产能形成的周期非常短，这也带来了它的高波动性，生猪产量总是在过剩和短缺中交错。生猪价格高，养猪门槛又很低，农民们一哄而起，都去养猪。就像蛛网理论对这种现象的解释一样，这个系统就不收敛了。一段时间之后，生猪过剩了，价格下滑，产能再倒过来收敛，一哄而下。这就是生产能力形成条件和产能周期规律的最好体现。

重点提示：影响行业平均利润的主要因素有两个。第一个，需求细分度越高，价值创新空间大的产业利润率相对较高；第二个，生产能力需要的条件（要素）越多，形成产能时间较长，简单说成本较高的产业利润率也很难下降。

三、产业分析重点之三：产业的生命周期——渗透率、集中度和被替代性

类似人的生命周期存在着不同阶段，产业成长也有孕育、导入、成长、成熟、衰退五个成长阶段。不同的阶段有不同的标志，比如说渗透率，它是衡量产业成熟度的标志之一，比如 1000 个人只有 10 个人使用汽车，渗透率就是 1%，渗透率越高就说明这个产业越成熟，渗透率越低，就说明这个市场的空间越大。要分析未来手机地图产业有没有成长性，就要计算现在多少部手机中已经装上了导航地图软件。假如中国有 7 亿部手机，其中智能手机占了 1 亿部，而在这些智能手机里，只有 1000 万部装了地图软件，这就说明，目前手机市场的渗透率还很低，未来发展的空间还无比大。证券市场往往用这种方法来计算未来的成长空间。

衡量产业生命阶段还有一个标志，就是产业集中度。产业越成熟，相应来说，集中度越高。

还有产业的被替代性。有一些产业是扩张性地替代别的产业，而有一些产业则是被别的产业所替代。如果能被别的产业所替代，很显然，这个产业就衰

落了。比如，有了智能手机之后，人们对电脑的依赖程度降低了很多。

四、产业分析重点之四：产业的竞争格局

产业的容量、产业的利润水平、产业的生命周期，这些都是总体性的概念，下面我们再看一个结构性的概念——产业的竞争格局。

所谓的“竞争格局”，就是产业中有哪些企业在参与竞争，它们可以形成怎样的分类。谈到产业竞争格局，一个比较通用的、被人熟知的分析模型就是迈克尔·波特的“五种力量竞争结构”。

迈克尔·波特把一个产业的结构分解为几种力量：首先是同业竞争，也就是同行内部竞争，比如，笔记本电脑的联想和惠普的竞争；同时，产业链条的上游，也存在着竞争关系，比如，联想和英特尔之间，合作的同时也有竞争关系；另外，笔记本电脑行业与下游分销、使用环节存在合作中的竞争关系；还有就是下面，新进入者与要进入这个行业的其他行业的资本之间的竞争，等等。这样就构成了广义的竞争结构。

如果从同业竞争来看，人们经常还可以从市场地位角度对竞争结构进行分析，把行业竞争者分为领导者、挑战者、追随者、补缺者四种角色。这个分类非常重要，你的身份、你的角色决定着你的战略。

还可以按战略群组分类。战略群组的逻辑是“物以类聚，人以群分”，就是把战略相似、相同的归为一个群组，比如宝马车和奔驰车是一个群组，捷达和桑塔纳是一个群组，长安面的和松花江面的是一个群组。分类能够解决什么问题？解决谁是我的直接对手，谁是我的间接对手的问题。

笔者本人常用的分类方法是按照竞争者的战略特征分类。有两个维度，一个是规模，另一个是速度。**从这两个战略特征来看竞争者，可以把竞争者分为四种动物——**

大象，体积大速度慢。

猫，速度慢体积小。

豹子或者狼，速度快体积小。

老虎或者狮子，速度和力量比较均衡，既有速度也有力量。

把这些战略特征分析清楚之后，也可以找到相应的竞争战略。像猫不能和老虎与狼正面冲突，只能是边缘化地生存，找一个别的竞争者不关注的地方继续当猫；老虎怎么去打大象？可以用速度冲击规模；狼怎么打老虎？可以集中

优势兵力，进行不对称竞争……在动物冲突里面，可以看到行业的多种竞争途径和方式。

五、产业分析重点之五：竞争的态势和竞争规则

竞争态势指的是行业内部目前的竞争呈现什么样的特点。而竞争态势的背后则是行业的竞争规则。我们经常说某个行业有着怎样的竞争规则，这种所谓的竞争规则并不是指行业的法律，也不是非要全行业的人写一个什么契约，而是行业里大家都约定俗成的做法。谁不这么做，谁就不能分享行业的好处，谁就要被行业甩出去。

规则里面包括竞争的资格。产业对任何竞争者都提出了资格要求，必须要符合什么样的资本条件、技术条件、人才条件、文化条件等。竞争规则中包含行业竞争的焦点，即行业内到底在围绕着什么进行竞争，在不同的时期焦点是不同的。比如，在行业成长的中后期，一定会加剧整合，而加剧整合一定会打价格战，价格是成败的决定性因素，所以这时你非要搞价值竞争，那是愚蠢的。

行业竞争规则里面还有价值生成方式、价值链和商业模式的一些规定，它们也是任何一个企业创新时不能忽略的东西，因为这是行业的本质。比如，饲料企业，通常需打通产业链；有色金属冶炼企业，往往要有矿山，这是行业价值链的规则。它还包括一些行业的商业模式，比如，互联网基本上是免费经济，必须先靠吸引人气，把流量做起来，然后再考虑是做广告，还是收钱。竞争规则也不是固定不变的，到一定时候是可以打破的，比如，行业中出现了新的价值、新的资格、新的商业模式的时候。

六、产业分析重点之六：竞争强度

还有一种战略的概念叫竞争强度，强度可以用竞争所投入的资源来测定，同时也包括采取什么样的竞争方式。家电行业目前是“肉搏战”，竞争到了最激烈的时候，几个家电巨头在农村、乡镇展开了每个终端的争夺、每个岗位的争夺，已经到了这个程度！家电行业很痛苦，没有办法，谁让它们正好到了产业生命周期的这个阶段呢？产业生命周期发展到短兵相接的时候，企业必须派出特别有战斗力的骄兵悍将，而且企业文化必须是孔武有力的文化，一切怯懦都无济于事。

竞争强度和产业竞争结构之间是有关系的，往往产业高度分散的时候，竞争强度是不大的。什么时候强度最大？就是产业整合的时候，是产业中若干寡头决战的时候。

七、产业分析重点之七：产业位置

分析产业的时候，还要分析产业的位置，整个产业是一个大的链条，你的位置是属于下游、中游还是上游？

施振荣曾经画过一个微笑曲线，他认为在电子产业里面，要么在上游，核心零部件和软件有技术含量，要么在下游，做品牌、营销、服务，最差就是中间做组装的，位置决定话语权。中国人辛辛苦苦做钢铁行业，钱都被澳大利亚的矿山企业挣去了。

不同的产业链条，各环节附加值的分布是不一样的。因此，企业进行战略选择时需要注意产业的附加值分布特色，并据此进行位置的挪腾。在过去的 30 年时间内，电子行业的基本游戏规则是水平分工，英特尔做的是芯片，下一个层次就做主机板，再下一个层次做组装，再下一个层次做销售。现在这个规则正在改变，电子行业的水平分工有可能要转变为一定程度的纵向一体化。这个垂直一体化的苗头刚刚出现，主要是因为三星这样的行业领导者将上下游联结起来了。

八、产业分析重点之八：产业稳定性和产业变革

通常情况下，产业集中度越高则越稳定，但是也不尽然。有的时候，产业集中度很高，但产业也不稳定了，这说明产业稳定性是可以作为一个独立的变量存在的。

什么情况下会产生产业不稳定呢？有三个情况：第一，行业领导者更替。集中度高，就意味着领导者份额高；行业领导者出了问题，产业就发生了更替，产业就会出现不稳定。第二，消费革命。消费革命往往与代际有关，新一代消费者出现了，这一代消费者对以往的产品形态没什么兴趣，一个典型的例子是，现在哪怕再出现一个比梅兰芳唱得更好的人，喜欢王菲的人可能也比喜欢梅兰芳的人多，在将来，新的一代偶像会出现，新的一代消费者也会出现，这就是消费革命。第三，技术革命。彩电行业出现了液晶的 LCD、LED 的技术革命，照相机行业出现了数码革命，行业的竞争格局随之发生了重大变化。

产业的变革，一方面是产业生产函数的变化，也就是整个产业的要素以及

要素的组合方式发生了变化，这是熊彼特的定义。从关键要素看，原来靠的是劳动，现在靠的是知识。关键要素一变化，产业肯定要变革。从产业的价值形态看，例如，过去养猪、养鸡的产业，主要的价值都是卖便宜的猪肉和鸡肉。老百姓的需求变了，要吃安全、健康、口感好的猪肉、鸡肉，未来养土猪、养土鸡的大企业很快就会出现。此外，价值创造方式发生变化，产业系统输入输出的内部机制发生变化，产业参与者发生变化，这些都属于产业的变革。

战略制胜的十大赢家思维

陈 明

俗话说“商场如战场”。如何活下来？如何打胜仗成为赢家？这是做企业必须时刻思考和应对的问题。最近笔者与一些企业家朋友以及专门做商业研究的朋友交流时，总是会提到一个问题：“中国改革开放只有四十多年的时间，但中国企业参与全球竞争力表现出非常强劲的竞争力，令发达国家后怕，原因在哪里?”

这也是令无数管理领域专家学者（包括国外）百思不得其解的问题。如果单纯看中国某一家企业，一般没有哪一样是特别突出的。比如，品牌不突出，大多数企业没有品牌意识甚至没有品牌。产品力也不突出，如果与日本、德国的同类产品比起来，产品质量等都算不上好的。研发就更不用提了，到目前为止中国的绝大多数企业对研发的投入不多，且不固定。人员结构上也没有什么优势，大多数上市公司中工程师在总员工数中的占比都小于10%。就连大家认为的“中国制造”这一块的核心竞争力，现在也遭到越南、印度等国的挑战。供应链的优势遭到以美国为首的国家“脱钩”思想的影响也变得不确定……然而，中国经济的发展成绩却令世界为之瞩目，中国企业的竞争力谁也不敢小瞧，谁不重视谁就吃亏。难怪有人感叹，任何产业只要有中国企业去做，很快就做“滥”了，红海一片。原本中国有不少优秀企业专门做国外市场，业绩做得相当好，但受这次全球新冠疫情的影响，加之国际形势巨变、人民币升值等影响，国外市场也没那么好做了。转到国内市场上来做，国内市场的竞争之惨烈，让那些原本靠参加国际展会，优雅地喝着红酒，就能把单给签了的企业苦不堪言。这些原来专门做“洋鬼子”生意的企业也搞不懂，自己的企业很洋气，很高大上，却被一帮“土老乡”竞争得没脾气。现在市面上有很多课程培训，都是复盘这家企业、那家企业如何成功。从哪些方面可以借鉴。中国一些优秀企业养活了非常多的专家学者、畅销书籍作者，甚至研究机构、咨询机构，这也算一种生态吧！况且管理本身就来源于实践，实践出真知，实践是检验真理的唯一标准。

二十世纪七八十年代日本企业在全球表现出强劲竞争力的时候，据说美国有 5000 多名专家学者，专门研究日本企业赢的道理。当年从美国飞往日本的航班上，每架飞机上都有专程赶到日本本土去研究日本企业的美国专家学者和服务日本企业的咨询团队。

本书并不是对一些专家观点进行评述，而是笔者根据自己多年深入服务一线企业的经验，近距离接触中国诸多优秀企业，甚至亲历有些企业的发展历程，斗胆总结中国企业参与全球竞争如何成为赢家的背后逻辑，可能挂一漏万，但不会人云亦云。有一点可以肯定，本书不是“纯办公室”作品，更不是“黑板管理学”。本书所得出的结论，已经被很多企业在实践中证实了。

一、时代机遇很重要

笔者曾听到过这样一个观点：从历史长河来看，财富和勤奋、勤俭持家关系不大，财富和你的出生年月关系很大。这是有一定道理的。比如，比尔·盖茨如果不是出生在 20 世纪 50 年代（1955 年），而早出生十年或晚出生十年，他成为全球首富的概率就非常小了。1975 年，他与好友保罗·艾伦一起创办了微软，正好赶上了计算机时代的大发展，软件的大市场正在快速形成，这个时机非常重要！当然，比尔·盖茨所领导的团队也很厉害，否则怎么只有他和他的团队抓得住机会呢！

再举一个普通人的例子，中国房地产市场风起云涌于20 世纪90 年代末期，赶上这一波的人群基本都是妥妥的中产阶级。这也和出生年月有关系，80 年代出生的人基本赶上了一个“尾巴”，90 年代出生的人除非你父母买好了房子，否则靠自己打拼买一套房，尤其在一二线城市，压力非常之大。我们能说“90后”“00 后”的人与“50 后”“60 后”“70 后”相比，素质和能力差距有这么大吗？他们财运这么差吗？很大一部分原因是出生年月的早晚造成的。

形势比人强。20 世纪 80 年代，中国打开国门拥抱世界，那时的中国贫穷落后，物资短缺，个人只要勤奋，胆子大一点，加上信息灵通一点，基本上都会赚钱，笔者称之为“捡钱时代”。中国经济在改革开放政策下高歌猛进了四十多年，大家挣钱相对容易。

中国是个人口大国，人口众多就意味着市场巨大，又因为穷，才机会巨大。有眼光的企业家无不静静关注中国，等待时机的到来。当中国打开国门的时候，全球华人企业家，尤其中国香港、中国台湾、日本、韩国以及东南亚的华人企业家，加上欧美一些“先觉者”看到机会来了，他们带着新理念、资金和技术，来到中国内地开办工厂和公司，此时全球产业机会正在转移，中国恰逢其时，中国“以经济建设为中心”，改革开放了。中国人骨子里对财富极其渴望的追求被“点燃”了，浩浩荡荡，谁也挡不住中国人的“发财路”。对“资本家”来说，中国无疑是个非常好的地方，中国工人经过短短几个月的培训，生产率就能迅速提升上去，而且工资还远低于发达国家产业工人，加上中国产业工人基数巨大，广大的农民朋友“放下锄头洗洗脚”，从田间走进工厂，稍加培训就是合格的产业工人，可以说产业工人源源不断。

其实华为的成功，从某种角度来说，也是获取人才红利的成功。大家都知道中国农民工工资低但生产率不低（托培训的福），殊不知，中国庞大的工科大学毕业生群体，其实工资和同类别的发达国家工程师相比，也是低的，但这些人才的质量并不低（当然也是托培训的福），干出的活质量也不差。

中国人从生产力低下的农业，转移到生产力较高的工业领域，资本的形成率提高了，老百姓的收入得到提高，庞大的购买力形成，也就是中国市场逐步启动了。这就形成了一个良性循环：生产率提升—收入提升—购买力加强—市场规模变大—进一步分工—生产率再提升。中国庞大的市场启动，必须匹配庞大的产能供给，包括庞大的工人供应链，这就是很多产业只有转移到中国才能繁荣起来的原因。

举个例子。近几年很火的奶茶行业，其实很早在中国台湾就有了，只是那里区域市场很小，产能供给都是小作坊式，设备都是家庭手工版。一旦中国大陆市场启动了，整个供应链（包括设备工艺）都得重新设计，匹配大规模生产。富士康公司能在中国用几个月时间组织起 20 万名的产线工人，这要在美国起码得好几年时间。这些都是宏观层面赢的逻辑。当然现在这个大逻辑遇到一些挑战，但规律是不变的。

企业发展首先要靠机会。企业只有把握了机会才能得到发展。“水大鱼大”“只有大市场才能造就大企业”。中国现在的一些优秀企业，比如，华为、阿里巴巴、小米、美的、万科、福耀玻璃、海康威视、比亚迪、宁德时代……无不是抓住了时代给予的产业机会。每一个时代的机会都是相对公平的，但有人抓得住，有人抓不住。很多企业起个大早，却赶个晚集，跑到前面的更是寥寥无几。企业家及其团队的远见卓识、非凡勇气很重要，致力于打造一个超越个人的组织是获取更大成功的重要保障。本书不谈每个优秀企业发展的细节，每个企业的发展细节都能写出厚厚的一本书。**我们既不能高估企业家团队及组织的能力，也不能低估时代所起的作用。我们要对时代保持敬畏之心，感激之情。**

时代很重要。时代给予我们的机会更重要。做企业首先要深刻思考产业机会，要去思考：

- 这个时代有什么产业机会？
- 我所在的产业还有哪些机会？
- 企业的增长空间来自哪里？
- 这个产业的格局将发生哪些变化？
- 转折点将会出现在哪里？
- 企业该如何构建自己的增长曲线（包括第一增长曲线、第二增长曲线等）？

我的客户将会发生哪些变化？（客户和非客户同等重要，创新往往来自非客户）

从长期主义来说，企业需要布局和打造哪些核心能力？

怎么才能不被时代所抛弃？

以上这些，都是笔者经常和企业家朋友探讨的问题。这些问题的思考实际上是在揭示企业发展的方向，方向和行动之间不断迭代，谁也不敢保证一定能说清楚未来。即使有人能说清楚，但做不到也没用。企业家本质上应该是乐观主义者，面向未来，坚信未来不可预测但可以创造，时刻关注和发掘机会，但不要成为机会主义者。

现在的任何机会时效都变短了，因为全球资本是过剩的，都在苦苦寻觅新赛道。只要出现新赛道，瞬间就拥挤不堪。好比现在的新能源汽车赛道，新老势力激战正酣，一个还没唱罢，另一个就登场，胜负一时难有定论。

数字化时代以前，企业可以“日出而作，日落而息”，一切按部就班，因为它比较“宽容”，企业“摸着石头过河”，它会等你慢慢过。数字化的新时代是一个深思考的时代，更是一个加速前进的时代，机会稍纵即逝，一旦错过就不会拥有。因此顶层设计很重要，一旦出现机会的苗头，就要全力以赴。

二、追求与定位

笔者发现一个现象，20 世纪八九十年代创业的企业家，他们创业的目的大多数都是和命运抗争，摆脱贫困，也有一部分人是无路可走，被逼无奈选择创业的。他们选择行业也具有一定偶然性。但“80 后”“90 后”选择创业的时候，大多数都是有初心的，并经过一定程度的深思熟虑，他们的选择并非偶然性，是一批“有觉悟”的创业者。

企业家无论哪个年代创业，也无论是偶然进入一个行业，还是有意识选择的结果，大凡优秀企业家、优秀企业，都有一个共性——自己活下来以后，目标慢慢清晰，但他们始终志存高远，立足长期主义，都有使命感，有事业追求，不是只图眼前利益；他们立足现实，但不拘泥现实，目标牵引，愿景驱动。企业家本人的愿景使命，吸引五湖四海的人才形成滚滚人才洪流迎着目标奋斗前行。

数字化时代，企业基本上只有三条路可走。第一条路是做头部企业，或细分领域冠军（或区域“小霸王”）；第二条路是做一个平台，提供超级链接（现在这种机会也日益稀少了）；第三条路是被别人生态化，或被别人整合。各行各业“头部效应”越发明显，一个企业如果不做到头部的话，基本上没有多少价值，将来能否活下来都可能成为一个问题。这里必须强调一点的是，“小而美”“平均型”“力小任重”的企业基本上没有什么出路，除非被别人整合。过去，变化基本上是可预期的，朝着更大、更强、更多等方向发展，大家好像都有生存空间，“差不多就行了”，似乎都活得挺好。但随着技术进步，进入新时代，必须对自己“狠一点”，“偏执才能生存”，目标必须清晰，旗帜必须鲜明。

三、“鸡肋”是你的菜

近几年，笔者参与客户战略及路径、赛道的选择或商业模式创新等讨论比较多，总结了一个“鸡肋理论”。**何为“鸡肋理论”？“大块头”企业看不上，“小家伙”企业又做不了的就是你的“菜”。**当年刚刚创业的美团，选择进入本地生活市场的案例堪称经典。王兴深刻而准确地分析，线上履约线上交付的有腾讯等，线上履约线下交付实物的是阿里，线上履约线下交付异地生活服务的是携程，线上履约线下交付本地生活服务则是空白，但这也是个“鸡肋”、非标产品，基本都是苦活、脏活、累活，还不怎么赚钱，“大块头”企业一般看不上。作为一家新创业的公司，一开始无法和“大块头”企业正面竞争，选择一个“鸡肋”赛道，这正是美团的精明之处。

企业选择进入一个新市场、新业务或新赛道，首先要看“大块头”企业会不会进入。比如，华为会不会进入？阿里会不会进入？腾讯会不会进入……如果有“大块头”企业进来，当你好不容易熬到市场起来的时候，这些“大块头”企业凭借着组织的优势（包括资源的优势），一把收获了市场的红利，后来者居上，你的企业则很快就会被挤出赛道。当然也有个别创业企业在“大块头”企业眼皮子底下“长大成人的”，这个概率很小。

笔者的老师，中国人民大学商学院包政教授曾经说过，大企业具有“侵略性”。当时学生时代的我们一时还理解不了，如今方知这是非常深刻的洞察。大企业兵强马壮，很多时候却苦于无大仗可打，没有大赛道可选择。他们对刚刚起来的市场以及小市场不感兴趣，当出现大规模市场或大赛道的时候，大企业就非常感兴趣了。他们利用组织的力量，大举进入，这时候比拼的是实力，他们所到之处时常“寸草不生”。这就是大企业的“侵略性”，这和企业的道德无关，而是商业竞争的真相。

从一开始就进入一个“大块头”企业觉得不值得做，或实力顾及不到的“鸡肋市场”，这对创业企业来说却是最安全的。比如，一些行业的终端场景应用，就是千差万别的，“大块头”企业无法“一统江湖”。

有时候市场机会来源于非客户，“以客户为中心”，这是商业上的真理，但是非客户其实是很重要，往往是商业创新的源泉。如何把市场扩大、服务那些原本不是企业的客户？这些非客户也是有需求的，只是没有合适的供给，比如原有市场存在产品或服务太贵，他们消费不起。有研究报告提出“中国还有13亿人没有坐过飞机”。这个看似“段子”，但在商业上是千真万确的，也是市场机会。这种机会关键在于企业能否提供匹配于这个市场的供给而已。

四、避其锋芒，广阔的“农村天地”大有作为

有一种市场叫“农村天地”。农村包围城市，这是一种“空间战略”。毛主席在《中国的红色政权为什么能够存在》文中总结了中国红色政权为什么能够存在的五大因素。

中国白色政权的分裂和战争是继续不断的；中国红色政权首先发生和长期

存在的地方，是在大革命过程中工农兵士群众曾经大大地起来过的地方；中国小块红色政权的发展伴随着国内买办豪绅和国际资产阶级的继续分裂和战争；工农武装割据；共产党组织的有力量和它的政策的不错误。这是中国共产党在革命时期所执行的“农村包围城市”战略的背后逻辑。

商业上的创新往往也是从“边缘市场”“老少边穷市场”“农村市场”开始的。当年华为刚刚进入通信设备市场的时候，中国的通信设备市场基本上被跨国大公司（所谓的“七国八制”）所垄断，尤其是在大城市。有点市场机会的，恐怕就是农村市场，或大公司不愿意占领的市场，而这些恰恰是当年华为的“菜”。当年浙江义乌小商品市场创立的时候，也是定位于“老少边穷市场”。当年阿里巴巴创立的时候，基本也是无业、待业的“边缘人”在淘宝上开店。日本人总结的，“在竞争对手比较薄弱的市场发力”，其实也是这个道理。

近几年随着中美贸易战冲突，以及受全球新冠疫情的影响，我国政府提出了“构建以国内大循环为主体、国内国际双循环相互促进的新发展格局”，这其中的市场机会在哪里？中国幅员辽阔、人口众多，经济发展不均衡，城乡差异大，区域差异大，加上各地文化习俗差异大，造成中国市场差异非常之大。东西南北中，东部沿海与中西部地区，一线、二线、三线、四线、五线市场等都有非常明显的差异。近几年下沉市场争夺得非常激烈。难怪有人发出“万亿经济在县域”的感叹。

以国内大循环为主，实际上是指中国市场纵深度够并且差异大，这就是巨大的商业机会。一、二线城市的产品经过简化、改装和迭代，进入三、四线城市就有比较大的机会。正所谓“广阔农村大有作为”。城市综合体开到县城里了，酒吧也开到县城里了。拼多多先从县域市场开始发力，主攻水果、农产品等。这里需要引起大家注意的是，下沉市场的做法要与一、二线市场的做法不同，投资的资金密度需要降下来，并进行低成本运作。从另外一个角度来看，每一个行业的优秀企业为了卓越运营，其本身也会不断优化市场结构（这里主要指地理市场），优质资源向优质市场聚焦，有些不怎么赚钱的市场，可能会被主动“优化掉”。这些“让”出来的市场，可能就是一些企业的“菜”。很多跨国大公司就是这样被中国企业挤出去的，他们不断优化市场结构，不赚钱的市场主动放弃，最后他们退到“黄土高坡”上，无路可退了。而他们退出的市场恰好被“小兄弟”占领，此消彼长，最后“大块头”被“小兄弟”掀下马来。当然有少数经验非常丰富的头部企业，也会采取“寸土不让”策略，这也是比较厉害的策略。

当一个企业比较弱小的时候，自己实力不够，为了不惹怒“大块头”，或避其锋芒，不妨从“农村包围城市”开始，从“大块头”看不上的地方开始，先活下来，积累小胜为大胜，积蓄能量，等待时机。

五、速度，速度，还是速度

“以小博大”——“小兄弟”在与“大块头”的竞争中如何活下来？这是商战中普遍性的问题。“小兄弟”与“大块头”比拼实力，显然是不现实的，胜算不大。“以快打慢”是“小兄弟”战胜“大块头”的密码。

天下武功，唯快不破。20 世纪七八十年代，日本汽车行业开始在全球市场中显示出“咄咄逼人”的竞争力的时候，其实主要赢在基于时间的竞争——速度竞争。翻开丰田公司发展史，我们发现一段有意思的记录。20 世纪 50 年代初，丰田公司一行人去美国福特汽车公司考察。考察期间，每天晚上丰田公司一行人在福特公司附近的旅馆进行例行讨论：福特公司有哪些值得学习的地方？如何向福特公司学习？讨论的结果令人瞠目——美国福特公司没有什么了不起！要知道，当时福特公司生产规模已经很大了，生产的效率也很高，一天能生产 8000 辆汽车，而当时的丰田公司 13 年总共只生产了 2500 辆左右的汽车。

但丰田公司认为他们不能学习福特公司，因为福特公司有钱，资源太多，而丰田公司恰恰就是资金薄弱，也没有多少资源。福特公司在机械工具方面比较强，那完全是用钱堆出来的，但公司浪费太严重。丰田公司不能和他们在这个层面来竞争，而是需要从时间上来与他们竞争。福特公司的生产现场到处都是处于停止生产状态的原料、配件、半成品，这些都是浪费。丰田公司必须从杜绝浪费开始，据说这就是丰田公司精益生产的最早起源。难怪有人说丰田的精益生产实际是“穷人经济学”。

此后，丰田公司就从时间上与美国汽车公司展开竞争，比如，生产一个新车型，丰田公司只需要 18 个月，而美国汽车公司平均需要 60 个月。丰田公司全力缩短从订单到回款的时间，要让现场（包括仓库、渠道等）的一切资源处于有效流动中。

梳理日本企业的发展史，可以发现日本企业以弱胜强、以小博大的成功案例中，基于时间的竞争——速度竞争，是一个普遍采取的方法，比如，通过换代产品比竞争对手快，来取得竞争优势。

美国企业史大家钱德勒写过一本书，《看得见的手——美国企业的管理革命》，这本书中钱德勒极富洞察力地指出："规模本质就是速度"。大企业通常会对客户进行分层分级管理，对一般客户所反馈的问题重视不够，响应不及时，加上大企业本身的决策与流程都比较慢，又进一步加剧了这个矛盾。很多时候大企业甚至对客户很"傲慢"——漠视客户的问题。大企业"势大身沉"，总是抗拒变化，总想控制变化，不灵活、反应慢，这恰恰给了小企业机会。

跨国公司由于怕技术泄密等原因，一般不会把研发技术资源配置到中国市场，这就会造成跨国公司对待中国市场的客户响应更慢的情况。有的跨国企业会对中国市场的客户服务收取高额的费用，甚至需要客户提前支付服务保证金。当年华为产品刚刚进入市场，质量不好，靠的就是紧贴式无时间间隔的服务赢得客户的信任。早期的华为工程师，甚至会直接睡到客户的机房中。有人总结华为产品早期的成功经验，就一个字"快"——学得快、干得快、改得快。

随着信息时代的到来，人类社会进入一个加速度状态，越来越快。所有产业的机会窗都变得越来越短，产业的赛道一经打开，各路英豪蜂拥而至，很快就会变得拥挤不堪。颠覆与反颠覆，跨界与降维打击等，好像进入寻常生活中，感觉随时都会发生。企业身处这样一个环境中，原有的认知、思维和模式都需要升级迭代，否则就很难适应变化。过去单纯靠规模经济就能取得竞争优势，现在不行了，速度经济更为重要。**一切有利于节省时间的策略和投入，都是值得试试的。**

一家企业如果在机会窗内没能实现布局和跃迁，想成为头部企业的可能性就不大了。因为在机会窗内，如果有企业冲出来了，产能规模足够大，只要它比竞争对手先有规模优势，它肯定主动挑起价格战，使得竞争对手的产能无法得到有效释放。比如，动力电池行业的宁德时代，它就采取速度竞争，在机会窗内，迅速布局产能，一旦形成规模优势，就会主动降价，竞争对手就会被"逼死"。因为它有成本优势，竞争对手却没有。这种格局一旦形成，就比较麻烦了。此时的仗，对头部企业来说很好打，但对中小企业来说则困难，只能找细分领域生存吧！

小米公司提出的“首战即决战”，是非常有道理的。华为在《华为基本法》中提出了“席卷式销售”，不给竞争对手喘息的机会，也是机会最大化的一种办法。

有一种情况企业需要注意，很多具有技术情结或具有“工匠精神”的企业，喜欢追求完美。然而一旦追求完美，产品可能就会“千呼万唤”不出来，因为总觉得自己的产品不完美，总在想“憋大招”。但“百舸争流千帆竞”，等所谓的完美产品面市的时候，已经“时过境迁”了，别人已抢占了先机。这就是“完美产品带来完美的错过”。实践是检验真理的唯一标准，产品只有在被客户使用的过程中才能逐步走向完美。

商战中“完美主义”是有害的，企业一旦追求完美主义就意味着“陶醉在自我的世界中”，客户其实不需要完美的产品，客户需要的是能帮他解决当下问题的产品和服务。企业需要完美主义精神，这是一个理想状态，但不能绝对化。

中小企业或实力比较弱小的企业，战胜“大块头”的法宝之一——速度竞争，要求中小企业必须按照“时间”来组织企业，即围绕速度来和“大块头”展开竞争。

也有一种情况需要说明。管理、质量和团队磨合，往往是需要经过一定时间沉淀和检验的。从风险的角度来看，有时“慢就是快”。因为跑得太快的公司都死掉了，剩下来的就会赢得比赛。比如，很多连锁行业，如果盲目的快是有风险的。企业发展过程中的节奏把握是非常重要的，该快的时候要快，需要慢下来的时候要慢下来，慢下来是为了下一次更大的扩张。

六、密度，密度，还是密度

笔者在与很多企业家交流的时候，大家共同感兴趣的一个话题，就是如何获得快速成长，如何获得战略跃迁？因为大家都觉得发展慢了可能就没机会了。

要想赢得速度竞争，实现一种跃迁式发展，取决于外部市场规模爆发的程度，自身的根基牢靠程度，资源密度大小——尤其是人才的密度、市场的密度和资金的密度如何。这里借用一个物理学的概念，密度。密度战略也是应对竞争的一个重要战略。

（一）人才的密度战略

熟悉小米、美团、华为、携程等企业成长史的读者应该知道，他们成功的一个主要原因，就是人才密度大。在机会窗内，在短短时间内一下汇集了大量的优秀人才，尤其领军人才。要想在短时间内获得爆发式成长，人才密度一定要大。当然这也带来一个问题，当企业比较弱小或品牌知名度不高的时候，如何大范围地获取人才，并使得人才愿意留下来奋斗。人才市场已经成为企业竞争的新领域。现在每家企业必须琢磨，如何在人才市场上构建和发育自己的核心竞争力。

第一，老板是首席找人官。笔者经常开玩笑讲，现在的老板必须有一项能力——真诚地“忽悠”人。老板能不能找来高手入局和自己一起干，非常重要。

第二，要先找“大脑袋”。所谓“大脑袋”，就是顶级人才、领军人物，或比自己厉害的人（至少某一方面）。

第三，找到链接人才资源的渠道。

第四，收入与“爽”一个都不能少。收入和“爽”可以有适度的先后顺序。比如，在短时间内，收入高，然后“爽”可以慢慢改善；也可以先“爽”，但“收入”逐步提高。

第五，树立人才市场的品牌。招聘将越来越成为一个企业的核心竞争力，企业如何能下了承载员工人数的快速增长而不崩溃，是检验企业弹性的关键。随着人才大量涌进，如何使他们上战场并奋勇“杀敌”，快速形成战斗力，更是考验决策层的智慧。引用华为一种说法，如何使人才管道又长又粗并对照目标“冲锋”，这是一种非常重要的机制。笔者某次与一位华为的前高管聊天，问他华为的人力资源战略有什么特点？他说，就两个字“人多”。在机会窗内，即市场规模增速非常快，或自身增速至少达到25%以上，远超行业增速的时候，就多招人。在机制设计上一定要造成人才适度“冗余”，形成内部良性竞争机制，给员工形成一种氛围：你不好好干，随时有人可以替换你。当然企业要舍得发钱，高待遇“刺激”下不是人才的人也会努力变成人才。

（二）市场的密度战略

市场的密度战略是什么意思？企业规模比较小的时候，资源不丰富，就需要适度的聚焦。早期阿里巴巴的市场主要聚焦在广东省、浙江省和半个江苏省，就能做出一个市值 300 亿美元的公司，就是因为把目标市场做得比较透。美团公司的发展经验表明，美团早期就是围绕一个又一个方圆三公里的商圈密集开发。连锁商超的开发也是围绕一定区域密集开发。这个主要应考虑规模效应的半径是多少。有的规模效应就是方圆几公里，有的规模效应则是一个区域或一座城市，等等。

笔者与一些中小企业的老板交流的时候，发现他们比较喜欢“贪大”，其实只要围绕几个区域密集开发，就足够支撑企业上市。上市后，资源比较多了，那时可以再做另外一种布局。

（三）资金的密度战略

现在商业上有一个规律——模式不轻不重。中小企业进入一个行业，如果企业做得太重，风险肯定会非常大，因为企业没有太多的资源。但如果做得太轻，也不行。尤其是一些比较新的业务，供应链、品控等核心环节还是自己控制比较踏实。另外，创新型的中小企业很有必要形成一个试点或一个闭环，这是需要一定资金投入的。包括连锁组织的信息系统也要适度超前投入，这也需要一定的资金密度。

笔者服务过一家创新型中小企业，主营一类新的营养食品原料，当时这家企业就面临人才密度和资金密度的双考验。因为生产的是新产品（为食品或茶饮企业提供的原料），这就意味着必须找到更多客户使用自己的产品。这一方面对市场开发人员要求比较高，另一方面新产品是通过新的技术工艺实现的，这就需要在设备和工艺上投入一定资金。因此短期内，如果企业资金投入过大，市场规模又没有起来的话，企业经营压力比较大（现金流压力很大）。这类企业要想成功，打持久战是不利发展的，必须在短时间内实现跃迁发展，否则要想实现跃迁发展，必须实行挑战巨大的双密度战略——人才密度和资金密度战略。

七、寻找高毛利与利润区

企业自身的造血功能非常重要。企业增长有个关键限制环节就是毛利，高毛利的企业有做大的潜质，低毛利企业除非能用融资的钱来扩张，否则增长起来难度比较大。当然了，毛利低但周转快，企业也可以选择。中小企业能“长大成人”，必须在一定时间内形成正循环：投入—培育核心环节—高毛利—新的一轮投入。这个正循环越快形成越好。很多企业走入一个误区，就是为了做大净利润，尽量减少费用投入，以为省下来就是利润。但是费用往往与未来有关，现在如果费用投入过少的话，将来企业发展就缺乏后劲。

利润区也是经营上的一个重要概念，我们一定要研究和洞察一个行业的利润区是如何转移的，因为任何商业模式转型升级，必须在利润区富集的地方寻找突破和创新。

高毛利是可以创造的。从长远来看，支撑高毛利靠的是技术、知识。但从短期策略层面来说，可以通过创造机会窗来创造高毛利。这一点上，华为的策略堪称典范。在某个战略增长点上，你比竞争对手投入的资源要多，形成“饱和攻击”之势，大概率这个产品就会先上市，谁先上市谁就能获得基于机会窗的高毛利。同时注册专利形成对这个新产品的保护，一旦竞争对手的类似产品跟进上市，领先上市的企业一般就会启动“专利战略”，对竞争对手进行起诉，拖延竞争对手产品上市的速度。这样尽可能延缓窗口期关闭时间。当最后双方“握手言和”的时候，领先企业就会主动降价，后跟进企业也只能选择降价，而此时领先企业已经获得市场红利，用实力打价格战。这样几个回合下来，后进入市场的企业基本上被打得没有脾气了。

还有一点也很重要。现在跨国企业基本遵循的是美国华尔街的管理体制，职业经理人的薪酬主要和报表“挂钩”。一旦经济进入下行周期，跨国企业为了保持报表“亮丽”，一般会减少费用投入，剥离一些资产，很多研发人员都会被裁撤，因为暂时无望盈利的产品线会被剥离掉。此时那些被裁撤的工程师刚好可以被中国企业所吸纳。等到经济进入上行周期的时候，原来盈利无望的产品开始在市场热销了，而此时原有跨国企业相关产品线几年前被撤掉了，无产品可卖。一旦出现这种情况，意味着跨国企业没有踏准市场节奏。几个回合下来，跨国企业的处境肯定会不太好，很多跨国企业就是这样被中国的“小兄弟”企业打得节节败退。

八、“感谢”你的竞争对手

笔者有一次参加过一个分享活动，同台的一个嘉宾说，在中国不管哪个行业，只有这个行业有跨国企业存在，那肯定是中国企业的“福气”。很多人一开始不理解这句话的意思。实际上他说的意思是，有跨国企业存在，说明这个市场是存在的，跨国企业一般定位比较高端，他们进行的是“撇脂”战略，占领“最肥”的市场。中国企业一般开始定位比较低端，做跨国企业不愿做的市场，但中国企业工程化能力强，低成本运行能力强，跨国企业做了不赚钱的市场，中国企业做同样的市场却能赚钱。中国企业一般都采取模仿与追赶战略，从低端市场发起“攻击”，并由低端向高端进攻，逐步蚕食跨国企业的市场。此时定位高端的跨国企业就非常难受了。这也是西方发达国家认为中国企业“不讲武德”的地方。比如，如果一开始苹果手机不只是一味追求高利润，高中低端产品一起做的话，中国的智能手机厂商成长起来可能就费劲了。

中国绝大多数企业都是这样发展起来的。刚刚起步的时候，中国企业一般定位较为低端的产品，或进行 OEM。但干了一段时间后，中国企业就开始逐步侵蚀“大佬”的“领地”了。难怪有人开玩笑说，中国企业的成长史其实就是一部“不讲武德”史——从模仿和追赶开始，从低端市场向高端市场进攻。

还有一种情况也值得在此分享。中国很多行业的崛起，主要都是拜托跨国大佬的“傲慢”所赐。曾经一些跨国企业制订了苛刻的销售条件：先打款后发货，我生产什么你就买什么。比如，电池行业，松下公司是鼻祖。中国电池行业（电子消费类）为什么会起来，就是因为松下公司不太好“沟通”，它只生产几种规格和形状的电池，客户必须听它的，在这几种当中选择。很多客户被逼无奈，扶持中国企业“崛起”。

九、“组织之坎”必须要过

随着智能时代到来，组织其实就是一种算法，实际上起加工信息的作用。如何建立起有强大算法的组织，一直是实践中的难点。有学者总结，中国企业家最大的弱点就是不会建组织，尤其是不会建大组织。一些纸上谈兵的所谓“咨询专家”很多时候不灵，因为他们也没有多少质感，自己的公司都是“个体户集中营”。商学院老师一般也不灵，他们天天在讲台上讲组织建设，讲组织利益高于个人利益，等轮到他们自己的时候，同样要凌驾组织之上。很多一二十亿元营收规模的企业家，他们对市场的敏锐感知、对产业机会的洞察令人折服，但他们的企业规模就徘徊在一二十亿元上下，原因就是不会建组织。

根据观察和实践，笔者认为组织建设应从以下几点入手。

第一，从个人、团队，再到组织。建立组织一般从以企业家为核心的班子建设开始。一家企业的高管团队应该是一个真正的班子，不能是几个徒有“总裁”“副总裁”称呼的人的集合。瓶颈一定是在上面的。中国企业有一种现象比较常见，那就是“大树底下不长草”。**老板本人能力太强了反而不利于形成班子。因为老板什么都懂，他就习惯于冲在前面，把高管团队当成他的下属或助手。**

第二，学会分权。这在实践中也是一个难点。一分就乱，一收就死。实际上权力与责任是相匹配的，先担责任，然后赋予相应的权力，但权力的监督又是集中的。权力很多时候是争取来的，是“夺来的”，不是根据岗位说明书自动赋予的。权力是在有“为”的过程中逐步赢得老板信任，逐步获得的。

第三，学会定规则。随着企业人数的增多，规则要先行，要透明。建立体系的“牛鼻子”是评价与利益分配，其核心是建立依据。要用制度来管人。领导本人也要学会从 To C 视角到 To B 视角转变（借鉴房晟陶先生的观点）。人数少的时候，企业可以点对点，现在人数多了，必须一对多。这其中会包括流程建设，分工与组织，决策，信息传递，冲突处理，风险控制，等等。这里要强调一下，基于信息的组织方式越来越重要了。

第四，一批批的领导不断产生。这也很关键，一个组织必须能自身产生一批批组织所需要的领导人才（70%应该是自产的，尤其是经营性人才或准企业家人才，这些人才一般以企业自己培养为主）。优秀的组织力量是商战中赢家背后的共同逻辑。这非常重要，之后笔者将用专门的文章来和大家分享组织建设的观察和思考。

十、组织变革是个永恒的主题

这是一个突变的时代，“黑天鹅”满天飞。组织的弹性和抗打击能力，尤其能扛住突如其来的打击的能力，非常重要。组织的变革是永远的话题。

第一，要保持敏锐触觉。企业文化上需要“备胎计划”。越是不确定的时代，行动上越不能“整齐划一”，文化上过分的单一和纯洁，适应性反而差，文化上应保持适度多样性。相对确定的事物，文化上可以强调价值观的统一性；处于不定型期的时候，实际上处于一种变化期，文化上要统一于“打粮食”或“增加土壤肥力”；面向未来的时候，文化需要统一于使命愿景。

第二，发展是第一位。大方向基本正确，业务布局最重要，要寻找到企业主要赛道、第二赛道或新的增长引擎。不同业务状态，匹配不同人才团队和资源，应用不同的机制进行管理。学会不断优化架构驱动业务增长，组织机构上遵循“分久必合，合久必分”，组织结构设计的关键是把握“何时纵向打穿，何时横向拉通”，解决速度与经济的平衡。

第三，人才机制。大方向基本正确后，组织如何充满活力？不停地“折腾干部”，必要的人才“冗余”，建立“内部良性竞争机制”，使得人才始终处于激活状态，不断优化约束与激励机制，去匹配业务发展。

第四，文化上“相反相成”。组织张力必须体现在文化与政策“相反相成”（该观点来自黄卫伟老师）。比如，如果实行“亲兄弟明算账”的考核结构，企业就要提倡团队协同文化。文化上越是提倡忠诚的理念，政策上越要保护不同意见、不同见解的人，否则就会造成“愚忠”，缺乏对真理的追求，等等。

本文从十个方面总结商战中赢家是如何成功的，仅为一家之言，希望对读者能有些许启发。若如此就不枉笔者的思量和总结，也会更加激励笔者继续思考。

成长导航：源于中国企业实践的成长模型

施　炜　苗兆光

一、研究的背景和意义

1987 年，任正非筹集了 2 万元，在深圳创办华为公司，从事小型通信交换机代理工作，最初员工 6 人。2018 年，华为公司营业收入达到 7212 亿元，净利润 593 亿元，总员工数约 18 万人，成为拥有通信网络设备、企业网和消费电子 3 大业务的全球行业领先者。

1968 年，何享健带领 23 位顺德北滘镇居民，筹资 5000 元创办美的前身（塑料生产组）。1980 年，美的进入电风扇领域，走上快速发展的轨道。2018 年，美的营业收入达到 2618 亿元，净利润 202 亿元，总员工数约 10 万人，成为全球化的家电巨人。

这两家企业，以及更多的行业领先企业的增长奇迹是如何发生的？经历了怎样的成长过程？成长的逻辑和基本经验是什么？如何通过变革消除成长阻碍？在本文中，可以找到这些问题的答案。

企业成长是企业从小到大、由弱变强的过程。从可量化的指标看，成长表现为经营业绩、资产规模以及企业价值的持续增长；从组织能力角度看，成长是竞争力和竞争优势的提升和递进；**如果将企业视作生命体，成长则是企业与环境的互动，是动态选择和机能变化、适者生存的演进。**

国内外研究企业成长的理论很多，比如阿尔弗雷德·D. 钱德勒（Alfred D. Chandler）的企业扩张五阶段模型、拉瑞·格雷纳（Larry E. Greiner）的组织成长五阶段模型，埃里克·G. 弗拉姆豪茨（Eric G. Flamholtz）和伊冯·兰德尔（Yvonne Randle）企业成长七阶段模型，伊查克·爱迪斯（Ichak Adizes）的企业生命周期模型，杨杜的企业成长陷阱及战略转折点理论，以及路江涌的共演战略四阶段理论等。

我们之所以提出新的企业成长理论，主要背景和原因有三个。第一，部分理论在时间上已经很久远了（如二十世纪六七十年代产生），所研究的对象又是国外企业，与当下中国企业成长的实践有不同程度的疏离。第二，部分理论具有普适性和宽阔的解释力，但未能针对中国企业的特色和特定问题，实践角度的指导意义较弱。第三，大部分理论都是从组织、管理角度研究企业成长，未考虑产业、业务发展、商业模式等经营战略变量。从我们的经验看，中国企业，尤其是民营企业，缺少切中要害、指向清晰、适用且实用的成长理论的指导。

我们**立足于当下中国企业的成长现实，从众多企业成长例证中提炼出企业成长的轨迹和图景，在“原生态”基础上适当抽象，更具问题导向、现实关怀特色，更具所谓的“手感”和解决方案属性**。和大部分企业成长理论相比，我们的理论建构，不是从具体管理问题出发，而是采取相对宏观的视角动态观察企业成长的全过程，目的在于帮助企业分析、判断自身所处的成长阶段，发现各阶段典型、共性的特征和问题，为它们提供调整、改进建议。对企业家来说，通过本模型不仅可以知道本阶段应该做什么，而且前瞻性地知道将来需要做什么，现在要为将来准备什么。

二、企业成长阶段划分

在企业成长阶段划分上，我们以企业成长的主要动因（主要依靠什么成长）为依据。这既能抓住企业成长的主要矛盾，也便于读者认知。我们还原了华为、美的、海尔、TCL、中集、顾家等数十家行业领先企业的成长过程，提出企业成长五阶段模型（见图 1）。

图 1 中，横轴代表时间，意味着企业成长永无止境，但会有企业在不同的阶段退出或消亡。纵轴代表绩效，可用营业收入、利润规模、企业价值、资产规模等指标衡量，也可以是数字化指标背后的企业能力和优势的定性评价（区分为不同的阶梯和层次）。图中的曲线意指绩效的变化——或增长、拉升，或波动、停滞。

本模型对各个阶段的描绘，不仅包括战略维度，还包括组织维度，之所以如此，一方面是“战略—组织”互动结构决定企业成长，迈克尔·波特（Michael Porter）、亨利·明茨伯格（Henry Mintzberg）等都认同这一观点，任正非也认为，企业成长的关键在于“战略上大体正确，组织上充满活力；另一方面

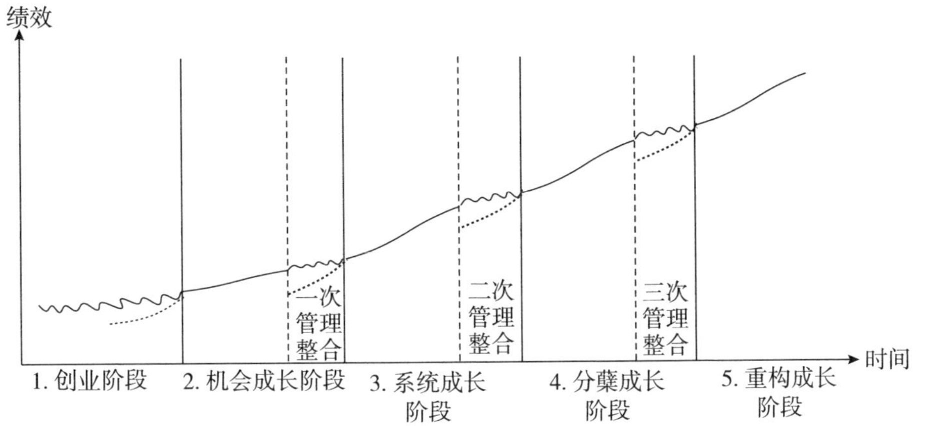

图1　企业成长五阶段模型（包括三次管理整合）

是我国许多企业常常出现战略和组织不相适应的问题：有的企业是战略未能牵引组织，导致方向不明，例如，目前的联想集团、格力电器等，有的企业是组织未能支撑战略，使得战略目标缺乏组织保证，例如，目前正在艰难战略转型的许多民营企业。

接下来，**我们从战略和组织两个维度对企业成长五个阶段以及三次管理整合分别进行简要说明。**

创业阶段。这一阶段，企业为生存而寻找、探索机会，主要的战略行为是商业模式试验以及产品（服务）试错。创业期企业，还谈不上正规组织，但有了组织的胚胎（蕴含着基本治理和利益结构及文化基因）。组织建设的主要任务和相关行动是构建核心创业团队、形成领导核心以及制订基础性的组织规则。

机会成长阶段。由于能力、资源基础薄弱，许多企业超越创业期、摆脱生存风险的关键在于获得外部市场机遇。企业主要战略任务是把外部市场机遇转变为切实的业绩增长，关键的战略举措是营销创新，以营销驱动成长。而组织建设的主要任务则是打造激情型营销团队。

第一次管理整合。机会成长阶段，企业最主要的问题在于组织能力缺失，一旦机会的潮水退去，企业就有可能终止成长。因此，需进行管理整合——组织架构、企业文化、运行流程、体制机制等组织层面的调整，以及团队建设、人才培养、领导力提升等。这既是成功企业的经验，也是企业成长的内在要求。第一次管理整合的主题是职能发育，任务是使企业实现“组织化”（从人治到法治、从领导人个人驱动到组织驱动）、构建企业能力管理体系。最大的风险在于职业经理人能否存活以及专业化人才队伍建设。

系统成长阶段。第一次管理整合有效进行（完成进行时态）之后，企业就会进入高歌猛进的系统成长阶段——不管外部机遇存在抑或不存在，都能依托自身的系统、整体能力成长。这一阶段企业主要战略任务是扩大主业优势和复制成功，关键战略行为是资源动员、集聚和压强。与“系统成长”相匹配，创造卓越业绩的必然是高能（高能量、高能力）组织。

第二次管理整合。经过系统成长，企业的经营规模和体量成倍甚至数十倍地扩大了。随之而来的主要问题在于集权体制以及家长型、集中型领导方式，束缚企业发展、抑制组织活力。这次管理整合的主题是体制变革，主要内容包括管理体制向分权化方向调整，设计清晰、规范的分权授责体系以及多层次的利益共享机制；主要风险在于企业家不能实现自我突破（分权、分钱不充分、不到位、不明确）以及机制、能力不匹配（缺少能独当一面的经营领军人才）。

分蘖成长阶段。从我国众多头部企业的成长实践看，当主业成长曲线拉升到一定高度，往往会进行业务多元化扩张。和“第二曲线”理论不同，分蘖（原意是植物在根部长出分枝）成长并非主营业务从成熟走向衰落的替补或更迭，而是多主业并进。这一阶段，企业的主要战略任务是实现新业务曲线的拉升，关键战略行为是收购兼并以及资源共享。在第二次管理整合的基础上，这一阶段的组织形态通常具有既“分”（如采取事业部制）又“合”（如构建公共职能平台及赋能中台）的特点。

第三次管理整合。企业进入分蘖成长阶段，已经是在诸多领域领先的大型企业了，通常会面临主业老化、成长空间受限的风险（如格力、联想、海尔等），同时也会遭遇与组织规模扩大相伴生的组织复杂度增加以及组织衰老的挑战。为了开辟未来成长的道路，企业需进行整体性、结构性变革，内容包括组织范式（基本结构）转换、企业文化重塑、领导力标准及领导方式改变等。这次管理整合的最大风险在于路径依赖、利益掩累以及变革过程中操作失误、变革领导力缺失等。

重构成长阶段。欲突破成长限制、打破组织衰亡的宿命，企业需通过战略重构来实现可持续成长。这一阶段的战略主题是二次创业、重新出发，主要战略动作是寻找新的机会，选择新的业务领域，重新定义产业及业务以及商业模式创新等。这一阶段，企业未来发展充满了不确定性，竞争环境也对组织提出了多方向甚至矛盾性的进化要求，因此组织将呈现出“叠加”状态：既是机动性强的小企业，又是能聚焦组织资源的大企业；既能激活个性，又能实现联合；既有统一意志和文化平台，又有分布式自组织功能……

三、企业成长的内在机制

从整体、动态角度看，五阶段成长模型具有以下含义。

第一，从初次创业阶段到重构成长阶段是企业成长的初次循环，以后还有可能经历多次循环。这也意味着企业生命是可逆的，是可以超越生命周期的制约的——变革和创新可以使企业重生。

第二，企业成长是从低级发展形态向高级发展形态的递进。企业从前一个成长阶段进入下一个成长阶段，意味着生存模式、竞争能力的升级。而“较低”“较高”发展形态的标志，一是战略层面的经营模式（包括业务结构、商业模式、成长依托等）以及动态竞争、赶超方式；二是组织层面的架构、机制及效能。

第三，从成长的动力机制看，三组矛盾共同驱动企业成长：一是战略和组织的矛盾。每一个成长阶段，战略都会对组织提出要求，后者需匹配前者；同时，前一个阶段的组织变革，往往又为下一个阶段的战略选择创造了条件。二是战略层面“机会 能力”之间的矛盾。前两个阶段的战略重心在于机会；第三个、第四个阶段的战略重心在于能力；而到了第五个阶段，面对未来的不确定性，战略重心则是机会和能力双维。三是组织层面的“组织化—反组织化”之间的矛盾。从创业阶段一直到分蘖成长阶段，组织演进的基本方向是强化组织的规范性、一致性，提高组织的复杂性。但正是从分蘖成长阶段开始，组织演进的另外一种方向也呈现出来：多中心、分布式、网络化和有机化（弹性化）。

第四，**企业从前一个成长阶段进入后一个成长阶段，需经历管理及组织变革**。只有成功变革，企业才能迈向更高的成长阶段；不变革或变革失败，企业只能长期徘徊于原先的成长阶段直至最终出局。每个成长阶段之间的边界，就是一个过滤机制。

四、企业案例对企业成长模型的印证

企业成长模型得到众多企业成长经验的印证。华为、美的、海尔、TCL、中集、歌尔股份、汇川技术、安踏、顾家等，都具有五个阶段成长的特征。当然，并非所有的企业都会依次完整地经历五个阶段，浓缩、跨越、并行的情形都会存在，有些企业各个成长阶段的区分也不很明显和清晰。这一模型主要是针对中国企业典型成长过程和情境的分析、概括。下面我们分别说明华为、美的两家企业成长的全景案例（见表1、表2）。

表1　　华为的成长全景

成长阶段	创业（1987—1992年）	机会成长（1993—1997年）	系统成长（1998—2010年）	分蘖成长（2011年—）	重构成长（2013年—）
关键性战略及组织变革（管理整合）行为	贸易起步 自主开发模式探索 集体主义文化 领导的激励作用 员工持股制度	C&C08机（起家产品）推出 营销突进 营销机制换空间 市场部集体大辞职（营销组织调整） 《华为基本法》：文化成人仪式 人力资源4P模式	国际化、应对华为的冬天 对外交流和自主创新 流程化改造 虚拟股权 从集权到集体决策（EMT：经营管理团队） 人力资源职业化 财经体系变革	运营商业务全球领先 云、管、端三大业务分蘖 轮值CEO+事业群 营销组织“铁三角”和“呼唤炮火”模式 人力资源三支柱 时间单元计划（TUP） 奋斗者大讨论 反腐败、反惰怠	进入无人区 重视基础研究 打开战略扇面，建立战略预备队 生态构建 成立干部管理总部 人力资源管理纲要2.0

综观华为的成长历程，有两个鲜明的特征。第一，战略和组织两个维度始终在动态调适中齐头并进。华为解决了国内大部分民营企业未能解决的组织建设和能力提升问题。第二，变革是一种常态，始终存续于企业成长的全部过程之中。

表 2　美的的成长全景

成长阶段	创业前期（1968—1979年）	创业（1980—1992年）	机会成长（1993—1996年）	系统成长（1997—2002年）	分蘖成长（2003—2011年）	重构成长（2012年—）
关键性战略及组织变革（管理整合）行为	何享健率领23位顺德农民集资创业 乡镇生产作坊形态 先后尝试生产塑料瓶盖、金属制品、汽车配件、小型发电机等产品	生产销售电风扇，进入家电产业 进行空调组装，确定主业 探索外向型经济 借用“星期六工程师”，开始广纳全国人才	进入电饭煲市场 以“大分销”模式建立全国销售网络 核心部件与日本企业合资生产 明星代言，品牌塑造 股份制改造 成为全国首家上市的乡镇企业	针对机会成长期问题，推行事业部改造 MBO（经理人持股）尝试 营销模式变革，渠道网络功能增强 巩固产业链，生产能力跃升 品类扩张，进入微波炉等市场	通过收购兼并进入冰箱、洗衣机等白色家电大品类市场，真正标志“分蘖成长” 非相关多元化尝试 战略投资人入股 扩大股权激励 强化内控体系	职业经理人团队正式接班，进入“方洪波时代” “智能家居+智能制造”新战略 通过并购进入机器人及自动化制造领域 形成事业部体系+平台体系+职能部门体系的分合式组织架构 集团整体上市

和华为不同，美的集团创业起点较低，一开始就进行多元业务尝试。五阶段企业成长模型，与其主体产业（白色家电）的发展过程更为吻合。美的的成长历程，属于典型的“挑战—应对”模式，即出现了问题就进行组织变革及管理整合，如此循环往复。换个角度看，即以组织变革推动企业成长。而变革的主要内容则是涉及权责利的体制机制调整。**如果说华为的成长体现了“战略牵引组织”的话，美的更能体现“组织推动战略”**。

五阶段企业成长模型如果在较大的范围内被应用于我国企业的成长实践，对于以下现实问题，具有较强的指导意义。

第一，如何从机会成长转向系统成长。当外部市场环境发生变化、机会退潮时，如何构筑基础薄弱的组织能力，实现能力驱动的增长，成了许多民营企业近年来最为关注，也最为焦虑的问题。之所以“关注”是因为问题确实关键、重要，而“焦虑”则源于解决起来难度大、见效慢。针对这一组织与战略不匹配的矛盾，企业成长模型给出了人才结构调整、内生培养人才、管理体系导入、专业职能发育等导航指南。从我们接触的案例看，有些企业参考了这些建议，取得了较好的效果。

浙江某铜业是一家传统制造企业，从事铜产品（铜线、铜材、铜棒、铜板、铜带）加工，2018 年营业收入超过 400 亿元。虽然创立时间较久（1986 年），但长期处于机会成长阶段，产品毛利较低，利润增长主要依赖规模扩张，缺少技术壁垒，业绩受行业周期性变化影响较大。近年来，这家铜业公司在成为全球铜加工行业领先者的愿景牵引下，进行战略转型升级，提出产品客户双升级以及技术驱动成长的经营理念，采取一系列管理变革措施促进组织能力提升。其一，总结、梳理核心价值观，统一思想，提高管理人员境界和组织凝聚力。其二，以干部管理为组织建设的重点，构建后备干部培养机制、公开竞聘机制等，调整干部结构，提拔任用了一批专业化程度较高的年轻干部。其三，扩大优秀大学毕业生招聘规模，花大力气引进外部专业及管理人才，逐步调整、优化员工结构。其四，明确分支经营机构职责、权限，实施经营机构管理团队利润分享计划，有效地调动了经营领军人才的积极性。其五，对标华为，升级人力资源管理体系，为人力资本增值构筑基础。其六，优化流程，推进流程电子化；继续加强精益管理，同时按照工业 4.0 理念导入智能制造。多管齐下，效果显著。2019 年上半年，在市场低迷、外销受阻、铜价下行的不利市场环境下，营业收入增长超过行业平均水平，同时高附加值产品比重倍增。

第二，欲从系统成长转向分蘖成长，如何选择和提升第二曲线。这属于企业从中小企业通向大型企业过程中的战略选择问题。这个问题具有普遍性。很多企业单一业务发展很好，但未来空间有限。反过来，也有一些企业盲目进行多元化扩张，管理失控，资金链断裂，教训惨痛。企业成长模型说明了多元扩张的基本逻辑，提出了新业务发展的操作建议。顾家（家居）、广联达（软件）等企业，在设计未来 3 ~ 5 年业务结构时参考了本模型。

第三，已成为行业领导者的大型企业，面对主营业务（可能是多个）市场需求衰落、商业模式老化的战略难题，如何持续成长。联想集团的个人电脑业务、服务器业务分别受到手机、云计算设施的替代，未来怎么办？海尔集团冰箱、洗衣机产销量已居全球前列，但依靠传统业务恐怕难以实现世界级企业的梦想。海信、创维等彩电企业，面对小米彩电新的商业模式冲击，如何应对以改变不利处境？本模型针对这些企业的“再出发”二次创业问题，以战略、组织双维重构为主题，提出了富有启发性的理念和策略。

企业成长是一个漫长的、没有终点的航程。任何企业都不可能沿着别人的航标前行，都需要找到适合自身的方向和航线。那么，导航还有意义吗？企业家应如何参考、使用企业成长模型呢？首先，**不要过于强调自身的特殊性，而是要将理论模型作为一面镜子，照出自身的问题，同时遵循普遍规律和基本原则**。只有这样，才能真正消除一些民营企业积淀深厚的投机意识。其次，不要刻舟求剑，要注意企业实践和模型之间的差别，既借鉴模型中的意见和方法，又创造性地摸索自身成长的路径。这也是对本模型的丰富、补充和校正。企业成长实践日新月异，成长模型也应不断迭代、发展和创新。

为什么今天仍然需要提倡拼搏奋斗文化

彭剑锋

一、我们不拼搏奋斗，就会被淘汰出局

有段时间，关于“996”（上午9：00至晚上9：00，一周工作6天）工作制的讨论引起了社会的广泛争论，京东刘强东提出：“京东永远不会强制员工‘996’，但是每一个京东人都必须具备拼搏精神”。马云提出“996是福报”的言论则引发了轩然大波，舆论甚至将其形容为“资本家的獠牙面目”，马云不得不再次回应“想让员工通过996而获利的公司是愚蠢的，也不可能成功”，但他进一步强调“我不为996辩护，我向奋斗者致敬”。

我个人认为，“996”只是一种超常工作的状态，是一部分奋斗者的工作状态表现之一，但并不等于拼搏者、奋斗者就一定要“996”，做到工作生活平衡，并且能够持续创造高绩效，上班始终充满工作激情，全心投入，也是奋斗者的表现。拼搏者、奋斗者的内涵远比“996”丰富得多。

从国家层面来看，我们不得不承认，中国经济总量虽然是全球第二，且进入世界500强的企业数量已超过美国，但中国的企业在技术创新、全球化能力和系统管理水平上，与世界一流企业差距还很明显，只大不强。这种差距使得我们不能有一丝懈怠，未来10～20年，中国企业还要比别人付出更多才能弯道超车，才能完全抛弃“996”的工作模式，以更轻松、更智慧的工作方式参与全球化竞争。

一个企业也好，一个国家也好，任何发展阶段都需要拼搏者和奋斗者，即便未来有很多智能机器人，也要不断创新创造。**创新创造不是天马行空，而是需要全心付出和专注投入，本质上是一件很辛苦的创造性劳动。**智能机器人可能会替代很多例行性、规范性的工作，但人类的创新创造精神和不屈不挠的拼搏、奋斗精神是机器人替代不了的。因此，像中设设计集团提倡拼搏者文化，

华为公司提出奋斗者文化，都是顺应时代的产物。

如果要从字义上去区分，拼搏者文化与奋斗者文化有什么不同？我认为，拼搏者文化指向的是，企业革命尚未成功，还没有解决基本生存的问题，还需要拼命去“攻山头”“占地盘”，这种条件下，只有比别人付出更多、有“狼性”，比别人在市场上拼得更凶、更猛，“狭路相逢勇者胜”，才能获得生存权和发展权。对一个处于求生存、求快速规模成长的企业来说，拼搏者文化更有针对性。

奋斗者文化指向的是，企业已经功成名就，成为行业领袖，就像华为一样，已经进入了“无人区”，不持续奋斗就会“下一个倒下”。华为并不是从创业时期就提出奋斗者文化的，而是在 2010 年才正式提出来，此时华为已经是世界 500 强企业，成为中国通信业第一，世界通信业前三。企业成为行业领先者，就会面临要不要持续奋斗的问题，如果不持续奋斗，整个组织就会懈怠，没有变革精神，成为“不思进取的鱼”，会被“游得快的鱼”吃掉。所以当华为成为世界级领先企业的时候，任正非的危机意识比以往任何时候都强，2010 年华为明确提出要以客户为中心、以奋斗者为本、持续艰苦奋斗的核心价值观与文化。

拼搏者和奋斗者本质上是一致的，从企业的角度讲，不管是拼搏者还是奋斗者，都是基于价值创造，基于心智和体力的超常付出，为客户创造价值，为股东创造价值，为员工创造价值，为社会的福祉和企业的持续生存与发展，竭尽全力，持续贡献价值。

只要市场存在竞争，只要企业追求持续成长和发展，拼搏奋斗就是企业生存和发展的一个永恒主题。市场竞争永远不相信眼泪，只相信实力和竞争优势，没有哪个企业不拼搏、不奋斗，就可以坐享其成、不思进取，就能在市场竞争中脱颖而出，就能保持持续领先。只要参与市场竞争，要想成为持续领先者，就必须拼搏、必须持续奋斗，不拼搏、不奋斗迟早会走下坡路，最终会被市场淘汰。虽然现在谈生态、谈和谐，但是最终市场经济的本质离不开竞争，只要参与市场竞争，就必须“强身健体”，必须比别人付出更多，从这个角度讲，拼搏者、奋斗者实质上是企业参与市场竞争的必备精神、必要条件。

拼搏者、奋斗者文化首先是价值创造者，这种价值一定是基于客户价值。过去的公司治理是股东价值最大化，现在是相关利益价值理论，除了为股东创造价值，还要为客户、为人才发展、为合作伙伴创造价值，为社会进步做贡献。换句话说，现在奋斗者的价值创造是多元的，从单一的股东价值转向客户、股东、员工、合作伙伴、社会，是一个综合的价值体现。尤其在产业互联网与价值物联网时代，每个业务单元，每个人的价值都会被精准核算和评价，一个人在组织中混日子、搭便车，很快就会被识别，你不能创造价值，没有价值，就无人与你进行价值联结，也可能会自动被踢出价值联结网。**未来你必须是三类价值创造者角色之一，即价值直接提供者、价值整合者、价值放大者。**无论何种角色，作为拼搏奋斗者主要体现在两方面：一是你比别人付出的更多，靠的是勤奋；二是你的人均效能比别人高，更能有智慧贡献价值。

很多人羡慕欧洲人民过着“慢悠悠”的高质量生活，相比较之下，中国人太忙了，太快了，生活质量不高。的确，欧洲虽然经济在走下坡路，但人民生活得很幸福、很快乐。主要是因为他们有本钱过这种慢生活，因为社会财富积累到了一定程度，允许他们过慢生活，慢并不是一种退步。而我们的整个社会发展还没有达到让每个人慢下来的程度，说简单直接点，国家的综合实力还没有那么强，很多关键技术还掌握在人家手里。华为为什么一直提倡要有危机意识，要持续艰苦奋斗，因为华为即便发展到今天这个程度，也要比苹果、高通等付出更多才行，否则就有可能被淘汰。

我们的技术优势、竞争能力都还需要培育和积淀，在市场经济中，在全球化竞争中，我们不拼搏，不奋斗，就会被淘汰出局。

我个人觉得，至少未来 20 年里，中国还是要比别人付出更多、要持续拼搏奋斗。当社会财富积累到一定程度，人们的文化修养达到一定境界以后，才会真正懂得享受生活。

我相信，随着经济和文明的发展，社会财富的积累，我们也会逐步放慢一点步伐，更加追求生活品质，就像是从吃快餐到吃正餐，再到吃法式大餐的转变。但当前和未来一段时期内，我们还处于快餐和正餐的转型过渡期，所以还要持续拼搏、持续奋斗。

二、拼搏奋斗不等于牺牲身体健康

社会发展到今天，拼搏和奋斗的方式要发生变化，要对拼搏者和奋斗者在不同的发展阶段赋予不同的含义。拼搏精神与奋斗精神是永恒的，但是怎么拼搏、怎么奋斗，这是方式方法，在不同企业的不同发展阶段，在不同的社会文化背景下，可能是不一样的。

早年一无所有的时候，拼搏者、奋斗者在最艰苦的地方，天天加班，不顾身体去拼命。到了今天，在拼搏奋斗的同时，我们要合理加班，有智慧地奋斗，不能蛮干、苦干，要巧干、智慧地干。

今天讲拼搏奋斗，要回归对人的尊重，首先要尊重和保障人的身体健康，在某种意义上，现在不鼓励以牺牲身体健康为代价，要珍惜生命，珍惜身体健康。追求工作、生活平衡，追求既持续创造价值又保持身体健康，这是最好的方式。

在华夏基石做咨询，既是高强度的脑力活动，也是体力活儿，常年奔波在全国各地，各个行业、企业，很累很辛苦，我们那群有着高自驱力的合伙人经常讲要“快乐拼搏、快乐奋斗”。

衡量所谓的“996”工作制也是如此。如果“996”工作制并没有让一些人不快乐，那就无所谓，但如果让人感觉很痛苦，那就不要去做了。如果是被别人驱赶着不得不做，短期可以为了目标妥协，但从长期来看，还是要靠自驱动，企业能做的还是调动人的积极性、自驱动性。

拼搏奋斗一定要基于价值创造，不创造价值的拼搏奋斗叫傻干；拼搏奋斗一定要基于自驱动，拼搏奋斗的过程不能是一个感到痛苦压抑的过程，即使到最艰苦的地方去，也要很快乐，快乐最重要。

奋斗者的代表人物我认为是企业家。但我不太赞成企业家把企业做成功了，健康做没了；我也不太赞成企业做成功了，却牢骚满腹，觉得自己受了多少苦，经历了多少磨难。对于奋斗者来说，付出和磨难也是一种福报。

拼搏者、奋斗者是从来不抱怨的，是苦中作乐，苦都是自己找的，本身就是以奋斗为快乐。

三、不让拼搏奋斗者吃亏

拼搏奋斗者文化有两层意思。一是判别拼搏奋斗者，即什么样的人叫拼搏者、奋斗者，要有一套标准；二是制度机制的设计。

（一）四个标准判别拼搏奋斗者

如果给拼搏者、奋斗者定个标准，我认为有四个标准。

第一个标准是使命驱动，快乐来自使命驱动，再加上天赋，天生就是一个自驱动的人，就会有激情，就会快乐奋斗。

第二个标准是能提出挑战性目标，不断挑战自我，实现自我超越，达到一个目标又提出一个新的目标，给自己提出更高的要求。拼搏者、奋斗者都是对自我要求很高的人，对自我要求不高的人是“差不多主义”，只有拼搏者、奋斗者才给自己不断加码，不断挑战新的目标。

第三个标准是有自我批判精神，不会自满，不会自大，也不会自我膨胀。我非常欣赏任正非的地方是他的自我批判精神，这体现了一个人内在的强大和自信，拼搏奋斗者从心态上来讲是一种内在的强大和自信，敢于自我批判。才能放下已有成就，回归原点，再出发、再奋斗。

第四个标准是超常付出，先付出再讲回报。做什么事情，想要做好做成功其实都需要拼搏奋斗，都需要超常付出。拼搏者、奋斗者必须要付出，要有奉献精神，但是超常付出并不是简单的加班文化，用加班制度约束大家被动“拼搏奋斗”不是真正的拼搏奋斗。自我驱动，自我拼搏奋斗，先付出再讲回报，而不是先谈回报再付出，这是拼搏奋斗者很重要的标准。

（二）要让拼搏奋斗者能脱颖而出

如果一个企业没有拼搏者、奋斗者文化，那些拼搏者、奋斗者就没有成就感，其行为就得不到赞赏。我们常说“向雷锋学习，但是绝不让雷锋吃亏”，要形成“好人不吃亏、坏人不得志”的拼搏奋斗者机制和文化，核心是建立一套拼搏者、奋斗者评价标准，将那些不愿意持续奋斗、不愿意持续干下去的人淘汰出去，使那些有奋斗精神的人，愿意为公司多付出的人能够脱颖而出，得到更高的评价，更好的机遇、待遇和发展前景。

从个体角度来看，拼搏奋斗与否其实和人的性格天赋有关。简单地划分一下，企业最常见的有两种类型的人，一种是被驱动型的，需要在别人安排下、用规则约束着干活儿，他不是不干活儿，而是被动型的干活儿；另一种是自驱动型的，就是他能主动安排活儿干，自己给自己设定目标，所谓“不待扬鞭自奋蹄”。

所以，企业选对人比培养人更重要。**企业用人，第一选有拼搏奋斗精神的人，第二选有价值创造能力的人，这两点非常重要。**

一个组织中的人，首先要志同道合，你的兴趣、自驱动就是想拼搏奋斗，就是一个正能量的人、快乐的人，那你就来；如果是那种天天抱怨的人，你就别来，免得破坏组织氛围。在这个基础上，你必须要有能力，要能够创造价值，有的人有意愿拼搏奋斗，但是没有创造价值的能力也不行。

现在要特别强调拼搏者、奋斗者的能力建设。过去的拼搏奋斗者形象，往往过于强调比别人付出更多时间、更能拼命，但到了现在这个阶段，要通过组织变革提高人均效率，提高创新与科技含量，提高整个人力资本的价值创造能力，这是中国企业下一轮人才驱动最重要的地方，只有比别人更有智慧的工作，更有专业能力的工作，更有效率的工作，才能赶超别人。

现在企业新的战略转型面临的最大问题是知识能力跟不上、人才素质跟不上。这就是为什么任正非面对媒体采访时，不谈华为的问题，而是谈教育问题，芯片的问题就是一个教育的问题，钱要砸在科学家身上、砸在老师身上，如果老师自己活得“灰溜溜”的，没有自信和尊严，又怎么能教育好学生呢？同样地，要使拼搏奋斗者脱颖而出，绩效价值取向要转型，建立让拼搏奋斗者脱颖而出的绩效价值导向，才能把拼搏奋斗者选拔出来，让拼搏奋斗者得到回报，其实还是华为的价值创造、价值评价、价值分配，这个人力资源价值管理的三个要素的有机统一。

奋斗飞轮——加速奋斗型组织进化，建立奋斗文化管理体系

马魁泉

华夏基石的企业文化定位于战略的战略，企业文化咨询项目的理念是帮助企业从底层逻辑层面进行业务与组织机制变革，加速企业进化。企业进化的底层逻辑来自两方面：一是企业对外部需求的响应；二是企业如何组织内部的资源进行价值创造，然后和外部的环境进行价值交换。价值需求与价值创造是企业进化的DNA，决定了业务形态和组织形态。也就是说，企业进化包括业务形态进化和组织能量进化，这两条线是我们研究企业文化内在规律的主线。

一、奋斗飞轮效应：企业基业长青的底层逻辑

（一）企业进化——业务形态的不断演进

先来看看IBM和杜邦的例子。IBM早期是一家生产制表机的公司，通过给一些企业在纸上不断地打孔，来做一些数据统计工作，后来它发明了大型计算机，引领了大型机时代的潮流。在电子管时代，由于大型机体积比较大，一台大型计算机相当于一个房间那么大，只能卖给少数客户。随着技术的进步，电子管向集成电路方面发展，大型机逐渐走向了小型机，走向了笔记本电脑。进入笔记本电脑时代，IBM已经变成了一个步履蹒跚的大象。在20世纪90年代，郭士纳出了一本重要的管理学书籍《谁说大象不能跳舞》，对IBM进行了改造，挽回了危局。进入了彭明盛时代后，IBM逐渐开始向解决方案企业进化，变成了一家软件+硬件+服务的企业。

杜邦是法国移民在美国创立的一家企业，和美国二百多年的历史几乎是同步的。最早的时候，杜邦家族是做火药生意的，到美国之后经营了一家火药工

厂，逐步从火药起步，开始进入化工产业、新材料产业，如今已经成了全球化工巨头。同时，杜邦也进入了解决方案的商业模式，不仅能为企业提供相应的方案，而且能够为众多的行业提供解决方案，成了一家大型的、平台型的、生态型的企业。

企业业务形态的演进相应会带动组织形态的演进。比如，杜邦最开始属于家族企业，早期做火药的时候，杜邦一个人驱动整个企业，就是单人决策，做了化工和新材料之后，开始进行公司总部集权式领导。后来杜邦逐步在组织层面上走向分布式、事业部式经营，逐渐开始授权。在整个管理思想史上，大家通常认为最早做事业部的是通用汽车，但其实杜邦在事业部的实践层面上做得更早，逐渐从家族过渡到职业经理人的经营时代，对现代企业治理作出了积极的探索和贡献。

通过这些企业的进化史可以看出，那些基业长青的企业与成立之初相比，早已“鸟枪换炮”、面目一新，其业务与组织形态发生了巨大的变化，这个就是“企业进化”。**掌握业务进化规律有利于明确企业未来的奋斗方向，掌握组织成长阶段有助于明确奋斗能量。**对于我们现在所做的企业文化项目，可以通过摸索研究企业进化规律，从业务和组织的视角进行分析、诊断和审视。在业务和组织层面上，对企业的现状与未来发展目标之间的矛盾和问题进行分析，从而提出解决方案、解决理念；这有助于构建企业面向未来的发展纲领。这就是基于业务和组织变革的企业文化的诊断分析和建设思路，本质上是做好企业变革的管理。

从业务形态和组织能量两个方面去研究企业进化的规律（见图 1），我的总结就是：在业务形态方面，价值需求越集中，变化越小；价值需求越分散，变化越大。企业要应对逐渐从集中到分散的外部市场需求，这种分散并不是指客户在地理分布上的分散，而是指产品和服务满足客户需求差异性的分散和扩大，以及提供的差异化产品和服务的程度和速度。

企业必须满足外部的需求，随着时间的推移外部需求会发生变化。马斯洛需求层次理论从满足人的基本生存需求，到满足人的安全需求，再到满足人的社会属性的需求，最后是满足人的自我实现的个性化需求，这是一个不断递进的过程。需求越来越具有差异化，个性化变化的程度也越来越高，这是外部需求必然发生的客观市场规律。企业的价值创造活动，要不断地迎接需求改变。随着需求的差异化程度和变化程度的增加，企业价值创造的能力从原来提供比较集中的、变化的产品和服务，慢慢地在深度和广度上推进，逐渐提升价值创造活动的结构和能力。

业务形态：价值需求越集中，变化越小；价值需求越分散，变化越大
组织能量：价值创造知识密度越高，越依赖人的创造性；数量规模越大越需要文化能量

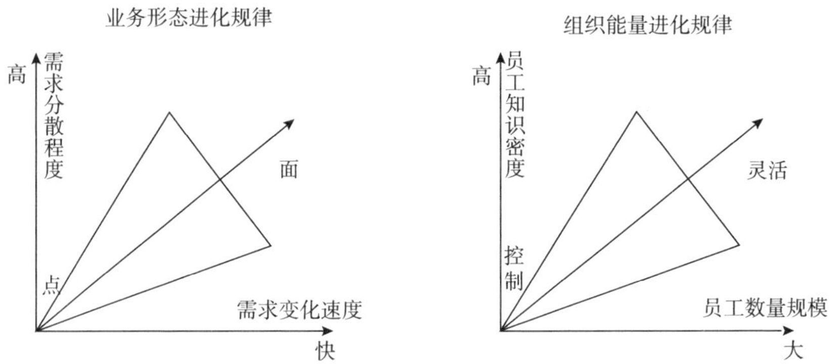

图 1　企业进化规律

（二）企业奋斗飞轮：奋斗方向和奋斗能量的合力

企业的进化有赖于奋斗方向和奋斗能量的合力作用。可以将自行车的前后轮，来比喻成企业的两个轮子，前轮提供奋斗方向，并不提供动力；后轮提供奋斗能量，通过人的不断骑行，创造能量来源。奋斗方向就是业务形态的不断进化，奋斗能量就是组织每个阶段都会有新的能量源产生，使企业的组织能够像自行车一样持续地运行。

飞轮效应，就是为了使静止的飞轮转动起来，一开始必须使很大的力气，一圈一圈反复地推，每转一圈都很费力，但是每一圈的努力都不会白费，飞轮会转动得越来越快。就像我们学自行车一样，刚开始掌握不好方向，骑行的力度和方向也不能统一，就容易摔跤，但是如果能够把方向和能量协调好，当两个轮子都转起来之后，到达某一临界点，车轮的重力和冲力会成为推动力的一部分。这时，无须再费更大的力气，车轮依旧会快速转动。我们把企业的两个轮子叫作奋斗飞轮，而这两个轮子就是业务形态和组织形态（见图 2）。

从企业的组织视角来看，一个是按企业诞生、成长到成熟的不同阶段来划分，另一个是按组织成员的特征来划分组织能量演进。最早的时候，企业家为

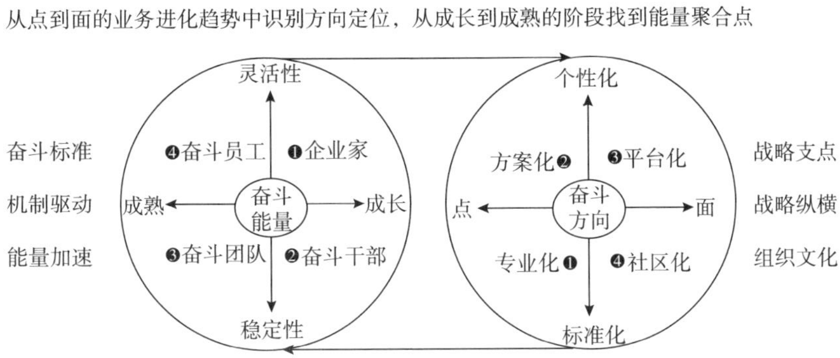

图2 企业的飞轮效应

了获取更大的剩余价值而创立了企业，他作为最首要的驱动因素，是早期的驱动力量和奋斗能量的来源。随着企业业务形态的演进，逐渐规模化，就需要发展出不同的功能、职能。这个时候就需要企业的干部建设，作为业务突破的第二波能量来源，持续地发力。再往前去演进，需要通过干部进行文化的连接、机制的连接等，让团队能够形成一个有序的整体，去驱动整个企业的发展。企业规模进一步扩展，企业价值创造能量来源于员工职业化，来源于员工效能的增长。明确了奋斗方向和奋斗能量，这样奋斗飞轮的两个轮子就能够转动起来了。

二、奋斗方向：定位决定地位，共识才能共振

基于业务和组织的视角，我们先来看看奋斗飞轮的第一个轮子——奋斗的方向。

（一）发展纲领和战略层面：专业化、方案化、平台化、社区化

从业务层面来说，定位决定地位，共识才能共振，只有力出一孔才能聚焦能量，塑造优势。一般来说，业务的演进路径：企业可选择专业化从而形成规模—一体化解决方案—平台化入口—社区化生态的奋斗方向（见图3）。

首先，专业化。战略支点的定位是单一市场，它的价值定位是成本/质量优势，面向的是需求变化不大又很集中的市场。在战略纵横层面上往往专注一个价值链环节，要么去做加工制造，要么去做研发，要么去做营销服务，总之都是在一个环节上。战略纵横往往采用的是大量生产、大量销售，单点就要靠规模来扩大盈利的范围。基于这样的业务形态，它的组织往往都是功能型、职

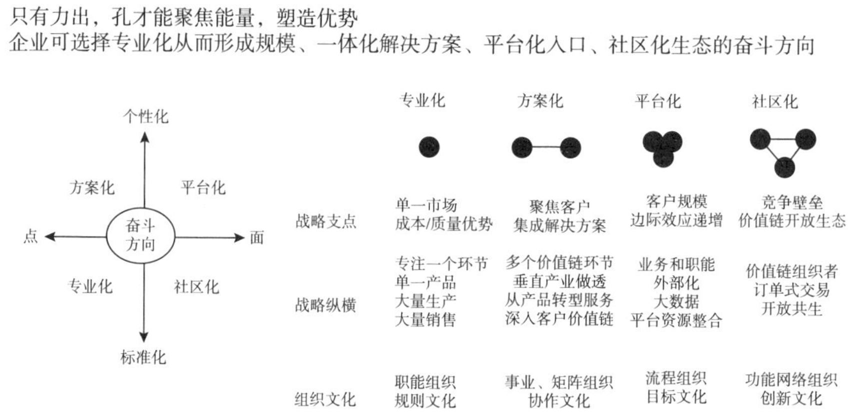

图 3　企业业务的演进路径

能型的。因为变化差异不大，变化的速度比较慢，企业文化往往是规则性的文化，制造业企业在这个层面上表现得比较明显。

其次，方案化。战略支点往往聚焦在重要客户上，那些 20% 的大客户，创造了 80% 的产值，它的业务价值定位是能够深入客户的价值链，并且还要形成自己的解决方案，必然要在多个价值链环节上能发展出独有的能力，才能为客户提供整体解决方案。基于这样的一种业务形态，企业的组织形态往往会采取事业部或者矩阵的形式，企业才能形成很多产品和服务的组合，才能为主要客户提供集成方案。因为企业的价值链环节变多了，产品变多了，组合变多了，客户又从整体上提出要求，这种情况下的组织文化必须是协作型文化。

再次，平台化。当企业的某一个价值链环节做得足够大的时候，外部客户需求会更加地差异化，甚至客户会产生分散化的趋势，规模大了就趋向分散，包括地理的分散、产品和服务差异化等。企业往往会把它的一些最具优势的业务环节摘出来，通过双边或多边的平台化方式，满足多样化的需求。

如果供应链环节做得足够强的话，可以把它变成一个平台。比如，海底捞原来只是给自己的门店供货，在它平台化、外部化之后，能够为其他品牌的火锅店提供原材料。海底捞平台化之后，既可以整合上游的供应商，聚焦到自己的平台上来，又能够整合下游其他的火锅店、火锅品牌、零售百货公司、便利店、超市，形成火锅原材料平台。随着业务和职能外部化，在它变成平台之后，就需要大数据，需要平台进行上下游资源整合。支持这种业务形态的是基于客户导向的流程化组织，企业要服务更多的目标客户，扩大到足够大的规模，这就是所谓的平台流量，这时候支撑它的是服务更多客户的目标导向的文化。

最后，社区化。企业要进一步发展，可以基于企业的平台去构建所谓的社区，平台与平台之间相互连接，打造企业的生态化。比如汽车的主机厂，在供应商方面有供应生态，然后又把它的经销商、客户等经营起来，就变成了整个产业的组织者，和它们联盟，能够让业务形成开放的闭环，形成自己的社区。从经营产品到经营平台，到最后经营用户。

社区化企业在某一个方面，纵向做得非常深、非常透，长板非常地长，然后再和社会上其他企业的长板组合来形成生态。组织就变成了一个功能网络型的组织，其实就是一系列专业化的团队构建起来的组织。这种企业想变成一个产业生态的组织者，必然要有创新型的文化。一旦企业不能够去创新，不能够满足利益相关方的需求，不能够引领这个产业的发展，其生态就会慢慢地弱化，资源就会向其他的长板企业流动。简言之，如果企业的长板不够长，就会慢慢地被其他企业所取代。

（二）基于长期价值视角寻找奋斗方向

如何在业务层面找寻奋斗方向呢？华夏基石特别强调的是，企业在使命和愿景层面上，要基于能够回归事业理论的视角。对于企业方向的寻找，要能够放到更长远的视角上，也就是“心有多大，舞台就有多大”。一定要超越短期目标，到基于长期价值主义的视角去思考问题，才能够真正找到方向。

寻找企业的奋斗方向要回归到企业的本质。德鲁克说过：企业是社会的一个器官。一个社会问题就是一个商业机会，一个巨大的社会问题就是一个巨大的商业机会。扎克伯格和马云对话：硅谷有很多公司还没有想好解决什么社会问题，就已经开了公司。很多人因为有了一个主意、一个点子、一个技术就成立了一家公司，但是他不知道成立这家公司到底能解决什么问题，没有从解决什么社会问题视角出发，思考他的奋斗方向。企业一定要能够回归本质，在确立事业理论的基础上，思考能为社会解决什么问题，这个社会问题能形成什么样的商机，然后再和奋斗方向结合起来。

（三）长远洞察：对未来做正确的经营假设

华夏基石对企业文化的定义：文化是一种假设。**对未来正确的经营假设，才能使组织和人有正确的方向**。这个假设恰恰是很多企业不能思考清楚的。企业做经营假设的前提，需要对当前的社会结构、市场、技术层面有更长远的洞察，比如说十年或者二十年。因为企业发展的空间、方向在短周期内会变动，但放在一个较长的周期内看的话，这些变动就不算什么，比如，社会大的技术周期一般是 50 ~ 60 年，经济周期是 20 ~ 30 年。所以，企业在思考奋斗方向的时候，要“风物长宜放眼量”，能够放到一个大的周期中，结合技术周期和短期经济周期，去思考奋斗的方向。

基于未来更长远的假设，去设置企业的商业模式，解决了社会的一个重大问题，才能给企业带来更大的发展前途。以投资银行和现代大学的诞生为例，过去的银行都靠借贷利差生存，它的商业模式大家都习以为常了。在创立德意志银行的时候，乔治·西门子认为“二战”后的德国未来二十年到三十年都是四分五裂的，做银行的应该通过金融资本对产业资本的引领，让四分五裂的德国统一起来。那么，金融资本要对产业资本进行引领，就要去做长期投资，并且从产业的视角将资源组合起来，这就是投资银行模式的诞生。过去大学都是老师教学生的这种模式，洪堡兄弟就提出，既然大学里面有很优秀的老师，而且这些老师也是研究人员，大学的功能应该包括做研究，该理念促使了现代大学的诞生。

（四）奋斗方向：使命 + 愿景

奋斗方向可以分解为企业的使命和愿景（见图 4）。使命是抽象的，是奋斗的方向，无限接近但没有极限；愿景是具体的，是可以实现的，是企业的阶段性目标。使命明确了企业的方向，是衡量业务的一把尺子。我们在做业务组合的时候，要看它到底能够为我们的使命创造什么样的价值，是完成使命的核心价值还是非核心价值，这是判断业务是否是主航道的一个重要条件。愿景就是业务与组织的发展目标，能够清楚描述企业未来的状态，引导员工向目标迈进，通过目标来激励企业。

举个例子，华夏基石产业服务集团的使命是加速产业进化，由于我们有这样的一个使命，我们才能主动改革传统的方案式咨询，我们在管理咨询的基础

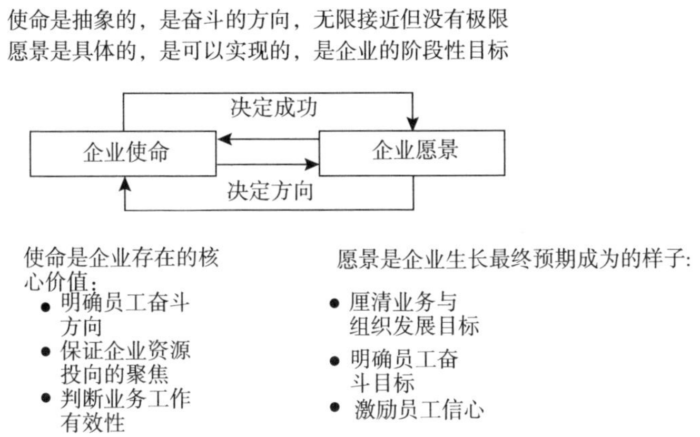

图4　企业的奋斗方向

上，向长期化、辅导化方向发展。我们的产业服务业务通过和政府合作，和行业企业合作，加速产业进化，真正是两条腿走路，它决定了我们的业务核心在哪里。华夏基石的愿景是打造中国的华夏基石、世界的华夏基石，这就要求我们给自己定位研究型咨询；华夏基石的商业模式是管理咨询 + 产业服务，即为企业提供长期咨询，建立战略合作伙伴关系，相互扶携、相伴长久地往前走，要有我们原创的理论，要有我们原创的业务模式等，这是华夏基石对于奋斗方向的把握。

（五）奋斗方向的底层逻辑：解决好“价值需求”与“价值创造”的关系

企业奋斗方向的核心是解决好价值需求与价值创造的关系，价值需求越集中，其变化越小；价值需求越分散，其变化越大（见图5）。业务演进的逻辑，就在于研究价值的需求和价值创造之间的关系。价值链环节呈现越复杂则能力越强的演进规律。原来是战略合作伙伴，现在变成了大的联盟，生态关系进一步升级，本质上都是从不断满足单一、比较稳定的需求，向差异变化大又不稳定的需求演进，在这个过程中形成了产业的形态。

（六）奋斗方向的共识：穿越迷雾，统一信念

只有少数人能够穿越一个经济周期，穿越一个经济迷雾，看到企业的发展方向。就像马云所说的：“很多人是因为看见而相信，只有很少一部分人是相

企业奋斗方向的核心是解决好“价值需求”与“价值创造”的关系
价值需求越集中，其变化越小
价值需求越分散，其变化越大

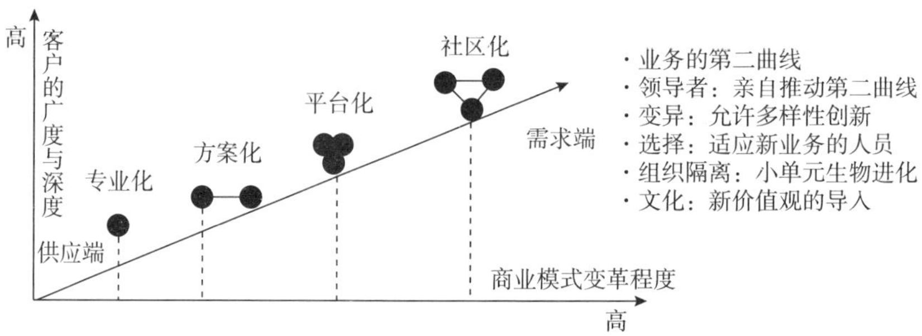

图 5　价值需求与价值创造的关系

信而看见，企业家和科学家就是因为相信而看见。”

奋斗方向统一，员工才能够一群人一条心，迈大步向前走。大家同一个目标，同一个标准，在同一个世界说同样的语言。举个例子，“汽车之家”的目标是做访问量最大的汽车网站，“汽车之家”每个员工心中的目标是一样的。2008 年，“汽车之家”的李想做得比较大，在汽车的垂直网站层面上，做的是最大的，他并购了“车 168”。“车 168”是一个汽车展示的视频网站，并购前，这两家公司的人员数量基本相当，而“汽车之家”的人均产值却是“车 168”的 10 倍。李想觉得很奇怪，在并购当中通过做尽职调查，以及跟“车 168”的高管们进行访谈的时候，他才恍然大悟：“车 168”的目标是成为最有影响力的汽车网站，但每个高管对企业目标都有不同的理解，有的认为是提供最专业的汽车资讯，有的认为是在厂商那里最有号召力，有的认为是互动性最强的网站。虽然大家表面上在同一家公司，但实际上，高管们使力的方向是不同的，就好比是“五匹马朝着不同的方向拉”，这个企业就不会有效率。企业不能考虑每个人，而立下很多目标，最后什么都干不成。

三、奋斗能量：高能量驱动高增长，高能力创造高绩效

奋斗飞轮，一个是业务的飞轮，是业务的奋斗方向；另一个是奋斗能量的来源。一个企业成功有两个方面，第一个叫规模的红利，规模不大，就没有发言权，没有定价权，没有高盈利的机会；第二个叫创始人红利，就是因为公司一直拼，一直闯，一直在创新，根据企业不同的奋斗发展阶段，创造能量的来

源是不同的，企业不同阶段价值创造能量来源呈现递进规律，即“企业家精神—精英干部—团队能力—职业化员工”。

企业的使命、愿景和价值观是奋斗能量的初始来源（见图6）。基于正态分布的评价约束机制，让组织能量迸发，同时物质与精神的激励也不可少，精神和物质互相转化，造就企业持续发展。奋斗能量的组成，主要来源于三个方面：首先，来源于奋斗标准。企业家、干部、团队、员工的使命责任和价值观是奋斗能量的初始来源。价值创造主体对于能力标准的掌握程度是不同的，就像我们在玩游戏打怪升级一样，不同玩家的等级是不同的，企业家也有高等级的和一般的。其次，来源于机制驱动。除了人们的意愿、能力以外，背后的机制也非常重要。有什么样的机制，最后大家就有什么样的行为。最后，来源于能量加速。基于价值标准，按照训战结合的方式，为企业家、干部、员工提升能力。

图6　企业奋斗能量的初始来源

（一）企业家：自我修炼与镜鉴，走出企业家陷阱

如何进行企业家能量加速是我们遇到的最大难点。企业家这个“物种”是特殊材料做成的，他们要想进化，外人或者是顾问往往是很难发生作用的，除非顾问是真正的高管教练，有成功实践的经验。如果没有成功实践过，很难去帮助企业家进化。从这个层面来说，要从“企业家的企业”向“企业的企业家”去转换，**中国企业做不大就因为企业还是得靠老板一个人努力，没有团队加持。**

企业家目前主要面临三个挑战。一是个人路径依赖。这是一个很难的问题，也是一个企业基因的问题。举个例子，有两家电池企业成立之初的规模都差不多，一个老板是做贸易出身，另一个老板是技术出身，双方高管经常在一起喝茶，相互研究问题，结果其中一家成长为如今的比亚迪，另一家做贸易起家的电池企业，从规模、技术发展等方面都跟比亚迪相差较大，这就是企业家过去的路径依赖。二是企业家陷阱。企业家面临着一个很重要的问题，就是经营权和所有权不能分离。很多企业通过文化项目，虽然把问题摆出来了，大家也讨论了，但是有很多问题陷阱需要企业家自己去突破。比如，一家旅游企业虽然做到了垂直旅游领域的老大，但创始人还是分开了，又如，一个电机企业兄弟分家，导致整个业务下滑。还有一些企业很难找到职业经理人，一直是企业的老板在苦苦支撑，也做不大。三是缺乏系统思考。原来的业务技术环境发生了很大的变化，企业家缺乏系统思考，难以突破第二增长曲线。

怎么能够成为一个成功的企业家？这是个仁者见仁、智者见智的问题。首先，要能够创新。企业家要有血性，要能够去创造。在迷雾中的企业，企业家能够凭借一丝微光，发现一般人所无法发现的机会，能够运用一般人所不能运用的资源，能够找到一般人所无法想象的办法。其次，要有胸怀。有精神洁癖的人要想做企业家，是非常困难的。有的企业家在成功之后，很难谦虚下来。但是，真正做大的企业家，都非常谦虚，足见企业家的胸怀有多大，这个企业就能做多大。最后，要能够系统思考。企业家要能够把个人的思考变成组织的思考，变成组织的文化。

怎么为企业家提供能量加速和机制驱动呢？华夏基石在这个层面上有很多实践，过去我们陪很多企业走过来，包括华为，山东的六和、金正大等，这些企业和华夏基石常年保持着联系。我们的总结是，在能量加速层面，可以从三个方面着手。一是自我批判，也就是所谓的“二传手”。通过做咨询的教授或者老板信任的人，把问题通过二传手的方式跟他进行分析。彭剑锋教授去给企业做咨询的时候，经常会和企业家高管一对一深谈，去照镜子，做批判。二是经营分析会。企业的经营分析会一旦能够进入正常状态，就能够从组织目标的差距、组织在过去时间内事件的复盘以及策略的复盘层面上，慢慢地形成组织能力去弥补这个企业家的能力。三是高手过招。企业家要能够自己出去交朋友、参加私董会、上课，或者有长期的咨询伙伴，通过管理咨询，持续做咨询指导。

（二）奋斗干部：从执行器到指挥器，让组织富有效率

彭剑锋教授说过：“干部队伍这个看似最坚强的‘骨骼’，往往也会成为企业最容易被攻破的‘软肋’。最安全的地方往往暗藏着最大的风险。”

干部面临的最大挑战就是从执行器到指挥器的挑战，主要表现在三个方面。第一，执行器思维。很多干部都变成了老板的大秘书，忙于老板交代的具体事务，管理的系统长期处于上传下达的状态。企业从创业到有一定规模之后，一定要发育出相应的组织功能，这时候干部必须站出来，但往往有很多企业干部还处于执行的状态。第二，见事不见人，不能协同化运作。干部不能仅限于完成短期目标，还要打造组织，带领团队，让企业部门之间形成有机体。例如，日本的精益生产，家乐福的天天低价，无不与企业的内外部合作休戚相关，干部需要知晓不同部门的运营。所以，干部很重要的一个功能就是协同化运作，能够带领自己的部门和其他部门协同起来。有的干部在组织内部，协同化运作没有问题，一旦扩大到整个组织，他的协同化运作效率就不高。干部要能够提高协同化能力，把功劳留给别人，让大家一起互动。第三，低位高用。企业大量提拔业务干部，难以培养管理干部，原因是管理干部的培养周期比较长。往往会存在这样一个情况：干部自己是业务员，很难把技能和能力传递给他人，让组织成长起来。

干部的核心使命是让组织富有效率。好的丁部有三条标准。一是引领业务，定策略，有打法，让组织有效率；二是引领组织，带组织抓机制，能协调；三是引领下属，做教练，会用人，做传送带。举个典型的案例，比如说美团培养出一批行业干部，因为美团干部在“百团大战”当中能够认识业务规律，懂得用田忌赛马的方法，把地推大战打成百团大战、十团大战。另外，有一家客户公司的管理者采用“张冠李戴”工作法，把荣誉给其他协同部门，让跨部门工作都取得了成功。从这个层面上来说，好的干部，一定是好的“连接器”。

高能干部是实践与训练的产物。华夏基石的干部管理体系主要体现在两个层面。首先，在能量加速层面，制订干部任职资格标准，把干部成长的梯子搭好，让干部一层层地往上爬，提升自己的能力。同时，开展 LIDP 个人能力发展计划，以及采用“721”训战结合的培养模式，来培养干部进行能量的加速。

其次，机制驱动层面上，做好“271”评价，把干部分成前部 20%、中间 70%、底部 10%，形成动态的盘点，干部管理机制分为晋升、轮职、退出，回报体系能够形成正态分布、正态循环。

（三）奋斗团队：充满正向能量，富有活力和生机

当一个团队充满了正向能量，则必然会富有活力和生机；而如果满是负能量，则必然会走向衰败。团队面临的挑战主要有四点。挑战一：目标性不足，有的团队认为企业已经很富了，不愿意再拼搏了。挑战二：适应性不足，没有将用户需求作为内部变革的信号。比如说有个汽车企业已经走向了工业 4.0，启动定制化模式了，走定制模式需要链接用户，需要工程师在社区解答客户的问题等，但它的工程师团队还不能适应新的模式要求。挑战三：一致性不足，很多制度流程形成不了闭环，难以协同。挑战四：参与性不同。员工缺乏归属感，难以形成信任和尊重的氛围，一研讨问题大家就相互攻击。

未来打造团队的标准，就是要提升团队的战斗力、创新力、执行力和凝聚力。战斗力方面，一是建立赛马机制，比学赶帮超（PK 竞赛榜）；二是建立评议机制，经验教训复盘（经验复盘会），经验萃取（业务经验分享）。创新力方面，一是建立学习机制，工作学习化（行动学习组），学习有激励（成长记分卡）；二是建立创新机制，人人创新（合理化建议）。执行力方面，一是建立荣誉机制，业务与文化荣誉（员工之星）；二是轮值机制，人人担责任（创享例会）。凝聚力方面，一是建立链接机制，人与人链接（师徒结对子），事与事链接（制度解读会）；二是建立分享机制，做好情感分享俱乐部和信息分享的文化墙。

（四）奋斗员工：鼓励员工创新，释放各种各样的能量

奋斗员工面临的三个挑战。一是只有苦劳，没有功劳。组织越来越强调个体价值创造，员工有苦劳没有功劳，也就是说方法论掌握得不足，劳动的绩效结果不好。举个例子，三个人种树，一个人在前面挖坑，另一个人在后面填上，有人上去问他们在干什么，他们回答说在种树，前面的人说我的职责是挖坑，今天的任务是挖 50 个坑，后面的人说我的职责是填坑。问他们种树的人呢？他们说种树的人请假了，这就是典型的只有苦劳没有功劳。二是缩手缩

脚，不敢担责。这种员工基本上就是完成自己的本职工作，不能够快速成长，无法超越自己的职责范围，承担更大的责任，挑战更高的目标。三是没有解决问题的思路。这是员工现在面临的普遍问题。员工不能只是意见的提出者，而是要能提出解决方案，职业化素养还需要进一步提升。

互联网时代，要真正实现创新驱动与人力资本驱动，组织要鼓励员工创新，尽情发挥内在的潜能与员工的创意，去释放各种各样的能量。打造奋斗员工，提升员工的职业化，可以从三个层面入手。在自身层面上，员工要有目标，走上坡路才是接近天空最好的方式。企业要打造奋斗文化，让每个员工在这个企业里面能够最大化地成长，有自己职业的规划，并且在组织的引领下，走在上坡的道路上。在组织层面上，员工要有方法，用有效的方法论。**好的企业文化能够让员工真正地快速成长，让员工的职业化程度迅速地提升。**举个例子，正常情况下，企业在开拓新市场时，派一个财务总监和人力资源总监就可以了。链家当时在打深圳市场的时候，从总部和全国派出了 500 个员工。为什么不派出 100 个干部，而要派出员工呢？因为链家的员工训练有素，员工相信用链家的打法能成功，用链家的价值观能成功。在工作层面上，员工要有结果，用实力去证明。员工要能够牵引工作，用“二八原则”做事，要能从根源上解决问题。

员工的能量加速方面包括职业化培养、价值观行为提升以及业务经验萃取，让员工不断地掌握相关技能，把组织的知识和经验快速地提升到自己身上。驱动机制方面包括业绩评价、价值观行为评价、物质与精神激励。企业要形成有效的奋斗者阶梯，让大家不断地去攀登，同时在物质层面和精神层面上激励他们，在机制层面上有一套员工管理办法。

四、打造奋斗飞轮的“七步法”

总地来说，奋斗飞轮主要包括两个方面，一是让业务的飞轮不断地在现有业务的模式下，创造更大的价值，满足外部市场的需求，同时不断去构建战略支点、战略纵横和组织文化；二是后轮能量的来源，即促进企业家、干部队伍、员工、团队的能量加速。我们在突破文化建设的时候，一旦把这两个飞轮转起来，之后让它慢慢地加速，就能打造出一家奋斗型的组织，真正地持续发展。

如何构建奋斗飞轮，加速企业进化？华夏基石提出了“七步法”。

第一步，企业文化变革的纲领。借鉴《华为基本法》的做法，帮助企业去形成变革的纲领。《华为基本法》对华为的贡献有三大方面：第一，帮助企业家完成了系统思考；第二，帮助华为建构顶层设计，成功从机会导向转向战略导向；第三，解决了企业成长的动力机制问题，凝聚企业利益共同体。做企业变革的纲领就是要以这三方面为目标。

第二步，战略运营管理闭环。战略执行后，要按照月度、季度、半年和年度实施战略回顾与跟进，当发现战略业绩上的偏离，应从内部运营视角分析问题、挖掘原因、及时采取优化跟进行动。

第三步，价值观方法论管理。价值观方法论能让 80% 员工在 80% 场景下，将工作效能做到 80 分。

第四步，能量加速。构建起奋斗者、干部、职工的奋斗者标准，通过干部培养、干部管理机制、奋斗者培养、奋斗者配置，来加速奋斗飞轮的能量运转。

第五步，机制驱动。基于互联网思维和产业思维，建立资本、技术、智力等价值创造供给方合作共赢、共担共创共享的一种分工协同机制。

第六步，奋斗组织建设。组织能力建设不仅是人力资源工作，文化、战略、流程、机制才是决定组织能力的最关键因素。

第七步，文化管理体系——队伍建设、闭环流程。从组织、制度、流程、评价的构建，形成一套闭环的管理体系以及奋斗飞轮的正向的循环体系。

奋斗飞轮的本质是企业外部持续经营好需求市场，内部持续经营好人力资源市场，而客户的需求标准不断提高，要更好的质量、更快的交付、更便宜的价格等，员工的期望也是持续提升，要更高的报酬、更大的成就感、更高的自豪感等。如何推动客户高标准需求与员工高期望二者的正向循环？我的答案就是：奋斗方向有规律，奋斗能量有源头，打造奋斗文化，长期坚持艰苦奋斗。山高人为峰，只要找对了路，我们就不怕实现梦想的路有多远！

事业合伙：以智合资金谋求志同道合

华夏基石事业合伙制32字新价值主张

彭剑锋

在多年研究、实践、优化、创新事业合伙制理论与实践的基础上，结合华夏基石丰富的咨询案例成果，华夏基石提出了中国企业事业合伙制新价值主张，即以事业合伙机制为战略动力机制，凝聚和激励企业知识创新者与经营管理人才，持续奋斗，突破企业事业发展瓶颈，实现企业事业与业务新增长的32字方针：

志同道合，利他取势。

共担共创，增量分享。

相互赋能，自动协同。

价值核算，动态进退。

一、事业合伙制新价值主张的提出背景

（一）创新和人才驱动发展的战略需求

经过近几年经济增长方式的结构性转型升级，中国经济逐步进入创新驱动、人才驱动的新发展阶段，从单一追求GDP规模增长转向品质发展时期，从资源与外向拉动转变为内生式创新与人才驱动。

创新与人才驱动发展的背后，实质上是创新型人才和创业者驱动。要使得大量创新与创业型人才脱颖而出，企业就必须要找到一种战略动力机制，鼓励创新创业，使得知识创新者能脱颖而出、创业者能开拓奋斗。也可以说，**在经济社会进入新的发展阶段，企业建立新的竞争优势和谋求新事业、新业务的突破性成长的关键，在于能否创造一种长期的战略动力机制和激励机制。而事业合伙制正是一种长期的战略动力机制。**

事业合伙制对于吸引、激励、培养和保留创新性人才，对激发企业内部的创新创业激情，是很好的一种制度安排。事业合伙制的对象主要是两种人：创新者

和具有企业家精神的创业者（我们叫准企业家）。我一直强调，事业合伙制不是普惠制，不可能针对企业所有的人员。当然，吴春波老师对此有不同看法，他认为，华为的普惠制股权激励体系最能激发组织所有员工的创造力。但我认为，华为的普惠制股权机制有其独特的历史背景与华为个性，很难具有普遍推广意义，华夏基石的事业合伙制主要还是针对企业具有创新精神与创新能力的高端人才，具有企业家精神的创业者，是一种非普惠制的长期激励机制。

合伙制作为企业的一种针对创新、创业者的内部战略性动力机制安排，企业首先要选对合伙人。选对人可能比培养人更重要，企业要辨别真正的具有创新创业精神的创新创业者，要么是有创新意识和创新潜能的人，要么是能去开拓一番事业、独立承担经营责任的人，这两类人其实是最适合合伙机制的。产品创新、机制创新都是创新，能从 0 到 1，把产品设计出来，或者从 1 到 100，能够开拓一个市场，独立承担市场的经营责任的准企业家，都是企业事业合伙制要找的人。

事业合伙制推动创新驱动、人才驱动，从这个角度来讲，事业合伙制是中国企业创新驱动、寻找新动能的一种战略选择，是一种战略动力机制。从时代大背景的角度来讲，它也是能实现动能转换的大势所趋。

未来是产业互联网与物联网时代，企业需要有产业生态思维：从战略长度来讲，就要更具前瞻性战略思维，站在未来看未来，走出经验曲线，勇于突破资源与能力局限，创新成长；从战略宽度来讲，就要具有跨界融合、开放无界、利他取势的战略思维，在社会化网络协同体系中找到企业的战略定位；从战略深度来讲，必须要有全产业布局与产业整合、全球资源配置与运营的战略思维，必须站在全球化的角度整合人才，全球人才与智慧为我所用。这就是我们所讲的生态战略。

事业合伙制是实现生态战略的有效机制。第一，可以全球整合人才，全球人才为我所用，整合全球创新型人才、具有企业家精神的人才。第二，打破组织边界，以合伙制整合产业生态，按照华夏基石提出的事业合伙制可以有渠道合伙人、产业生态合伙人，所以合伙制不仅局限于企业，也是一种打通上下游、破界整合资源的制度安排。第三，有利于产业生态的形成，通过跨界合作和合伙制连接更多的资源。

互联网的本质就是连接交互，事业合伙制就是一种基于互联网连接人才资源、连接创新资源的“凝固剂”，通过连接实现人才聚集、能量交互的“连接器”，通过连接人才来连接生态。

（二）适应组织变革平台化 + 自主经营体的大趋势

事业合伙制也符合现在产业生态思维下组织变革的大趋势，即平台化 + 自主经营体的组织模式。

从组织层面来讲，现在的趋势是平台化 + 自主经营体的组织，事业合伙制与组织平台化 + 自主经营体的组织变革密切相关，它不仅适合内部的创新创业，也适合外部的连接资源，通过合伙制可能连接更多的创业者、小微企业。

事业合伙制可以在企业内部形成不同形式的人才聚合体，围绕共同的目标运行，实际上不仅是分布式经营，人才也是分布式的，它不再是以一个人为中心来进行组织，而是去中心化的分布式、多中心。像海尔的人单合一的自主经营体，温氏的5.6万个农场，韩都衣舍几百个产品小组组长，每个分布式经营体的责任承担者就是事业合伙人。也就是说，在平台化 + 自主经营体这种组织模式下，平台更多的是赋能，提供支持帮助，每个分布式的自主经营体的责任人就是一个合伙人。

在互联网时代，中国企业已形成了一种趋势，即通过连接人才来连接生态，通过事业合伙制连接生态型组织。这种平台化 + 自主经营体平台就是看上去很多东西是散的，实际上却是密切相关、相依相生的，因为它是多元战略选择、平台化组织、分布式生产，所以需要通过连接更多的企业家和创业者形成生态。

这种生态型组织的典型，如苹果公司，几乎不做从 0 到 1 的事，而是把那些初创企业、小微企业连接进生态，把它们的创新技术和产品通过平台的放大效应，使其从 1 做到 100、1000，实际上就是通过连接创新性的人才来构建生态。国内的典型企业，如怡亚通通过加盟店、温氏通过合伙农场、小米通过品牌和投资，实际上是把具有企业家精神的人聚合在一起，真正实现了公司治理的相关利益者共担、共创、共享。

平台化 + 自主经营体的生态型组织通过人才事业合伙的动力机制，可突破国家、行业、企业的边界，真正实现跨界的生态资源与人才资源连接。人才也走向了跨界的连接，通过连接人才来连接生态。

（三）适应数字化时代回归人的价值、人是组织的核心的趋势

数字化时代最本质的特征是创新，人是创新创业的主体，创新就是要调动

人的内在潜能，激发人创新创业的激情，真正回归到人本主义，真正回归到人的价值。

而事业合伙制恰恰是激发人的创新创造潜能，回归人的价值的重要体现。因为事业合伙制本质上是一种“智合”，它首先体现为智能合作与权、利分享。一是剩余价值索取权的分享，二是对企业的经营决策有话语权。海尔搞自主经营体是基于“人是目的不是工具”，人最重要的是要有尊严、要有成就感，而事业合伙制是真正激发人的价值创造，呼唤创新创业精神，承认人的价值，给人的价值回报最好的方式。事业合伙制通过“智合”与“资合”的连接，让个体融入组织、融入共同的事业，在平台上聚合和放大每个个体的价值，也让个体得到充分的尊重、获得成就感。

以上是事业合伙制的产生背景，即企业经营的三大核心要素——战略，组织，人在数字化、智能化时代所发生的变化。当然所有的变化，无论是战略新思维、组织变革，还是组织与人的关系变化都是为了快速满足消费者的需求，也就是说，最底层的变化是需求变了。无论是战略、组织还是人，企业的一切变化都要回归对客户需求的理解。在这个时代，需求的内涵也在变化，不仅是需求的满足，还要有引导和超越。苹果手机就是启发了消费者的需求，创造了需求，这就是需求的引导。需求也不仅是物质的需求，还有精神的需求，消费升级的大趋势就是从追求物质幸福走向追求精神幸福。

所有变化的底层原因是需求变了，企业经营是围绕消费者在变、围绕人在变，就都回归到人本。基于这样的大背景，事业合伙制应运而生，事业合伙制是一种真正回归到人本、回归到价值的机制制度。事业合伙制是一个全新的商业文明，是一种新的公司治理，是一种事业成长的内在战略性动力机制，新的人才动力机制。

华夏基石提出了事业合伙制新价值主张 32 字方针，从实践的角度，我来解读一下它的内涵与操作要点。

二、华夏基石事业合伙制新价值主张 32 字方针

（一）志同道合

“志”是共同的志向与抱负，共同的使命追求，共同的事业追求。道不同不相为谋，要搞事业合伙制首先要找到同道人，选人比培养人更重要。

“志”有两个层面的含义。

第一，要选富有激情、有理想、有追求、有使命感的人。因为有理想、有追求、有使命感的人能够自我驱动、自我管理，能够全身心投入事业。我们所讲的“志”，首先就是指合伙人的选择标准是有理想、有追求，能够自我驱动。

第二，要选理想与追求目标相一致的人。前提是要找有理想、有追求、有自驱力的人，然后，不仅要有理想、有追求，而且要事业追求与目标一致。因为有的人有理想、有追求，但是跟你的想法可能不一样，所以要选“志同”，首先是有理想、有追求，然后对未来的目标追求有共识，是同道人。即目标追求的契合度，要有共享的事业目标，共同的对产业、对事业深度的理解。

既要“志合”也要“共志”。合伙制是一种自驱动管理机制，有理想、有追求、有抱负、有事业激情的人，他就是使命驱动，充满了奋斗激情和奋斗精神。为什么说事业合伙制的组织可能不需要权威型领导？就是因为合格的事业合伙人他本来就有自我驱动、自我领导能力。“共志”，即对未来的事业有共同的认知，有共识。如果各有各的价值主张、目标追求各异、“同床异梦”，那就没法“志同”。

我认为，搞合伙制，志向是第一位的。中国共产党创立初期能聚集那么多优秀人才，就是因为大家有共同的志向，追求在中国实现共产主义的理想。有共同的理想，有共同认知的目标事业追求，这是“志”的含义。在实践层面，“志”主要是对事业目标的认同、对产业的理解、对企业未来发展趋势的洞见是一致的。大家之所以能碰到一起，是认为这种商业模式没问题，大家都认同。

“道”也有两个层面的含义。

第一个层面，“道”是共享的价值观。大家的价值取向是一致的，能够共同遵守自己的核心价值体系，这就是有共享的价值观。大家的价值观一致，价值取向一致，就可以减少内部交易成本。不仅要有共享的价值观，能够达成共识，也需要大家愿意遵守这种价值观，坚守这种价值观。

有了共享的价值观，企业才会有战略定力，才能够坚守。事业合伙制不是一种机会主义动力机制，而是长期的动力机制，需要大家有足够的战略耐心，需要合伙人有长期的战略思维，要有战略定力。有共享的价值观，共同坚守的价值立场，我认为企业的领导团队有战略定力，遇到困难，遇到挫折，就会不抛弃、不放弃。企业经营发展最怕就是遇到困难、挫折的时候，大家“作鸟兽散”。

合伙制强调“志同道合”，就是为了避免企业一出现困难挫折就放弃、各奔西东、“作鸟兽散”的情况。因为大家有共享的价值观，所以能够坚守，能够有战略定力，尤其是在一个企业转型变革、突破成长的时期，更需要战略定力。

第二个层面，“道”是共同的规则和经营的道德底线。不仅在价值观层面，在制度层面上大家也有共同遵守的规则。事业合伙制是一种新的制度体系、新的规则体系，所谓“始于信任，守于规则”，一方面是大家能够遵守规则，认同规则，另一方面是守住企业经营的底线。

为什么现在会出现那么多的不安全、不环保、不健康的产品？还是因为很多企业没有经营的道德底线，真正的合伙制企业是要有经营底线的。事业合伙制之所以适应需求升级、品质消费的时代，就是因为合伙制的企业有共同的规则，能够守住经营的道德底线。

可以说，一家企业如果是合伙制，这个企业就不至于翻船。**中国很多企业之所以出问题就是因为大家一不讲规则，二守不住经营底线，什么险都敢冒，什么钱都敢赚！**

华夏基石公司这些年来也不是没有碰到过诱惑，虽然我们是靠咨询服务营收的，但我们坚持选择最有价值的客户来合作，即要么是行业领先企业，要么是具有高成长潜力的企业，守规则、有道德底线的企业。也正因为如此，我们的很多客户企业都在与我们的合作中实现了突破性的成长，而且在良性健康地发展，这是华夏基石最感到骄傲的地方。

华夏基石事业合伙制的价值主张特别强调的是，事业合伙人既要坚守共同的价值准则、共同的追求，也要坚守共同的道德底线。

事业合伙制事实上也形成了一种相互监督的内在机制，大家因为共同的志向和价值观走到一起来，就一定要坚守初心，要赚良心钱。

此外，合伙制都是优秀人才的聚集，每个人个性不一样，而且创新者和创业者都是有欲望的人，人最怕的就是控制不住自己的欲望。一群有追求、有理想又有能力的人，如果守不住道德底线，就控制不住自己的欲望。所以合伙制的内在要求就是大家必须要遵守共同的道德底线。没有共同的道德底线，合伙制企业的能量一旦爆发出来，不是散伙，就是企业翻船！

强调一点，控制欲望，掌控节奏。要有节奏地释放欲望，而不是让人消灭欲望。人不可能没欲望，你不能把欲望完全控制了，合伙人就是有欲望、有冲动、有激情的人，关键是你要有节奏地释放欲望。没有欲望，事业就做不成，要有冲动、要有激情，但是到了关键时刻要懂得踩刹车，一定要有刹车的地方，所以要掌控节奏，节奏是很重要的，很多人之所以在“弯道超车”的时候翻车，就是因为节奏感没掌握好。企业成长最重要的是节奏，就是吴春波老师说的“不着急，等得及”。现在很多出问题的中国企业，追根究底会发现都是“太着急，等不及”导致的。

（二）利他取势

“利他”来自产业生态思维。“利他”不是简单地给人让利、分利，“利他”的核心是成就他人。合伙制的核心就是要为人才提供事业发展的平台，成就有抱负、有理想的人才，这是事业合伙制的第一个“利他”。

成就他人，就是成就各相关利益者。第一，成就人才，事业合伙制要为人才的事业追求提供广泛的发展舞台。第二，成就客户，要为客户创造价值，实际上是通过产品与服务实现客户价值。第三，成就合作伙伴，因为合伙制是实现一种产业生态，要成就合作伙伴。第四，成就股东价值，要实现股东价值的最大化，“利他”不是不讲利润，而是也要实现股东的价值，不过不是唯股东价值最大化，是强调股东价值的获得要基于成就相关利益者，劣后获得利益。

“利他”的第一层意思是基于生态的利益思维，基于相关利益者价值平衡的利益思维。当然，它还是一种相互成就。为人才创造价值，为客户创造价值，为股东创造价值，这个基点是不变的。这种价值的创造是成就人才、成就客户、成就股东、成就合作伙伴，形成生态。

“利他”的第二层意思是赋能。“利他”是一种能量的聚集，这个“利”不光是利益，不是简单的求利。利益当然是很重要的，我们不否定利益，但是华夏基石事业合伙制所主张的“利他”首先是成就他人，成就合作伙伴，创造价值。一定是基于价值创造，为相关利益者赋能、为员工赋能，整个组织一定要构建赋能的平台。

“利他”强调平台化赋能，能够使一线合伙人从平台上呼唤“炮火”，这是连接事业合伙人的一个连接器。因为每个人借助于组织的赋能可以放大人力资源效能，平台化赋能实际上是人力资源能力的效能放大器。借助于平台的赋能，合伙人的能力就强大了。为什么合伙制本质上不是强调单打独斗？就是因为它有赋能机制。合伙人在这个平台上能得到赋能，品牌的赋能、能力的赋能、知识的赋能，平台是合伙人能力的助推器、价值的放大器，离开这个平台，自己单打独斗就干不成什么事，这就是平台化＋合伙制的妙处。

什么叫“取势”？取势的核心是能量的聚集，也就是量子力学里面强调的。它有两层含义。

第一层含义是能量聚集，通过数字化、互联网连接，聚集小的力量可以产生大的能量场。在数字化时代、大连接时代、人工智能时代，可以把小能量、个体能量连接到一起，形成大的势能。我们所讲的“取势”首先是合伙制所追求的核心目标，是要实现巨大能量场，形成巨大的势能。通过合伙制凝聚人心，聚集能量，本质上是提升企业的整体竞争能力。这就是任正非所讲的“力出一孔，利出一孔”，通过志同道合，解决“力出一孔”的问题；“利他取势”解决的是“利出一孔”的问题。大家都是在一个共享的利益平台上，把能量聚集在一起，“利出一孔”。

第二层含义是相互赋能、相互借势，形成多中心的能量场。既强调平台化的能量，又强调每个分布式中心的能量的聚集。所以会形成一个巨大的能量聚集的势能，这就是“核裂变”，组织的能量会产生“核裂变”“核聚变”。未来组织的成长，通过“取势”，组织首先实现裂变式的成长，可以有无数个经营中心，其次是组织的聚变式成长。小米构建的生态，就是要追求生态“化反”，“取势”首先要产生“化反”，“化反”其实就是通过生态连接，产生裂变效应和聚变效应。

未来的组织成长，通过人才、资源的连接构建生态，实现生物“化反”的裂变和聚变效应，通过组织的裂变和聚变，企业可跃迁式成长、突变性成长，而不是积累性成长和连续性成长。

未来，企业的成长思维，我认为很关键的就是“利他取势”，在产业生态中相互成就，相互创造价值，相互赋能。“取势”就代表着互动、交互。“取势”的核心是交互，是能量的一种交换，而交互的前提一定是开放。“利他取势”一定是建立在开放的基础上，在开放的前提下才能实现相互成就、相互赋能，它一定不是单向的能量输出。**“取势”的核心是开放、破界，打破边界（有形或无形的界限）制约，相互赋能、相互取势。**

对一个组织来说，最重要的是不能只单向输出，一定要有输入。就像一潭水，如果没有活水输入，不再进行能量交换，这潭水就成了死水，就发臭了。这其实也是禅的思想，禅就反对树立权威，而是提倡“人人皆有佛性”。打破绝对权威，就是三个东西——破观念、破物象、回归人的价值本位，这是禅宗的思想，我们所提倡的“利他取势”文化其实就是源自中国传统文化的禅宗思想，吸收融合了生态思维。

华为的小熵理论，其实就是一种“取势”，原因有二。第一，它强调开放，吸收宇宙能量，不能封闭；第二，要求打破平衡。“取势”就是要吸收能量，打破平衡，组织要不断地打破平衡，合伙制的核心就是要激发活力，整个组织要做功，要有活力。

我一直讲的，要坚持与正能量的人为伍、和高手过招，这也是“取势”。

此外，“取势”还意味着企业不要追求短期利益，短期可能让渡了利益，但是获取了长期持续发展的势能，这就是互联网的“先让渡客户价值”。华夏基石合伙制的价值主张是为互联网经济解决一个哲学命题，即为什么互联网商业模式往往是先免费？互联网的免费思维就是先让渡客户价值，取得一定的流量以后，取得了一定的客户资源以后，再赚钱就是一个自然而然的过程。这里面的“取势”是要取大势舍小利，本质上是舍小利求人才大势、资源大势、市场大势，最终形成整体竞争能力。

说到这里，值得强调一下的是，在合伙制的操作层面，“利他取势”其实有一个根本性的前提，就是合伙人团队一定是高能量个体的聚合体，说直白点就是每个人一定都有自己独特的价值和核心能力，彼此是旗鼓相当的，否则难以“利他”，也难以“取势”。

（三）共担共创

合伙制价值主张最核心的就是要共担风险，如果没有风险共担就不叫合伙人。合伙制在资金层面上就是要买股票，一定要出钱，利润分享的份额要实缴，而不是一种赠予，一定要担风险。因为合伙制就是要选拔具有创新创业的企业家精神的人。企业家精神最核心的是什么？第一是创新，第二是敢担风险。

落实到操作层面上，合伙人首先要担风险，其次要扛责任，要有责任担当。**合伙制是一个绩效责任体系，合伙人要独立承担经营责任，这是核心。**没有风险意识就别当合伙人，当职业经理人就好了。共担风险，除了担眼前的风险，还要扛未来的风险。不能说一遇到风险，大家撒腿就跑。

谈一谈责任担当，责任担当延伸的意义很多，但最核心的还是经营责任，绩效就是最大的经营责任。除了经营责任，还有遇到困难不绕着走、直面问题的责任担当，最怕的是能同甘不能共苦的合伙人，分享利益可以，一遇到困难和问题就跑；变革创新的责任担当；改变自我的责任担当，自我负责。改变自我的责任担当这一点也很重要，因为人最怕的是没有自我批判精神，任正非最厉害的就是有自我批判精神，自我批判最体现一个人的自信。人有自信就敢于批判自己，不怕别人超越你，没自信就怕别人超越你，天天防着别人。

"共担"是指共担风险，共担责任。共担风险中要能洞见未来，要有风险意识。现在很多企业家风险意识淡薄，合伙人就要有风险意识。很多人合伙人只看到了机会，没看到风险。共担责任首要的就是共担经营责任。很多合伙制团队最大的矛盾就是有人占据位置不担责任，占着位置不作为。所以在合伙制的操作层面，其实要把"共担责任"细分化。合伙人究竟要承担哪些责任，我们刚才说到的经营责任、解决问题的责任、创新变革的责任、自我完善的责任，还要有培养人才带队伍的团队责任，等等，现实中还可以根据业务情况、发展阶段进行细分。

"共创"的核心内涵，是每个合伙人都是价值创造者，**创造价值是合伙人能够在组织之中获得尊严、获得话语权、分享利益的基石。**共创实质上是要带来企业的增长，这跟后面的"增量分享"是有关系的，每个合伙人都要为企业创造额外的价值，要带来企业的增量成长。每个合伙人都是独立的价值创造者、贡献者，创造价值是核心。实际上合伙制产生的前提就是承认知识创新是企业价值创造的主导要素，合伙人得是一个价值创造者，不是价值创造者不能成为合伙人。

"共创"另一个内涵是协同创造价值。合伙制除了要发挥每个人的价值创造的能量，把每个人价值创造的能量发挥到极致，还要强调协同产生价值。合伙制产生的思维是生态思维，除了聚合思维、取势思维，共创也是生态思维：共同创造生态价值，共同维护整个价值生态体系。

因此，"共创"还要强调有共同价值创造的平台，强调的是"共创"的一体化，平台是价值创造行动的协调一致者。当然，我们所讲的共创是要共同创造客户价值，共同创造企业价值，围绕价值的创造，大家的行动是一致的，这一点非常重要。整个组织要形成一种竞相激发潜能、创造价值的组织生态。

“共创”也代表互补性的人才团队，首先合伙人是互补性的人才团队。要发挥团队的价值互补、能量聚集、资源整合、协同一致的作用。

（四）增量分享

怎么理解“增量分享”呢？它的核心内涵是我们所讲的合伙制一定要带来组织的成长，客户价值和企业利润的增长。成长是合伙制的共同目标，如何实现企业的战略成长，如何为企业带来增量、带来价值，是合伙制的核心。价值增量包含几个层面：要带来组织的价值增量，带来成长，带来增长；要为客户带来增量的价值；要为人才带来增量的价值；要为相关利益者带来增量。所以，要有成长，要有增量。组织要实现裂变和聚变效应，实现“变道超车”，其核心就是实现企业的增量成长。

“分享”就是分享增量，华夏基石事业合伙制的特色之一就是我们强调的是增量分享，而不是去分享存量。换句话说，合伙制虽然是“利他取势”，但本质就是要实现增量的利润，没有增量利润的增长就没有分享，分享就失去了依据。合伙制的目标还是企业要有盈利能力，本质上还是追求利润的，要提高企业的盈利能力。合伙人要分享增量的利润，前提是企业必须要有持续的盈利能力，否则分享就失去了依据。而且盈利能力要持续的增长，利润就是价值增量。

所谓“分享增量”，一方面要实现净资产的增长、资本的增长，分享资产的增量；另一方面是分红。当然，强调增量的同时也要激活存量，通过价值要素的重构来实现存量资产的增值，另外还要创造新的利润。这是两条路径：一是在存量资产里面如何激活存量，盘活存量，实现存量资产的价值增值。二是开拓新市场，开发新产品，通过创新寻找新的市场，创造企业新的成长，获取增量。没有增量就没有利润分享。为什么我们说合伙制特别适合指数型成长的组织，就是因为没有增量就没有分享的基础，而且增量必须是加速的，只有增量加速了才能带给大家希望，所以事业合伙制特别适合任正非所说的“胸怀大志，一无所有”的创业者。

（五）相互赋能

“相互赋能”其实跟“利他取势”是一脉相承的，正因为是一种利他取势的文化价值取向，所以到了企业的具体运行层面上，到了操作层面上，合伙制就是要相互赋能。

“相互赋能”首先要开放、破界，这在“取势”里面我们已经谈了，“赋能”是指在开放式的平台上，平台和人、人和人之间，能力的赋予都不是单向的，而是双向的、交互的。**“赋能”一定意味着这几个关键词：开放、破界、交互。**通过开放、破界产生交互，通过交互产生势能，产生新的价值。

在运营层面，“赋能”有三层具体含义。一是组织要构建赋能的平台。二是领导就是赋能，领导不再是威权领导，要去威权化，现在叫愿景型领导、赋能型领导，领导方式也在变。三是员工之间的相互赋能。领导跟被领导之间，将来也是相互赋能的关系，它不是单向的赋能关系，是双向赋能关系；不是单向的串联关系，是并联与串联形成的赋能的网状结构。

要强调的是，“赋能”不是被动地等待被赋能，而是主动地求助，发起合作。在组织当中，不是被动等待别人给你赋能，你要去主动求助，主动呼唤炮火，同时平台也要主动为前方打仗提供支持和服务。所以我们强调，赋能一定不是被动的被赋能，而是主动寻求赋能，以及给别人赋能。在合伙制的组织体系里面，一定要有求助的意识，不是孤军作战，不是一个孤岛。我们不强调单打独斗，一定是联合作战。

（六）自动协同

“自动协同”的含义是协同产生价值。在合伙制里面协同产生价值，因为相互赋能、利他取势。《平衡计分卡：化战略为行动》的作者卡普兰和诺顿在前面写了很多管理工具，但写到第四本书的时候写到了如何运用平衡计分卡创造企业合力，即组织协同，协同产生价值。阿里巴巴的首席战略官曾鸣最近发表了一篇文章值得一读，他说，未来商业文明的 DNA 有两个螺旋：一个是网络协同，另一个是数据智能。什么叫未来企业的战略？就是在社会化网络协同体系里面找到你的定位。未来的战略是在社会化高度协同体系之中，找准企业的战略定位，而推行事业合伙制就是推行企业生态战略落地的一个重要方法，因为合伙制的核心内涵就是协同。

在操作层面，“协同”有三个关键点要把握。一是主动创造、自动协同，不主张创造价值不可以产生协同；二是平行协同，不是威权协同，不是依据上级的指令来上下协同，而是自动平行协同；三是点、线、面的系统协同，系统协同不是线性的，而是网状的，另外，系统协同需要精确的控制，没有神经中枢，就构不成系统，系统就崩溃了。当然关于如何构建网络系统，如何在系统中协同是另一个大命题，以后我们再具体研讨。

在高度社会化协同体系中，未来社会就是一个协同社会，协同产生价值，所谓的企业的战略定位，就是要去思考在这个协同系统中你能干什么，你能贡献什么样的价值，就决定了你在协同网络中、在产业生态链中处于什么位置。

事业合伙人团队也是一个协同组织，而且是一个高能量个体的集合体，你不是高能量个体，或者说你在团队中、事业中贡献不了高价值，你可能就不够格成为合伙人。这也是“自动协同”的一个前提，即合伙人一定是旗鼓相当的，一定是都有各自的核心能力和价值的，否则能量输出就不对等，就没有办法协同。

前面解读“取势”时我也提到过，自动协同、相互赋能，都有一个基础，就是说你本人是有能力的、是有价值的，才能进入合伙人团队，在合伙人团队里没有办法搭便车、混日子，一旦你在协同体系不能贡献与团队整体相匹配的能力和价值，就要自动退出了。

个体是这样，企业也如此。在未来的社会化网络协同体系中，在产业生态中，一旦企业不能贡献与系统相匹配的能力和价值，就等于自行退出产业生态了。所以未来的协同，从产业生态的角度来讲，第一，强调跨产业协同的思维、跨行业协同的思维、跨团队和跨职能协同的思维。第二，强调自动协同、平行协同、系统协同。第三，你的协同价值来源于你有多大的能力、你能够提供什么价值、你能够创造什么价值。未来企业的战略定位核心就在于你在社会化协同体系中的价值定位，你能产生多少协同价值，你就有什么样的位置。

当然，我们这里之所以讲“自动协同”而不是讲社会协同、系统协同，更多是针对合伙人团队、针对组织内部来讲的。如果从企业组织层面讲协同，就要强调系统协同、社会协同。

（七）价值核算

为什么我们要强调价值核算？因为合伙机制所强调的是基于你为组织创造了多大的价值。合伙机制是创新创业机制，作为创新创业机制来讲，一定要独立核算你为组织所创造的价值。价值创造是增量分享的前提，要分享价值就必然要先衡量出你为组织创造了多少价值，所以要建立基于数据和事实的价值核算体系，要独立核算，自主经营。

合伙制的核心就是独立核算，自主经营，独立承担经营责任。要独立承担经营责任的前提就是要建立核算体系，没有核算体系没法衡量每个人的价值创造，没法做到增量分享，没法做到公平公正。华为人力资源管理的核心就是价值管理循环，价值管理循环的核心就是价值评价、价值核算。**合伙制建立在增量分享的基础之上，分享不是平均主义，所以价值核算实际包含了价值评价、价值核算、价值分配，是一个完整的价值管理循环。**

整个价值管理的核心其实就是核算，就是评价。合伙制要重构一套价值管理体系，重构一套价值创造、价值评价、价值分配体系，这里面的核心就是价值核算，没有价值核算就没法实现价值管理的有效循环。

价值核算包括绩效的价值核算、岗位与价值观的评估、经济效应的核算，等等，实践中可以量化为具体的指标。要强调的是：价值核算要做到客观公正，一定是数字驱动，以数字说话；用事实说话，用贡献说话，更强调贡献导向、结果导向。

（八）动态进退

“动态进退”指的是整个合伙机制不可能是固化、僵化的体系，它一定是动态的、有活力的。“动态进退”的关键点是：第一，要不断引入新的合伙人，要开放，它不是封闭式的体系；第二，当你没有持续贡献的时候，要有退出机制，只有实现“动态进退”，才能使得整个合伙制充满生命力和价值创造的活力。这与任正非的小熵理论也是相符的，就是组织永远要保持熵减，要实现合伙人团队的熵减就必须要“动态进退”。

当然，“动态进退”要注意三点：第一，一定要建立“动态进退”的标准；第二，要有“动态进退”的流程和合法程序，很多企业的团队矛盾集中在进退程序不合法；第三，要有退出保障，要保障退出者的基本权益，要有合理的退出途径安排，要充分协商，而不是直接把人“干掉”，否则大家就都没有安全感了。

在“动态进退”中，设立分层退出机制比较关键，比如，阿里巴巴的合伙人团队，只有马云和蔡崇信是终身合伙人，可以永远不退出，但他俩是不拿奖金的，只分享利润；还有荣誉合伙人，退出团队但可以进入荣誉堂，有荣誉奖金保障。阿里巴巴的这个实践很有案例解析意义，它里面的一些设计是很有借鉴意义的。

“动态进退”作为一个机制，一定要有一套标准、程序来评价和保障进退，而不是简单地进来或退出。

总结来说，从文化理念和规则体系来讲，华夏基石事业合伙制新价值主张是前面的16个字——志同道合，利他取势；共担共创，增量分享。具体到运营层面，就是后面的16个字——相互赋能，自动协同；价值核算，动态进退。

用事业合伙机制驱动员工为自己奋斗

张文锋

一、事业合伙人机制与股权激励、资源整合、利益共享的关系

什么叫事业合伙人机制呢？事业合伙人机制不等于股权激励，不等于资源整合，不等于利益共享。

第一，事业合伙人机制不等于股权激励。首先，事业合伙人机制是产业生态构建的基本的规则，它不是企业内部给员工的激励，它既能给内部生态链（老板和员工管理层）承诺，又立足于产业链外部（供应商怎么变成合伙人，渠道伙伴怎么变成合伙人），所以它不等于股权激励。其次，仅仅是从公司内部战略来看，它和股权激励有天壤之别。**股权激励是老板和员工的关系，是激励和被激励的关系；事业合伙人机制是合伙关系，是相互激励，相互赋能的关系。**有一个企业家表示非常认同我的观点，他说，原来我们也做过股权激励，但是真正要承担责任的时候还是我一个人，大家都是来分钱的，而不是来拼命的。

事业合伙人机制是指我们有一个共同的伟大理想，希望把这个企业打造成为下一个华为、下一个阿里巴巴这样的企业。你有这方面能力，我也有这方面能力，我们为了一个共同的目标走到一起来，肩并肩，手拉手，共同奋斗，这才是真正的合伙人机制。

事业合伙人机制围绕着增量分配的原则。增量分配的原则是合伙人机制的前提，存量是不能分的。它又需要有分工协同为基础，只有分工协同提高了整个产业链条的效率，它才会有增量。人类社会的进步是以产业分工和合作为前提的，产业分工使效率提高了，每个人都做自己最擅长的事情，产生了增量。合伙人机制讲的是增量分配。

举一个简单的例子，我自己干，能赚 2000 万元，你自己干，也能赚 2000 万元，我们一起干的话，如果只产生 4000 万元的利润，早晚有一天要拆伙。

合伙人机制要表达的是，你自己干 2000 万元，我自己干 2000 万元，我们俩加起来能赚 1 亿元，你的 2000 万元还是你的，我的 2000 万元还是我的，这个叫存量，不能动。增加的那 6000 万元，我们按一定比例分配，你占 51%，我占 49%；你占 70%，我占 30%；你占 81%，我占 19%；等等。这样一个明确的交易结构，使每个参与方都能清清楚楚地计算出来通过跟对方的合伙能赚多少钱。

再举个例子，一家企业，希望把自己的销售人员都变成自己的合伙人，让员工不再是打工心态，另外它希望把代理商也变成合伙人，这是很多家企业在应用的标准型的结构，我们称之为“51－34－15”模型。企业控股 51%，因为企业要销售收入并表，这时才能有更大的资本增长的空间。然后再用资本增长的空间去让其他合伙人共同来分享资本的收益，给到自己的渠道伙伴，即代理商 34% 的股权。因为它有了一票否决权，它不用担心我坑它。未来的 34% 的股权采取置换或回购的方式，你做得越大，我给你的上市公司的股票就越多；你做得越小，给你的就越少。如果你能干到 10 亿元，PS 一倍，能干到 30 亿元，PS1. 1 倍，你能干到 50 亿元，PS1. 3 倍，你干得越多，你的股权越值钱。这个时候，不仅仅是我们和渠道伙伴构成合伙关系，我们需要把双方的团队都能够激励起来，于是我们共同拿出 15%，我 51%，它 34%，还有 15%，这 15% 给我和他两家共有的团队。这样我们发现，人员减少了，成本降低了。

为什么人员减少了呢？原来非合伙状态的时候，代理商总是让企业多派出几个人，多投入费用，企业也同样希望代理商多出人员和费用。真正成为合伙人关系的时候会达成一个结果，就是企业不需要派人，他的人才是真正有价值的业务员，而我可能在投入广告方面有优势，这样就使得每个人都在做自己最擅长的事情。分工协同下形成增量的原因就在于此。

第二，事业合伙人机制也不等于资源整合。绝大多数的情况下，没有人愿意被别人整合。但是，很少有人会拒绝别人提供的帮助。你自己干只能赚 2000 万元，现在和别人合作能赚 4000 万元，你会拒绝吗？这就是去中心化的思维方式和利他的思维方式。原来讲整合的时候，总有人以自我为中心，讲获得一个机会去整合一个行业，实际上可以转换为获得一个机会去帮助所有的行业合作伙伴提高盈利能力，最后企业就变成了一个行业的成功企业。所以，不要谈整合，而是谈利他，去帮助别人赚钱，这样最后你也一定会赚钱。

第三，事业合伙人机制不等于利益共享。共识和共担是合伙人机制必不可少的两个决定性的前提条件，很多企业没有重视共识和共担就贸然合伙了，这样早晚有一天会散伙，因为合伙的前提是双方有一个共同的目标和理想。

有这样一个案例，有三个合伙人，是很好的朋友，一起创立了企业。这个企业干得非常好，在最高时候做到了3亿元的销售额，1.8亿元的纯利润。但是后来三个合伙人发生了本质性的分歧，董事长认为，我们有了这么高的利润，应该上市；总裁认为不用上市，每年分点钱就挺好的，上市后会很麻烦；总工认为，上不上市不是关键，公司在这个行业已经做到了70%多的市场份额，已经接近饱和了，应该进入另外一个行业。董事长和总裁全部反对，说我们在这个行业是有技术优势的，换个行业根本没有任何优势。就这样三个人开始争吵，很多核心人才开始离职，导致企业每况愈下，以很低的价格卖了出去。

因此，**合伙之前一定要有共识**。有些人合伙是形成真正的命运共同体，双方的理想是一样的；有些人合伙是为了赚短期利益，这样的人不能放在一个合伙层次上。总之，没有共识的话千万不能合伙，早晚有一天会散伙，而且散伙的代价很大，甚至连朋友都不能做了。

合伙之前还要有共担。为什么合伙人机制必须以共担为前提？最简单的共担就是出钱，好多老板很有情怀，说我愿意送股权给合伙人。我到现在都没发现谁这么做能成功的。没有共担作为前提的时候，不是说他获得了不该获得的价值，最关键的是人性有一个普遍的共同点：大部分人在遇到困难的时候，选择的都是退缩，而企业家在遇到困难的时候选择的是进取，不管任何困难，必须克服它。**没有共担的时候，大部分人想到的是，这个太难了，反正我也没出钱，反正我也没有代价，顶多就是赚不了钱，这事我不干了**。有了共担的因素在里面则是：这件事干不成，这三年就白干了；这件事干不成，这十年就白干了；这件事干不成，可能就倾家荡产了。没办法，硬着头皮也要往前走，和老板一起，肩并肩，手拉手，抱着没有任何困难是不能克服的信念。这就是我们所讲的一定要以共识和共担作为前提。我们要弄清楚利益共同体、事业共同体、命运共同体之间的区别。

二、区分命运共同体、事业共同体、利益共同体

第一，很多企业家越来越意识到这一点：持续增长是企业永恒的主题，想要保证企业的持续增长，决定于企业拥有多少能跟企业志同道合、能像自己一样把公司当成生命一样重要的合伙人才。有的企业家说，我不缺技术，我不缺

产能，我也不缺资本和客户，我缺的就是能像我一样为了企业全心全意奋斗的人才。我的企业拥有几万人，但是真正奋斗的只有我一个人，别人都是打工心态，没有公司立场，没有老板立场。

到底什么样的人能够成为合伙人呢？我的观点是，**不管处在哪个行业，企业发展到哪个阶段，必须要有这四类人才：专业和技术，业务和营销，管理和运营，资本和金融**。尤其是中小企业，这四类人才越齐全，成长速度就越快，这四类人才欠缺的，成长速度就慢。

怎么样使人才能够像老板一样奋斗拼搏呢？有一个机制，我们一直在坚持。我经常给企业讲，不要教育员工为公司奋斗，为老板奋斗，要教育他为自己奋斗。在客观的情况下，大部分人只会为自己奋斗，而不会为了公司和老板奋斗。我们要形成一个什么样的机制呢？我们要承认人是自私的，要让人去为自己奋斗，在一个良好机制的前提下，他在为自己奋斗的同时，也为公司创造价值。即主观为自己，客观为公司创造价值。如果员工一辈子都是自私地为自己奋斗，一辈子也都给公司创造价值，那么他就是无私的。

在 2015 年的时候，我们给自己设计了一套机制。我们从来不教育自己的员工无私，每个人都在为自己奋斗，但是客观上为公司创造了价值，为客户创造了价值。

第二，要改变老板"一个人拉车"的局面，让每个人都成为动车的一个车厢。2013 年的时候，我们曾经给一家企业做一个战略和组织的项目。老板说，说实话我请你们来，我也不知道该做什么。他的公司从 2009 年到 2013 年的增长曲线是这样的：2009 年，只有 3 亿元的规模；2010 年到 2014 年，分别是 6 亿元、12 亿元、36 亿元、94 亿元、196 亿元，赶上了智能手机行业爆发性增长的时代。老板说，我原来认为，我的企业从 3 亿元到 100 亿元规模的时候应该成为一驾马车，我就是那个驾车人，我前面有一群牵马的，他们有做技术的，有做研发的，有做生产的，有做质量的，有做运营的，有做人力资源和资本运作的，有做市场营销的，有做品牌策划的。**等真正到 100 亿元的时候，我发现跟我想的有点差别，我这企业还是像一驾马车，但是我发现我不是那个驾车人，我是前面那匹马，后面坐了一堆驾车人**。原来这架马车的规模很小，重量很轻，我还拉得动，现在 100 亿元的规模了，我拉不动了，我现在每天都在骂人。我跟这位老板讲，骂人是不能解决问题的，最大的问题是，你没有在经营成长的过程当中，培养一批人才，你的员工都是打工心态，虽然对老板的忠诚度很高，但是没有主观能动性。老板想的是，现在规模这么大了，不能天天只听我跟你们说怎么干，你们自己得有主动性地去干。

那一年，我们还没有事业合伙人机制，最终打破我们和他签订的咨询内容，给他推出了一个共同奋斗者计划。通过这个计划，他选出了20多个骨干。原来是关于战略和组织问题的咨询，我们先把机制确定下来。没有机制作为依托，就不可能去讨论战略问题。**先改变机制，再改变文化，最后再讨论战略，这就是中国企业的组织建设的三驾马车，我们也叫事业合伙人机制，奋斗者文化，或是层级性的员工培养计划**。这是很多企业都欠缺的，所以通过合伙人机制，让每节车厢都变成一个动力的来源。

第三，企业在推行事业合伙人机制的时候要注意，不要认为所有的人都是在一个层级上。华夏基石的事业合伙机制遵循三个原则：分利不分权，多层级合伙机制，动态股权机制。这里主要介绍一下前两个原则。

第一个原则，分利不分权是指利益可以分，权利不能分。我本人只有百分之八点几的股权，但是我有公司的投票权，合伙人机制的结构是稳健的。我们也有淘汰机制，2/3的合伙人认为某一个合伙人不行的时候，他就会被淘汰，所以合伙人必须得努力奋斗。

第二个原则，多层级合伙机制。这个机制一定是按照不同的群体的需求，按照事业共同体、利益共同体形成的。

这里介绍一个颠覆性创新的中小企业的事业合伙机制设计历程。面对这家公司，当时我们研究的一个问题是，到底颠覆性创新是不是可以组织化？最后我们研究的结果是，颠覆性创新在中国目前的文化环境下，很难组织化。我们把这家公司的业务区分成了三个不同发展阶段的业务形态，比如说，有些业务还处在0—1的阶段，在这个阶段，不能通过组织化的方式来完成。创新型业务可通过公司的三个一级合伙人，就是那三个人，一个运作资本的，另一个负责技术的，还有一个是做营销的，来带队完成的。这个业务不是通过下面的中层人员做，因为中层人员没有商业直觉，没有全力投入的心态。往往这种小业务阶段，它要求有赌博的心态。职业经理人是不敢全力投入的，只有老板才敢去做决定。当这个阶段的业务从A级发展到B级的时候，我们称为成长型业务阶段，这个时候，用的就不再只是这三个人了，而是按照每个业务单元去配置一个完整的合伙人结构，按照专业和技术，业务和营销，管理和运营，资本和金融，分为4~5个合伙人，资本和证券财务方面的合伙人，管理方面的合伙人，营销方面的合伙人，技术方面的合伙人，这四个人再加一个总经理。这家企业定的标准很简单，一把手拿到 30%，剩下这四人拿 50%，还有 20% 留给基层的骨干人员。一把手拿 30%，另外 4 ~ 5 人一共拿到 50%，平均每人拿到 10%，另外 30 ~ 50 人只拿走 20% 的股权。这个结构是实践当中我们认为效果最好的一个结构。一把手先拿走最大的一部分，因为他要肩负责任，如果没有足够的激励空间，他不会真正地去扛这个责任。

再到成熟业务阶段的时候，即 10 ~ N 阶段，这个时候就不能仅仅依靠合伙人，而是要依靠一个完整的组织功能，来完成整个组织进程，这样就把公司打造成为一个不再是这三个合伙人创立的企业，而是由几十个甚至上百个人形成的合伙机制。

三、合伙人机制的目的——实现 7 个转变

整个合伙机制我们希望达到的是什么目的？就是我希望将每个人都从花别人的钱给别人办事，变成花自己的钱给自己办事。花自己的钱给自己办事，效率是最高的。花别人的钱，给别人办事，效率最低，花自己的钱给别人办事那是圣人，花别人的钱给自己办事那是腐败。

绝大多数的非合伙人机制的企业，员工和老板之间，员工就是花别人的钱给别人办事。员工花公司的钱，给公司办事，效率自然低。那么怎么把利益不一致变成利益一致呢？什么叫利益不一致？老板和员工之间利益永远是不一致的，老板想的是，给员工的工资最好低一点，活最好多干一点；员工想的是，工资最好高一点，活最好少干点。这是天然的利益不一致，劳资矛盾永远是不可调和的矛盾。

有一家企业做计划预算，老板认识到一个问题，说，整个 2018 年是一个攻坚年，原来我们都是自上而下做预算，因为每年自上而下做预算，没有一年完成过，今年干脆各个事业部能完成多少，就完成多少。结果各个事业部把预算提交上来，毛利 2.5 亿元，费用 2.7 亿元。总裁给董事会做报告，老板很生气，把总裁批评了一顿，这种预算你还往董事会报。

老板看了看分析，今年确实是比较艰难的一年，他很郁闷，要亲自和每一个事业部过预算。通知一发下去，各个事业部很重视，给老板讲今年业务艰难需要招人，需要涨工资，言之凿凿，老板听了也深以为是。结果后来各个事业部的预算报上来后，发现毛利还是 2.5 亿元，费用变成了 3.7 亿元，老板说那

就更没法干了。为什么会造成这种结果呢？不管用什么样的预算方法，仍然是在花别人的钱给别人办事，各事业部想的是，费用高点，这样我的空间大些，反正最后我拿的是年薪，今年经营压力比较大，我认为这个问题解决不了。这家企业该怎么解决这个问题？我们用了一个简单的方式。

我按照每个事业部和公司的战略相关性的程度，划分成了四个象限，每个象限给予了 20% ~40% 不等的股权。然后我给了一个机制，按照 10 个人的事业部，给了事业部虚拟股权。如果未来几年能持续做到 1000 万元的利润，我就按照 6 倍的 PE 估值去回购事业部的 20% 的股权；如果做到 2000 万元的利润，我按照 8 倍回购；做到 5000 万元，我按照 10 倍回购，就这么一个简单的方法。把这个机制公布完以后，我再找到事业部经理，问他还需要招人吗？他回答，千万不能再招人了，现在人已经很多了，老板不了解实际情况，我是最了解实际情况的，有两个人是不干活的，把这两个人砍掉，我们 8 个人加加班就能干完。我问那你看能不能给大家加点工资，他说不能再加工资了。为什么会发生这样的情况呢，是人性改变了吗？跟人性没有关系，是机制起到了作用。原来他花公司多少钱也没花他自己的一分；他现在有 20% 的股权，就意味着他现在每花公司 100 万元的费用，他个人减少了 120 万元的股票收益。最后引导出的机制就是，谁敢花我钱不给我干活，我就跟谁拼命。老板也是谁敢花我钱不给我干活，我就跟谁拼命。这样就把利益的不一致性，转变成为利益的一致性。

这个模式不一定在所有的企业都能成功，这里有很多操作细节。我主要想讲一个道理给大家，即**能用机制解决的问题一定要用机制去解决**，机制没有成本，只是用增量分享的机制进行增量分配；管理是有管理成本的，甚至有些事不是用管理就能解决的，就像刚才的企业，开了那么多次会议，没办法解决，就用一个机制，把所有问题全解决了。

合伙机制完成的一个标志是完成七个转变：把老板一个人奋斗变成一个团队奋斗；把单独作战变成抱团作战；把单打独斗变成 1 + 1 + 1 = 111；把员工变成老板；把职业经理人变成创业者；把利益共同体变成事业共同体；把搭便车的人变成奋斗者。这就是我们希望合伙人机制达到的目标。

四、动态股权机制：让搭便车的人变为奋斗者

（一）什么叫搭便车？

比如说，这个人拿了 2% 的股权，那个人也拿了 2% 的股权，这个人没有

做任何贡献，那个人贡献很大，公司成功了，大家跟着公司一起分享股权带来的激励。我所知道的一家上市公司，在上市之前为了完善技术能力，引入一位大学教授，给了5%的股权，后来这个教授自己做业务板块，没有做成。但是这家公司由于老业务的持续增长，达到了上市的要求，完成了A股上市。上市一年之后，有一天，这个大学教授，也是这家公司的董事，到老板的办公室提出，能不能把自己的董事和高管职位免去，老板还苦苦劝慰了一番。实际上大学教授的意思是“公司现在的市值是5亿元左右，你把我的职位免掉，我减持掉我的股份，我要去美国定居了”。这就是搭便车，他对公司没有实质贡献。

为什么会产生这样的情况呢？因为这是一个静态的股权机制。而我所强调的**华夏基石倡导的事业合伙人机制有三个原则：分利不分权，多层级合伙机制，动态股权机制。**

华夏基石动态股权机制的第一个客户不是别人，是华夏基石自己。当年创业的时候，我们12个合伙创始人，为了研究未来的创新业务，去美国考察学习。当我们到苹果公司的时候，看到石碑上乔布斯的那句话：“我要改变世界。”那句话给了我们很大的触动，我们立下了一个共同的誓言“我们要改变中国咨询行业，从短期的低效的不负责任的咨询变成真正能够和企业共担共创共享的咨询方式”。回国以后，研讨战略之前我们先确立机制。搞不明白机制别的都无从谈起，因为人是会变的，而机制可以确定下来。在利益无穷大的情况下，任何人性都经不起检验，是靠不住的，这是个很现实的问题。这样就产生了我们的机制模式。

（二）什么是动态股权机制？

举个例子，假设我跟你是合伙人，我们有一个目标，你给公司干5000万元的业绩，我给公司干5000万元的业绩，如果我们俩都完成了各自的5000万元，我们的股权就是50%对50%，第一年正好是你5000万元，我5000万元。到第二年的时候，你给公司干了1亿元，我由于个人的原因，没有给公司创造任何的业绩，你两年加起来是1.5亿元，我两年加起来是5000万元，那么你的50%的股权就上升到75%，我的股权就下降到25%，就是这样的一套机制。

这套机制做完以后大家都表示认可，说这样做在未来我们就可以让贡献多的人才都能进得来。人才进不来的原因往往是前面的股东把股权占完了，晚进来的人没有分配空间，这就对吸纳真正优秀的人才形成阻碍。动态股权机制可以不断引入新的人才。未来某一天，我们 12 个创始合伙人，如果股权被稀释到一定的比例，按照规定，会被自动退出一级合伙人的岗位，但是到那个时候，因为有越来越多的比我们更优秀的人进入华夏基石，我们一定会靠这套机制成就一个百年企业。

对于优秀人才来说，是通过动态的方式，谁做的贡献越多，股权就增长得越多，增长到一定程度的时候，他可以进入一级合伙人的团队。一级合伙人的股权在不断地稀释，稀释到一定的程度，如果总不对公司作贡献，就会被淘汰出一级合伙人团队。这就是我们的动态股权机制。

一个机制能够改变一群散漫的人，让一群散漫的人变成奋斗者。能用机制解决的问题就不要用管理手段来解决，有些问题用管理手段是解决不了的。

五、合伙文化是一个去中心化的文化

中小企业组织建设的三驾马车是：合伙机制、奋斗者文化、团队建设。先要有合伙机制，然后再有奋斗者文化，再有团队建设。合伙机制能解决的是意愿的问题，但是它解决不了能力的问题，有意愿没有能力也不行。合伙机制有了，有意愿了，可以推行雏鹰计划、雄鹰计划、大鹏计划。雏鹰计划培养管培生，这是下一代合伙人的苗子；雄鹰计划培养中层管理班子；大鹏计划培养合伙人，让所有的合伙人能像老板一样思考，像老板一样为公司创造价值。培养计划主要分成商业伦理、资本运作、管理和运营，给中层干部赋能。

合伙机制除机制以外，要有合伙文化。

2017 年 11 月 11 日，上海的一家上市公司实行了合伙机制，当时老板跟我讲，他说，你看动态合伙机制也形成了，这个模式很好，每个人的股权比例也分了，是不是该每个人签字了？我说不能签字，大家还没有完成一个共识的过程，即到底要做成一个什么样的公司。他说那就开会，我说开会不能在公司开，因为合伙文化是一个去中心化的文化。公司里有会议的时候，一般都是老板在那儿讲，员工在点头，其实想的都是别的事，这是典型的中心化的方式。去中心化是让每一个人都能变成老板这样的角色，每个人都能把自己的贡献、自己的想法表达出来。老板说那就选个地方，我建议最好找个山清水秀有革命意义的地方，后来就在南湖边的一个酒店开了合伙人第一次代表大会。

大会开始的时候老板在上面讲，所有的人都点头，大家以为老板讲完之后，每个人签字就完事了。我提议，既然今天大家都成了合伙人，每个人都要发言。发言一开始，研发总监和运营总监说得很官方，直到第三个发言人（营销总监）的时候，他说："今天咱们也不在公司，也不是管理层的会议，是不是让说真话？"我说当然要说真话，老板也说："有什么都讲，我们现在不是上下级关系，是合伙人关系，今天开的是合伙人会议。"于是他说："张老师，首先讲你们，你们写的合伙人章程，就是一锅白开水，根本没有找到我们公司的根本问题在哪里。我们公司这么多年业绩虽然是在增长，但是一直没有达到增长的预期，是我们的技术不行吗？是我们的奋斗精神不够吗？不是。最大的问题在我看来是各个部门各自为战，自扫门前雪，对损害公司利益的行为视而不见。林总领导的研发我不是不知道，有几个人在干私活，他们干私活影响了大家的情绪。但是我为什么不报告？我的性格是不愿意打小报告，今天既然我们都变成合伙人了，我觉得应该增加一条：所有合伙人不但自己要廉洁奉公，不能有贪污腐败和损害公司利益的行为，还要努力杜绝那些损害公司利益的行为，如果对此视而不见，也要被淘汰出合伙人队伍。"他在说的同时所有的高管都在点头，这时候我提议让大家一人一票，投票决定。

结果是，公司 10 个一级合伙人，共同表决要把杜绝损害公司利益的行为写进公司章程里的十大高压线。从那时候开始，会场的气氛开始活跃了，每个合伙人都表达了自己对于公司所存在问题以及自身所存在问题的批判，平时不好意思讲的也都开诚布公地讲了出来。记得当时有个高管对另外一位高管说："我个人和你个人之间，可能永远不会成为朋友，但是我们在这个事业当中，你也是奔这个事业来的，我也是奔这个事业来的，咱俩必须合作。咱俩可以没有私交，但是咱们得在工作上变成同志加兄弟一样的感情。"最后，经过了 16 次修改，终于把合伙人章程确定了下来。所有的人都说："这个章程不是华夏基石给我们写的，是我们自己写的。"就像当年我们做华为集团的《华为基本法》一样，华为所有的人都认为，《华为基本法》不是人大的教授写的，是他们自己写的。这才真正达到了我们想要达到的目的。所以，合伙人机制不是一个简单的分配股权的问题，那叫股权激励，不叫合伙机制构建，合伙机制构建是需要把人的因素考虑到里面的。当天晚上，所有的人上台一起照相，每个人都拿着稿宣誓："我志愿加入某某企业一级合伙人，坚决拥护公司三大行为纲领，坚决反对触犯公司十大高压线的行为，我们约定五年的保密期。"

把这个机制做完以后，后来虽然整个行业都在萎缩，这家企业第一次复合增长率却突破了本公司历史上最高。老板也发现，现在不是自己一个人在奋斗了。原来所有的高管在老板面前，老板说什么就是什么，没有主观能动性，也不愿意为结果负责，这是职业经理人的状态，合伙人的状态不是这样的，老板说怎么办，合伙人会跟老板一起分析，说出自己对这个问题的观点，这个时候才真正地把企业的责任扛在了自己的肩上。

六、成为合伙人的基础条件：志同道合、合作与共享、资源与能力

共担、共创、共享，这三个条件是公司对合伙人的基本要求。华夏基石合伙人强调三点：志同道合、合作与共享、资源与能力。

第一，志同道合，要有共同的价值观。华夏基石的价值观是“为客户创造价值，与客户共同成长”。我能给客户赚 100 亿元，我就拿 1 亿元；我能给客户赚 10 亿元，我就拿 1000 万元；我能给客户赚 1000 万元，我只拿 10 万元；我只能给别人赚 10 万元，就别拿了，当作朋友给人家作贡献好了。这个是我们跟别人的区别，也是我们经营的价值观，一定是在给客户创造价值的过程当中，去共享别人的价值。这和原来的传统咨询是不一样的。传统咨询是不管你经营好不好，我该收多少咨询费就收多少咨询费，这是低效、不负责任的。

第二，合作与共享。在我们公司有这样一个规定，如果某一个合伙人认为，在做一个项目的时候，自己就能把一个项目所有工作都做下来，那么，他得离开我们的团队。因为任何一个人水平再高，一天也只有 24 小时，一天工作也不可能超过 20 小时，如果所有的事情都自己干的话，他不能给别人创造价值。我们是抱团作战、抱团打天下的方式，每个人都要做自己最擅长的事。比如我不擅长做文化的事，关于文化，陈明老师和何屹老师都比我更懂，一定要交给他们去做。反之，如果一个人自己能干所有的事，他不能给团队创造价值，团队也不可能给他创造价值。

第三，资源与能力。在我们公司，面试的时候，我有一个原则，凡是想成为合伙人，我就是一把尺子，我只跟比我强的人合作。一个人得有一方面比我水平高，这时候我才愿意跟他合作。记得有一次面试，面试人员说，我战略、咨询的能力比较强，我说那你谈谈，谈了后发现他不如我；他接着说，我组织方面比较强，我说那你谈谈组织结构，谈谈对平台 + 分布式的理解，谈了后发

现他这方面依然不如我了解；谈人力资源，他没有我强，资本运作，也没有我强；最后他说，我学习能力比你强，我说那么等你学习到比我强的时候，你再申请加入我们的合伙人。所以，想成为华夏基石的合伙人，要经过一系列非常严格的考验，你必须得在某一个专长上有比现有伙伴强的地方，才能变成合伙人。这就是对资源与能力的要求。

这是我们公司对于合伙人的要求。希望每个企业都要有一个标准，因为没有标准的话就会变成人治。人治是中心化的，只要是中心化，就不可能把员工变成像老板一样的奋斗者，一定要有一个标准，我们可以拿尺子去丈量谁能够成为合伙人，谁不能成为合伙人。

七、事业合伙人机制股权激励的优势——实效性

传统股权激励的弊端是，可能今年我什么也没干，公司的股票也不一定跌了。既然我努力与不努力，和公司的股票涨跌没有直接关系，我为什么要努力呢？这是绝大多数上市公司开始反思的问题，就是股权激励，为什么没有起到激励性效果？因为你在用一个本身就不确定的业绩和另外一个不确定性的市场，形成一个匹配，最后导致一个结果：这些员工不是有了股票以后就积极工作，而是天天盯着股票看，今天一个涨停板大家很高兴，明天一个跌停板大家很沮丧，最想见的人不是研发，不是客户，而是董秘。“李总，今年咱们有没有市值维护计划啊？今年咱们股票又跌了，有没有救市的措施啊？咱们的股票什么时候能套现一部分呢？”就是不问研发到底该怎么样，这就是激励和贡献没有相关性。

再从实践的角度来看，**事业合伙人机制的股权激励方式和直接给员工上市公司的股票相比，它的激励效应要高得多。**为什么呢？在这种激励模式下，它跟这公司股票涨跌没有任何的关系。股票涨，也是这个倍数；股票跌，也是这个倍数，到底这20%值多少钱，只跟一个因素有关，即在公司干成的业绩。所以，用这个方式替代股权激励的方式以后，员工对自己的业绩更加关注了。这种方式，创造了一个“内部的股权交易市场”，是通过一个相对恒定的，但相对比较低的市盈率倍数，给到团队，相当于在公司内部完成了“上市”，你们变成上市公司的股东，你们跟着自己的业绩来走。上市公司的股票涨跌跟你们没直接关系。从实践上看，这个时候激励效果更具有实效性（见图1）。

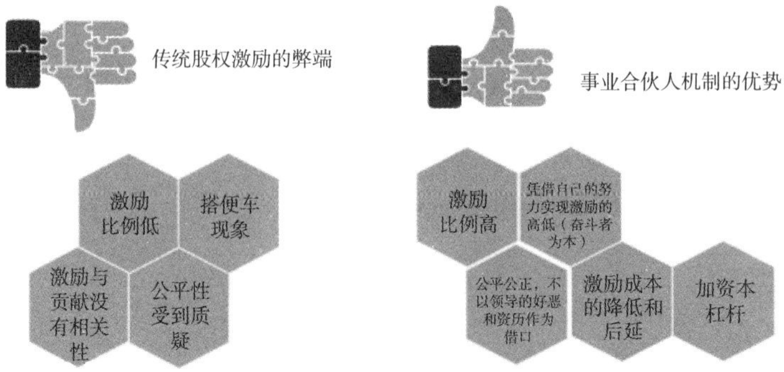

图 1　事业合伙人机制在股权激励上的应用

八、事业合伙人机制构建的八个核心体会

第一，志同道合是合伙机制组织的前提。没有志同道合，就没有合伙机制。没有志同道合，不是“合伙人”，而是“一伙人”。

第二，只有有增量，才有增量的分配空间。所以合伙机制的第二个关键问题是如何产生增量。合了伙，最后发现业绩没增长，没增量，再合伙也没有用。

第三，能力和意愿是两个缺一不可的条件，有能力没意愿，有意愿没能力都不行。

第四，合伙机制不是一个分配机制，而是一个激励机制。有的企业是员工稀里糊涂地拿到了股权，老板稀里糊涂地把股权分掉了，没有起到实际的激励效果。

第五，不要希望给某些人一个机制，他们就能够成为合伙人。合伙人找好了，机制才会起作用；合伙人没有找好，什么机制也起不到作用。**一定要根据人的能力和意愿，配置相关的机制，而不是给了机制，他们就能变成合伙人。**

第六，是否愿意成为合伙人和境界、品德、事业心没有任何的关系。不要把这些相挂钩，不然最后一些不合适的人成为合伙人，反而把真正的合伙人稀释掉了。

第七，一定是先有一流的机制，才会有一流的人才、一流的业绩、更一流的机制，从而形成良性循环。没做起来的企业全都是希望先有一流的人才，认为等人才到位了再给人才一流的机制，最后发现人才永远不能到位。

第八，由于有动态机制存在，任何时候推行合伙机制都是最好的，因为它强调动态调整。有的企业一开始就导入合伙机制，有的企业是做到一定的规模才导入合伙机制。只要是动态机制，什么时候做都是合适的。先筑巢再引凤，即使是一开始没有人，也可以先做出一个合伙机制，拿这个机制去对标、招人和撬动内部的人才。

第九，不要希望给到所有的人都是合适的，不要太追求完美，根据我的经验来看，能给对50%的人已经是高手了，另外50%的人给错了也无妨。因为有动态机制存在，如果合伙人没有给公司创造价值，股权可以再收回来，这样不断更替，用3~5年的时间，企业就能真正变成一个有价值的企业。

上市公司如何用好事业合伙人机制

陆志庆

一、上市公司为什么更需要事业合伙人机制

第一，持续增长是企业永恒的主题，发展是硬道理。不管是内延式发展还是外延式发展，都需要人才体系的支撑。从某种程度来看，上市公司拥有多少核心人才，就能驾驭多大的经营规模。我曾专门对 A 股的上市公司进行过研究，发现有很多上市公司，上市后多年一直没办法突破市值百亿元的门槛。公司上市后，不会缺少资金、市场资源或政府资源，但是他们为什么大多没有抓住并购、完善产业链的机会，突破百亿元市值？经过分析，发现这类上市公司有特点，它们的高管和重要的核心团队在上市前后没有发生大的变化，即没有引入人才。因此这些上市公司没有在内延式发展或者外延式发展的过程中真正抓住机会。市值千亿级的公司更需要一大批的人才，需要在整个产业链层面、产业生态层面进行人才与资源的整合，才有可能突破千亿元的市值。

第二，上市公司的发展，不是把人招进来，组合到一起，就能马上形成战斗力，形成良好的互动，而是需要良好的机制，把团队中每个人的奋斗动能都激发出来，产生正向的效果。形成共识，进行分工协同，分享收益，就是事业合伙人机制的本质。

第三，我们观察到，很多上市公司实际上还是老板自己在拉车。比如，下班后所有的高管开始做工作以外的事情，整个办公室里面只有老板或者老板的亲戚朋友为了工作熬到凌晨。这样的工作方式类似于老式火车，火车头拉着十几节车厢，是跑不快的。相反，高铁每一节车厢都有动力，速度能达到每小时 200～300 千米。在公司里也是一样，要给每一节车厢都装上发动机，才能跑得快。

第四，现在大部分的上市公司都会通过并购做外延式发展，这种举措加剧

了人才困境。什么是人才困境？第一种情况，并购后，上市公司需要派出相应的核心团队做好被并购公司的管理，我们认为需要经营团队、财务、人力三驾马车，即至少有三个关键人才进入被并购公司里，才能让被并购公司逐步地融入上市公司的体系。第二种情况，上市公司派驻的团队与被并购公司原来的经营团队发生矛盾和冲突，无法形成协同效应和分享，造成一系列的经营风险和财务风险，没有达到并购目的。数据显示，A 股上市公司并购后，90% 都没有达到预期，仅 50% 以下能够盈利。

第五，上市公司的发展必然是从对企业的经营转变到对产业的经营，整合产业要素。一般来说，产业要素主要是指上游供应商，下游代理商或者经销商，与行业相关的科研机构、金融机构、政府等。如果企业把他们整合到体系中，形成长板效应，那么就可以得到共赢的结果。产业经营最大的问题在于，企业要整合产业经营要素，就会带来大量财务风险与经营风险。如果用合伙人机制来整合这些要素，把他们变成合伙人，形成产业生态，相对来说效率更高、风险更低。

第六，上市公司有各种各样的激励方法，如限制性股票激励、员工持股计划、期权计划等，但是由于 A 股监管的原因，使用这些方法存在很多限制条件，容易让激励变成“搭便车”，另外激励效果也比较低，公平性无法保障。事业合伙人机制的特点在于，分层级机制和动态机制，类似于对赌机制，其本质是如何解决这些问题。事业合伙人机制在设计和落地的过程中都坚持增量分配的原则，大家分享的一定是大家一起共同创造出来的增量。在这样的方式下，不会出现“搭便车”现象或者激励效果及公平性无法保障的问题。

第七，时代的机遇实际上包括政策释放、资本市场变化、技术进步等，加速了从资本合作向智力合作的转变速度，加速了巨头的产生。过去十年，诞生了华为、腾讯、阿里巴巴这种国际巨头。**这些企业看似资本的融合，本质上实际是汇聚了一批高级知识分子。我们认为，未来在各种产业要素的综合作用下，将会出现更多的以人为核心的产业巨头。**

事业合伙人制度可以与上市公司证券化的优势充分结合，与非上市公司相比，上市公司的优势不是在资本市场上融资，而是公开市场认可的价值，这种认可会反映在股价上。公开市场强化了上市公司的价值。另外，A 股上市公司的估值相对较高。

比如某个行业的上市公司的 PE 倍数是 20，那么未上市公司的 PE 倍数可能只有 10，这是做产业整合的利器，也是证券化的优势。上市公司的市值还来自业务持续增长。上市公司给大家分期权，或者员工持股计划分配，甚至是股票增值权，实际上都是来自大家对未来股票增长的预期，是来自业务的持续增长。通过“花未来的钱办现在的事”，用未来可以支付的股权类的激励，来激励大家现在来做好业绩，是事业合伙人制度与上市公司结合的最重要的点。

以上简单介绍了上市公司为什么要做事业合伙人机制。那么做完了事业合伙人机制，能够形成什么样的变化？我们在过去的经验中总结出来了几个转变：把老板个人奋斗变成团队奋斗，把独立作战变成大家抱团作战，把各种稀缺能力单打独斗变成 1 + 1 + 1 = 111，把员工心态变成老板心态，把职业经理人从打工者变成创业者，把利益共同体变成事业共同体和命运共同体。利益共同体是短期的，博弈的，零和交易的，而事业共同体和命运共同体是长期的，增量的，搭车人被动、奋斗者主动地释放正能量，这是事业合伙人机制形成后的几个转变。

二、事业合伙人机制本质是一种分工协同机制

长板理论。过去经常讲要补短板，没有错，但是短板理论是在独立的封闭的体系里面，要求内部人把所有的事搞都搞定。但是在全球化、互联网化、市场化的浪潮中，我们更推崇长板理论，把自己的长项，比如，技术、市场、产能资源，发挥到极致，形成不可或缺的稀缺品，用自己长板和别人的长板合作。举个例子，富士康在生产方面最厉害，苹果在设计方面最厉害，这是他们自己的长板，而他们通过合作最终形成更大的木桶，装更多的水，并且根据一定的分配机制进行价值的共享。企业要构建产业生态，才能获得这种价值。但是不是把所有的板放在一起，就能成为大木桶。

究竟什么是事业合伙人机制？第一，合伙人机制不是股权激励，不是简单地用股权激励大家。第二，合伙人机制不是资源整合。第三，合伙人机制不是简单的利益共享，不是单纯地给大家分钱。

合伙人机制是基于互联网思维和产业生态思维，将资本、技术等价值创造要素融合，实现合作共赢，共识共担，共创共享的一种分工协同机制。所以事业合伙人机制本质是一种分工协同机制，它的特点是互联网思维、产业生态思维，是实现共赢，然后共识共担，共创共享。

要形成事业合伙人机制，首先要形成共识，要共同承担风险和挑战，共同

创造价值，在此过程中分工协同，以及在共享的时候按照分配机制进行分配，以上核心理念层面要有共识。其次要有适合的人。适合的人有三个标准，志同道合，合作与共享，在资源和能力上匹配，这是三个重要的标准。

上市公司事业合伙人机制的架构模型。中间是上市公司，上市公司上面构架的一级合伙人平台，这些合伙人对整个上市公司的生产经营战略等承担完整责任。在上市公司下面，通常会有不同的业务线，针对不同的业务线构建不同的二级合伙人平台，实际上是根据每个业务线创作的价值进行估值。估值来源于利润、销售额、客户数、内部专利等。

在不同的行业里面有不同估值的方法和逻辑，比如，某个子公司业务线上做到一定程度，如果他们占了 20% 的股权，估值已经有 2 亿元，这 20% 就值 4000 万元，我们可以在协议里面进行约定，在一定的时间通过换股或者是现金回购的方式，对这些人进行资本化的兑现，这是上市公司最简单的架构和模型。华夏基石认为任何企业或生态要做大，至少要在这 4 个方面进行这样的整合。第一是专业和技术的整合，第二是市场和业务的整合，第三是管理和运营能力的整合，第四是资本的结合。对于上市公司来说，这 4 个方面都是不可或缺的。

三、上市公司事业合伙人机制设计实操

案例部分大概是分成三块，第一块是有两个上市公司事业合伙人的顶层设计；第二块是用上市公司的一级合伙人案例给大家介绍一级合伙人的机制的特点，通常如何操作；第三块是上市公司的二级合伙人，即子公司的合伙人，也叫板块合伙人的案例分享。

顶层设计的第一个案例（见图 1），是一家通信领域的上市公司，它当前有三个主要的业务板块，我们根据公司的实际情况，构建了三级的合伙人架构。一级合伙人持有实股，是能够跟老板，即上市公司的实际控制人坐在一起开会讨论问题的人。二级合伙人，也叫事业部合伙人或者子公司合伙人或者板块合伙人，有人持有虚拟股，有人实际持股，这是根据不同的业务情况做出的区分。

前两个板块是老业务，已经发展到一定程度，有一定规模，现在资产已经比较大，大家不适合持有实际的股权。二级合伙人对板块的经营承担责任。第三板块是和业务形态有关系的，所有的通信企业的主要的销售对象都是区域的通信运营商。三级合伙人，也叫区域合伙人，这里面有复杂的结构，这些人持有虚拟股权，分享相应的经营收益，以及未来跟股权相关的一些设计和安排。

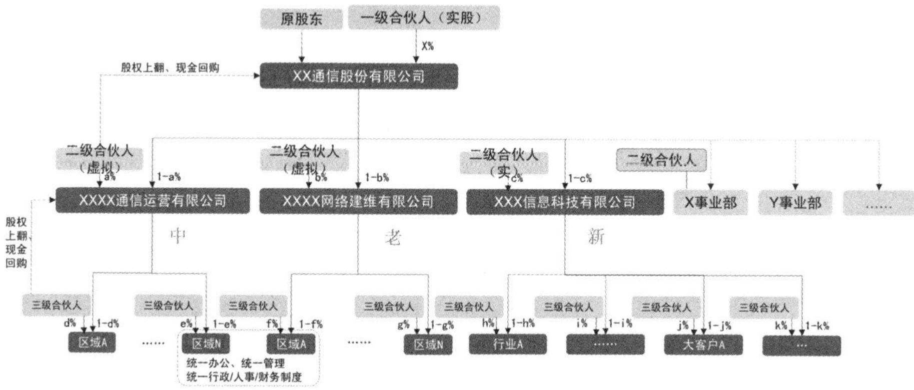

图 1　顶层设计案例一

顶层设计的第二个案例（见图 2），是一家水利行业的上市公司，与案例一不同，这里虽然也搭建了三层合伙人，但实际上是两层，它的一级合伙人是用虚拟方式做的平台。这与上市公司原有股权结构有关，是因为原有股权相对分散，没办法再拿出一大块给一级合伙人做实际股，所以就做了一个总体经营、收益分享的机制作为一级合伙人的平台，但是其收益还是与上市公司的整体经营情况相关的。一级合伙人的贡献点还是在于战略的规划及执行、投资的决策、融资实施与管理、资产管理、板块、核心团队的构建以及机制的设计及落地。

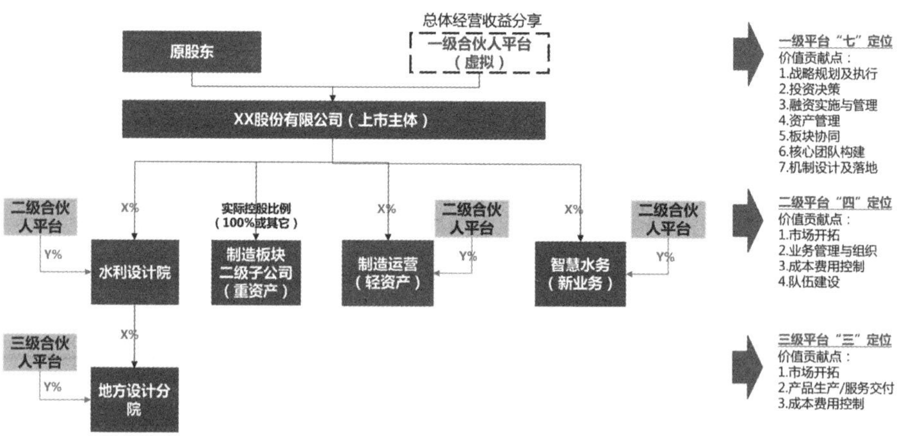

图 2　顶层设计案例二

二级合伙人与案例一中的二级合伙人有点类似，是不同的板块的业务。二级合伙人里面有制造板块，无法用重资产的思路做合伙人，就用轻资产公司对它进行价值贡献估值及分配。不同层级的人，价值创造不同，承担的风险不同，因此相应的机制不同。

华夏基石做了很多的上市公司咨询，没有一家公司的设计完全一样，都需要考虑上市公司的股权情况、实际经营情况、资金情况、行业情况。所以每个项目中，上市公司都必须首先考虑顶层设计，做几层，分别激励哪些人，用什么方式实现。

下面进入一级合伙人平台的构建。案例是一家制造业上市公司。在专业与技术方面，三个到四个技术人才持有 10% 的股权。在业务与发展方面，五个到六个营销人才持有 15% 的股权。在管理方面，一个到两个管理人才持有 5% 的股权。在金融方面，是一个到两个金融人才持有 9% 的股权，实际控制人持有 51% 的股权。

一级合伙人主要做购买上市公司股权、发基金、投资产业项目、投资产品的项目。这是上市公司的一级合伙人平台的架构，相当于把顶层设计里面的一级合伙人平台放大。

我们对四个类别的一级合伙人的要素有什么需求？第一，在专业和技术方面，合伙人必须能够独立做好技术路线规划、技术资源组织、投资和收购企业的技术整合、核心技术的研究和开发。第二，业务营销方面的一级合伙人能做市场规划、营销策略、市场和营销团队的结合优化、打胜仗。第三，管理和运营方面的一级合伙人能够做公司和子公司的运营管理、构建管理体系、带领团队做流程制度。第四，资本金融方面的一级合伙人能够独立做资本平台、投资平台、产业基金、上市公司的资本运作。如果上市公司的高管团队不能符合这些标准，这家上市公司存在“瘸腿”的情况，可能跑不快或者在跑的过程中产生一些问题。

这个案例，通过战略任务及路线图的管理来进行股权分配。这是一家零售超市的战略目标。对 11 个目标进行分解，不同的目标由不同的人完成。从战略任务的维度进行股权的分配，也是在一些行业里面用的比较好的。一级合伙人是一种事业共同体和命运共同体，事业合伙人的机制不是仅仅是制度，它是制度跟文化的结合，体现最明显的是事业合伙人的章程，这通常是企业合伙人机制里面的核心文件。

事业合伙人章程里有些内容偏重于制度层面，比如，法律架构、决策机制及事务的执行、权利责任和义务等，也有合伙人的标准和纲领偏重于文化的部分。这些章程需要所有的合伙人一起讨论，形成共识，最后签字。

要成为事业合伙人，必须要按照相关描述来规范自己的行为，比如，具有大局意识和战略性思维，局部利益要服从整体利益，对合伙人的要求非常高，合伙人必须对自己严格要求，成为表率。

简单总结一下，**一级合伙人经营上市公司作为核心的产业生态的内部共性的结构，核心是要追求长期发展和长期的收益，而不是以短期收益为核心诉求。**

很多企业的高管认为，这样的结构设计没办法卖股票套现。其实这个结构设计出来就不是让高管三年就能股票变现的，但是也不会让高管拿不到钱，这是持续的、长期的激励，将经营收益的一部分分配给高管，另一部分投入到更大的事业里面。一级合伙人是“共产主义者”，他们秉承“共产主义思维”，为“共产主义事业”长期贡献。

我们可以通过案例展开理解二级合伙人，这个案例是一家做饲料的企业。对于大部分企业来说，营销是重点，这家企业也不例外。我们以营销作为重点，根据不同的饲料类别设计机制。每个饲料公司有相应的团队负责人，还有技术、产品、营销总负责人等，从公司体系内的生产基地采购饲料，加价卖给客户，形成销售公司，上市公司承诺以一定的 PE 倍数进行激励。方案落地后，销售公司年化增长很大，效果非常好。

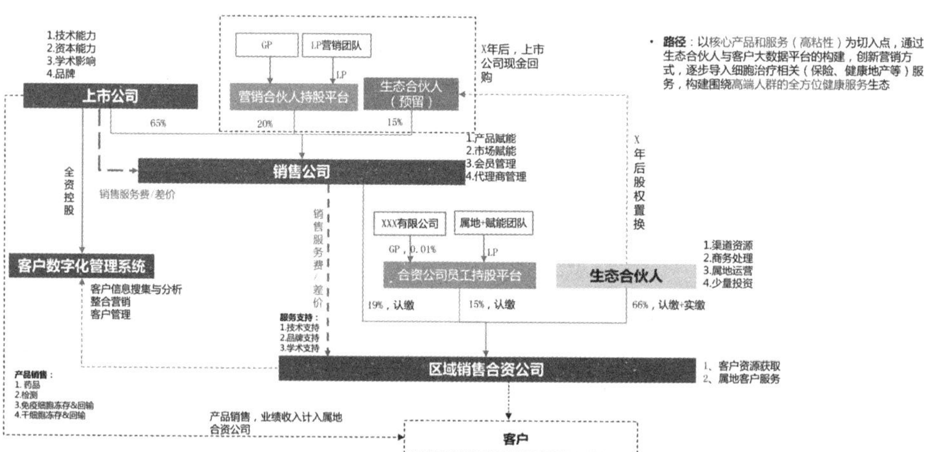

图 3　上市公司营销子公司 + 生态合伙人模式

第二个案例，是一家大健康公司的营销和上个案例的模式不一样，有高科技企业的性质。这家上市公司体现了他的技术能力、资本能力、影响和品牌，是综合的能力。我们给它设计的是销售公司单独拿出来，上市公司只占65%的股权，另外30%的股权分成两半，分别给销售公司的营销团队和高管，剩下5%预留给未来的生态合伙人。

这样的上市公司提供的是技术能力、资本能力、学术产品。销售公司做产品储能、市场储能、资源管理、代理商管理，等等，是对于下级区域公司的管理。生态合伙人是做渠道资源，处理商户的，手里面有大量的投资。除了讲的销售公司和区域销售公司的利润的安排以外，还要花钱出资建立客户数字化的管理系统，把所有的客户信息收集与分析进整合营销和客户管理。

这样的生态，核心产品和服务都是高黏性的。生态合伙人客户大数据平台的构建，创新了营销方式，可以逐步的导入相关的产品和服务，围绕高端人群全方位健康构建生态，做了长期的生意和长期的工作。

与之配套的，销售公司要有战略目标，内部合伙人要确定销售收入、利润、活跃用户及高净值客户数等指标。分析销售公司所需要的资源，设定建议分配比例，同时要做好人员甄选、评估和任用建议，这里不做赘述（见图4）。

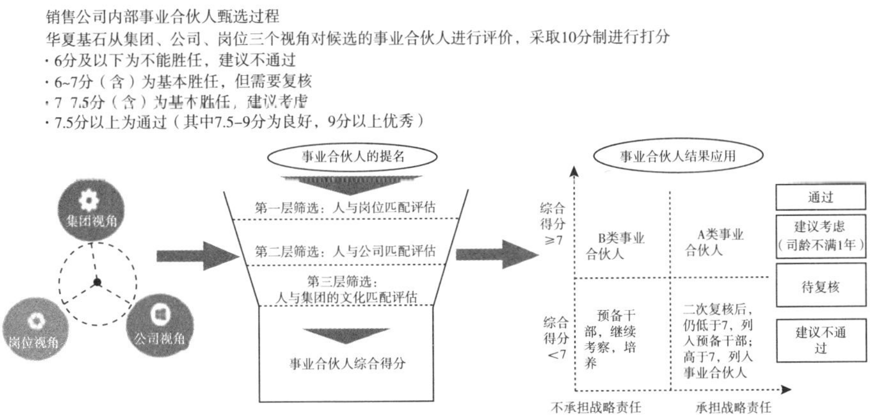

图4　销售公司内部事业合伙人甄选

合伙人机制要全面，要规定好动态股权调整机制，收益分享和回购机制以及退出机制。这些机制帮助企业明确股权分配条件，如何获得收益分享，以及明确实际收益的测算逻辑。除这些内容以外，其实还有别的内容，比如，治理机制，管控机制，协同机制，评价机制等一系列的保障机制（见图5）。

> （一）当存在以下其中一种情形时，合伙人委员会有权终止事业合伙人的合伙人资格及其事业合伙计划。事业合伙人的全部事业合伙目标与激励结果同时失效，合伙人持有的合伙份额按照成本及可变现净值孰低的价格被事业合伙人持股平台普通合伙人回购，且事业合伙人还需要对给上市公司或其关联公司造成的损害承担赔偿责任：

- （1）合伙人因个人原因对上市公司或其关联公司的利益造成重大损害。
- （2）合伙人发生违反职业道德、泄露机密、失职、营私舞弊或渎职等损害上市公司或其关联公司利益的行为。
- （3）合伙人因违背国家法律法规不再具有上市公司或其关联公司的经营、管理权利，与上市公司或其关联公司解除劳动合同。
- （4）合伙人违反与上市公司及其关联公司签订的廉洁、保密、竞业禁止、劳动合同等相关协议。

> （二）当下列情况之一出现时，合伙人委员会有权终止事业合伙人的合伙人资格及其事业合伙计划。本运营期事业合伙人的事业合伙目标与激励结果同时失效，事业合伙人持股平台普通合伙人有权按照成本及可变现净值孰低的价格回购事业合伙人持有的合伙份额：

- （1）合伙人主责的战略任务连续两年未达成；
- （2）合伙人由于个人原因主动提出退出合伙人团队（含劳动合同期间单方面提出辞职或离职的；或劳动合同期满后，合伙人不继续签订新的劳动合同的）。

图5　退出机制

华夏基石总结了子公司合伙人机制至少有四个优点。

第一，先干活再给钱。经营团队首先要在经营期内达到业绩指标，上市公司才根据约定，对经营团队的股权进行回购。从上市公司角度看，先获得了经营期内的预期的业务增长，通常表现为子公司给上市公司做出了收入和利润的贡献，才需要兑现收购承诺。

第二，激励效果好。子公司合伙人机制，将股权落实到合伙人名下、奖励的规则白纸黑字的落实到协议上，给合伙人吃了一颗定心丸。做到什么样的业绩将来能拿到什么样的回报，都可以算出来，真正做到激励的可靠性和可见性。努力3~5年，实现财务自由，谁能抵抗这样的诱惑？

第三，风险低。先做业绩，再进行回购的操作，有效规避了现金和股权激励成本的大量耗用，极大地降低了公司的风险，既避免出现大量支出现金的“爆仓”，又可以避免错失市场整合的良机。

第四，不吃利润。现有会计准则下，事业合伙人机制的操作不会产生商誉。

子公司合伙人机制有八大步骤。

第一，建团队，先有人。第二，定目标。第三，配资源。有了目标后，要配资金、场地、资源。第四，定机制，最后赚了钱怎么办。第五，建制度，分权手册。第六，签协议，就是签字画押定下来。第七，拓业务，这是长期的，很重要。第八，勤复盘，至少每年对机制运作和业务评估，去优化。

上市公司构建事业合伙人机制要注意的点有五个。

第一，定位增量。无增量，不合伙。增量体现在高增速行业、技术革新带来的新市场、交叉领域、行业整合等。我们要清晰表达出来。

第二，组织支撑。上市公司的合伙人机制是一把手工程，老板必须参加，对重要业务作出决策，还要推动落地。同时要有专业团队，比如财务，法律，还有进行沟通，最终做协议，签署，落地。组织支撑一般是内部 + 外部。

第三，交易结构设计。一定是共赢的机制，无论是形式还是实质，必须都是共赢。上市公司还必须要合规，符合行业特性。

第四，落地实施节奏。必须按照试点、示范、推广的顺序进行落地，尤其是大型的项目。

第五，配套赋能。要有资金、品牌、技术平台、产品等，这些不是机制能够给的，是上市公司需要去给机制配套赋能。

能否共患难是事业合伙机制的试金石

何　屹

再读华为任正非先生的《华为的冬天》一文，感慨颇多。

在通信行业一片繁荣，华为业绩屡创新高之时，任正非在文中冷静地提出："繁荣的背后就是萧条。玫瑰花很漂亮，但玫瑰花肯定有刺。任何事情都是相辅相悖的，不可能有绝对的。今年我们还处在快速发展中，员工的收入都会有一定程度的增加，在这个时期来研究冬天的问题，比较潇洒，所以我们提前到繁荣时期来研究这个问题。我们不能居安思危，就必死无疑。"

"沉舟侧畔千帆过，病树前头万木春。网络股的暴跌，必将对二三年后的建设预期产生影响，那时制造业就惯性进入了收缩。眼前的繁荣是前几年网络大涨的惯性结果。记住一句话'物极必反'，这一场网络、设备供应的冬天，也会像热得人们不理解一样，冷得出奇。没有预见，没有预防，就会冻死。那时，谁有棉衣，谁就活下来了。"

一、危难关头，核心骨干抱团取暖是根本

冬天要穿棉衣，正如松下幸之助先生说下雨要打伞，是再直白不过的道法自然之举。改革开放四十多年来，中国企业一直在经济高速增长的环境中发展，尚未经历过真正经济周期的洗礼。我们绝大多数存活至今的企业，并未经历过冬天的严寒，突出表现在以下两个方面。

一是企业的经营管理效率算不上高。例如，在组织结构上仍然是强调管控的传统金字塔模式，造成内部博弈不断消耗资源；在运营上仍停留在人工协调，数据孤岛中；在研发上漫无目的投入，无视客户需求和用户场景的改变，偏重技术而没有市场导向等，在经营管理的各个环节上低效率状态随处可见。正如任正非文中描述："我们这几年来研究了很多产品，但 IBM 还有许多西方公司到我们公司来参观时就笑话我们浪费很大，因为我们研究了很多好东西就

是卖不出去，这实际上就是浪费。我们不重视体系的建设，就会造成资源上的浪费。要减少木桶的短木板，就要建立均衡的价值体系，要强调公司整体核心竞争力的提升。”

二是企业家尚未意识到团队和共同体才是根本。中国的企业领导人很多是专家或者科学家出身，本人在专业领域或科研技术方面能力素质很高，但短板通常是不会带团队，忽视人性的正常需求；不舍得放权，不舍得分钱和分享；没有产业思维和生态思维，不够开放与合作。我们曾服务过一位医药企业老板，教授出身，科研和创新能力非常强，但他的企业基本上仍停留在科研机构和实验室的管理状态，老板是导师，其他人虽然顶着各种职位和角色，但实际上都是学生，经常老板一句话团队的分工就变来变去。长期以来，团队能力无法形成，业务和职能体系无法建立，老板每天忙到后半夜，大事小情都要过手，累到吞服安眠药镇静剂甚至抗抑郁药物都无法彻底放松休息。我们还有一位企业家朋友以旺盛的精力和斗志每天花时间仔细阅读上百份员工工作日志，而他的副总和高管团队朝九晚五工作时间非常规律。

经营管理效率的提升还有各种工具方法案例和机构来协助，但企业家观念的转变确实是不容易的事情。经济增速放缓的冬天来到之时，企业家真正体会到了刺骨的寒冷，但却只知道与核心团队“默默无语两眼泪，各自瑟瑟在发抖”，而没有想到或没有做到敞开心扉，抱团取暖。**外部环境的恶劣是必然会遇到和必须去面对的，企业能依靠的力量只有核心团队。只有有效的团队合力才是抵御冬天的棉衣。**

管理大师德鲁克认为企业应该是满足员工和社会功能的共同体。没有形成共同体的企业，无法走得长远，即使通用汽车这样的巨无霸，也无法摆脱这一宿命。有人总结通用汽车走到破产的地步，原因既不是产品失败，也不是管理不善，而是因为僵硬而昂贵的雇佣协议：十万本土员工拿着七十美元的时薪；五十万退休员工，还包括家属，享受着终身退休金和医疗保险；八千多下岗工人年薪十五万美元，由此欠下了几百亿美元的债务，并且每年以数十亿美元的速度递增。这使通用汽车在一辆车上要消耗一千五百多美元的医疗保险和近七百美元的养老金，而丰田汽车两项合计只有二百五十美元，两者每辆车的成本差距近两千美元。迫于工会压力无法降薪和解雇，加上行业下滑的外部环境，最终只落得破产清算。反观福特汽车的“蓝血十杰”，以及丰田为代表的日本企业的终身雇佣制，都是受到了德鲁克共同体理念的启发和影响，注重了团队的力量，才能抱团渡过危机甚至战争等不可抗力，成就了企业的长期发展。

二、核心骨干主动降薪彰显担当是前提

核心团队是企业的人力资源，是企业的人力资本，危急时刻留住人更为重要。危机会过去，而人才流失了就回不来了。在当下的危机中，企业如何凝聚人心，做到人心不散，都能跟着企业一起共渡难关，这是跟短期止血一样的当务之急。

对大多数中国企业来说，企业应该成为核心团队的共同体。这也是华夏基石一直倡导事业合伙机制的核心理论出发点。某种意义上说，**德鲁克的共同体理念下必然会产生事业合伙人机制，事业合伙人机制的根源就是企业是一个共同体的理念。**

事业合伙机制并不是包治百病的灵丹妙药，但事业合伙机制确实像云南白药一样具有止血同时活血的神奇功效。我们强调事业合伙机制首先要建立在共识、共担、共创、共享的基础之上：共识是要认可目标，恪守底线；共担是与公司事业共命运，共同承受风险与挑战（这在当下更为重要）；共创是通过核心团队的分工协同创造出价值增量；共享是基于贡献的增量价值分配。在此基础上构建分层分类的合伙人体系，形成命运共同体，事业共同体和利益共同体，各尽其能，各司其职，各取所获。只有这样才能真正实现把老板一个人独立作战变成一个团队抱团奋斗；把员工和职业经理人变成老板和创业者；把搭车人变成奋斗者；把交易关系变成共同体。

近几年事业合伙机制受到企业广泛关注，但很多企业引入事业合伙机制却尚未领悟其中精髓，只把事业合伙机制简单设计成了分股权的股权激励方案，强调了共享，却忽视了共识、共担和共创的前提。特别是对命运共同体的理解不到位，这也是当危机来临时合伙人缺少了主动分担，主动提出降薪等表现的原因之一。

关于事业合伙人要共识、共担、共创、共享，万科给我们树立了很好的榜样。万科 2014 年春季例会期间，郁亮对事业合伙机制有如下描述："合伙人制度是比职业经理人制度更好的制度，每一位参与者不仅为公司、为股东、为投资者创造价值，也为自己创造回报。事业合伙人不仅是一个简单的制度，更是一种发展机制，一种管理机制，一种分享机制。说发展机制，是因为它面向未来，并不解决万科眼前的问题，更是解决万科未来十年的问题，我们通过事业

合伙人机制，能够在未来十年里把万科的舞台越做越大；说管理机制，是因为它将彻底改变我们的管理方式，而不仅仅是奖励制度；说是分享机制，是因为我们希望通过事业合伙人机制，更好解决投资者和员工之间的利益分享。”“总之，事业合伙人有四个特点：掌握自己的命运、形成背靠背信任、做大事业、分享成就。”

特别是讲到背靠背信任的时候，郁亮谈道：“我们经常会出现因为项目没做好而彼此埋怨的情形，这样解决问题吗？我们总是有足够的地方可以推卸责任，所以我们需要一个机制，真正的“我中有你，你中有我”的机制，来形成背靠背的信任。登山就有这样一种机制，每个登山者轮流往上攀登，前一个人打好钉子，挂好绳子，确认结实牢靠了，下一个人再在此基础上往上攀登，继续打钉、挂绳。如果钉子不牢靠，一定是自己先掉下去，这就是一种背靠背的信任，因为我知道我的队友是在拿自己的生命做试验，如果让一个人来指挥别人打钉、挂绳，就完全没有背靠背的信任可言。同样，我们的信任不只是存在于员工和员工之间，也需要存在于公司和员工之间，我们没必要建立那么多的监察、监督机制，我们需要用事业合伙人的机制给我们建立背靠背的信任。”

至今万科墙上宣传板的描述仍是：“事业合伙人特征：奋斗为本，坚定信念，追求卓越，劣后担当，阳光健康，背靠背信任。”

三、持续奋斗才有分享

我们谈到公司层面忽视了先共识、共担、共创后才能共享的同时，合伙人自己也需要反思：我们是不是把公司事业当成自己的人生追求；我们是不是把公司和团队视作自己的命运共同体；我们是不是把公司的长期利益放在个人的短期利益之上；我们是不是准备好了在客户、员工、股东都获得增量价值创造的收益后，我们才作为合伙人享受劣后的收益。这些都是事业合伙机制对合伙人团队的要求。特别是在环境巨变、企业转型，以及类似当前情况的危机关头，合伙人在关键时刻敢不敢担责，敢不敢冲锋，愿不愿意持续奋斗，这是衡量和考验合伙人的态度、能力、业绩和潜质的最佳时点。

华夏基石是事业合伙人机制的倡导者，也是这一机制的坚定践行者。在新冠肺炎疫情肆虐时，华夏基石作为企业也跟困境中的大多数企业以及我们的许多客户一样，面临着巨大的经营压力和现金流困难。我们的合伙人委员会做出了决定：保证员工工资的按时足额发放；保持员工队伍稳定；合伙人只按月发放一定额度生活费；并且二级合伙人生活费高于一级合伙人。对此所有合伙人都坦然接受并无异议，这也是全体合伙人对公司、对事业以及对自己充满信心的表现。

合伙人是企业骨干，是企业的核心。华夏基石领军人彭剑锋教授认为，核心团队是企业的第一战略资源，也是企业最大的威胁源：企业最大的危机永远不是来自外部，而是来自核心团队缺乏使命感，激情衰竭，不愿持续奋斗；企业最大的威胁也永远不是来自外部，而是来自核心团队责任感的缺失，怯担责，不履责，不作为，官僚主义，远离市场与客户；企业最大的挑战也永远不是来自外部，而是来自核心团队不学习，职业能力滞后，领导力不足，难以自我超越。

我们也看看华为任正非对核心团队的要求：“我们的干部述职报告所有指标都是人均效益指标。人均效益指标降低了，我们就坚定不移地降工资。如果你连降工资都不能接受，我认为你就没有必要再留在华为公司奋斗了。”“干部要有敬业精神、献身精神、责任心和使命感。区别一个干部是不是一个好干部，是不是忠诚，标准有四个：第一，你有没有敬业精神，对工作是否认真，改进了，还能改进吗？还能再改进吗？这就是你的工作敬业精神。第二，你有没有献身精神，不要斤斤计较，我们的价值评价体系不可能做到绝对公平。如果用曹冲称象的方法来进行任职资格评价的话，那肯定是公平的。但如果用精密天平来评价，那肯定公平不了。我们要想做到绝对公平是不可能的。我认为献身精神是考核干部的一个很重要因素。一个干部如果过于斤斤计较，这个干部绝对做不好，你手下有很多兵，你自私、斤斤计较，你的手下能和你合作好吗？没有献身精神的人不要做干部，做干部的一定要有献身精神。第三点和第四点，就是要有责任心和使命感。我们的员工是不是都有责任心和使命感？如果没有责任心和使命感，为什么还想要当干部。如果你觉得你还是有一点责任心和使命感的，赶快改进，否则最终还是要把你免下去的。”“我们在讨论危机的过程中，最重要的是要结合自身来想一想。我们所有员工的职业化程度都是不够的。我们提拔干部时，首先不能讲技能，要先讲品德，品德是我讲的敬业精神、献身精神、责任心和使命感。危机并不遥远，死亡却是永恒的，这一天一定会到来，你一定要相信。从哲学上，从任何自然规律上来说，我们都不能抗拒，只是如果我们能够清醒认识到我们存在的问题，我们就能延缓这个时候的到来”（据华为内部资料）。

四、高度信任才有战斗力

所以，虽然话题敏感，但其实在危急关头又不容回避：你的核心骨干愿意降低现期收入，与公司一起共渡难关吗？危机时核心团队申请降薪共渡难关，是检验事业合伙机制是否有效的试金石。在危机中，企业核心团队是否凝聚一心，报团取暖，共渡难关，这是对企业的管理机制和体系有效性的考验，也是对企业家的一场大考。

第一，我们认为，当前危机中生存为先自不必多言，要想渡过难关获得持续发展，企业的第一选择还是要充分相信团队，依靠团队。打仗亲兄弟，上阵父子兵，多年磨合的团队，在危急关头敢于冲锋陷阵并且扛得住的人才，就算平时有缺点，就算年轻没经验，都是不可多得的宝贵财富，都能取得更好的成果。远比什么白衣骑士白马王子以及一些临时救助之类的选项靠谱得多。

第二，贴近客户，投入业务。抱团当然可以取暖，但是真正暖和的冬衣是充足的现金流。**任正非也说过，真正对你好的人只有客户，别人都是跟你要钱的，只有客户是给你钱的。**所以要保证充足的现金流，要有够暖和的冬衣，就一定要贴近客户，投入业务，尽一切可能服务好客户，这是颠扑不破的真理。

第三，敞开心扉，广泛交流。遇到危机遇到困难，藏着掖着打肿脸充胖子可以支撑一时，没法一直持续，否则就会变成坑人坑己的庞氏骗局。特别是当下遭遇需大家共同面对的危机，还是建议选择开诚布公地摆出困难，集思广益，与核心团队敞开交流，与核心客户敞开交流，与合作伙伴敞开交流，与政府和机构敞开交流，在交流中寻找办法，集中力量，获得帮助，赢取信任。与大家一起直面困难，共渡难关。

第四，拿出诚意，留住骨干。指望我们的核心团队只做奉献不求回报是不符合人性、不可持续的想法。对我们事业发展具有长期价值的核心骨干，企业要想办法用“金手铐”把他们铐住。在当前的紧急情况下甚至可以考虑“先上车后买票”的办法，拿出一定的长期回报份额，甚至股份比例，明确指定给一定范围的核心骨干人员，具体的分配方案和额度可以后续细化补充完善。企业对员工要先予后取，拿出诚意，换取长期的忠诚和回报。在此特别是要提醒一下成功化解危机的企业，一定在未来效益向好的时候，想着困难时期做出过不可替代贡献的功臣，就是华为一直强调的“不让雷锋吃亏”。从这一层面来说，事业合伙机制不失为短期见效长期有益的选择之一。

纵观全球主要经济体中的职业人群，欧美以个人为中心，危机到来的时候先想自己；日韩以财团商社为中心，生老病死在单位；中国人习惯以血缘关系的家庭为中心，有事先想家。所以德鲁克共同体理念在中国企业实践中的理想落地状态是把企业打造成为没有血缘关系的大家庭。这符合中国人的习惯，也有助于推动企业长期持续发展。

文末再回顾任正非先生的两段话提醒自己和大家，**危机一定会过去，但危机感不要失去，磨难是一笔财富。**

“十年来我天天思考的都是失败，对成功视而不见，也没有什么荣誉感、自豪感，而是危机感。也许是这样才存活了十年。我们大家要一起来想，怎样才能活下去，也许才能存活得久一些。失败这一天是一定会到来的，大家要准备迎接，这是我从不动摇的看法，这是历史规律。”

“华为的冬天可能来得更冷，更冷一些。我们还太嫩，我们公司经过十年的顺利发展没有经历过挫折，不经过挫折，就不知道如何走向正确道路。磨难是一笔财富，而我们没有经过磨难，这是我们最大的弱点。”

领导表率：能打胜仗的干部队伍

做有情怀、懂江湖、通人性的企业家

彭剑锋

在中国特殊的人文和政商环境中，要把企业做大做好，企业家需要有大智慧。这个大智慧首先来自中国的传统智慧：天、地、人融为一体。既要通天入地，又要牢牢把握住人。

所谓“通天”，就是要有情怀，顺天道，有“胆大包天”的目标追求和天高远望的格局。

所谓“入地”，就是要懂江湖，接地气，低调务实，在商言商。

所谓“把握住人”，就是要通人性，聚人气、凝人心，将人组织起来。

只有把天、地、人融为一体，才能扎根于中国沃土，放眼全球，将企业做大、做强、做久。

一、情怀是“天”，要有情怀

有情怀就是有家国情怀，有心怀天下的使命感，有立意高远、“胆大包天”的长远事业追求。

有情怀的企业家，以修身齐家、治国平天下为己任，以产业报国，社会责任担当为基础，把远大理想与个人抱负、家国情怀与人生追求融合。张謇为何被称为中国民营企业家的先贤和楷模？除了扛起实业救国的大旗，还在国家内忧外患最为严峻的关键时刻，以他为首的立宪派为维护国家的大一统做出了特殊贡献。同时，有了财富后，他一生不遗余力地兴办教育，提出小学为先，师范为本，办基础职业教育，致力于提升国民素质。

有情怀的企业家都有高远的目标追求，都是长期价值主义者。中国许多企业活不长做不大，根本原因有二：一是创始人小富即安，目标追求封顶，因而激情衰竭，不愿持续奋斗；二是过度的投机、浮躁的心态，短视的眼光，非长期价值主义思维。华为任正非之所以被称为中国目前很有情怀的企业家之一，就在于他是一位有使命感和高远目标追求的企业家。1995 年华为只有十几亿元销售收入的时候，他就提出：十年以后，世界通信企业三分天下，必有华为一份。在 1998 年完成的《华为基本法》中，任正非及华为人就提出了华为要成为世界级领先企业的远大目标追求，并基于长期价值主义，持续加大技术、人才、管理的投入。这些使得华为不仅成为世界第一通信企业，而且在 5G 技术上全球领先。

有情怀就是有高尚的情操与人品，有坚守的价值观、有经营底线和职业操守。高尚的情操，包括道德情操、理智情操和审美情操等。

高尚的情操首先表现为有大善大爱之心，爱国、爱社会、爱企业、爱家人、爱员工，高标准积极遵守社会道德规范，做人做事有底线，有操守，愿意付出，遵守法律与规则，创造阳光利润，享受坦荡生活。福耀玻璃集团曹德旺为何因高尚的情操而受人尊重？因为他是一位从不行贿的企业家，自称"没送过一盒月饼"，以人格做事。他是散财行善的佛教徒，从 1983 年第一次捐款，至 2020 年，累计个人捐款已达 116 亿元。

其次，从理智情操的角度，高尚的情操表现为具有强烈的求知、探究、创新欲，热爱真理，坚持真理。从七十多岁的华为创始人任正非身上，我们可以看到伟大企业家卓越的求知学习能力，永不停息的探索与创新性思维，相信真理、坚持真理的不变立场。面对美国的全面打压，任正非仍然提出，要虚心向美国学习，要买苹果手机。

最后，有高尚情操的人，具有正确的审美观、高雅的情趣和生活品位。中国许多人为什么富而不贵？就是因为有了钱还是暴发户、土豪心态，缺乏绅士和贵族气质，人文精神短缺，有钱以后胡花、乱花，没有生活品位和情趣。许多老板发财以后，追求奢华的生活，沉溺于酒色、赌博等消极颓废的、低级趣味的欲求之中不能自拔。中国企业家与世界优秀企业家相比，最大的差距是贵族气质和审美情趣的缺失。当然，由富而贵，这需要几代企业家的持续修炼才能完成。

有情怀就是有宏大的格局、宽广的胸襟，有自我批判和自我超越的精神。

企业的成长和发展往往受制于企业家格局的大小。所谓格局就是企业家的眼光、胸襟、胆识、魄力等心理素质。格局决定企业发展的方向，赛道的选择，成长的边界，人才的多寡，组织能力的大小。

企业家有长远而敏锐的眼光，使企业家能够洞见趋势并敏锐感知和抓住战略性发展机遇，使企业有正确的发展方向和清晰的战略牵引。

有情怀的企业家都有宽广的胸襟，有开放的心态。天下人才为我所用，善用人才而不是好用奴才。有足够的包容心，包容有个性、有能力的人才，用比自己更能干的人。

有情怀的企业家，都有过人的胆识，敢于拍板决策，敢赌战略性发展大机遇，敢于变革创新，敢于自我批判，自我革命，实现自我超越。有情怀的企业家时刻都心怀危机意识，对常识和规律心存敬畏，绝对不会自我膨胀，过度张扬，更不会膨胀到大过客户、藐视政府、超越时代。

二、江湖是“地”，要懂江湖

（一）什么是江湖

情怀是天，心比天高，志存高远，最终还要脚踏实地。光有情怀，不懂江湖，不接地气，往往做不成事。江湖是什么？俗话说，有人的地方就有江湖，有江湖就有人情世故，就有江湖规矩，就有江湖险恶，就讲江湖地位。

中国的语言文字真是太有智慧了。江，污泥浊水、鱼龙混杂，却气势磅礴、奔腾不息；湖，深沉静幽，神秘莫测，却也气象万千、生机勃勃。可能这就是“江湖”的含义，很难准确全面地描绘江湖是什么，但每个人又都身在江湖之中，心中都有一个江湖。

企业家所面临的江湖不是打打杀杀的武侠江湖或黑帮江湖，而是错综复杂的市场竞争与政商环境，是各种相关利益者相互博弈与利益平衡的江湖。

（二）企业家要懂江湖

光有情怀，不懂江湖往往搞不定事。所谓懂江湖包含以下几方面内容。

第一，了解江湖规则。江湖有江湖规则，江湖里面既有明规则也有潜规则。所以你既要有明规则意识，又要懂潜规则。做企业要追求简单、阳光，要建立阳光规则，“只有追求阳光利润，才能享受坦荡生活”。

但江湖之中，也有阳光照不到的地方，也有潜规则。所谓潜规则，是人们私底下认可的行为约束或必须遵从的规矩。这种规矩，有可能有悖正义观念或正式制度的规定，因此，不得不以隐蔽的形式存在并得到当事人明确的认可。潜规则可使参与各方在互动中减少冲突，降低交易成本，并获取正式规则所不能提供的利益。在法治不健全，社会资源被权力集中配置时，企业家完全不懂潜规则，往往很难办成事。所以要懂潜规则，适度用潜规则去处理一些难题，但不能热衷于潜规则并要努力避免被潜规则所绑架。

做企业要光明磊落，但不能个人意气用事，处理问题既要讲究是非分明、制度化，又要讲究灵活变通。正如联想创始人柳传志所讲，“目标明确，学会拐大弯”，这就是灵活变通——前面有堵墙，你不能一头撞上去，要学会拐大弯。

江湖之中讲角色定位并追求江湖地位。**企业家，要摆正自己的位置，做到企业家本位，不要超越企业家的角色和本位。**同时，企业家要追求将企业做大做强，要致力于成为世界级企业，成为行业领袖，打造产业江湖地位，但不要试图成为政治家、教育家。企业家要关心政治，要悟透国家政策走向，顺应社会经济发展大势，但不能过度参与政治，更不能干政。企业家创造了社会财富，要回馈社会，如捐资助学，但不要试图通过办学以自己的管理思想去影响教育事业。

所以企业家对自我要有清醒认知：**企业再大大不过客户，企业家再牛不要牛过政府，个人再伟大不能伟大过这个时代。这就是江湖常识与规矩。**

第二，懂得人情世故。中国是个人情社会。在中国懂“江湖”，最重要的就是要懂人情世故，对人之常情要有一定的理解和尊重，行事要合乎人情。不懂人情世故，就入不了特定人际交往圈，就没有良好的人脉关系，就没有人在关键时刻、逆境之中帮你一把，拉你一把，有时甚至做不成生意。

在中国特殊的人文环境中，无论是为官还是经商，都免不了面对各种人情世故，正确处理好各种人情世故关系，把握好人情世故的度，是一门艺术，往往只可意会，不可言传。“知世故而不世故”“出淤泥而不染”，这就是人在江湖行走的最高境界。

西方人是二元对立思维，黑白分明，对就是对，错就是错，有错当面提出，不讲情面。但中国人是善恶一体的灰度思维，“是中有非，非中有是”，追求圆满，而且好面子。所以要顾虑大家的面子，批评人时要委婉一点，要善于给人面子，否则，容易陷入“你越对，得罪的人就越多的泥潭”。王石就是一个有情怀，但对江湖人情世故不屑一顾的企业家。我特别欣赏他提出的建立“阳光照亮的体制”，引进“职业契约精神”的观点。但光用西方做企业的那套公司治理体系对待中国这个复杂的社会营商环境，往往会走不通，可能最后连自己都不知道怎么回事就被踢出局了。如果太讲江湖义气，往往情义会替代理性，给企业带来危机。

懂人情世故，就是要懂得如何平衡各利益相关者的价值诉求，驾驭各种错综复杂的矛盾关系，善于抓主要矛盾，能够借助各方力量建立“统一战线”，团结一切可以团结的力量。

懂人情世故，就是人在江湖中，要“忍字当头”。江湖中有凶险，人在江湖行走，一定会遇到各种困难和挫折，在与急流险滩的博弈中，不被打倒的真正原因，除了执着与内心的强大，还要靠一个“忍”字。不能过于任性和意气用事，“忍”让你冷静而理性，让你不过于任性和意气用事，让你及时止损，保存远行的实力。

懂人情世故，就是你要换位思考，站在对方角度思考问题。想改变别人，首先改变自己，自我批判，从我做起，改变自己，接受自己，别人自然才能接受你。

第三，要接地气。情怀是天，江湖是地，你要接地气。情怀太高远，不务实，不接地气，理想飘在空中落不了地。“地”又是个错综复杂的生态，要适应这个环境，你不能想当然地去做事，要切合实际，更不能随心所欲，为所欲为。

接地气，就是企业家要有理想，但又不能理想化。既要有高远的目标追求，又要有阶段性的、务实的可实现目标。企业家要善于为员工画大饼，但又要努力做成饼，分好饼，才能让人相信跟着你干能成事，如果画的大饼老是实现不了，员工也会丧失信心。

接地气，就是在商言商。所谓在商言商，就是商场如战场，要有真功夫才能打胜仗，凭独特的产品与服务才能取得江湖地位。在商言商，就是在商场上能以商业的方式来解决问题，尽量按商业规则、以专业的方式来处理，不采用其他非正式方式。企业是一个市场竞争主体，先“活”下来，才能求发展，有利润，为社会创造就业岗位及税收是正道，这也是企业最大的社会责任。华为提出的“向雷锋学习，但绝不让雷锋吃亏”就是在商言商。**接地气，就是企业再大，企业家也要倾听来自一线的声音，要深入实践，所做的决策及制定的政策要符合实际。**企业做大以后，最怕企业家高高在上，听不进不同意见，把附和当作赞同，把吹捧当作事实，最后，发现不了内在的问题与危机，影响企业长远发展。字节跳动的张一鸣为什么每做一项新业务都能成功？就在于他天天与一线员工与顾客泡在一起，作为老板连专门的办公室都没有，自然就不会官僚主义，所做的决策自然就接地气。

所以光有情怀不懂江湖，搞不定事，光懂江湖没有情怀，企业走不远。

三、通人性，才能贯通“天”“地”

有情怀，懂江湖，但不识人心，不通人性，就没有人愿意追随你。你聚不起“人气”，带不出队伍，就难以提升组织整体实力。

何谓通人性？就是要有人性，要识人心、了解人、尊重人、激发人的潜能，企业家不仅要会做事，更要会做人、善用人。

（一）富有人性，知人情冷暖，心底有善、有爱

通人性，首先企业家自身要富有人性。企业家富有人性体现在两点。

第一，对人情冷暖有感知，与君子相交虽淡如水，但让人有亲切感。华为创始人任正非，联想柳传志，美的何享健虽然也很霸气，在制度与规则面前严格，但面对普通员工与客户，始终充满亲切感，对待下属，虽严厉，但始终充满关爱。

第二，无私利他，大善大爱。富有人性的企业家都具有大善大爱之心，舍得分钱和分享，不自私。任正非认为：“要成就大业，从不自私开始，华为的成功，与我不自私有点关系。”

（二）了解人的需求，明白他人的想法

谁能了解更多人的需求和想法，能满足更多人心想要的，谁就更能凝聚人心，聚集人才。人的需求有物质与精神之分，但物质需求和精神需求没有高低之分。第一，财散人聚，企业家要舍得分钱散财，以满足人对物质与财富的追求。对利益的追求是人之天性，只要舍得，并给足人利益，跟你干，能有利，能挣钱，不愁没人追随。第二，光给钱不够，给完钱，还要告诉他，你不是为了钱，而是有更高境界的精神追求，用使命、愿景、目标去激发他的内在潜能和创造力。该用物质用物质，该用精神用精神，两手都要硬。只有了解并恰当地满足人的需求，才能调动人的内在动能，激发人的创造力、成就感。

（三）尊重人的个性，发挥人的优势

人的个性没有好坏和优劣，只有适合和适应。很多有才华的人都有独特的个性，与众不同的优势。所谓通人性，就是成为人才的知音，除了了解其需求和想法，更重要的是发现人的优势，为每个人的优势发挥提供机会和事业平台，同时通过互补性人才团队建设，让每个人的短板有别人的长板来补，让每个人的长板得到超水平发挥。

（四）宽厚包容，灰度思维

金无足赤，人无完人，优点突出的人，缺点也很明显。量宽足以得人，对人才要有宽广之胸怀，包容之心，要有灰度思维，要允许别人犯错误，能够包容他人的缺点。

（五）富有同理心

能够站在他人的角度去思考，从他人的利益入手。只有站在他人的角度去看待问题，处理事情，才能真正理解别人，善待他人。

（六）律己服人，身先士卒

企业家既要了解他人，又要了解自己，并严格要求自己，管住自己。许多企业之所以出问题，是因为企业家控制不住自己的欲望，盲目多元化发展；因为管不住自己的行为，自己成为制度破坏者和规则践踏者。只有对自己严格要求并身先士卒，才能让人服从，让人追随。同时，通人性的企业家都较低调，不追求个人名利和生活享乐，一门心思想做大做强企业，实现产业报国。

四、企业家要通透人生

情怀是一个方，江湖是一个圆。内方外圆整合到一起，用人性打通它，才能形成会滚动和自转的星球。换句话说：有情怀懂江湖，才能够在江湖之中出淤泥而不染，不为江湖所困；懂江湖通人性，才会既懂人情世故，又不陷入人情世故。正所谓“随心所欲不逾矩”。

有情怀、懂江湖、通人性的人能刚柔并济，进退自如，既有高远理想又接地气，既懂规矩又要打破规矩。该遵守规矩的时候遵守规矩，但是该打破的时

候一定要打破它，要既守正又勇于创新。

有情怀、懂江湖、通人性的企业家，能深刻地把握自己，了解他人。他自己活得很明白、很通透，知道内心追求什么东西，知道自己想要什么，不要什么，因而懂得进退，善做加减。人生活得通透的企业家，将做大做强企业作为自己的终极追求，不纠结过去，不为未来所烦恼，不为现实所困扰，以积极的人生态度，不断追求自我超越，追求企业与个人心灵的成长。

新旧动能转换时期，企业家要苦练六大内功

彭剑锋

我们正进入一个新旧动能转换、模式交替，数字化与智能化加速应用的新时代。面对“新”，我们该如何作为？我还是奉上一碗老“鸡汤”：**做好自己比什么都重要，拥抱变化比什么都要紧**。第一，做好自己，就是要回归长期价值追求，练好内功，做好产品与服务，以内在的确定性应对外在的不确定性，以不变应万变；第二，拥抱变化，就是要抬头看方向，洞察产业趋势，不拒绝新事物，在不变中求变，该变的要变，进行自我革命。改变从企业家自己开始，从思维革命开始，从主动走出舒适区开始，从接触新事物开始。

不变的是什么？要苦练的内功是什么？我认为不变的是你的笃信、你的人品、你的价值立场、你的存在价值。优秀的企业家都有坚定的信念和信仰，**经营企业就是经营信仰，就要有长期价值追求**。真正的笃信就是执着、就是敢于押上身家性命，付出毕业精力去成就一件大事，做好一家企业。做企业就是做人品，好人品体现在真材实料，货真价实，为社会提供安全、环保、可靠、高品质的差异化产品与服务上。做企业不变的是坚守的价值观，是在风口与机会面前，让欲望有序释放、自我不膨胀的组织理性。做企业就是做价值，在社会分工协同体系中找到你的定位，找到你的价值创造方式，找到你不可替代的存在价值。

练内功练什么？要练六大内功

（一）升级脑力、拓宽眼界

即升级企业家的战略思维，锤炼未来洞察力。**企业的内功首先体现为面对变化时，企业家的大脑不犯糊涂，对未来变化能敏锐洞察，对战略机遇能精准捕捉，以保持战略方向正确，战略定力稳固，战略执行到位**。这就要求企业家

与高层领导团队做到：

首先，要关注变化，敢于拥抱变化。比如要高度关注新技术的革命，关注产业互联网时代新技术的综合应用趋势，以此把握产品技术创新的方向；高度关注产业价值链与产业生态的变化，以此进行产业布局与业务结构调整；高度关注客户需求变化与每一波社会情绪和审美的切换，以此进行产品与品牌升级，等等。

其次，企业家要自我变革，升级脑力与眼界，要有全球视野和长期发展观，从机会导向转向战略导向，从捞一把就走的生意人思维与眼光转向做事业，从仅仅关注当下利益到关注十年、二十年的意义与价值，愿意并舍得对未来进行长期战略投入，加大对人才、技术、品牌、管理等软实力投入。

再次，企业家要从依靠个人的脑力与眼力，转向吸收众人的能量、集聚众人智慧，从企业家个人成功走向团队成功，致力于打造团队与组织。

最后，企业与企业家要敬畏规律、遵守法则，恪守商业伦理、底线经营，习惯付出规则和法律成本，建立组织理性，创造阳光利润，受人尊重，才是内功之所在。

（二）健全体魄、强壮骨骼

即健全优化企业治理结构，强化干部队伍建设。企业的生存力与竞争力来自健全的体魄和强壮的骨骼系统，健全的体魄来自企业健全而优化的治理结构，强壮的骨骼来自强大的干部队伍。因此，**企业的内功之二就是要构建优化而健全的企业治理结构，打造能带领员工打胜仗的干部队伍。**健全而优化的企业治理结构是企业健康成长的 DNA 与基础工程，中国企业的“内乱”往往是乱在企业治理上。它包括：

（1）如何建立清晰而优化的产权结构，无论是国企或民企，产权结构始终难以优化，要么一股独大，要么股权过度分散，与产权结构相联系的企业的控制权、经营决策权、业务管理权限缺乏理性的制度安排，众多企业陷入控制权之争。

（2）如何正确处理货币资本与人力资本的矛盾关系，如何确立老板与职业经理人的信任承诺关系，如何在确保股东权益不受侵犯的前提下，对人力资本剩余价值索取权与经营话语权做出公平合理的制度安排。

（3）如何建立科学的决策机制与流程，既弘扬企业家精神，发挥企业家的创新与直觉思维优势，又集聚群体智慧。

（4）如何构建有效的集团化组织管控模式与平台化赋能系统。

（5）如何实现组织相关利益者的价值平衡与社会责任承担。干部与干部队伍是企业的骨干与骨骼系统。路线确定后，干部是决定因素，干部强，骨骼强，骨骼强就战斗力强，就是队伍强，就能打胜仗。因此，干部队伍建设是企业练内功的核心。华为、小米、阿里等企业都专门成立干部部，以强化干部队伍建设。干部队伍建设主要有三要素：使命、责任、能力，即赋予干部持续的使命激情、构建干部勇于担当责任的机制、打造有效的领导力发展系统。堡垒往往从干部这个看似最强的骨骼系统被攻破，干部队伍要时刻预防和铲除四种毒瘤：干部的官僚主义与形式主义；干部的山头主义与帮派主义；干部的腐败与堕落；干部的怠惰与不思进取。

（三）苦练拳法与腿功，深耕客户价值

即以客户价值为中心，让产品这个拳头硬起来，让有力的腿脚深耕于客户关系价值之中。企业的内功最终取决于两项基本内功：一是为客户创造价值，赢得客户信赖与忠诚的内功；二是做好产品，将产品做到极致，让客户无法拒绝购买与体验的内功。经济低迷期，企业要一切以客户价值为核心展开经营管理工作，客户才是公司利润源头。

（1）以客户为中心变革组织模式，打造客户化组织。要进行组织变革与机制创新，压缩管理层级，简化组织，降低决策重心，组织内外客户化，全员围绕市场与客户展开合项工作，实现员工从“屁股对着客户，脑袋对着领导”到“屁股对着领导，脑袋对着客户”的转化。

（2）以客户为中心优化业务流程，减少审批环节，责任下沉，权力下放，激发一线人才为客户创造价值的活力与动力。

（3）剔除一切不创造价值的环节、节点和行为，让每一位人才都成为价值创造者并有价值地工作。

经济低迷期，企业只有产品“硬”，拳头才硬，企业的命才“硬”，产品才是搞定客户、赢得客户最好的武器，才是真正的内力所在。苦练做产品内功，埋头做好产品是正道。产品“硬”主要体现在两方面：一是产品差异化，有技术含量和附加价值，价格贵点但客户也愿意掏钱买，同时企业不必与竞争对手血拼价格，企业有利润空间，就能存活。经济低迷期，消费乏力，这个时

候企业恰恰要加大产品创新的投入，开发适应市场、满足不同人群需要的差异化产品。要强化你的产品为消费者及用户带来的好处，解决消费者的痛点问题，创造可靠、有效的价值。

（四）强化腰脊、提升抗打击力量

即构建卓越的营运系统与敏捷的供应链。企业的运营系统与供应链是组织的腰与脊梁；企业的运营效率与供应链效率决定着企业的总成本是否领先，决定着产品的成本、质量、交付期、性价比。降低成本、稳定质量、准时交付是最能体现企业运营管理和供应链水平的内功的。**产品品质好，成本低、性价比高，市场竞争力就强，抗打击能力就强。**

华为、美的强，是强在卓越的内部高度协同的高效运营系统；绝味食品之所以近两年能超越周黑鸭，赢就赢在超强的基于信息化的供应链；百果园能异军突起，也是赢在产业链与供应链。因此，加大企业运营的信息化与数字化的投入，构建敏捷的供应链，提升客户价值实现速度并实现总成本领先是企业熬过严冬最主要的求活之道。切记，未来的企业赢在供应链与卓越的运营。

（五）苦练心肺功，提升组织生命力

即文化管理与人才机制创新提升组织凝聚力与活力。企业的心肺功能体现为组织的文化凝聚力、人才价值创造的活力，它是组织生命力之所在。

第一，苦练文化价值观“践行功”与“落地功”。文化的力量不是来自墙头口号，也不是摆 POSE，而是发自人才内心，扎根于人的行为。人才认同企业的目标追求，彼此对企业的核心价值观有共识，就能凝聚人才，力出一孔。

第二，持续激活人才功。树挪死、人挪活，人才内外适度流动和动态配置产生新价值。差异产生落差势能，不平衡激发价值创造活力，压力爆发潜在能量，因此，人才功不能懈怠，价值分配要适度拉开差距，要以奋斗者为本，要适度竞争淘汰，对没有能力和贡献的人要无情淘汰、有情退出。活力与压力是高绩效组织战斗力的来源。正如毛泽东所言，组织的活力和战斗力来自组织的“团结、紧张、严肃、活泼”。

（六）打通经络血脉、提高要素造血功能

即现金为王，要素效能提升。现金流与要素效能是组织的经络血脉与造血

系统，企业现金流短缺，人才、技术、品牌、资本等要素投入效能低下，就很容易“突发性失血、断气而亡”。

第一，现金为王是指现金流为王，经营性现金流为王，而不是现金本身。一家企业只要现金不断，哪怕是暂时亏损也“死”不了。尤其是在经济下行期，有充足的、可支配的经营性现金流，永远是危机期的最大赢家。大家如果注意华为每年的年报，就能发现它主要公布三个指标：①销售收入；②利润；③经营性现金流。**中国很多企业只关注前面两个指标——销售收入多少，赚了多少钱，很少有企业在年报时提经营性现金流。**但在经济危机时期，这三个指标中，最重要的是经营性现金流，而绝不是销售收入，也绝不是利润指标。所以，中国企业在危机时期要增加经营现金流的意识。只要保持良好的经营性现金流，企业正常运营不缺钱，即使短期亏损，现金流充裕的企业也“死”不了，能够活下来。

第二，企业的技术、人才、品牌、大数据等要素一方面要加大投入，长期投、连续投；另一方面要致力于要素投入效能的提升，尤其是要不断提升研发投入的有效性、人才发展的效能，以及客户数据资产价值的转化与应用。

不变中的变是什么？首先要改变的是老板自己，企业家是企业成长的天花板。**老板不改变，企业没法变，**而老板的改变是自我改变，自我革命，谁也“医治”不了老板，老板只能“自疗”。在新时代，老板首先要改变的是什么？我认为是思维与认知模式。数字化与智能化不仅是一种技术革命，更是一种对世界、对社会、对组织与人、对人与人关系的认知与思维的革命。不得不承认，我们对所处物质世界的认知只有 5%，对新事物的认知是贫乏的。对于企业家而言，最大的贫困是思维与认知的贫困。认知与思维的革命，我认为还是要从经营管理的基本命题开始：即战略、组织、人才、领导、资源、运营。为此，作为企业家和企业高管，在数字化与智能化新时代，我认为要确立六大新思维：战略生态化、组织平台化、人才合伙化、领导赋能化、运营数字化、要素社会化。

领导者如何突破自己、激活他人

杨四伟

在长期的咨询实践中，我观察到了一个现象：那些与咨询公司合作的企业，虽然行业、发展阶段和具体需求都不尽相同，但从发起项目的动机看，大致可以分为两类，一类是处于上升态势，但由于业务发展太快组织跟不上发展速度请咨询公司的；另一类是业务出现颓势，遇到问题而又难以解决找到咨询公司的。

这两类企业看起来有一定的相似之处，即它们都遇到了问题需要解决，但接触下来、深入研究你会发现，两类企业的领导风格、组织文化、人才活力可能大不相同，项目的落地情况和企业未来的发展也大相径庭，前者在咨询公司的帮助下进行快速的学习、融合和变革，经过三五年，无论是内在能力还是外在业绩都表现出了越发强劲的势头；后者在做项目的过程中往往会遇到更多的阻力和困难，项目结束后也很少会有明显变化，尽管咨询公司尽心尽责、绞尽脑汁地想帮助他们，但往往也只是“一厢情愿”，最终难挽颓势。当然，这类企业中也有成功的，但从概率上，要比前一类小得多。

一、为什么有的企业越来越成功，而有的企业却难挽颓势

是因为拥有的资源不同，所处行业的发展趋势不同，还是企业所掌握的管理知识技能不同？可能都有，甚至还有其他各种因素，但仔细一想，这些因素似乎都不是最核心的：资源是有限的，不可能所有的企业都天生掌握大量资源，除了少数传统能源类企业和部分国有企业，多数企业的成功都不是靠拼资源。**行业趋势确实可以让产业风口上的企业平步青云，但就像有些人说的，风不会一直刮，如果没有点真功夫，风口过后往往会摔得惨重。**再说管理知识、技能，如果在传统的工业化时代，管理知识、技能的不同可以使企业之间拉开很大差距，但在信息化时代，众多的管理知识、技能已公开化，只要你想，不用费力就可以得到各种先进的管理知识和技能。摒弃各种外在因素，我认为**把**

两类企业（处于上升态势和业务出现颓势）区分开来的最核心的因素是企业的领导者。领导者是一家企业的天花板，企业再高都不会高过它的天花板，企业领导者的格局、能力、意志等决定企业能走多远，而其中最关键的是领导者是否善于突破自己、激活他人，**使企业由个人驱动走向组织群体驱动。**

所谓个人驱动，就是说企业的发展主要依靠企业家个人，企业中尚未建立起层次清晰、权责明确的决策体系，大事小事都由企业家一人或企业家的“心腹”决策，众多干部员工都是执行者。这种模式的优势是任何事项到了老板那都可以快速决策、上下一致去执行，但全部的权力、希望和动力集于一身，一方面，领导者精力有限，无法在战略、文化等重要事项投入足够时间，另一方面，上层集权，下层没有权力，也不担责任，有才能的人要么另谋高就，要么留下来做个被动执行者，整个组织就容易出现权力导向、动力不足、运转效率低下等问题，进而出现权力寻租、惰怠、腐败、山头主义等不良倾向，甚至是战略失误导致整体倾覆的风险。

组织驱动，也就是说企业的发展不只是靠企业家一个人驱动，企业中已经形成了合理的架构和明确的职责，组织的权力和责任合理地分配到了每个岗位上，每个人都能自主驱动去做事，而不是做一个被动执行的人。天不生无用之才，地不长无名之草，每个人都有一腔做成事的热情和不可取代的才能，试想，当一个领导者能够激活企业中的大多数人才时，这个组织将会迸发出多大的能量和创造力。

杰克·韦尔奇接管通用电气后做的第一件事就是裁撤机构，促使组织扁平化，打击官僚主义、向下授权，后来他总结自己的管理经验时说道：“当时我任总裁的时候，75%的时间都花在挑选、评估、鼓励我的团队上”“我不会设计，也不会制造，我全要靠他们”。

在咨询过程中，我们对每一位企业家都非常敬佩，他们的眼光、胆识和能力都毋庸置疑，但当我们看到有些企业家将企业做到几十亿元甚至上百亿元规模仍然事无巨细地忙碌时，不由得心生感叹，而当我们出于职责向企业提出分权授责的解决方案，会发现事情并不会那么顺利，其中遇到的最大瓶颈还是企业家。这就让我不得不去思考，为什么有些企业家明知要授权，却又难以做到知行合一呢？回归本源，核心原因在于人们追求舒适、安全和成就感的心理。因为但凡敢去创业并走向成功的人，都是有很强的拼劲和掌控欲望的，他们习惯了自己跑市场、抓技术，习惯了过问大大小小的事，习惯了权力在握的感觉，一旦让他放权，他会觉得不适应、不放心，甚至会觉得没有成就，失去了权威。一下子要打破安全感、舒适感、成就感等各种层次的需求，这等于是在革自己的命，怎能不纠结。如果在过去，集权一点也无伤大雅，企业发展得怎么样主要还是靠拼机会、资源和企业家个人的能力，但是当商业环境已然发生改变还一直坚持原来的老路，可能就要落后于人了。

二、新的商业环境要求领导者必须突破自己、激活他人

进入信息化时代，很多人都意识到商业环境变化了，大家提的比较多的就是“不确定性”，甚至有人将其总结为 VUCA 时代［Volatility（易变性）、Uncertainty（不确定性）、Complexity（复杂）、Ambiguity（模糊）］。然而，在我看来，越是在变化频繁的时代，越要透过变化寻找稳定的因素，对于企业来说需要重点关注的无非是“三端”，即供给端、需求端、竞争端。

从供给端看，进入知识经济时代，创造财富的逻辑和创造财富的主体发生了变化，真正具有控制力的资源与绝对决定性的生产要素，既不是资本，也不是土地，而是知识工作者，他们的能力素质及自我意识越来越强，不再满足于仅仅做一个打工者，他们需要自由、权力、机会和成就，他们要充分发挥自主创造力。

从需求端看，随着国民收入增长和各行各业充分发展，国民消费需求日益得到满足，多数市场已由卖方主导转向买方主导，企业必须尽可能贴近客户才能赢得客户。

从竞争端看，经过三十多年的发展，企业间的竞争进入质量竞争、能力竞争和全面系统竞争的阶段，要想在市场竞争中取胜、脱颖而出，靠的不再是简单的机会和资源，而是要依靠集合了企业的战略、运营、组织、人才、文化等能力的系统效率，要想实现系统效率最大化，靠少数人是不行的，只能靠组织中的大多数人。

这些变化相信多数企业都已经深有感触了，但也可能有些企业未曾感知到，然而不管我们愿不愿意，人才独立、客户主导、系统竞争的趋势不可阻挡，突破自己、激活他人，势在必行。

三、领导者如何突破自己、激活他人

我们看到了个体智慧的局限以及个人驱动的危害，因此一直在探索帮助企

业领导者突破自己、激活他人的方案，在过去的很长一段时间我们常用的方法是调整科层制的组织架构，优化各部门、各岗位的权责、激励机制，等等。但后来我读了大卫·马凯特的《授权》一书，深受启发，突然意识到“激活他人”是一项系统的工作，除了设计好大的框架、规则，还要做好一些琐碎细微的事。在马凯特的启发下，我们把相关经验整理为以下八个步骤。

步骤一：领导者首先要突破自己。

领导者是一个组织的总开关，如果没有一个愿意变革的领导者，或者领导者不是真的愿意变革，就没有人会去推动变革，即使有也是徒劳无益的。很多企业之所以形成“高度集权”，核心症结就在于领导者，因此，要想打破集权、激活组织，领导者首先要突破自己。从根本上说，领导者要突破的是两种心理：自满和控制。曾国藩说：“败人两字，非傲即惰”“天下古今之庸人，皆以一惰字致败；天下古今之才人，皆以一傲字致败”。我们在咨询中最怕遇到两类企业，一类是比较自满的企业，一类是无欲无求的企业。当一家企业自满时，任何“苦口良药”对它都无济于事；当一家企业没有欲望时，任何人都无法激起它发展的动力。对于企业家来说，很少会败在“惰”字上，但却很容易败在“傲”字上。因此，企业家一定要破除自满心态，开放、包容、信任，相信自己的下属能把事情做好。领导者还要突破“控制”心态，有大量的领导者，整天所担心的就是“我是不是在控制”，一旦失控就觉得不安、难受。事实上，领导者要明白，真正需要你控制的应当是少数关键事项，假如事事都想控制，说明你还没有找到那几个关键事项，也很难控制好所有的事。

老子说：“胜人者有力，自胜者强。”改变别人难，改变自己更难，领导者如何才能突破自己呢？这里给出两个建议：一是多与外部交流，到一些优秀企业走走看看，或者参加一些优质的课程，与老师和学员多交流，“它山之石，可以攻玉”，只有见得多了才可能发现自身存在的问题；二是交一个信得过的诤友，多听取他的意见。当年刘备不听群臣劝阻，执意要举全国之兵找吴国报仇，结果被陆逊（孙权大胆授权的年轻儒将）火烧连营七百里，在此之前诸葛亮曾叹惜道：“法孝直若在，则能制主上，令不东行”，为什么？因为法孝直（法正）有谋略、善于谏言，最关键的是刘备信得过。从这两个方法背后我们也能看到一个逻辑，当自己对自己下不了手时，要善于借助外力，让别人帮助自己实现突破。

步骤二：寻找集权的原因。

马凯特接管圣塔菲号核潜艇并决定实施变革时做的第一件事是“寻找掌控的原因”“你要能够寻找到这个组织当中，过去的那种自上而下掌控的基因，并且能够改变它。”企业集权，领导者可能是关键因素，但未必是全部因素，除此之外，组织成员的能力、方法和习惯、组织的文化、激励机制等都可能是造成权力无法分解下去的原因。因此，在激活组织的变革之前，我们需要做一个组织诊断，找到集权的原因，以便对症下药。

步骤三：摸着石头过河。

当领导者和组织成员都已经习惯了集权的管理模式时，如果突然切换到分权授责的模式，整个组织都难以适应，为了让变革更容易被接受，我们需要具备“摸着石头过河”的思路，这也是我国改革开放的一个重要的方法论，具体到如何激活组织，我们可以做三件事。

第一，思想松土。在正式实施变革举措之前，领导者可以通过会议宣讲分权授责的思想，可以在内刊、内部论坛、内部视频号等发布相关专题文章，也可以就相关问题开展自下而上的研讨会，通过宣讲、文章、讨论等柔性方式间接打开人们的心结，形成思想共识。这方面最经典的案例就是改革开放初期，为了统一思想，在邓小平、叶剑英、陈云等老同志的支持下，以《理论动态》《人民日报》《光明日报》等宣传物为阵地，开展真理标准问题的大讨论，1978年12月13日，邓小平在中共中央工作会议闭幕会上发表《解放思想，实事求是，团结一致向前看》讲话，系统阐述了解放思想、实事求是的重要意义，为随即召开的党的十一届三中全会作了充分准备，更重要的是为改革开放扫除了思想上的障碍。

第二，找切入点。要做好一件复杂、棘手的事，不能盲目地全面铺开，找到一个合适的切入点至关重要。马凯特在实施变革前思考了一个问题：由哪一个角度来推动这场变革。他认为，如果我从最上层的副指挥官、舰艇的警卫长和部门长官开始改变的话，我们将使用一种自上而下的方式去实行自下而上的领导哲学，这就自相矛盾了；从下级军官开始改变，也不是一个好的选择，因为他们已经失去了领导的公信力，大家知道找他们没用；从基层的船员开始改变，可能也起不了作用，他们与马凯特指挥长之间的距离太远，而且如果没有获得指挥系统的支持，他们的转变行为会受到质疑。所以，马凯特决定从军士长开始改变。也就是说，在发动变革时，你要找到一个合适的起点，让其成为变革的中坚力量，进而推动其他人改变。另外，我们要想好先放哪些权力，放多少，放权太重、太多，被授权的人可能接不住，所以马凯特最开始放给军士长的是“士兵外出请假的签字权”。作为企业的领导者，我们不妨也从中层干部开始，把一些考核、激励等权力放给部门负责人，当有了对部门员工考核、激励的权力后，他们自然就会重视公司的考核、激励，团队的员工也会重视领导的管理，变革的中坚力量也就慢慢形成了。

第三，做好试点。如果领导者担心全面铺开的风险太大，可以先做一个试点，等见到效果后再向其他部门复制经验、广泛普及。在选试点时，最好是找一个领导者比较信任、放心，在员工中又有一定威信的干部，一方面被授权者能大胆地做事，另一方面也便于沟通交流，及时纠偏。

步骤四：推广经验。

思想改变了，接下来要让被授权者自主负责，还要有方法。为了让下级军官真正对自己所做的事负起责任，马凯特推行了一个“我计划……”流程，他要求这些军官在跟他说话时用“我计划”开头，并且简要说明这样做的理由。因为真正能够时刻做出正确反应并对事情全权负责的人，只有做这件事情的本人。要想让一个人对某件事负责，就要引导他做出认真、负责的思考。我们在为一家企业服务的时候总结了一套中层管理四步法，大家也可以做个参考：

第一步，设目标。工作开始前，为任务或岗位设定清晰、可衡量、可实现的目标，并与团队成员沟通确认。

第二步，控进度。工作落实过程中，与团队成员保持随时沟通，盯着下级一步步接近目标并随时准备帮助下级达成目标。

第三步，抓考评。对照初期目标评估结果，并按照约定进行奖惩。

第四步，理规范。复盘过程经验和教训，总结固化成可复制的书面规范。

步骤五：植入文化。

授权要求领导者克制为下属提供解决方案的冲动，但不意味着什么都不管，为了使组织成员真正适应分权授责的管理模式，领导者要通过言传身教的方式渗透特定的文化。

第一，领导者要跟被授权者进行充分的沟通，明确各自应承担的职责、授权的思路和要实现的目标。其次，要通过反复宣讲、刻意示范、日常表扬和批评等方式在组织中塑造“自主负责、虚心求教、不怕质疑”的文化氛围。为什么是这几条？因为自主负责、虚心求教、不怕质疑都是一种主动积极的思维方式，不但增强了自主意识，而且有助于激发和吸收他人的能量，让自己和他人都变得主动起来。第二，领导者要不断地宣讲组织的使命和愿景，因为职责是固定的、有限的，使命和愿景代表了初心和长期目标，当一个人认同组织的使命和愿景时，他会基于使命感和对愿景的向往发挥出超越职责的创造力。文化渗透是一个长期的过程，要早些去做，但是不可急于求成、半途而废。

步骤六：建立机制。

在组织中，任何事情都不能单靠宣讲和思想引导去维系，因为人的主观意识是难以衡量和固化的，要想让分权授责稳定运转，还要建立配套的机制，用固化的程序、权责、激励去牵引和保障组织成员的行为。分权授责机制：主要是优化组织架构，明确各岗位的权力，把决策权更多地向专业人员和一线人员倾斜，当然，随之下放的还有责任，要明确各岗位的目标和基本职责，每个人做好自己的事，层层向上负责，最终实现企业整体目标。激励机制：所谓激励主要是“利”的分配，人的动力来源于对“利”的需求，只有当员工感受到了激励才会产生积极负责的动力。激励机制除了薪酬、奖金、晋升等正式激励以外，还要善于利用口头表扬等非正式激励，而且激励要及时，发现下属好的表现要及时表扬，发现错误的行为要及时纠偏。定期审计机制：我们一方面要充分信任员工，相信他们能够做出负责任的行为，但同时也不能完全放弃监管机制，以防止极少数人在缺乏监管的情况下做出负面行为。但为了维护下属的主动性，应尽可能减少自上而下的监管，多采用中立方定期审计的方式。自我批判机制：授权、激活意味着开放，自我批判机制就是要把开放的心态固化下来，定期审视自己和所负责的团队是否存在一些改进的空间，一个组织中，只有养成自我批判的习惯，才能避免领导者“一言堂”，才能让干部、员工保持谦虚、开放的心态，持续学习进步。

步骤七：提升能力。

很多时候领导者之所以不敢授权是因为下属的能力不足以承接相关的事

务，因此，即便在组织中建立了分权授责的文化和机制，也要采取措施帮助下属提升能力。在能力提升方面，大家现在比较认同的是“721 训战结合”的模式，即 70% 通过实战提升能力，20% 通过师傅帮带提升能力，10% 是知识教授。受此理论影响，许多企业都比较重视实战，而事实上，充分的授权也就是给机会、压担子，让下属在实战中成长的体现，但同时我们不可忽视的是知识、技能的培训，因为通过培训可以使组织的知识财富得到快速复制，使组织的整体能力在短时间内倍增。所以，具备条件的企业一定要建立自己的知识赋能中心，把组织的知识、经验、数据沉淀下来，普及下去。

步骤八：关照你的员工。

前面我们提到，这是一个人才独立的时代，相比从前，人才的素质和自我意识都明显提升，大家不再满足于做一个劳动者，除了物质回报，还要追求乐趣、成就、挑战和成长。激活组织是一个双方互动的行为，而不是领导者或员工的个体活动。因此，我们希望组织在能够长期保持员工活力创造价值的同时，也让员工有所得，否则，这种激活他人的关系是不成立的，很可能会成为一个管理陷阱。所以，当马凯特不需要整天忙于各种琐事时，他把大量的时间花在了关心下属上，其中最重要的是帮助下属晋升，后来圣塔菲号申请延期服役的员工数量创造了美国海军史上的最高纪录。

每个人心中都有一团火，一个组织如果能够点燃员工心中那团火，定将凝聚起无穷而强大的力量。激活他人，不仅是领导者的天职，也是每个人的权利，未来，我们希望有更多的人被激活。

回归干部管理“铁三角”，让能打胜仗成为一种信仰

彭剑锋

在不确定的复杂新时代，一家企业最大的危机、最大的威胁、最大的问题，我认为不是来自外部环境，更不是来自竞争对手太强，而是来自内部。

从内部来看，我认为首先是来自干部，来自组织骨骼不强，干部太弱。如果将企业组织视为一个有机体，那么企业家就是大脑，员工是手脚，而干部则是承上启下的躯干（骨骼），所以，“正确路线确定以后，干部就是决定因素”。为此华为、阿里、小米等优秀企业都专门设立总干部部，将“建组织、出干部”作为企业组织能力建设的两大核心命题。在企业经营管理实践中，干部如果没有危机意识就是企业最大的危机；干部责任感的缺失，就是企业最大的威胁；干部能力的滞后、跟不上，就是企业转型升级面临的最大问题。

企业最大的危机是干部缺乏使命感，干部激情衰竭，不愿意持续奋斗。干部如果缺乏使命感、激情衰竭、工作惰怠，不愿持续奋斗，就会导致整个组织缺乏内在活力和外在的竞争力，这是企业潜藏的最大危机。企业的活力来自企业的领头人及其团队有没有远大的追求与事业激情。尤其是企业取得一定成功，许多干部物质财富有了一定保障之后，大家是否愿意持续奋斗，决定着这个组织是否会惰怠，决定着这支队伍是否还能继续打胜仗。华为一再强调“企业要以奋斗者为本”就是这个道理。

企业最大的威胁是干部责任感的缺失。许多干部在变革面前、在转型时期，不敢冒变革风险，害怕失去已有的利益，因而不愿意承担更大的变革的责任，不愿走出舒适区，懒于变革，占着位置不履责、不作为、不采取变革行动，从而导致组织的变革与转型流于形式，使企业面临被时代淘汰的威胁；许多干部官做大了后，工作行为官僚主义、形式主义，远离市场、远离客户，这将使企业面临被市场与客户抛弃的巨大威胁。

企业最大的挑战是干部不学习、职业能力滞后、领导力不足。企业的战略转型与升级，面临的最大问题是干部不学习，不愿接受新的挑战。许多干部经营能力欠缺、职业管理技能滞后，团队领导力不足，尤其是在数字化与智能化时代，干部的观念陈旧，思维固化，行为滞后，能力跟不上，成为企业转型升级的较大障碍。

所以，干部管理才是一家企业人力资源管理的核心。我们经常讲，**人力资源是企业的战略资源，但一家企业真正的战略性资源，是干部。**

很多人认为"干部"这个词很传统、陈旧，我认为它不是一个传统概念，也不是计划经济的产物，更不是中国共产党的"专利"。"干部"一词最早来自法语"Cadres"，含义是组织中的骨骼系统，是组织中的骨干；日语里也有"干部"这个词，也是指组织之中的骨干分子。1922 年 7 月，中国共产党第二次全国代表大会制定的党章中，首次使用了"干部"一词。干部这个词是舶来词，但中国共产党赋予了干部以全新的含义。中共十二大党章明确指出：干部是党的事业的骨干，是人民的公仆。我认为，企业中的"干部"，狭义来讲，就是担任一定领导职位和管理职务的人，即手下有兵，要带团队、带队伍的人；广义来讲，就是决定企业生存和发展的核心骨干人才，具体是指：担任一定领导、管理职务的人，企业核心的研发人才、专业人才和骨干技能型人才等。

本文中我要讲的干部，是狭义的"干部"，就是企业的中高层管理者。在不确定的数智时代，企业要以内在的确定性来应对外部的不确定性，而内部最大的确定性就是干部队伍的稳定、团结与战斗力。干部稳，队伍就不会乱；干部团结，队伍就坚如磐石；干部有战斗力，带头冲锋陷阵，队伍就势不可当，就能持续打胜仗。在不确定的新时代，企业要以不变应万变，要以变应变，最重要的抓手，就是抓干部队伍建设，**而干部队伍建设最核心的要素我认为是三项：使命、责任与能力。我把它称为干部队伍建设铁三角（见图 1）。**

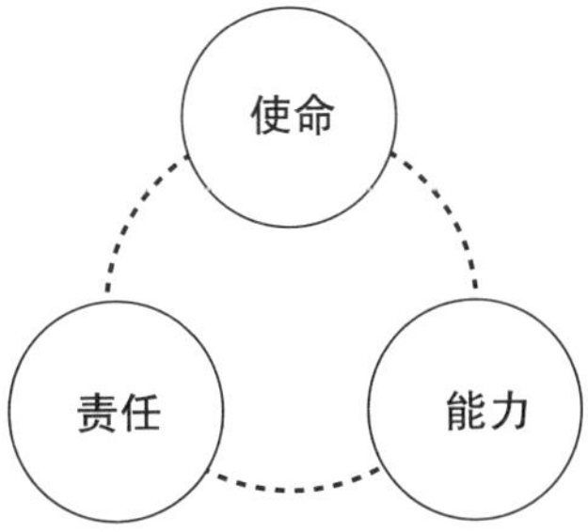

图 1　干部队伍建设铁三角

一、使命感：让组织激情永不衰竭

企业内在的激情、内在的活力，来自人的使命感。也就是说，道不同不相为谋，卓越的组织首先是由共同信念者所组成的，有共同的信念、共同的追求、共同的价值取向。信念可以产生组织的激情，人有信念、有追求，做事就会奋不顾身，就有奉献精神，就不会为短期利益所困。人为使命感工作，才能真正做到一切为了实现组织愿景与目标，而竭尽全力，尽职尽责，持续奋斗。企业家是企业最大的干部，要使干部队伍有激情，首先是企业家这个领头人要有事业激情。当企业一次创业成功以后，企业家有了一定的财富，所面临的最大障碍就是“小富即安”，不想持续奋斗，这就是我所提出来的企业家“目标追求封顶理论”。

企业家的目标追求是企业成长的“天花板”，如果企业家小富即安，不愿意持续奋斗，自己都不想把企业做大做强，企业的成长就会碰到“天花板”。中国很多企业发展到今天之所以停滞不前，就是因为企业家和企业的高级干部“目标追求封顶”，人生价值迷茫，找不到未来事业的激情在哪里，导致整个组织“惰怠”，致使整个组织没有激情，没有活力，最终导致没有竞争能力。所以，组织要始终充满激情和活力，一方面，是企业家和高层领导干部要被使命驱动，要有持续奋斗的事业激情；另一方面，要通过顶层设计和文化共识，让所有干部认同和相信公司的使命与目标追求。只要干部富有激情、斗志昂扬，组织就有事业的张力和活力。

中国企业中高层干部使命感缺乏，我认为有十大表现。

1. 无理想追求，人生价值迷茫

很多企业家及高层干部取得了一定成就，有了一定财富的时候，反倒找不到方向，不知道自己的追求是什么。大多数人在一无所有时，不会去多考虑人生的基本命题，一旦有了一定的地位和财富之后反而会去思考人生的基本哲学命题，即思考我是谁、从哪里来、到哪里去。“人类一思考，上帝就发笑”，人就开始痛苦、开始郁闷。

人往往解决了基本生存问题之后，就会思考这些让人困惑和痛苦的命题，如果思考不清楚，就会陷入人生价值迷茫，找不到事业的方向，激情衰竭，出现宿命论，或者干脆奢靡腐化。很多老板获得一定财富之后，就往往对自己说，人活着为什么？做大企业为什么？干吗要再那么努力、要持续奋斗呢？又有什么意义有什么价值呢？思考不清楚，找不到存在价值的时候，就开始求神拜佛，甚至迷信。

我不反对宗教信仰，但应该与企业经营分离，搞企业经营不能动不动把佛家语言用到企业经营上，更不能把佛家信仰当作升官发财、指点迷津的一种路径。我认为企业家就是企业家，任何时候都不能丢掉企业家的本分：创新、敢于承担责任，这是企业家血液里流淌的东西。企业的所有理念都交给佛家语言做诠释，企业一定出问题。企业家要有信仰，不论是信仰佛教、基督教、天主教，这是人的信仰，但是企业家的个人信仰不等于企业的信念与追求，两者不要混为一谈。

中国很多企业所面临的最大问题，是企业家把个人的信仰与企业的信念追求完全等同，试图用宗教的信仰替代企业的信仰，这就走入了误区。宗教信仰是超越政党、超越企业的一种价值信念，而企业是功利性组织，是要参与竞争的。比如佛是讲究善、真、不求利、不求回报，而企业的任何投入都要讲产出。佛的追求往往是一种境界，只能够逼近，不可能完全做到，而企业的理念是需要做到位，是需要落到实处的，是需要落地的。

2. 事业心不足，工作激情衰竭

干部缺乏使命感，就没有事业激情，精神萎靡，总不在工作状态。许多干部遇到问题、面对组织目标难以完成，不会想办法，创造性地去解决问题、实现目标，而是被动等待上级指令。背后是事业激情的衰竭，消极懈怠，这点在很多中高层干部，尤其是中层干部身上表现明显。中层干部是组织的腰，腰不在工作状态，就像男人的肾出问题，就影响阳刚之气。中层干部的事业激情缺乏，组织就容易懈怠。正如华为任正非所说的，高层要靠使命感、中层要靠事业感、基层要靠饥饿感。事业激情衰竭，主要是针对中层干部，中层“腰”杆不硬，整个组织就“松垮”而没有战斗力。

3. 安于现状，只图工作安逸舒适

这是企业发展到一定时期组织没有使命感的表现。我并不反对干部要尽力做到保持工作与生活的平衡，干部既要奋斗，也要保持身心健康，但是不能过度享受生活、追求工作的安逸舒适。很多老板说，我现在想当甩手掌柜，天天打球，游玩，让别人去干。我说除非你不是企业家。

企业家往往是没有退休年龄的，企业家是以经营企业为天职，以经营企业为生的人。当然，做一个实业企业家很辛苦，做实业不容易，但做实业有成就感。做实业的最高境界是台塑集团的创始人王永庆，一生都奉献给企业，最后九十多岁在工作岗位上无疾而终。你上了企业家的“贼船”，就别想下来。

我认为，企业家就是不安于现状的人，是把事业作为人生最终追求的人。企业家也可以享受生活，李嘉诚享受生活、邵逸夫也享受生活，但是在享受生活的同时能够把工作做好，把事业做大，不断持续奋斗。中国很多企业家一享受生活就“温水煮青蛙”，不愿意跳出来，感受不到外部环境的变化，安于现状，不愿意持续奋斗。

我特别赞同李健熙的话，要想成为公司的核心干部，就必须持续奋斗，必须比员工提前一个半小时上班，只有比别人付出更多，企业才有竞争能力，所以华为才会提出“以奋斗者为本”，只有持续艰苦奋斗、保持企业内在的激情，企业才有持续的战斗力。干部不能安于现状，不能图安逸，成就感更多来自事业而不是享受生活。尤其作为企业的高层干部，更应该把事业的成就作为满足感、幸福感的来源，对中高层干部来说，幸福是奋斗出来的。

4. 缺乏激情，不敢挑战新目标

特别是战略转型时期，企业要进入新的产业领域，一切从头开始，很多干部都不愿意去开拓新事业，不愿意接受新挑战，更不愿意提出更高的挑战性目标，总觉得企业已经不错了，为什么还要更多的挑战性目标？订目标的时候都希望往下压低一些，留有余地，都不愿意尝试挑战更高目标。组织中如果中高层干部对新事业、新业务缺乏投入的激情，每个干部都不愿走出成功的舒适区，不愿持续艰苦奋斗，这个组织一定是一个没有使命感的组织。有使命感的人一定会不断开拓新事业、不断接受新挑战，会在新事业、新发展、新目标之中，去寻求成就感和满足感。

5. “占着位子、拿着票子、混着日子”

企业中许多中层干部占着位子、拿着票子、混着日子，不仅不创造价值，还相互影响工作、制造麻烦，这也是缺乏使命感的表现。组织大了，如果许多人搭便车、占着位子不作为，只求回报、不讲贡献，这个组织一定没有竞争能力。所以组织要变革、要扁平化、要削减管理层级，核心目的就是让每个人有价值地工作，让每个人都能创造价值。海尔为什么搞自主经营体，用会计核算体系核算每个人的价值，就是企业大了以后，为了防止搭便车，防止占着位子不创造价值。以会计核算的方式去核算每个干部，看他们究竟为公司作了多大贡献，贡献是高于所得还是低于所得。只有每个人都成为价值创造者，组织才有竞争能力。

6. 居功自傲，放纵不自律

有使命感的人一定是严格要求自己，不放纵自己，严守组织规则，并且对自己与组织的关系有正确的认知，具有很强的自我约束和自我认知力的。正如联想创始人柳传志所讲的，高级干部就要做到企业利益大于一切，个人不凌驾于组织之上。联想规定，高层开会不能迟到，迟到要罚站，柳传志有时自己也迟到了，便主动罚站，遵守规则。有使命感的干部一定有全局意识，会主动补位、主动去协同，绝不搞山头主义。没有使命感的人往往死守“一亩三分地”，屁股决定脑袋，没有全局观，同时居功自傲，无视组织规则，或拉山头，或与组织叫板。我认为真正有使命感的干部，会对自己不断地有更高的要求，对自己有约束，自律而不放纵。很多因为腐败落马的官员，最后后悔的话几乎都是“平时对自己要求不严格，从小的细节上没有遵守规则，放纵了自己”。有使命感的人一定对规则有敬畏感。

7. 不学习，没有自我批判精神

人一自满就觉得自己特别“牛”。我经常讲，管理学界没有大师，谁自称大师，谁就是“大粪”，当你自称自己是“大师”时，就傲视群雄，一旦傲视群雄就失去批判精神、不肯学习。不学习，人的能量与外部之间就没有交换，就只有输出而没有输入，没有能量的交换就会萎缩，一水池的水就会发臭，开始发臭的人往往就是所谓的“大师”。

管理无大师，实践才是我们最伟大的老师。管理实践在不断改变，管理是盘永远下不完的棋，管理理论没有绝对的真理。

有使命感的人，是善于学习、终身学习、具有空杯心态的人。任正非为什么能成为中国最受人尊重的企业家，就在于他谦虚的心态、不断学习的精神。《中国经营报》曾经请我谈对任正非的印象，我说任正非经常“血洗”我们的知识，他的学习精神、融会贯通的能力在中国企业界无人能出其右。他经常和世界级企业家交流，与高手过招。学习很重要一条就是和高手过招，不断与比你能干的人去交流，去过招才能发现自己的不足和差距，才会有危机感。如果只与比自己差的人在一起，就会自满而懒于学习。另外，学习不是做知识的储存器，最重要的是利用知识、转化知识、创新知识。对于各级干部而言，关键不在于知，而在于行，所以训战结合、在行动中学习是一种重要的学习方法论。

8. **个人利益大于组织利益，缺乏全局意识，不合作、不协同**

有使命感的人内心深处会有一种组织认同，只有组织在，才有个人价值在，离开组织、离开平台，个人使命就没有承载体。一个人是做不到包打天下的，只有融入组织，以组织利益为重，有全局意识，才能够真正把个人目标和组织目标融入一体。同时干部具有全局意识，能够站在企业全局和整体利益角度去做取舍，主动与其他部门合作、协同。

9. **牢骚满腹，个人成为负能量场**

有使命感的干部往往能认同并践行企业核心价值观，具有感恩心态，正能量输出，而不是天天对着员工发牢骚、抱怨，成为负能量场。我经常和我的学生讲，人一辈子要和两类人打交道，一是有能力的人，二是有正能量的人。天天抱怨怀才不遇的人就会怀才不遇，天天和赌徒在一起就会成为赌徒。

干部有正能量，组织才会有正能量；企业所有人都在谈别人的问题，不谈自己的问题，组织就成了负能量场。什么叫文化建设？文化建设就是要形成正能量场，给大家以正能量的心理预期，牵引大家能够朝着共同的目标去努力，而不是与组织的目标相背而行。

10. **漠视外部环境变化**

很多企业做大了，干部自我感觉太好，感觉不到来自市场的变化，这是张瑞敏所讲的，做企业要“战战兢兢”，时刻关注外部的变化，时刻提高自己和组织对外部环境的自适应能力。什么叫时代企业？就是能够与时俱进的企业。企业要敏锐感知外部环境的变化，干部要有危机感，没有危机感就是企业最大的危机。当干部自我感觉太好的时候，也是企业要出问题的时候。以上列举的十个方面，都是干部缺乏使命感的表现。

华为公司将干部的使命和责任明确为：以文化和价值观为核心，管理价值创造、价值评价和价值分配，带领团队持续为客户创造价值，实现公司商业成功和长期生存。

使命感落实到干部管理行为上，主要包括四个方面。

①践行和传承核心价值观，抓企业文化传承；②聚焦客户需求和客户价值实现，抓业务增长；③开展端对端业务流程建设和管理改进，抓效率提升；④均衡开展组织建设，队伍建设和团队运作，抓能力提升。

为强化干部的使命感，华为及阿里都通过干部价值观行为评价体系来引领和约束干部的工作作风与行为。比如，阿里的六脉神剑价值观评估，华为的基于价值观的劳动态度评价，等等。

关于干部使命感自我评估的十大问题。

①我是否真正认同公司的使命愿景，并十分愿意为这一使命愿景的实现充满热情，竭尽全力，全心投入，不懈怠，持续奋斗，持续建功立业？

②公司面临新的发展机遇与挑战，我是否有激情去接受挑战，提出更高目标，愿意承担更大责任，勇于到艰苦地区、新产业去开拓新局面？

③我是否具有自我批判精神与空杯心态，愿意接受新事物，新知识，对自己提出更高的要求，发展与提升新领导力，实现自我超越？

④遇到问题和矛盾，我是否愿意主动承担责任，不回避矛盾，不畏困难，不绕着走，不找借口找方法，不抛弃团队、不放弃责任？

⑤当个人利益与组织利益发生冲突时，我是否能以组织利益为重，不以权谋私，一心为公？

⑥我是否是公司核心价值观的率先垂范者与践行者？

⑦我是否能正确处理工作与生活的平衡关系，在生活水平与品质提升的同时，保持饱满的工作热情？

⑧我是否还像创业时期那样深入一线，走进客户，贴近员工心理？

⑨我是否时刻感受到危机，是否还强烈渴望学习，不断提升自己的能力，是否时时自我反省，认识到自己的不足？

⑩我是否对公司心存感恩，忠诚于企业，愿意持续付出与奉献？

二、责任感：让组织具有理性的力量

责任产生组织的理性（确保方向正确、战略落地），责任胜于能力，责任使得一家企业具有理性的力量。对于组织来讲，组织是由一群心怀责任感、具有担当的人组成的，责任是企业的生命线。对于个人来讲，责任是个人职业生涯的通行证。一家企业的员工都有对客户负责的责任心，企业所有的漏洞都会有人主动去补，这家企业是不容易被市场和客户抛弃的。另外，一个人只要有责任感，在任何地方都会有机会，职业生涯就会有前景。从这个角度讲，责任大于能力，责任成就卓越。在一家企业的转型变革时期，干部如果不愿意担负责任，转型就难以成功。所以，中国企业最大的威胁是源于干部没有责任担当。中高层干部应该是负责任的表率，责任高于一切，要重塑责任体系。

1. 企业中高层干部缺乏责任感，往往有十大表现

①对组织价值观不坚守、不承诺、不践行；对公司战略目标不认同，不执行，无定力；

②面对重大决策不拍板、不决策、怕出事、怯担当，贻误重大市场机会与战略机遇；

③懒于创新求变、不敢承担变革风险，不愿开拓新事业，工作守成，方法落后；

④不能直面矛盾和问题，或者粉饰问题，避开矛盾和问题，尤其不敢直面自己行为带来的问题；

⑤遇到分歧和不利于组织发展的不良言行，不能旗帜鲜明地表达观点，和稀泥当老好人；

⑥个人凌驾于组织之上，不敬畏制度与规则，漠视组织程序与制度；

⑦不承担人力资源管理责任，不关心人、不培养人；对自己不负责，不自重，不约束，不学习，缺乏自我批判精神；

⑧遇到困难和问题绕着走，企业危难关头当缩头乌龟，甚至临阵脱逃，没有担当；

⑨远离一线，官僚主义、形式主义，高高在上，对顾客和合作伙伴夸海口承诺，不以客户为中心，欺骗客户、忽悠客户；

⑩不以组织目标为己任，混日子，讲资历，摆资格，对组织没有新贡献。

企业要重塑干部的责任体系，防止干部上述不负责行为的出现。要让干部树立责任意识，深刻理解干部责任的内涵和行为要素。《辞海》中对责任的定义是：对职务、职责和义务的担当，对使命的忠诚和信守。责任意味着：做好你被赋予的任何有意义的事情，如对工作出色完成，让组织及别人对你放心，充分信任，遇事不回避，有问题不找借口。

2. 具体来说责任的行为表现主要包括以下几方面内容

①责任体现一种承诺。是对公司价值观的坚守与承诺，体现对客户价值、员工发展、股东回报的承诺。

②责任体现一种敬畏。是对守法经营与市场规则有敬畏感，对组织制度与规则有敬畏感，对履行岗位职责有敬畏感。

③责任体现一种担当。所谓担当就是勇于直面问题，敢于拍板决策，能够抓住发展机遇的担当、自我变革的担当、自我超越的担当，是用心、用精进之

心做事的责任担当。

④责任体现一种对自我负责，对自己错误的反省，对自我的正确认知与严格要求，对自我人格与品德的不断完善与修炼。追求自我的不断超越与完善就是一种责任感的体现。

⑤责任体现一种贡献。干部的责任贡献主要体现在两个方面：一是组织目标的实现上，干部的责任是胜利、打胜仗，体现在为组织贡献价值，体现为率领团队创造高绩效；二是人才发展的贡献，干部要带队伍，培养人才，为组织培养和输送人才。

⑥责任体现一种心理契约。从更高层面看责任，它是组织的心理契约，是忠诚于组织、使组织放心的一种心理契约与内在承诺。

3. 建立责任承担与管理机制

要让干部愿担责、敢担责，有动力、有能力担责，企业必须建立责任承担与管理机制，责任作为一种管理机制体系，它是责、权、利、能、廉五位一体的系统。对于中高层干部而言：

责：核心是绩效目标责任，干部要承担率领团队订目标、扛目标、实现目标的责任。

权：干部履责的资源获取与调配机制，在信任与承诺中给干部充分而有效的授权，干部珍视并用好组织所授予的职权，不专权，不滥用组织权力。

利：履责的动力机制，干部为组织完成绩效，为组织作出了贡献，组织要给予干部相应的回报与激励。

能：履责的必要条件与标准，干部具备履责的能力与达到岗位履责的标准；要将具备履责能力的干部培养、挖掘、选拔出来，建立干部凭能力、凭业绩吃饭，而不是靠政治技巧吃饭的干部选拔任用机制。

廉：廉洁奉公是干部履责的基本前提，履责越多而不廉洁，对组织的危害越大。因此，要建立干部的监督与约束机制，使干部不贪腐、不惰怠，成为廉洁奉公的持续奋斗者。

三、干部能力建设：让组织迎接挑战、能打胜仗

如果说责任是价值创造的前提，那么能力就是责任担当的基石。卓越的组织是由一批志同道合，具有职业意识和职业能力的人组成的，是由心怀责任、敢于担当的人组成的。卓越的组织需要卓越的能力和互补性的干部团队，在目

前这样一个巨变的错综复杂的时代，我们的中高层干部需要进行能力的升级换代，没有干部观念的转型、能力的升级，企业的转型升级是难以有效推进的。在不确定的新时代，企业中高层干部应具有什么样的能力？我认为主要有以下几个方面：

1. 洞察力

中高层干部承担着经营的责任，这就要求我们能够敏锐地洞察到商业机遇、发展机会。尤其是在结构化转型时期，干部对市场机会和机遇的敏锐感知、对客户需求的洞察、对行业发展趋势的洞见，是一个领导干部尤为重要的能力，也是企业中高层干部需要具备的核心能力。

2. 决断能力

决断能力是一个干部责任感的体现，是该拍板时敢于拍板。干部除了对客观环境能够深刻洞察外，在关键时刻要敢于决断，勇于拍板。企业发展到一定时期，我们干部就变得唯唯诺诺，不像创业时期那样有决断能力。今天，外部环境变化太快，干部如果不能抓住机遇，提高决策能力，机会就会稍纵即逝。

3. 愿景影响力

在质变时代，在数字化与智能化时代，企业要以内在的确定性来应对外部的不确定性。而内在确定性来自回归初心，来自使命愿景，来自做好自己，它需要靠文化价值观体系，用共同的价值理念、共同的使命愿景来引领企业方向正确，从而凝集员工“力出一孔”去实现组织的目标。国外叫愿景影响力，华为叫文化影响力。

任正非在一篇文章里说，“战争打到一塌糊涂的时候，高级将领的作用是什么？就是要在看不清的茫茫黑暗中，用自己发出微光，带着你的队伍前进；就像希腊神话中的丹柯一样把心拿出来燃烧，照亮后人前进的道路一样，越是在困难的时候，我们的高级干部就越要发出生命的微光，发挥主观能动性，鼓舞起队伍必胜信心，引领队伍走向胜利。”华为在干部管理纲要里面，第一条就是干部是文化的继承者和文化的影响者。我认为，我们很多企业的干部没有成为文化的影响者和文化的率先垂范者。一家企业思想权和文化权是最大的管理权。在这样一个阶段，我们的企业就需要重塑愿景影响力，需要有精神领袖进行思想的传递，才不至于在这样的迷茫时期迷失方向，才能在混沌时期找到企业发展的道路。干部要用心来燃烧，每个干部的心都燃烧起来，这家企业一定是充满激情的，一定是正能量压倒负能量，从而能持续打胜仗。

4. **跨界融合力**

互联网时代，企业必须基于客户价值跨越产业边界、跨越企业边界去思考产品和服务的创新。互联网时代，企业和外部之间是开放的能量交换场，企业的产业链、价值链之间也是相互交集的系统，企业的资金流、物流、金融流、人才流、信息流，都是融为一体的。在这样一个开放的有机的生态圈里，要求我们的干部要能够跳出原专业领域、产业领域以及企业的局限，既要有跨界思维，又要有跨界融合力与领导力。互联网时代，对手可能瞬间变成朋友，朋友也有可能变成对手。未来企业之间不会仅仅是你死我活的竞争，而是走向合作、妥协和相互依存，在既竞争又合作中实现多赢，并共同维护竞争秩序。这要求企业干部既要有竞争意识，又要有开放合作意识。

5. **跨部门、跨职能合作能力**

在产业互联网时代，特别要强调干部的跨部门合作能力。现在中国企业面临的一个很大的问题，就是干部的团队领导能力具备了，带着自己的团队，管好一块自留地，在自己的一块业务领域里当个老大没问题了，但要进行跨部门合作，想要把各个“诸侯”捏合在一起，干点更大的事时，就谁也不服谁。这就是跨部门合作能力不够。企业是内在协同体系，协同产生价值。产业互联网时代，组织作为网状系统，很多工作都是项目式的，总部是平台系统，为一线“打仗”提供支持服务，各个业务部门自动自发协同。这尤其需要干部具备跨部门、跨职能的合作能力，具有高度协同意识。

6. **真实领导力**

企业越是面临各种错综复杂的矛盾时，越是要回归企业本位、坚守价值立场和价值底线，坚守内心道德诉求，且要做到言行一致。在大数据时代，人与人关系透明，要求干部与客户、内部员工等价值链上的各个相关利益者建立透明的价值创造关系，把机制制度放在阳光下，在组织内部营造透明决策、民主决策的氛围，集聚群体智慧，激发组织内在活力，并能把握住节奏。干部职位越高，所占据的资源越多，干部失控组织就失控，干部发疯组织就发疯。这要求管理干部，一方面具有“灰度”驾驭能力，在黑白之间，在混沌中找到方向，在黑白之间找到平衡点，驾驭内外矛盾关系；另一方面具有道德力量，有道德的修养，是依靠道德进行自我约束、施行阳光政策，而不是依靠潜规则。干部要能够掌控自我，实现自我管理。因此，在新的管理环境下，真实领导也意味着在驾驭复杂要素时既包容、妥协、平衡，又能总体掌控的一种能力素质。

7. 跨文化领导力

中国企业越来越走向国际化，如何应对多元化和国际化也是一个重要命题。企业如何能把各种信仰的人集聚在组织之下，如何去与合作共事的思维方式与行为方式迥异的外国人融合，这也是全新的挑战。张瑞敏说，要把全世界人才作为海尔的人力资源部，全世界人才为我所用。要做到这一点，对领导干部跨文化的沟通能力、跨文化的理解能力更是提出了全新要求。

干部的任职资格与胜任力模型及评价体系，是干部能力建设的根基。华为干部的能力框架与能力要求见图 2、图 3。

品德 （底线）	· 商业行为中的道德操守
核心价值观和使命感 （基础）	· 践行并传承核心价值观 · 对华为的事业充满热忱和使命感
绩效 （分水岭）	· 基于责任结果的持续高绩效
能力与经验 （关键成功要素）	· 能力：支持持续高绩效的关键行为 · 经验：成功实践

图 2　华为干部标准通用框架

将军是打出来的，干部的能力是在实战中摔打出来，“宰相必起于州部，猛将必发于卒伍”。华为将干部能力发展的模式提炼为 7－2－1 模型，即 70% 的能力通过实践得到，如项目制工作、跨部门工作、轮岗；20% 的能力通过辅导反馈得来，如思想导师、教练、担任兼职讲师、最高层亲自授课、360 度反馈、批评与自我批评；10% 的能力通过课堂培训而来。华为通过分层分类的实践与学习项目，建立干部“之”字形能力发展路径系统。通过干部任职资格评价体系和“干部能上能下、工作能左能右、人员能进能出、待遇能升能降”四能机制，使干部队伍始终充满活力和战斗力。总之，组织最大的财富是干部队伍，干部队伍建设是组织能力建设的核心，“定方向、建组织、出干部”是企

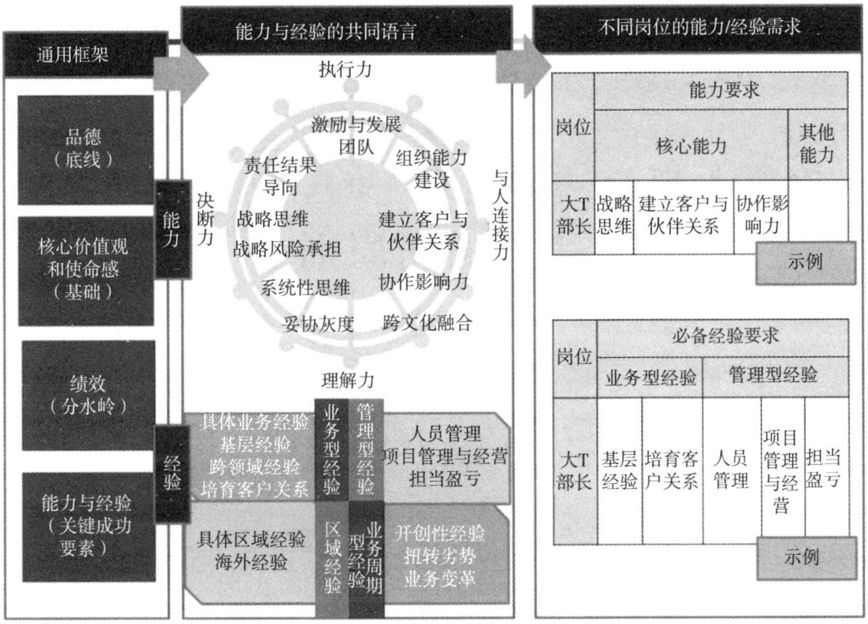

图3　华为干部标准能力与经验

业可持续发展的根本保障。而要不断出“能打胜仗的干部”，最终要回归干部管理铁三角：使命、责任和能力建设。

接班人都是“剩出来”的，选接班人的九条必用原则

陈　明

如果你要问一个发展势头良好的企业最大的难题是什么——无疑是领导人的更迭，也就是接班人的选择。这可以说是古今中外企业普遍面临的一个难题。这个问题解决的好坏与否，是检验一个企业机制优劣的试金石。

百年企业，基业长青，重在一代代接班人的选择。中国的“创一代”企业家，如今大多数都已年过 60 岁。这个群体现在基本上面临一个重要而迫切的问题——接班人选择。接班人选择还存在着一个“悖论”，使接班人问题更加复杂，**即上一代企业家越是杰出，接班人越是难以选择，选择到“不合适”接班人的概率比较大**。如果这个杰出企业家不重视机制建设，不从长计议、提前布局的话，他所选择的接班人“出错率”更大。

我们先来看看何为接班成功？这个接班人所带领的团队，既要守业，更要创业。经营企业犹如逆水行舟，不进则退，要么发展，要么死亡。**我们必须站在企业持续健康发展的角度来看待接班人问题，而不是站在企业家个人的角度**。所谓接班成功，必须是再造一个“企业”。这个难度非常之大，尤其企业体量比较大的时候。坦率地说，从古至今在中国企业史上，一个商业组织成功实现接班的案例，乏善可陈。因为中国企业发展史实际上是从 20 世纪 80 年代才开始，至今满打满算也才四十年左右。企业史的跨度比较短，成功接班的企业样本数不多，导致适合中国企业并经过实践检验的有关接班人的知识比较欠缺。

笔者身处中国企业实践一线近二十年，有幸接触过一批优秀中国企业家，笔者从他们身上观察和学习到一些有关接班人培养的真知灼见，加上自己一些思考，拼凑出一个关于接班人选择的大概轮廓，希望能给企业家们提供一些有益思考。

接班人问题是个典型的重要而看似不紧急的问题，是个系统问题，更是一个十年大计问题，不能报以侥幸心理和机会主义思想。很多在位的企业家或企业最高领导人总觉得这个问题可以往后推，殊不知这个问题的解决必须从长计议，企业家本人必须趁早有意识地布局，这个布局所需的时间还不能太短，也需要不断优化和修正。

但现实中很多企业家还有一点“纠结”：选择外人接班还是选择自家人（自己子女）接班，这是一个问题。打心底说，大多数企业家本人还是希望自己的子女来接班，这是人之常情，无可厚非。但问题是如何把第二代培养成一个合格的接班人。

还有一种情况也比较普遍，企业家往往有一种机会主义思想，总觉得到时候从外面招一个职业经理人（外人）接班算了。好像这样做比较容易，好像社会上符合接班人条件的职业经理都在外面等着似的。笔者要强调的是，即使想让职业经理人接班，也要从长计议，提前布局。大事不能急办。

本文淡化选择自家人还是外来人的问题，从选择接班人本身来探讨这个难题的解决之道。可以说，不管你选择哪种人接班，大概率都得这么办。

一、“企业家精神”很重要

笔者发现很多老板选择接班人的时候，总是倾向于选择和自己相似的或风格差不多的人。实际上这个接班人是否和自己相似或风格差不多，一点都不重要。重要的是，企业发展到这个阶段需要一个什么样的人担任一把手，继续带领广大员工与干部一起奋斗，实现企业的愿景。这个非常重要。如果这一代企业家是从创业开始把企业做大的，那么这个企业就可能留有这个企业家本人的“鲜明特点”，也会积累一些“积重难返”的问题。选择什么人做接班人，必须立足现实，面向未来，从企业持续发展的角度来思考。比如，上一代企业家比较“敏锐”，善于捕捉机会，善于做 0 ~ 1 的业务，思维比较“跳跃”，那么接班人就需要系统架构能力强一点，善于培养人，建组织，能大兵团打战。如果上一代企业家比较重情重义，比较豪迈，那么接班人就要选择相对理性的人，规则意识更强一点的人。

笔者研究国外企业的继任计划，似乎有一种规律，前任和继任要有一种相互“拧”的感觉，继任者上台就要向另外的方向“扳一下”，这样的企业往往更有张力，更有活力，不易僵化。企业在动态调整中，在不断打破平衡中成长。比如，如果上任比较擅长营销，那么往往从运营、财务的岗位中选择继任者的比例就相对高一些；如果上任是技术出身，那么继任者往往是营销出身；如果上任是扩张型人才，继任者就要偏向建制派。

需要强调的是，无论选择什么类型或风格的接班人，也无论上任和继任是否是相互“拧”，有一点必须是共性的——具有企业家精神。他或她是“唯心主义”者，能“无中生有”。为了实现目标，不局限于手上资源或眼前利益，奋力拼搏，“没条件创造条件上”。与企业家精神相对的是职业经理人思维，职业经理人思维特点是“有多少米裹多少粽子”。

中国企业接班人最成功的案例之一就是方洪波接任美的集团。方洪波带领美的集团基本上完成了“再造一个美的”。方洪波身上呈现出较为强烈的企业家精神，继任之后，大力实施改革，从“产品领先，效率驱动，全球经营”，到现在的“全面数字化、全面智能化”；从过去的白色家电、机电等事业群到现在消费电子、暖通及楼宇系统、机电事业群、机器人与自动化、数字化创新业务五大产业板块的布局。美的集团营收从 2012 年的 680 多亿元增长到 2019 年的 2700 多亿元。这些成绩背后无不透露出强烈的企业家精神。

二、既问成败又问是非

“既问成败”就是选择经历过成功实践的人，也就是此人干成过事情；“又问是非”就是必须选择符合价值观的人，选择“气味”相投的人。怎么判断和检验继任者的价值观呢？主要考察他或她如何成功的。比如，是不择手段的成功，还是有底线的成功（长短利益平衡，不为短期利益牺牲长期利益）。有时候企业一时的成功具有偶然性，属于运气好，靠天收，“水涨船高”，并没有经过艰苦卓绝的努力。持续成功非常重要。

有价值观的人一般是有格局的。是非观就是价值观，平时其实很难判断一个人的价值观，不仅要听其言，看其写，更要观其行，尤其在发生冲突矛盾、进退两难的时候，看其如何选择的。

没有成功的实践，没有打过胜仗的人才，可能是个“假把式”，更有可能是“伪人才”，这种人往往只会纸上谈兵，站着说话不腰疼。千军万马交给他指挥，指望他带领大家攻城略地，肯定是不行的。“秀才造反十年不成”。

只问成败，只要业绩好，就能“一俊遮百丑”。这种情况充其量只能适应于基层员工，或适合于短期目标。如果一个企业只认业绩的话，其文化可能也有问题，这种急功近利的文化，可能会诱导“做假”，不诚实经营，最终毁了一个企业。在很多商业媒体报道里，大凡只认业绩的企业，终究会出事，在这里就不一一列举了。一味追求业绩的企业，一般不会为三五年以后才能见效的事情投入，也就是不会为未来跨时空投入，这种企业是没有未来的。

以业绩论英雄，一般只适合初创期或企业比较小的时候，为了活下来，鼓励英雄主义。但随着企业规模增大，企业必须进入不依赖英雄的阶段。

企业接班人必须有业绩，但更要有大局观，能站在企业的持续成长的角度思考问题，付出努力，认同公司价值观。这个确实比较难，但很重要。没有成功实践很难服众，没有基于价值观的领导力则很难产生“权威”。

三、相对长时间、近距离的观察和判别

试玉要烧三日满，辨材须待七年期。类似接班人这种重要人选，老板必须近距离观察、判别一段时间，辨材须待七年期。榆树和樟树需要生长七年才能辨别出来，人更复杂，需要更长时间的磨合，放在一些真实场景下看其表现而非表演，从而真正地辨别出来。一个老板必须具备一种能力——识人。中国优秀民营企业家如美的集团的何享健、阿里集团的马云，无不是识人的顶尖高手。

那么，老板相对长时间、近距离的观察和判别候选接班人具体该如何操作呢？先说一点题外话。“二战”时期日本的三大参谋之一——濑岛龙三，此人在军校时期就是一名学霸，“二战”时期任日军参谋，但名气不如石原莞尔、辻政信。据说濑岛龙三这个人研究德国军队、日本军队的参谋部很深入，“二战”后把日军的参谋部引入日本企业（他自己从一名蓝领干到伊藤忠商事株式会社的社长）。他认为东方企业必须重视参谋部的建设，这个地方是训练人的大局观、综合能力以及近距离考察人的理想场所。据说韩国企业深受日本企业的启发，像三星等企业无不重视参谋部的建设。在实践中，这个参谋部近似于总裁办等机构，企业必须发育出强大的总裁办等机构让其发挥参谋部的作用，把一些可造之才放到这样的部门进行锻炼，以训练其系统思考能力，同时便于老板近距离观察和判别。

结合企业实际场景，企业必须发育出一个由老板直接管理的部门，类似于参谋部，一般企业把这个部门叫作总裁办公室（或其他名称），主要起两个作用，培养人的大局观和系统思考能力，同时便于老板近距离观察和识别人。这

个部门一般以 3 ~5 年为一个周期，如果一个人长时间从事参谋工作，也不利于他或她的全面成长，尤其独立的决策能力。一些优秀企业通常把一些可造之才（候选接班人）放在这样的部门锻炼几年，既锻炼了能力，又和老板建立起“信任关系”。

现在企业在实践中也有更为丰富的手段，不仅仅是类似总裁办公室，老板直接管理的其他部门也成为锻炼、识别和输送人才的部门。如果企业要想让一些人才快速成长，可以升格建制，比如虽然是师级建制，但给他军级待遇（可以直接向司令汇报）。在企业里，被看好的人才虽然级别低一点，但可以直接向老板汇报，这也是一个锻炼和识别人才的办法。

四、应该是团队接班

笔者在咨询实践中发现很多企业没有继任计划或有继任计划但做得不好，导致接班人选拔的问题比较突出，甚至会造成一定的动荡。其中一个主要的问题被忽视了：接班不是一个人接班，而是需要一个团队来接班。

一个相对年轻的接班人被提拔到一个主要位置上，他或她发现自己没有团队，围绕在周围的还是老板以前的旧臣，况且年纪都比自己大，这个就更不好办了。一般来说，领导年纪小、下属年纪大似乎有点“不合时宜”，这个在日本、韩国文化中更明显。

当然，并不是说比一把手年纪大的人就不能发挥作用了，企业中需要倡导“贤人文化”，倡导举贤育贤的文化。

“宰相必起于州部，猛将必发于卒伍。”接班人必须是一路打上来，经历过无数胜战后剩下来的，在打胜仗的过程中形成了自己的核心团队。这个团队在“革命过程”中结下深厚的“革命友谊”，这个团队形成也是经过实践检验的。

举个例子，某家大型企业准备选出下一代的领军人物，组织干部首先选拔一批绩效优秀之人（绩效是分水岭），然后再梳理这些人所领导的团队的历年奖金分配表，找出那些虽然是团队组长，但自己的奖金在核心团队成员中并不是绝对高的人（通过分奖金也能看出团队意识），然后再对具有团队意识的人选进行考察，最终选出的人员基本不会错。实际上选择一个团队来接班，是因为他有经过实践检验的团队班底。

但在实践中也有这种情况，有些人空降或破格提拔，并没有明确的一路打出来的“兄弟伙”，此时组织干部必须和他一起挑选和组织好核心团队，这是非常重要的环节，否则就有可能出问题。

在实践中要警惕一种情况出现，有的候选人也有一批人围绕在其周围，但这些人并没有经历“攻山头”的洗礼，缺乏真正的磨合，他们之间所谓友谊没有经过检验，“友谊之船”说翻就翻。这种现象在组建团队的时候，需格外注意。

五、必要的压力测试

哪种人适合做一把手的继任者呢？有一点比较明确，不能选拔那些履历过于“光鲜”，经历过于“顺利”的人，反而要选择那些逆境中能反弹的人，经历过一定挫折和压力的人。如果一个人在“无权无势”的时候，却能实现从“边缘到中央”的跨越，此人大概率能担大任。俗话说，不经历过风雨，哪能看得见彩虹。有人形容一把手为“变压器”是有一定的道理的，把市场中或其他方面的“高压”转换成“日常照明的220伏特”。据说美军非常重视新兵的压力测试，通过抗压训练来淘汰防人，培养军人坚定意志。商场如战场，人在社会生活中其能力发挥其实和智商等关系不大，主要和人的抗压能力，以及意志力有关。一把手必须具备坚强的意志力和抗压能力。

一把手经常面临着常人所不能真正体察到的巨大压力，但他又无法向下属诉说，更无法向下属释放。如果他的抗压能力不行，面临巨大压力的时候，他的动作就会变形，决策质量肯定不会高，甚至六神无主，不知所措。中国传统文化中考察人时有“苦之以验其志”之说，这里的苦就是磨炼人的意思。

在选拔接班人的过程中，要注意给予候选人以必要的压力测试，其实就是要磨炼他。这是非常重要的。要设计一些场景来磨炼他。比如时间紧，任务重；实现挑战性目标，但资源有限；在不利的局面下，看其如何应对；面对突如其来的打击，看其如何反应；面对“不公”甚至“委屈”的时候，看其如何应对……

在商业实践中，关键的时候就看谁能熬得住。要记住，你难受的时候，竞争对手也和你一样难受，甚至比你还难受。这和打仗一样，两军对垒僵持不下的时候，意志力就起决定性作用。喜欢体育的人可能也有这种体会，你快坚持不住的时候，别人也要崩溃了，你比别人咬牙多坚持一会儿，你就赢了。

接班人的坚强意志是企业持续健康发展的关键因素。因为企业的经营不会一直都“顺风顺水”，关键的时候，接班人要能扛事，扛住不倒下就胜利了。

坚强意志有时候和强健体魄关系密切。接班人一定要选择那些具有强健体魄的人，身体不好的时候，往往是人的意志力最薄弱的时候。毕竟那些“身残志坚”的人在历史上属于凤毛麟角。

六、年龄上最好相差“一代”

接班人的年龄问题好像没有引起老板的重视。笔者观察过很多企业，发现继任者和上一代领导人相差“一代”（至少 10 岁左右）的情况下，老板和接班人会相处得不错。这和中国文化有关，从年龄上讲，相差一代，就好比一种长晚辈关系，长辈比较容易能形成一定“权威”，容易赢得尊重，继任者也比较容易接受。因为年龄的关系，上一任可能从心底里把继任者看作晚辈，感情上悉心爱护和包容。毕竟他们年纪还轻，和自己的子女一样。继任者也容易把上任看成长辈，比较尊敬上任。

如果老板和继任者年纪相差无几，从心底来讲，他们之间是一种“竞争关系”，容易相互不服气。如果继任者的年纪比前任还大的话，就更别扭了。

根据笔者多年观察的经验，建议在选择和培养继任者时要考虑年龄因素。

七、剩出来的接班人

人才本质上是自我成长的，人才本质上是剩出来的，继任者从本质上也是剩出来的。企业要做的就是搭建平台，划定红线，让员工在舞台表现，通过员工的表现，来辨识和挑选继任的梯队人才。

很多企业一开始就选择了一个“储君”作为培养对象，老板“苦口婆心”“处心积虑”地培养他，但可能效果不一定好。因为企业一旦过早指定了接班人，就会造成一个没有选择的局面，“好坏就是他了”。在大多数情况下，这个“储君”以领导为中心，他处处表现给领导看，潜意识里往往会以不犯错误为目的，不作为就没有错误。另外过早确定“储君”也会打击一些有志之士、杰出人才。

接班人应该是一个小群体，企业要营造一个“良性竞争”局面，不到最后不要明确，不要给大家造成非某人莫属的局面。据报道，有记者采访现任美的集团董事长方洪波关于何享健如何培养他的问题，方洪波明确表示何总确实给他了一些机会，但是也让他感觉随时有人可以替代他，他不干马上有人干。这也许是美的集团接班人选择比较成功的一个秘密吧。

企业应该明确每个阶段的人才干部标准和设计透明的晋升规则，用透明的机制牵引人才干部，形成一个良性“赛马机制”，形成“小群体接班模式”，不到关键时刻，不明确宣布谁将继任。

人才是找出来的，大海“捞”针。真正的事业接班人其实不是培养出来的，一定是筛选出来，是经过一场场战役“剩下来的幸运者”。企业发展肯定不会“一帆风顺、风和日丽”，一定有“激流险滩”的时刻。企业发展得好的时候，人才们会面临很多“诱惑”，有企业肯花大价钱挖人，一些人才难免会动心，希望找到更能发挥自己价值的地方。企业发展中人才有流失是很正常的，所以企业的人才培养必须有一定密度和厚度，人才最终才能“剩下来”就是这个道理。

笔者再强调一次，接班人一定是选出来的，既然是选出来的，意味着企业在可选之才的数量上就不能只有一个“宝贝疙瘩”。干部数量多一点也就不怕“阵亡”几个。

八、锻炼趁早且从低层就开始

接班人是选拔出来的，但对他们的锻炼一定趁早，且要从低层就开始。为什么这么说？人年轻的时候一般比较敢打敢冲。正因为他年轻，输得起，所以顾虑比较少。相反，一个人上了岁数，一般就会“瞻前顾后”，世故多一些，激情少一些，看淡了江月秋风，正因为他的年纪大了，输不起了。为何要在层级比较低时锻炼他们呢？因为在层级比较低的时候锻炼他们，如果犯了错，对组织的伤害相对比较小。展开来说，从组织设计的角度来看，低层的岗位尽量要设计得宽一点，俗称“一手摸不着”，尽量综合一点。这种宽而综合的岗位对人的锻炼非常有利。这就涉及组织设计中的一个“悖论”：为了让普通员工都能适应岗位的要求，理论上应该把岗位设计得细一点，简单一点，但这种过于细致、简单的岗位，对锻炼人是不利的。因为分得过细的岗位，会让人的视野比较“狭隘”，训练比较单一，成长比较慢。

笔者在咨询实践中观察一些做得比较优秀的上市公司，发现这些上市公司管理水平比较高，流程清晰可执行，岗位分得很细，对人的要求也不高，但都有一个通病，就是人才成长得比较慢，对组织扩张的影响比较大，因为人才不支撑组织的扩张，尤其是经营性人才非常稀缺，新业务一般做一个“折一个”。究其原因，盖因岗位设计过于细致。

笔者建议一线前端岗位，低层岗位要设计得综合一点，像美军一样。一线作战单元对人的素质要求比较综合。中台岗位可以设计细一些，尽可能让市场压力无“遮拦”地直接传递给中台，市场是最能锻炼人的，能把中台人员绩效清晰地度量出来。

目前还有一个比较有效的锻炼人的方法就是项目制，项目制对人的综合能力要求比较高，尤其是对项目组长。

还有前文提及的升格锻炼法，虽然被锻炼的人层级相对比较低，但可以升格汇报，这样对他的锻炼是非常大的。公司的优秀员工或想要进步的员工，一定是那些在做好本职工作的前提下，对超出岗位说明书的事情也积极想办法搞定的人。

现在人力资源管理强调“最佳的年龄、最佳的岗位、最佳的姿势”来锻炼人。正所谓“出名要趁早”，锻炼人也要“趁早趁低”。

九、必要的“力排众议”

在服务企业的过程中，笔者发现大凡挑选接班人这项工作做得比较好的企业，都有一个包容的企业文化，同时各级领导人对待锻炼对象都会采取不同类型的“扶上马，送一程”，关键的时候领导更是力排众议。

大凡优点比较突出的人，缺点也比较明显。这些人一般都会显得比较有个性，总有一些方面在“框框之外”（注意，这里的“框框”是指各种精致的制度和模型）。比如，具有企业家精神的人才往往并不符合所谓的人才素质模型、任职资格等，在锻炼这些人的过程中要特别注意。

很多优秀企业锻炼人采取“之”字形和“火箭”形相结合是有道理的。按部就班的“之”字形培养的路径或严格用人才素质模型来套的话，往往筛选出一些没有缺点但优点也不突出的人才。人才采取“火箭”形通道就是破格录取和提拔。并不是这些按部就班的路径和模型不重要，这是基础，对多数平均型人才还是必要的，但要从顶层设计上考虑，要有破格提拔制度。真正人力资源管理的核心在于精准识别人才和用好“有缺点”的人才。杰出人才在锻炼和成长过程中，肯定会偶尔“出格”，领导要慧眼识人，力排众议。

这方面最经典的案例就是林肯起用格兰特。美国南北战争期间，一开始北方军队总是战事吃紧，主要就是最初林肯起用的将军们基本上都是一些没有缺点但优点也不突出的人。直到后来力排众议起用格兰特（此人好喝酒，但会打战）才改变战局。

实践出真知。要想使自己得到锻炼，必须肯干、多干，在实践中增加自己的才干。干得多，出错的概率肯定就大，接班人在工作中因所犯错误（非原则性错误）而遭受一些指责的时候，领导一定要力排众议，替他解围。

变革肯定是企业的一个常态，推动变革肯定会触及一些人的利益，这也使得变革者非常容易遭受“围攻”和“暗算”，主要领导者一定要在关键的时刻力排众议，让变革者的“阵亡率”降下来。当然变革者本身对度的把握也很重要。

假如对管理者只提一个要求，那就是正直。这个正直的内涵有两点：一是用人之长；二是追求什么是正确的，而非谁是正确的。这是管理大师德鲁克的观点。这个理念应该在企业中形成一种文化，并要在制度机制上落实这个理念，从而抓住人才干部管理的本质，形成一种简单文化，加上必要的时刻力排众议，这就是人才管理的一个理想状态，需要企业在管理实践中不断探索演进。

综上所述的九条，是笔者在实践中观察思考总结出来，基本上都经过实践的检验，如果有企业参照这些实践，应该会有一定的帮助。这一点笔者要“王婆卖瓜”，自夸一回。

八条“黄金理念”打造干部铁军

何　屹

干部管理是企业经营管理的一项核心基础工作。20% 的核心人员管好了，整个团队才能管好。干部管理一般从大的层面可以分为两层：一层是对干部个人的管理，另一层是对干部队伍的管理。对干部个人的管理，首先要解决他内生动力的问题，也就是我们通常说的自驱力。对干部队伍的管理，应该是一整套的管理体系，包括干部的选、用、育、留，包括一整套的机制、制度、流程、标准、规范等。这里我们针对干部自身建设以及干部队伍建设方面的问题，归纳提炼了八个方面的要点。

一、干部承担什么责任

干部到底要干什么？我们经常说“兵熊熊一个，将熊熊一窝”。干部做好了，团队才能做好。干部这一概念最早源于法语的一个单词，它核心的含义是组织的骨骼系统，就是骨干。干部的定义也是指组织里的骨干分子。我党在谈干部的时候也明确指出干部是党的事业骨干，所以毛主席说，“政治路线确定之后，干部就是决定的因素。”同样，对企业来说，战略确定以后，干部就是决定因素，即把这 20% 的核心骨干抓好，其实就抓好了整个公司的团队。这是我们说“兵熊熊一个，将熊熊一窝”的基本理念。“将熊熊一窝”，干不成事儿的人往往自己没信心又妒贤嫉能。为什么“熊一窝”呢？因为他的团队里容不下能人，也留不下能人。我们俗话讲“武大郎开店，高过我我就不用”，所以一个比一个矮。因此要抓好干部，抓好骨干，这是我们的核心工作。

那么干部到底是干什么的呢？阿里的彭蕾说过这样一句很有代表性的话，她说，“无论马云的决定是什么，我的任务是帮助这个决定成为最正确的决定”。从这句话来理解干部的职责，就是要执行公司的决策，要带兵打仗。其实，我们也可以去参考华为对干部的定义，概括而言就是“使命和责任”。对于干部要干什么，它描述了六个方面：一是要担负起公司文化和价值观的传承；二是要洞察客户需求，捕捉商业机会，抓业务增长；三是要带领团队实现组织目标；四是要有清晰的主攻方向，抓主要矛盾；五是要站在全局的立场，不断改进端到端的业务流程；六是要开展组织建设，帮助下属成长。总结一下就是要承接公司战略、文化，要带团队打仗。用中国共产党的话说就是听党的指挥，带兵打仗。从华为对干部的定义来看，干部有三项基本职能，第一是使公司富有前途，第二是使工作富有成效，第三是使员工富有成就。

二、干部的作风

干部作风的提出实际上是对全体干部的一个基本要求，也就是说不管什么层级、什么类别，做怎么样的工作，只要你是干部，就应该遵守相应的作风要求，这是基础规则。我们称它为好干部的基础画像，由三个维度组成：使命、责任、能力。干部的使命、是企业从优秀走向卓越的动力源泉；干部的责任就是成就卓越，担当表率，这是其核心职责；干部的能力，就是承担使命肩负责任必须要有与之对应的能力，才能完成相应的事情。我们认为这三个维度是所有干部必须具备的基础。如果在这三个维度上出现短板，整个干部队伍甚至整个企业就会产生很大的危机。现在企业的危机很大程度上来源于干部缺乏使命感、方向感，奋斗的激情衰竭。干部一旦偷懒，实际上他的团队就不可能再去奋斗，包括责任也是，一旦责任感缺失，不愿意去担责、不去履责，不作为，所谓的官僚主义、故步自封等问题就必然会出现在团队里。能力也同样如此，在干部岗位上，骄傲自满，不学习、不进步，他的职业能力、创新精神，包括领导力都会很弱，这对团队显然是巨大的伤害。对于使命、责任、能力这三个维度构成的干部基础画像，华夏基石有一些基本的量表，用来衡量什么样的是具有使命感的干部，什么样的是敢于承担责任的干部，什么样的是有能力的干部。这些量表在我们长期的咨询实践中，运用于各家企业。比如，给深圳某酒店连锁企业做干部甄选时，用量表对干部进行评价。老板非常认可这样的评价结果，认为评价出来的干部跟他平时对这个干部的印象比较吻合，同时量表还提出了这些干部的潜能和发展方向。因此这些工具在工作中还是可以应用起来的。

举两个例子。京东，它也有干部管理的八项要求，即以身作则，沟通和协调，公平公正，全局观念，敢做敢当，勤勉尽责，忠于团队，执行到位。华为对干部作风的要求更多，比如，长期艰苦奋斗，具有敬业精神、献身精神，不拉帮结派，要不断改进思想和方法，把握开放、妥协和灰度的理念，要实事求是、敢讲真话、以身作则、自我批判、保持危机意识、个人利益服从组织利益等，这都是华为对干部作风和行为的要求，并且从上到下各个层级都要经常通过宣誓的方式去理解这些要求，心生敬畏。

干部作风是对干部队伍的整体要求，并不对各个层级提出单独的要求，也不对各个条线的干部进行单独的要求，可以把它理解为入门的基本要求。因为对于企业来说，不管是经营还是管理，实际上跟打仗没有太大的区别。本身战略这个词也是从打仗衍生出来的。华为是一家高科技公司，它的团队包括它的干部大都是知识分子出身。团结一批知识分子，让他们上战场打仗，是一件非常不容易的事情。所以提醒各位企业家朋友可以多借鉴一下，华为在把军人的理念灌输给知识分子方面做得非常出色，包括不考虑学历和能力，只考虑你上没上过战场。在华为，一旦入职，马上开始军训，让知识性员工认识到责任、组织纪律、执行、荣誉等一些军人作风，再将这种精神带入日常工作里。企业对干部队伍这种血性的打造，我们叫作打造干部铁军。这个铁，实际上就是从军队和军人的这种灵魂深处的血性来的。

三、好干部的来源

我们想要的好干部从哪里来？不管是自己培养还是外部引进，首先，要明确的是好干部是打胜仗打出来的，因此我们要从能打胜仗的团队或骨干中选拔干部。其次，要特别强调的是对干部的选拔不要求全责备，不要希望这个干部各方面都擅长。

我们经常建议企业多去借鉴一些大企业的做法，比如，美的的干部是拆分出来的，海尔的干部是赛马赛出来的，而华为的干部是打出来的。为什么说美的的干部是拆分出来的呢？因为美的的组织结构变化比较多，从原来的电风扇事业部拆出空调事业部，然后再拆出其他的小家电部，最近它又把组织从事业部制变成了平台化组织，组织在不断扩大也在不断拆分，它的干部就从拆分的过程中不断被推荐出来了。美的的干部包括很多高管都是自己培养的，很少从外部引入，事业部制的组织基础帮助美的批量造就了很多人才。海尔提出的是赛马不相马，要先造人才，再造名牌，搭建舞台去发挥每个人的潜能，它的基本理念是谁跑出来谁是英雄。所以海尔是赛马的机制。华为讲得更多的是将军是打出来的，它需要干部通过艰苦的战争磨炼，然后产生将军。他们整个干部队伍也是用作战的方式去组建。

上述这三家大企业各有各的特点，从我个人的倾向来说，还是比较推荐“华为的干部是打出来的”的理念，所以也跟大家分享一下**华为是如何选用干部的。它有几个基本的原则：**第一，宰相必起于州部，猛将必发于卒伍。没在一线取得过胜利的人是不可能晋升成为干部的。第二，优先从成功团队里选拔干部。第三，优先从主攻战场，换句话说，从主营业务，从一线和艰苦的地区去选拔干部。第四，优先从影响企业长远发展的关键事件，也可以理解为从主营业务或主战场上去考察和选拔干部。第五，也是我们后面强调的用人所长，不求全责备。就是千万不要要求一个人既能像张飞一样一吼吼断当阳桥，又能坐在帐子里绣花，这样的干部不存在。彭剑锋教授经常会讲到大拇指理论，**要用人所长，不要求全责备。**第六，干部选拔的关键行为标准，要看品格、作风、绩效和领导的素质。第七，干部要具备干部作风的八项原则。第八，干部不是终身制的，要能上能下。华为对干部的选拔有清楚明确的导向：谁能在一线打胜仗，谁就可以成为公司的干部。所以所有想往上晋升的员工都会拼命到一线去打仗，获取业绩获取成功。华为同样强调用人不求全责备，不追求完美。任正非一直讲人是有缺点的，人无完人。没犯过错的人才，他反倒觉得不是好人才。因为没吃过亏，没跌过跤。所以华为内部叫烧不死的鸟才是凤凰。我党也经常提到，干部要千锤百炼。

说到这，经常有企业家会说我也想干部能上能下，但我这没有这样的机制跟机会，所以我要给大家一个建议：你其实可以有意识地创造一些机会，让这些年轻的干部上下“折腾”。一方面能锻炼他的承受能力与心智成熟的程度；另一方面通过这样的上升下降，发现他的潜力，发现他的长板在哪里。因此，在用人方面，一是要选打胜仗的人；二是不要求全责备。

四、用“三高”机制打造干部铁军

要用高压力、高绩效、高回报的方式来打造干部铁军队伍。企业的经营跟学习一样，也是逆水行舟，不进则退。实际上企业的全体员工，包括干部在内，一定要持续奋斗，追求效益。不能一旦提升为干部就开始放松自己，这对企业的伤害是非常大的。因此华为一直强调要有高压力，让干部、让员工在工作中玩命，在市场上拼命，这就是我们经常说的以奋斗者为本。你要奋斗，有高绩效，才会有高回报。高压力带来了一种高动力，这种动力通过干部的努力工作带来了高的绩效。只有企业有了高的绩效才可能对干部、对员工有高的回报。华为就是用这种高压力、高绩效、高回报来驱动所有干部和员工，让他们拼命干、持续干，从而推动了华为的业绩持续不断地增长。

实际上对干部队伍来说，华为有一个四能机制，叫作干部能上能下，工作能左能右，人员能进能出，待遇能升能降。也就是说并不是你当了干部以后就一劳永逸了，能上也能下，所有干部都要战战兢兢地为业绩、为饭碗来拼命工作。用这样的机制，推动干部的努力，自我推动也好，外部推动也好，始终给他足够的压力，让他努力奋斗。绩效层面，从华为的经验来看，从来都是蓝血绩效文化。一切都是以绩效来说话，没有业绩，就没有发言权，也就没有机会，没有资源，换句话说也没有回报。所有的回报都由绩效带来，这是它的机制设计。员工一定是通过高绩效获得高回报。大家都知道华为的高工资、高分红、高奖金，也包括它的股权激励方案，在一定程度上大家能够体会到奋斗以后的这种回报。华为就是通过高压力、高绩效、高回报的循环方式，让它的干部队伍持续地奋斗的。

就干部队伍的“三高”机制部分，华夏基石这几年一直在推事业合伙人机制和理念，实际上就是对干部的高压力、高绩效、高回报的一个实际的体现。因为在我们的事业合伙人方案里，对合伙人团队提出了高绩效的要求和给出了高回报的核算方案。

五、区分历史贡献与未来贡献

有历史贡献的老干部和对未来有贡献的干部应该区别对待。那怎么去平衡他们的奉献和回报呢？我们用了一个老词儿叫作“功以爵赏，职以能任”。对历史有贡献的要多给荣誉，但该有的待遇一定不能少。对所有干部和员工来说，企业承认历史，才能够让大家相信未来。所以任何时候企业都应该承认历史的贡献，但不要让历史的贡献掩盖未来或者影响未来的贡献，这就是我们所说的增量的创造。

大家都知道，有历史贡献的老干部，比较容易惰怠，加上他对企业业务很了解，容易去找捷径，破坏企业的业务和管理流程，也容易发牢骚、说怪话，在回报上也会有搭便车的现象。这里面最重要的就是要分清楚，**对有历史贡献的人员怎样去评估他们的价值贡献，然后给予他们相应的待遇或利益回报，同时对未来留出分配空间**。我们原来受理咨询的一个案子中，客户是一个地方的农商行，就是典型的没有处理好我们说的历史贡献者和现在以及未来贡献团队的关系。它改制比较早，有一批老员工获得了农商行的股份，股份有多有少，这是历史的评价和安排。但是当前在承担核心任务包括客户拓展等各个主要环节的都是一些年轻力壮的新来的核心骨干，他们在岗位上发挥了很大的作用，但没有股份。所以跟老员工之间就有很多矛盾和冲突。老员工获得了股份，只要银行业务在向前发展，就可以获得相应的分红。而新员工付出了很多努力，却只能拿工资，股份的回报享受不到。这样的团队融合起来就非常困难。所以我们强调，有历史贡献的人多给荣誉，要把现在的核心岗位留给那些能为企业创造未来价值的人。这是解决老人、新人问题和矛盾的基本出发点。当然，如何设计好各种利益和价值的评估，让有历史贡献的人依然在新的岗位上和业务中再去发挥自己的作用，又怎么去评估和评价他的贡献价值，这些都需要周详的设计。

总之，对有历史贡献和对有未来贡献的人区别对待一定是企业的一个重要话题。

六、干部分层、分类、分阶段管理

我们对干部队伍的建设与管理一定要进行分层、分类、分阶段，讲到分层、分类大家可能在人力资源体系中听得比较多。干部队伍的管理也要考虑分阶段去管，所谓分阶段主要是指企业的各个发展阶段应该有不同的干部队伍建设目标和要求。

首先，分层管理，就是大家通常见的地把干部分成基层、中层、高层。各层级对干部的要求和压力也会不太一样。同样以华为为例，它认为应该让基层干部有饥饿感，让大家通过奋斗能够积累财富，然后不断地提升能力，拼命奋斗获得更多的报酬。让中层有危机感，不管是竞争淘汰机制还是能上能下的原则，一旦你有懈怠，后面就会有其他人来随时取代你，职位马上不保。对于高层来说，大部分或基本上在某种程度已经实现了财富的积累，那么对他的激励主要不是物质层面，更多的是让他能够认可企业的发展方向，有更高的使命感和追求，让个人的价值和成就感能够得到实现。

其次，分类管理。一般做人力资源管理的时候，会把员工分成四大职能类。从人员管理的角度我们一般建议分成四类，即专业技术类、市场营销类、管理运营类和资本金融类（见图 1）。对于这四种类型的干部，他们的发展路径、能力提升以及工作要求都需要在干部队伍建设中进行不同的分类管理。

图 1　员工的四大职能类

最后，企业还要按照自己不同的发展阶段去考虑干部队伍建设的要求和特点。在这个方面，华夏基石的领衔专家施炜博士有一个分析工具，把企业分成了创业期、机会成长期、系统成长期、分蘖成长期和整合成长期五大阶段。每个阶段都有它对应的特点，企业规模、企业面临的挑战都会不一样。从干部队伍建设的角度来说，在创业期时，干部队伍最核心的就是生存，就需要能够带来钱、带来人、带来业务的人成为干部。在这个阶段做干部队伍建设，不如直接用老板亲自带徒弟的方式来提拔副手。这个时候谁的业绩好，谁就会被提拔，这就是我们说的在战斗中提拔干部。到了机会成长期，企业有了主营业务，获得了突破性的发展。这个时候业务是要领先的，即营销挂帅，研发和生产等一些支撑链条也要考虑干部队伍建设。这时候干部队伍还是指向业务，指向业绩，指向业务能力。到了系统成长期，业务只是经营管理的其中之一了，那就应该去发展一些职能化的专业干部了，包括做运营、做管理、做支撑的专职干部。例如，人资、财务、行政等方面职能的专业团队干部要建立起来。这个时候也要把企业的事业理念和使命责任传递下去。到了分蘖成长期，系统的基础平台已经有了，开始发育新的业务了。这时候干部队伍建设的最核心任务是打造和培养一支准企业家队伍，来引领和支撑分蘖出去的分支业务，要帮助他们搭班子、定战略。需要在企业的平台上去赋能，在产业链上去赋能的一些核心骨干成为我们的干部。到整合成长期的时候，企业的发展已经进入更新的阶段，这时企业要做的事情可能更多的是引入全球顶尖的各类人才，实现人才的全球化、国际化，同时，需要更加强调企业的使命和责任。

每个阶段的干部队伍特点不一样，建设要求也会不一样。如果我们现在正处在机会成长期，要提醒大家的是做好干部选、用、育、留的基本循环。选人重于培养人，在这个阶段，企业规模小，业务为核心，干部的作风都是跟老板学的，不需要太多的机制制度。另外就是坚定事业信心，认为企业能够获得长久的发展，愿意用长期回报来换取短期回报的干部就是好干部。

对于已经进入系统成长期及以后的企业，应该建立一个比较完整的干部管理体系。华夏基石在多年的管理实践经验中提炼出了“7431”干部管理体系，它是一个由7项主题任务，4张地图，3个循环，1个干部部构成的一套完整的干部管理体系。7项主题任务主要包括岗位序列的建设，干部标准的建设，干部使用的规则，考察评价的制度，干部培养的机制制度以及干部激励的管理办法等。4张地图主要是干部相关的数据库，即岗位序列一张地图，干部标准一张地图，干部的盘点一张地图，干部学习一张地图。通过4张地图能够把岗位序列的标准变为干部的标准。干部学习发展的路径都会通过数据库的形式，我们叫地图的形式动态地管理起来。整个干部管理体系的动态管理通过选、用、育、留的循环，干部考核评价的循环，干部成长发展的循环3个循环来完成。当干部队伍规模足够大时，需要把干部的管理职能从人力资源体系里分拆出来，成立独立的干部部，去完成7项主题任务，去管控4张地图，以及去推动3大循环的运行。

七、明晰干部部与人资部的关系

我们现在很多企业，像华为、阿里等都提出要建自己的干部部，这就要明确干部部与人资部的区别和联系。总体来说，人资部是管体系，干部部是管人。从干部部这种组织建设来看，我认为最大最好的标杆就是我党的组织部。华为有总干部部，小米成立了集团的组织部，阿里也有政委制，等等，大的企业都在向我党学习，都在组建自己的干部管理部门。

干部管理部和人力资源部到底有什么区别？第一，它们是上下游的管理。人力资源部把规则管好，交给干部部去统筹应用。干部部是业务领导的助手，也就是说在规则的流程角度，人力资源部属于上游，干部部属于下游。第二，华为认为人资部和干部部还是一体化的关系。任正非做了一个比喻，说人力资源部的体系管理规则就是长江的河道，管好两侧的堤坝。干部部体系就是管好里面的水、船和人。让船和人在河道里跑，然后去打胜仗；这是华为对人资部和干部部的核心区分。我们也可以从核心分工、服务对象、基本定位、权力来源、组织特征和管理方向上做一些基础的区分。人资部管全员，干部部只管干部。人资部是专业化，干部部是差异化地针对每一个人进行管理。对于权力的来源，人资部拥有规则的草拟权，干部部是执行权，要强调的是干部部是一个权力部门。从组织特征上来讲，人资部是块状的组织，干部部是条线的组织；从管理方向上，人资部要从权力中心变成服务支持中心，干部部要从服务中心变成权力中心。这是人资部和干部部在定位上的差异。从干部部的部门设置来说，组织发展，就是我们经常说的 OD，应该属于干部。干部管理部主要是管人，所以一定要有敢管人的，我们叫干部管理经理，他在具体的各个分支机构和业务条线上，一般用 HRBP 的方式去支撑干部。这里要跟大家强调一下，干部部的人一定要能洞察人性。因为它已经不是一个职能部门，不是一个做规则做设计，坐在办公室里写文件的部门。一定要懂人性，要善于沟通，要能够像我党的组织部门领导一样，能做思想工作。另外，干部部的人最好有足够的资历，包括业绩要够好，口碑也好。因为干部部代表企业的理念、企业对干部发展方向和作风的要求。干部部的人选要相对比较慎重。

八、自己的干部自己培养

这里需要重点强调的是，我们自己的干部队伍一定要自己去培养。可以学习、借鉴其他企业很多的优秀做法，但只能是借鉴，最终的培养，还是要按照企业的实际情况，设计一套自己的培养路径和发展路径，让企业建立自己的干部队伍。

关于干部的培养，把我们这么多年的咨询经验总结为以下几个要点。

（1）选干部时要选有这三个特征的：能够跟大家志同道合的，愿意合作和共享的，有资源和能力的，这样的人才值得培养。

（2）要选能打胜仗的干部来培养干部，也要选那些打胜仗的人去培养。

（3）干部的提升和培养不要过多使用外力，要强调干部的自我驱动。他要主动去学习，愿意培训。比如，华为干部的培训，要求所有人请事假扣工资去学习，然后所有参加培训的人要自费买培训教材。也就是说如果你没有这种自发的主动性，实际上培养也是浪费时间。

（4）干部能力的提升要训战结合，不要只学书本的知识，要把学到的东西直接用在工作岗位上，不要脱离实践。

（5）从我个人的角度提醒各位企业家朋友，当你培养干部的时候，最好把老师请进来，让你的核心团队在一起去学，去接受一个新的观点，然后考虑我们的企业和我们的干部队伍如何借鉴这样的观点，如何应用这样的观点。最好不要把你的干部分散到各个培训班。因为培训完回来你会发现知识越多越“反动”，因为每个人都带回一套自己的学习框架和逻辑，最后团队很难形成一个共同的声音。

华夏基石经过多年的经验总结出来一个基本的提升框架，我们叫它 3 层 4 维 12 项（见图 2）。3 层就是基层、中层、高层三个层级。4 维就是价值观维度、业绩维度、能力维度和成长维度。每个维度会有 3 项核心的干部提升的内容。总结这样一个框架主要是希望大家能用统一的提升框架，但是把内容改变成自己企业的内容。用统一的框架打通本企业干部培养和能力提升的通道，在

图 2　干部培养提升框架

企业中从基层到中层到高层学一套“武功”，避免出现基层学少林派，中层学武当派，高层学华山派，否则很难培养出企业自己的干部队伍。所以把基层、中层、高层的培训内容通过3层4维12项的体系进行标准化，这样大家就在同一个语言环境下，同一个知识体系下这对干部队伍的团队建设和整体战斗力的培养是非常有价值的。

简单回顾一下：对干部个人的管理，主要是从事业本身和利益回报两个方面解决内生动力问题；对干部队伍的管理，可以建立“7431”的干部管理体系进行动态管理；管好干部是企业经营管理中提纲挈领的关键工作；要围绕使命、责任和能力三个维度进行干部作风建设；好干部是打胜仗打出来的；要用高压力、高绩效和高回报的“三高”机制管理干部；对干部队伍要分层、分类、分阶段管理；自己的干部要自己培养。

组织系统：能力建设与数智化运营

二次创业成功的标志：构建起有效的管理体系

包 政

管理体系的有效性在于，依靠管理当局及职业经理人阶层的努力，依靠他们的专业性才干以及对共同事业的忠诚，围绕着企业价值创造的能力，对各项专业职能工作进行统合，并且使统合能力与价值创造能力形成良性互动。

一、构建一个管理体系，而非行政中心

任何企业从创立的那一刻起，就存在着一个行政权力中心或行政当局，这种行政当局的最高领导就是老板或CEO，打理企业中的各种要素（如人、财、物），以及各种事情（如研、产、销）。这种行政权力来源于资本的所有权，按照人们习惯的说法，就是由所有权派生出管理权。说白了，就是企业所有者有权按自己的意图支配资源或做事情。

在认识亨利·法约尔之前，人们就把这种行政上的支配权视同管理权，还不知道通过管理可以使资源的支配变得有效，更不知道离开了管理，资源的支配会变得无效。**在相当长的一段历史时期，老板只知道管理很重要，不知道管理体系很重要。**他们并没有意识到，要把行政体系改变为管理体系，犯了舍本求末的错误。

以福特为例。他很想实现一分钟生产一辆汽车，让汽车进入寻常百姓家。如何做到这一点？于是他模仿手术室的方式，由一个上手师傅带着若干个伙计组成一个装配小组。他相信，只要有几十个这样的装配小组，就可以做到一分钟下线一辆汽车。结果，装配现场弄得一塌糊涂，各种零部件和配件的码放混乱不堪，需要的找不到，不需要的堆积如山。再进一步说，从原材料到零部件或配件的加工过程，根本没有衔接起来，没有形成秩序和节奏。也就是说，缺少法约尔所说的管理职能，缺少计划、组织、指挥、协调和控制，以及承载管

理职能的体系。

不过，福特到死都没有意识到，建立管理体系很重要。但有一点他很清楚，装配现场的这种状态是不能接受的，即便实现了一分钟生产一辆汽车，也是一件很丢人的事。后来芝加哥一家肉联厂用流水线方式分割牛肉，给了他很大的启发，于是就创立了工业化的固定流水生产方式。福特很幸运，通过开发流水生产线，获得了支撑流水生产方式的管理职能。只不过管理职能的担当者，主要是工程技术部门的经理和生产线开发的设计师，当然还有其他部门的经理人员，以及顶尖的各类专家。但是，这只是在技术/经济层面上实现了管理，即计划、组织、指挥、协调和控制。

福特公司并没有真正意义上的管理体系，没有建立管理当局与职业经理人阶层，而是依靠行政权力系统，支撑着流水生产线以及背后的管理职能工作。正因为缺乏管理体系，导致福特公司无法构建人与人之间的关系体系，在社会/心理层面上实现分工一体化，从而持续提升企业价值及创造能力，适应变化了的竞争环境。

有意思的是，现如今有了管理的概念，而且“管理”成了一个公认的美妙词语，**许多企业都喜欢冠名管理，把企业中的行政体系视同管理体系，把行政等级体系中的经理人视同管理者，徒有其名，没有其实。**行政体系不等于管理体系。管理体系与管理职能相对应，与法约尔所说的五项职能要素，以及 14 项管理原则相对应。一般而言，行政体系没有管理职能要素和管理原则的内涵，也没有职业经理人阶层及管理素养的支撑。

在一些企业中我们可以看到这样的情况，老板依靠财务部门和计划部门设定指标，主要是财务性质的业绩指标，然后依靠行政权力系统对业绩指标进行分解，落实到各业务部门，剩下的就是盯和催，直至完成指标任务。整个过程毫无管理可言，与卓有成效的管理者相去甚远。在行政体系上的经理人员，往往不从事管理职能工作，不从事价值创造的活动。

在这方面，德鲁克讲得很清楚，管理者必须与企业价值创造的活动及最终的成果有关，要成果导向，为最终成果作贡献。还有一些企业根本就没有管理，很多事情都处在待处理的状态下。很多经理人实际上不是管理者，而是处理者，是老板的助手或帮手。企业挣钱的本事是靠老板，靠外部的资源、关系或人脉关系，企业内部并没有发育出创造价值的能力，以及核心技术和核心能力。一旦外部的资源枯竭，人脉关系断了，企业挣钱的本事也就消失了，企业的核心能力也就没有了。这些企业的经理人员每天做的事，既不是培育企业的价值创造流程和核心竞争能力，也不是实现管理职能，而是建立和维护企业外部的资源和关系。一旦外部出事，不仅企业跟着出事，经理人员也跟着失去了存在价值。

二、管理体系是由管理当局以及职业经理人阶层构成的

管理体系是由管理当局以及职业经理人阶层构成的。职业经理人包括公司的总经理、部门经理、总工程师、总会计师、总设计师或总架构师等，是他们按照管理职能和管理原则的要求，支撑着管理体系和它的正常运行。

另外，按照德鲁克的说法，掌握技术和知识的专家顾问、业务代表、市场调研人员、信息管理人员等，也是支撑管理体系的经理人员。他们虽然没有直接的下属，却对企业的最终成果产生直接而关键的影响。从理论上说，他们应该拥有相对的自由选择空间，他们有权发挥自己的天赋和才干，并按照自己认为合适的方式做事，而不是简单地听命于老板。

应该指出，企业当局主要是指董事会。企业当局或董事会，因企业性质的不同而不同。过去的企业当局或董事会大都属于行政当局，随着现代企业制度的发展，未来的企业当局和董事会理应转变为管理当局。然而回到实践中，从企业当局转向管理当局，并依靠管理当局构建管理体系，是一个漫长的过程。福特公司的这个过程至少走了 19 年，要不是福特二世上台，这个过程可能还要更长，要不是福特二世遇到了濒临破产的麻烦，这个过程可能不会实现。

现如今，中国很多企业都没有建立起真正意义上的现代企业制度，管理当局及职业经理人阶层并没有形成。即便完成了现代企业制度建设，构建了管理体系，有了管理当局及其职业经理人阶层，企业也未必能够真正改变性质，成为一个劳动者的共同体，以适应未来发展。这是后话。

在管理体系下，每个经理人员从事的职能工作都是双重的。例如，一个乐队的指挥从事的职能工作，一是专业职能工作，二是管理职能工作。从专业职能工作角度讲，他必须是一位音乐家，一位音乐的行家里手；从管理职能工作角度讲，他必须满足乐团和听众的需求，对演出的全过程以及最终的效果进行计划、组织、指挥、协调和控制。作为管理职能的工作者，乐队指挥的“管理权”必须来自行政当局或管理当局。没有权力中心的任命或授权，他就无法有效地指挥乐队成员，使整个乐队处于协调一致的管理状态。

现如今，企业中的人力资源管理部门，除了部门的经理和人事体系设计的专家以外，其他人都不是管理者，不是企业管理职能的担当者，他们从事的是辅助工作，属于管理方面的辅助职能部门。

三、管理体系的演进

在产业社会的历史源头，生产活动领域是企业强有力的竞争武器或企业创富谋利的主要手段，很自然，管理体系应该在那里产生，在那里演绎发展，并打上那里的烙印。随着企业竞争和逐利的领域从生产活动领域，延伸到商务活动领域、技术活动领域以及其他各个领域，企业的管理体系也延展开来，它针对的不再是生产作业过程，而是企业价值创造全过程。

管理体系的目的，不仅要提高效率，而且要创造财富。按照德鲁克的说法，不仅是提高企业的绩效，还应该使现有的资源能够创造出更多的物质财富或价值。更重要的还有，培育功能型的团队，培养后期的经理人才。

英特尔公司总裁格鲁夫，以门店提供西式早餐为例，来描述一个企业的价值创造过程的演变，以及支撑这个过程的管理体系的演变。由此告诉每一个职业经理人，应该如何从事管理职能工作，或者在管理职能方面应该考虑哪些因素和事情。

假如一份西式早餐只有三样东西——面包、鸡蛋和咖啡，如何把这三样东西做好呢？这首先是生产活动领域的事情。当生产与消费对接时，就形成约束条件，主要是质量、成本和交货期。消费者需要在 5 分钟内吃到物美价廉的早餐，包括香喷喷的面包、热气腾腾的咖啡以及煮鸡蛋。在没有管理的条件下，店堂经理和领班就会花钱雇用小工，并驱使他们努力工作，以应对消费者的随机要求。为了降低成本，这些老板免不了会压低工资，延长工作时间。生意好时，也许会给劳动者提工资提奖金，生意不好就解雇人。这是典型的行政式统合的方式。随着门店消费者的增多，聪明的老板就会想到以机器代替人力，在关键环节添置一些设备。这就是法约尔所讲的“组织”，也就是经济学讲的资源配置。

“组织”环节里的事情很多，老板不一定忙得过来，也不一定懂这个事情。例如，哪个环节是瓶颈，是煮蛋还是烤面包？设备是自己开发还是购买？什么样的设备合适？谁来负责这件事情？这件事情的目标是什么？能否控制品质、降低成本、缩短交货周期？等等。老板就会雇用职业经理人来帮助打理这些事情，同时要求职业经理人承担对这件事情的责任。责任承担得多了，权力也就大了。

责、权、利是对等的，职业经理人天生就是对做事情承担责任的人，自然会获得做事情的权力，也称事权。对老板而言，只有最终的财产责任是让渡不了的，很少有经理人能为老板的财产承担最终责任。因此，一般企业的老板都会控制财权，为了控制财权需要控制人事任命权，还有利益分配权。可见，老板的累主要是心累。

事情并没有到此结束，只要生产作业流程的某个环节以机器代替人力，增加连续加工的设备，就会迫使企业逐步形成生产作业的流水线。背后的经济动因就是，扩大生产规模，降低生产成本，缩短生产周期等，从而在质量、成本和交货期上更好地满足消费者的需求。成败的关键是，依靠管理把生产作业流程衔接起来，例如，把采购、原材料的品质与价格控制、生产作业准备、面包烘烤环节、咖啡制作环节衔接起来。按照法约尔管理思想，需要做“计划”，包括生产作业流程的设计，以确保各工序能力的匹配与平衡。还有，制订生产作业计划（如甘特图），确保每个煮蛋、每份面包和每杯咖啡，都能及时搭配成一份份热气腾腾的早点，送到每个消费者手里。只有“计划”还不行，还需要“组织”人员，有效配置人员，让他们按照“工作”要求“做工作”。

计划赶不上变化，通常需要“指挥”，以维持整个过程的平衡。如果有人不听话，或者产生了纠纷，还需要“协调”，包括沟通、指导、帮助、约束和激励，以提高劳动者承担责任的意愿和承担责任的能力。另外，还要对整个生产作业过程进行调度，平衡各个环节的投入/产出。最后还需要“控制”，对各环节制订标准，包括原材料采购的标准、各项作业的标准、机器设备的维护保养标准。有了这些标准才能进行检查与纠偏，确保整体的协调。如此一来，老板需要雇用更多的经理人。随着企业生产规模的扩大，经理人员会不断增加，最终会在老板与员工之间形成一个阶层，一个具有职业性和专业化的阶层，统称职业经理人阶层。无论老板愿意不愿意，经理人员的职业性只能体现在照章行事上，而他们的荣辱去留应该由制度说了算，至少不完全由老板说了算。换言之，依靠事先约定的制度性规范，为职业经理人提供身份、地位和利益上的保障。

四、管理体系的突变

最初的竞争并不激烈，至少不处于对抗的状态。企业要处理的问题相对比较简单，只需要把握市场的动向就可以了，以保持供求之间的平衡。减少各环节的库存，消除混乱、无序和失效。竞争对手总会想方设法利用供求关系逆转态势，把竞争引向深入，引向顾客端。竞争的格局由此改变，从满足顾客的需求转向争夺顾客，从而使供求矛盾愈演愈烈，最终会迫使企业内部的价值链倒转过来，统一于顾客的需求。

在这种竞争状况下，企业中的事情就不能由老板一个人说了算，尤其对那些量产量销的企业更是如此。对职业经理人来说，要更多了解顾客的需求，而不是听从老板的要求，除非老板的要求合乎顾客的需求。生产在企业中的地位会逐渐弱化，而接近客户端的门店的地位会逐渐提高。同时要求前后台各部门协调起来，尤其要求门店的人员必须每天认真记录门店的实际销售情况。例如，多少份早点没卖出去？多少份早点放了多长时间才卖出去？顾客对产品品质的反应如何？等等。

更麻烦的是，顾客什么时候来是随机的，各部门必须实时协同，而且从采购、生产到门店销售，这条价值链很长，为这条价值链工作的人又很多，**如何使他们时时协同起来，事事协同起来，**这就需要有一套指标和数据，系统地反映整个价值链的运作状态，反映供求之间的匹配状态，反映价值链各环节的协同状态。英特尔公司的格鲁夫认为，至少应该要有这样一套指标，即预计销量、现有库存量、设备良好率、人员数量和客户满意度。这套指标是监控关键环节和事项的，以用有限的管理精力和时间，对整条价值链进行有效控制。

另外，为了减少管理控制上的成本和代价，必须给各个指标设定区间数值。例如，库存量超过 200 单位，就要减少库存，加大出货力度，加强促销；反之，库存量降低到 100 单位，就要及时进货。因此，库存量的区间数值就是 100～200 单位，否则就是管理不足或管理过度。门店的人员必须在销售现场按照指标要求，按照反映经营实况的要求，及时采集、处理和传递一手信息。要让门店人员在销售现场认真观察和记录一手信息，并向信息管理中心及时、完整和准确地传递信息，谈何容易。他们的认真程度很难用指标测量，也很难进行监督和控制，不是简单用行政手段就可以奏效的，必须依赖现场的经理人员的管理素养，认真做好深入细致的工作。主管人员必须依靠信息进行统计分析，进而进行判断与决策，然后发出指令让各部门做出响应，协同起来纠正偏差。

采购人员必须根据销售的情况，与供应商协调好，把控进货批次和批量。

生产部门必须把握生产作业的进度，形成产销协同的状态，使生产的期量和销售的期量同步，快了不行，慢了也不行。随着竞争的进一步加剧，企业要考虑的事情就会更多，管理涉及的因素也会更多。但排在第一位的是销售前端的事情，门店人员不仅需要有更多的服务内涵，还要有更多的创意，以维护与主要顾客的关系。围绕着创意，需要提供实质性的内容，包括品质的改善、响应速度的提高、门店用餐环境的提高等。另外，随着顾客消费效用的递减，还要提供新的产品和服务，以给顾客更多的生活体验等。企业不能靠持续的降价来维护与顾客的关系。只知道用便宜来招徕顾客，会使企业进入穷途末路。这时候，生产只是成本，生产活动不是竞争的武器。产品要是卖不出去，不能迭代，创新、营销、生产就成了纯粹花钱的领域。

企业必须依靠知识劳动者，依靠专业化的高端团队，建立管理当局以及职业经理人阶层来驾驭各部门，构建分工一体化的关系体系。尤其在社会/心理层面上，而不只是在技术/经济层面上，构建分工一体化的关系体系。构建分工一体化的关系体系，说白了，就是对企业中的所有人一视同仁，以激发所有人都愿意为顾客作贡献的热情。尤其要激发服务人员、销售人员、创意人员、信息人员和开发人员等，为市场、顾客作贡献的热情，他们都是为企业的创新职能和营销职能工作的人员，必须使他们的天赋、主动性和创造性充分发挥出来。管理当局和职业经理阶层的职责和任务，就是使各个层面上的全体员工有效地协同起来，面向市场，背靠老板。有人说，“脸朝向顾客，屁股朝向老板”。不妨多说几句，单纯的体力劳动者将会逐渐消失，知识劳动者将成为价值创造活动的主体。他们的自我意志和自主意识，决定着执行力的强弱。

这说明，老板及企业当局，需要从行政权力体系中解脱出来，转变为管理当局，转变为管理者，并依靠职业经理人阶层，形成有效的管理体系。这也许是历史上发生“两权分离”的原因。如果一个老板看不到这一点，看不到正在发生的未来，看不到现代企业需要一个管理当局及职业经理人阶层，那么企业的生命活力就不可能进一步得到强化或维持。

五、二次创业的实质

很多企业都在说二次创业，但其实并不清楚二次创业的实质是什么。一次创业向二次创业转变的实质是，用制度的理性权威代替创业者老板的个性权威。确立企业的根本大法，使管理的合法性建立在根本大法之上，由此发育出管理体系，以及管理当局和职业经理人阶层。

众所周知，企业内部依靠有形的手，协调人与人之间的关系；企业外部依靠无形的手，协调人与人之间的关系。企业内部的关系是复杂的，谁说了算呢？过去是老板说了算。老板凭借个人的品行、创业的功绩、做事的胆略，自然获得个性上的权威。要想把这种老板个性上的权威，转化为制度理性上的权威，转化为管理当局说了算，是一件很难的事，但又是一件不得不做的事。难在哪里？一是创业者老板愿意不愿意放下，二是职业经理人阶层能不能担当得起来，麻烦在于两者互为前提、互为因果，这是一个演变的过程。

个性权威和理性权威互动交替的过程，就是老板与职业经理人之间互动的过程。说白了，老板要愿意放下，职业经理人阶层要愿意担当。毫无疑问，创业者老板必须是第一推动力，依靠自身的觉悟，推动这个“个性权威和理性权威”互动与交替的过程。老板要是没有这种觉悟，职业经理人阶层就难以承担起管理的责任。然而，创业者老板并非圣贤之人，往往难以做出这样的决策，也会犹豫不决，前怕虎，后怕狼，最后的结果很可能是错失良机，断送企业的前程。

要知道，管理体系以及管理当局与职业经理人阶层，只能建立在制度理性权威的基础上，不可能建立在老板个性权威的基础上。如果职业经理人必须看着老板的脸色行事，那么他就难以确立企业的立场，相反，他会在不断的纠结和折磨中失去企业的立场，乃至失去自己的职业性和专业性。这个过程可以视同为“被奴化”的过程，美其名曰，培养对企业的忠诚度，实际上是培养对老板个人的愚忠或顺从。如果职业经理人在企业中的名誉、利益、身份和地位得不到制度的保障，那么他的行为举止就难以依靠理性的制度去做，也就难以站在企业的立场上思考问题，选择正确的事情去做；相反，他很有可能是明哲保身，明知不可为而为之。

这种（老板）自我超越的实质是放下自我，确立企业的立场，按照企业长期发展的要求建立制度。老板要做到不厌其烦地告诉每个职业经理人，他们可以不相信老板，但绝不可以不相信制度；明白无误地告诉每个职业经理人，唯有确立起制度的保障，才有可能跨越人的寿命，使企业持续发展。但仅有老板的觉悟是不够的，还需要职业经理人阶层做出积极的响应。

很遗憾，很多职业经理人缺少担当，不喜欢为企业承担责任。相反，他们喜欢揣摩老板的心思，并依靠老板的权威做事，所谓大树底下好乘凉。不经意中，让老板一个人处在市场的风口浪尖上，处在市场竞争的压力之下，处在企业内部争权夺利的旋涡之中。

久而久之，习惯成自然，老板与职业经理人就成了主仆关系。大树底下不长草，职业经理人彻底失去了对环境的好奇心和观察力，失去了独立思考的能力以及主动性和创造性。这是企业的悲剧，也是职业经理人职业生涯的悲剧。难怪有人会问，中国真的有职业化的经理人吗？从实践的经验来看，有不少企业真的希望建立起新规则，建立适度理性权威，但结果不尽如人意。在很多企业、个人权威没有破除，依然是一个人凌驾于制度之上，就像封建帝王所说，“朕言即法”。这导致普遍的制度意识培育不出来，人们似乎更相信人脉而不是制度。另外，普遍的诚信建立不起来，普遍的工作热诚就很难唤醒。经理人员心安理得地寻求自我保护，沉浸在打工意识和赚钱意识之中。最终迫使老板走上业绩导向之路，追求短期业绩。企业就这样在二次创业的路上逐渐衰退，没有持续增强的生命力。

深究其原因，是创业者老板没有真正觉悟，没有真正想明白：二次创业究竟意味着什么，自己在二次创业中应该扮演什么角色，二次创业究竟需要多少时间。一句话，精神准备不足。二次创业的路是漫长而曲折的，不可能一蹴而就，不能操之过急，必须三思而后行，百折不回头，必须亲力亲为，亲自操刀。二次创业不是别人的事，是创业者老板自己的事。**二次创业，对职业经理人来讲，就是一次创业，对创业者老板来讲，才是二次创业。老板没有别的选择，必须再接再厉，依靠理性规则，缔造一个百年企业。**

美国梅奥诊所的创立者就这样，经过了一二十年的漫长过程，完成了制度性的转变，把企业的合法性基础建立在企业的根本大法上。梅奥诊所已经有150年的历史，生命力依然强盛，至今没有任何衰败的迹象。

梅奥创业者的做法是，按照百年企业的客观要求不断思考，探索前行的方向，其中包括关键性、制度性的安排，使关乎企业性质的转变，放在更大的时间和空间范围内进行。很多事情都应该这样，每个创业者老板都要有自己的理想和追求，按照理想的状态形成自己的追求，形成企业的使命，所谓志存高远。然后，把眼光放得远一些，追求放得高一些，不忘初衷，牢记使命，一步一步地予以实现。在这个追求的过程中，寻求或邀约志趣相投的人，形成企业的治理结构，不断努力，直至企业的性质改变，变成一个全体劳动者的共同体。

逆周期影响下如何构建特别能战斗的高能组织

施　炜

一、管理学研究的三个步骤

在开始讲高能组织之前，我们先讲一讲管理学的一种研究方法：怎样从管理学的范式上进行研究，而不是依据经济学、数学以及其他学科的范式。我对这个问题思考了好长时间，现在基本上得出结论了：管理学的研究要从实践出发，从现实的问题出发，从时代的要求出发。**管理学是一门实用的学问，一门与时代息息相关的学问。**

作为管理研究者，首先要在实践中发现问题。从时间角度来看，有些问题是短暂的问题，有些问题会在很长的时间内存在；从空间角度来看，有些问题是特殊问题，是某个企业某个行业或某个区域的问题，还有些问题则是跨企业、跨行业、跨空间的普遍问题。如果你能发现一个时间延续很长，同时又跨空间的问题，那么所给出的答案也就可能更具有历史的延续性和地域的超越性，更加接近普遍规律，也就更有价值。

发现问题之后，第二步是要提出一个解决问题的方向和原则，并“一言以蔽之”，也就是说，要提炼出核心概念。这对管理专家来说是最难的事情。这个核心概念是一个理念，是一个理论标签，代表着解决问题的核心思想。比如从战略角度看，大家经常提到“颠覆性创新”或“破坏性创新”，这是一个非常好的概念。“蓝海战略”“平台战略”等概念也不错。

概念出来之后，任务并没有完成。不能光讲概念，说这是“混沌”，那是“不确定性”，是没有太大意义的。关键是第三步，找出一整套解决问题的方法，并把它模型化，即把若干个变量、环节结构化地表达出来。这个结构化的表达就是解决方案，到这一步，你就成功了。很多人炮制概念，人家不知道是什么意思，也不知道在实践中如何将概念落地。比如很多人讲“数字化管理”，那么数字化管理的变量是什么？逻辑结构是什么？主要针对什么问题？如果这些展开的内容都没有，“数字化管理”是无法实现的。

以上是我从实践角度对管理学研究的一点思考。概括一下三个主要步骤：提出问题；定义概念；给出系统化、结构化的解决方案。

这不同于“假设—检证—证伪”的研究方法。因为管理学很难归入揭示普遍规律的“科学”范畴，它是领先企业经验的总结，是未来趋势的揭示，是应用于实践的专业方法和技术的提炼。

二、组织高能化是企业系统成长的必然要求

优秀的企业总是逆周期成长，总是在产业整合期产生，这一点大家是有共识的，我不展开说了。我把企业成长的决定和影响因素归纳为“一心二门”，“一心”是目标和愿景，“二门”是战略和组织。

企业做大后要借助于“制度”与“框架”这两扇门，这两个问题在很多企业里没有得到解决。

企业成长首先要有“一心”，即心之所愿。要实现这个心愿，就要打开两扇门，一扇门是战略，另一扇门是组织。战略问题我之前在《中国企业的战略转型——方向、措施和关键》一文中提到过，现在我们把主题聚焦于组织，架构、流程、团队、文化，等等，这些都属于组织的范畴。

为什么提出高能组织——特别能战斗的高能力组织？它是在一个什么样的背景下提出来的？

2015 年，我组织了五六个人，研讨“中国企业成长导航问题”，夏惊鸣、苗兆光、郭伟、陈明等都参与了讨论。记得这是我在香山会议上灵机一动提出来的。还要感谢陈明，我记得陈明当时急切地提醒我说：“你要把成长因素动态化，不动态不行。”所以我就做了一个企业成长阶段划分，大家请看这五个阶段：

- 创业阶段；
- 机会成长阶段；
- 系统成长阶段；
- 分蘖成长阶段；
- 重构成长阶段。

我对照了大约50家中国企业，企业成长五阶段图和它们的情况基本上是吻合的。

其中吻合度最高的是美的，华为的情况还有一点不吻合，华为的有些过程是重叠的，它的分蘖成长阶段和重构成长阶段基本上是平行的两段河流。

我国有大量的企业，正处于从机会成长向系统成长的过渡之中，这就是一个分水岭。未来的企业成长将从机会导向变成组织系统能力导向，而在这一阶段，组织必然是高能组织，否则，组织体系无法支撑成长，也就无法应对转型。当然高能组织还要延续发展到以后的成长阶段，它起始于机会成长之末、系统成长阶段之初，其锻造的过程贯穿于企业的系统成长全阶段。可以说，提出打造高能组织的目标、任务，并付诸行动，就是进入系统成长的标志。

为了避免概念过于宽泛和抽象，下面我们进一步对高能组织作出定义。我们可以从功能角度定义，如高能组织就是特别能战斗、能打胜仗、能超越对手的组织。这样的定义并不复杂，真正有难度的是从结构、机制的角度作出解析性定义。今天分享的重点是，我把高能组织用系统理论的方式给大家解析一下。

这种组织能产生“三高”的输出。首先它在财务上表现为高绩效，这样就符合了平衡计分卡原则。高绩效主要表现为营业收入、利润、资产总量及增长等。高绩效是表征，真正重要的是高能量。能量和绩效有交叉的地方，我认真地辨析过，二者不完全是一回事。高能量的组织往往是高绩效的，而高绩效的组织未必有高能量。比如有些企业也许正好撞在风口上，或是遇到了什么政策，绩效突然就起来了，但它未必是属于高能量组织。我们经常可以看到一些业绩成长很快的企业，在真正的行业整合到来时轰然倒下。

高能量表现为一种强大的竞争力，表现出非常强劲的超越对手的势能。它基于长期战略目标可能会放弃一些机会，短期内绩效可能不一定快速增长，但在长跑中一定是中后程的领先者。高能量的背后是高能力，这个能力是指技能、人员的素质。**高能组织不仅输出高绩效、高竞争优势，还会输出高人力资本。**这样我们就把“三高”的逻辑理清楚了。

三、高能组织输入学生兵并具有六种关联机制

高能组织输入的是学生兵，组织里要有下面六种机制。

绩效机制，即目标责任机制；分配机制，主要指利益分配机制；使用机

制，即人才的提拔、任用；培养机制，即培训、训练；文化机制，包括组织的氛围、规则、习惯、导向等；领导者本身也是建设高能组织的一种机制。

学生兵是组织的高能粒子，高能组织的六种机制是加速器。高能粒子是带电量比较大的粒子，经过加速器加速后具有了巨大的动能。这也意味着组织是高起点，甚至是具有高人才壁垒的。

我又把六种机制分为两大类。绩效机制、分配机制、使用机制被统称为组织的张力机制，它们使得组织更有竞争性和活力；培养机制、文化机制、领导者被统称为赋能机制。张力机制和赋能机制构成了高能组织的必要条件和充分条件。

从高能组织内部机制的逻辑看，文化机制是核心机制，领导者是承接性、枢纽性的机制，其他机制是操作层面的机制。

我曾和一些学生探讨这样一个问题：为什么这么多企业喜欢用学生兵？这里面隐含着一个假设，即大学毕业生人力资源市场比职业化人力资源市场更有效。

《奈飞文化手册》这本书不错，我建议大家可以读一读。奈飞（Netflix）是美国著名的视频企业，它有一个文化主张是：用最高的价钱请行业里最牛的人。那么，我们中国企业为什么不这样做？

对于学生兵的优点，我概括了五点。

①起薪比较低。比如，企业招一个“大鱼”，一个资深职业经理人年薪要200万元，用这个钱能招10个年薪20万元的博士生。对很多企业来说，这个人力资源的性价比是很明显的，招学生兵薪酬成本较低。

②高考制度是有效的。通过高考，至少学生的智商、认知能力经过了筛选，对此，企业是承认的。从我们经历的某些企业干部评价的结果看，在认知逻辑这一块，没上过大学的干部分数大都较低。这说明缺乏高等教育造成的认知局限，对一般人来说，在工作过程中是难以弥补的。

③易于接受企业文化。总的来说，大学生单纯而热情，价值观可塑性强，往往对企业文化理念由信而行，好比一张白纸可以画出美丽的图画，同时对企业的感情较深——有点像初恋。

④适用领域宽阔，可以多频道转换。你从外面招一个50岁左右的人进来的话，他的能力基本上已经固化了，很难再转换专业。而学生兵不管学什么专业，只要学习能力强，未来能胜任的业务领域很宽广，有进一步培养、打造的

弹性空间。

⑤学生兵中有隐性的“大鱼”，未来会成为企业的中坚力量和栋梁人才。这是最重要的一点。他们自己并不知道自己是“大鱼”，糊里糊涂的，对自己缺乏认知。得到这样的未来绩优股学生兵人才的企业，等于获得未来成长的支柱和保证。

实际上，企业用学生兵的代价非常大，因为他们的流失率非常高。有一家上市公司做人才盘点，发现2012年招聘的大学毕业生，到2018年已经有85%流失了，2013年招聘的流失了75%。这个数据告诉我们，实际上企业为学生兵付出的代价并不低。虽然有这么大的流失率，但企业引以为安慰的是，留下的那15%全部都成了经理以上的干部，有的当了总监，成了企业的中坚力量。就此观察的话，企业成了一个无形的筛子，把学生兵中那些好的人才筛出来了。

招学生兵，对企业来说最大的挑战是要帮助他们实现社会化，这是一个艰难的过程。我们国家的高考是一个封闭的制度，学生从小到大两耳不闻窗外事，一心只读考试书。在大学毕业、硕士甚至博士毕业的时候，他们的社会化其实还远远没有完成。社会化包括认知社会，与社会和谐相处；在工作和生活中发现自己的角色，认知自我、认知他人等。

四、职业化人力资源市场的利弊

职业化人力资源市场的优点首先是人才获取的效率高。今天下午去招聘，可能晚上人就来了。其次人才的适用效率较高，人一来，马上就可以干活。

职业化人力资源市场的缺点也是明显的，主要表现在信息不对称、期望差距和价值观磨合这几个方面。

（1）信息不对称。俗话说，路遥知马力，日久见人心。只有相处时间长，才能了解对方。人刚来，你对他的真实情况很可能缺乏真正的了解。美国的情况可能好一点，人力资源市场可获取的信息或许更充分，人才信息的透明度、诚信度更高。可是我们国内企业面对的人才市场还不行，一些人才可能在好几个国际大集团待过，可能还是双语、多语人才，尤其是PPT做得很好，但有可能企业急需的能力他不具备。

（2）期望差距。这一点是我在《重生》一书中提出来的。民营企业老板和职业经理人之间相互都有期望，两者的期望往往存在着一个缺口，也就是存在差距。老板想我一年给了你两三百万元，你得给我解决重要问题。职业经理心想我是术有专攻，不可能给你解决那些特殊问题。这样一来双方都失望了。职业经理人到任之前，民营企业老板通常是礼贤下士的，充满了谦逊和要干一番事业的雄心。很多职业经理人其实非常幼稚，以为遇到了“圣明之君”，结果到了企业一看，看到不同的企业各有各的问题。有些老板的确可以信赖，但也有些老板很投机、素质不高，心里马上有落差了。

（3）价值观的磨合。文化冲突表现在很多方面。这里不展开讲了，《重生》里有详细的分析。

总结一下，我觉得理解了这两类市场的利弊，可以从一个侧面理解中国的文化和社会，可以从中挖掘出很多深层次的内容。

我对获得高素质学生兵的方法、举措和要点简单地作了一个概括。

- 素质标准：要有一套适合自身情况的科学的人才选拔标准，包括成就导向、动机勇气、知行平衡、学习能力等方面；
- 精确策略：对优质生源作出来源评价——去哪里招、招什么专业，等等；
- 人才鉴别：要有前置性参与和洞察，以某种方式介入大学的教学研究活动中，发现真正的人才，对人才作出科学评价。

我在大学做过多年班主任，好学生和差学生的差异非常大，你如果去最好的大学招个最差的，不如去普通大学招个最好的。

五、构建高能组织机制的要点

下面我对高能组织的六种机制逐项作一个概述。

1. 绩效机制

高能组织绩效机制的特征是高目标、高牵引、高压力。但绩效目标是短期目标和长期目标的平衡。这里我们要强调一下，有一个误区是把高能组织做成了短期的、狂飙式的行为。高能组织是长期战略导向的，只有当你明确了方向，坚持不懈地做下去，这才叫真正的高能。

绩效机制的构建需要注重以下几点：

- 结果和过程平衡；
- 评价公开、透明、直接、数据化；
- 淘汰和流动机制强劲。

2. **分配机制**

- 薪酬水平超越行业平均水平；
- 设计多层事业合伙人机制，利润分享以及超额利润分享；
- 内部分配差距拉大一些，向价值创造者倾斜。

3. **使用机制**

- 干部任用标准清晰、合理；
- 在政策导向上重视年轻干部；
- 优化干部任用的权力配置，完善建议、考察、任用流程；
- 加强、完善干部的考察和评价；
- 采用公开竞聘机制。

4. **培养机制**

- 浓缩大学生的职业生涯；
- 采取师徒制；
- 建立多层次后备干部营；
- 导入专业通路的任职资格管理；
- 重点人才跟踪，重视离职学生兵面谈。

5. **领导者**

高能领导者非常重要。“将熊熊一窝”，没有高能领导者，就不可能有高能组织。高能领导者的特质主要有以下几点。

- 好战：求战心切，喜欢打仗，喜欢竞争；
- 争胜：自我驱动，好胜，渴望成功，追求胜利体验；
- 勇猛：敢于亮剑，有一往直前、压倒困难的英雄气概；
- 算力：不能有勇无谋，很多老板勇猛、好战，但是脑子里的算力不够。

上面提到的所谓算力就是战略思考力。算力的强弱涉及思维的强度及变量的宽度、密度、关联度等。大家可以看一些写战争和写战略的书。

有一个日本记者写过一本《太平洋海战》，分析为什么日本的海军“二战”期间在南太平洋的所罗门群岛等地方完败于美国。作者得出的结论之一是日本海军将领考虑的变量太少，比如气候、海流、对手作战习惯、对手飞机特点等，想得不周全。日本的将军有强烈的决战冲动，但无周密的战法。最后战败了，自己效忠天皇“以身殉国”也就算了，关键是那几十艘军舰也全沉没了。我计划写一本书，名字就叫《战略是一种算法》。战争中要想取得胜利，重要的是要算清楚仗怎么打。

6. **文化机制**

在高能组织的六种机制中，最后我还要特别强调一下文化机制。

高能组织不是纯粹的利益组织，给钱、给压力，不行就滚蛋，这不是真正的高能组织。高能组织之所以特别能战斗，是因为赋予了团队价值和意义。只有解决了为谁战斗的问题，团队才会有战斗力。

基于人性、尊重人性，是我所研究、设想的高能组织的最终管理依据。经典企业文化理论认为，人性是假设。“假设”这个词我觉得用得太多了，我想了另一个词叫作“人性的想定”。这个说法不是我发明的，好像是从一本书上看来的。从人性的想定以及团队的文化价值出发，发展出一套管理理念，进而衍生出管理政策、机制和方法，这是研究高能组织的基本逻辑。

说到高能组织的文化形态，应该是“军事文化 + 校园文化”。

最后我请大家再思考一个问题：军事文化和校园文化应该统一在一个什么样的平台上？我认为核心有两点：一是科学思维。军事思维一定要讲科学，不科学怎么能打胜仗呢？例如，打仗时都要用到地图。地图不能画错了，要画得准确清晰，不能歪曲实际的情况，这就叫作科学。而校园里主要就是学科学的，大学生们绝大多数认同并崇尚科学思想。二是合作与协同。军事组织是用愿景和目标来凝聚的，是讲究协同合作的，战友之间有情感的纽带。而大学生活也是一种集体生活，大学生们也有团队意识，也讲同学情谊。

没有哪种组织管理理论，能超越毛泽东的这八个字

彭剑锋

组织的凝聚力、战斗力、创造力、活力来自哪里？如何打造一支能持续打胜仗的高绩效铁军？始终充满效率、活力和战斗力的高绩效组织特征是什么？纵览人类历史上所有组织管理理论和管理智慧，都没有毛泽东主席在 1937 年为延安抗日军政大学所提校训“团结，紧张，严肃，活泼”这八个字那么高度凝练、那么切中要害、那么形象生动、那么让人有力量。

一、团结让组织凝聚在一起，力出一孔，团结就是力量

团结是组织力量的源泉，人心齐泰山移，团结使组织力出一孔，利出一孔，使组织中个性不同、能力各有所长的人凝聚成巨大的能量，并形成超强的组织战斗力。在不确定时代，企业要以内在的确定性来应对外部的不确定性，而企业最大的内在确定性，就是内部的精诚团结，就是上下目标一致，风雨同舟，协同奋进。中国企业组织能力建设面临的首要问题是：领导班子不团结，干部队伍一盘散沙，业务系统山头林立，各自为政，难以协同，各种力量不能统一于共同目标，难以实现从机会成长到组织成长的转型，难以真正做大做强，提升全球竞争力。因此，团结是组织能力建设第一要素，组织不团结，成就不了大事业。那么一个组织如何做到高度团结呢？

1. 团结的力量来自共同的使命追求与目标聚焦，才能力出一孔

道不同不相为谋，如果组织成员目标追求各异，“同床异梦”，就难以形成组织凝聚力。**只有在共同使命与目标层次上的团结，才是持久而牢不可破的团结，而基于单一利益导向的团结都是短暂和不牢固的。**任正非在谈到华为的组织能力建设时，专门写了一篇文章《力出一孔，利出一孔》。他在这篇文章中指出：“水和空气是世界上最温柔的东西，因此人们常常赞美水性轻风，但同

样是温柔的东西，火箭可是空气推动的，火箭燃烧后的气体，通过一个叫拉法尔的小孔，扩散出来的气流，产生巨大的推力，可以将人类推向宇宙，像美人一样的水，一旦在高压下，从一个小孔里喷出来，就可以用于切割钢板，可见力出一孔的威力。十五万华为人二十五年来聚焦在一个目标上持续奋斗从来没动摇过，就如同从一个孔喷出来的水，从而产生了今天这么大的成就。”

2. 团结的力量来自求同存异，开放合作，优势互补，彼此赋能

从团队领导力的角度，团结并不等于不尊重个性，不允许有不同意见和看法。团队力量的基础是“挥洒个性、发挥优势、相互赋能、长短互补”。个人的能力和力量都是有局限的，企业完全依赖老板一个人的能力，企业的命运系于老板一个人身上，没有团队共担责任，没有群体智慧，企业走不远、做不大。

团队力量来自群体智慧，来自团队成员个性、能力互补，形成互补性领导团队。没有完美的个人，只有互补性的完美团队。中国共产党第一代领导团队的最好时期，我认为是一九四七年的西柏坡时期。那时全党思想高度统一于毛泽东思想，形成五大常委：毛泽东、朱德、周恩来、刘少奇、任弼时，他们是分管不同领域工作，但又以毛泽东为核心的集体领导的核心团队。五大常委关门可以发表不同意见，可以拍桌子争论，但一旦做出决策，开门一致对外，放弃个人意见和主张，坚决执行。各野战军领导班子，司令、政委、参谋长、政治部主任个性互补，能力各有所长，分工合作，从而形成了坚强有力的“拳头”。蒋介石最大的问题是：组织上统一了军阀与诸侯，但没有统一军阀的思想。蒋介石只有个人智慧，听不进别人的意见，没有互补性高层领导团队的智慧，军队能人很多，但不团结、不协同作战，每个手指都很长、很粗，但五指散开，握紧不了拳头，形成不了合力。国民党军队之败，败在不团结。共产党军队之胜，胜在高度团结，胜在团结了一切可以团结的力量。

3. 团结的力量来自组织成员的信任沟通与奉献回报

组织文化简单、信任，内部交易成本低，不会产生组织内耗，自动协同产生组织力量。组织信任可以减少组织猜忌与怀疑，彼此精诚合作与协同。组织内部及时有效地沟通，可以减少误解。组织内部的冲突与矛盾，大部分来自误解，而误解的产生在于沟通不畅。同时，没有组织成员的彼此奉献，没有团队一把手的品格与牺牲精神，组织核心成员之间的长期合作关系是难以建立的。当老板个人太自私，舍不得让利，是没有能人愿意长期团结在老板周围的。当一个人不再为组织作贡献时，它将成为组织多余的人，就不是组织团结的力量。组织内部组织的团结来自彼此奉献，相互提供价值，为组织做出了贡献可以获得组织成员的认可与回报，这是组织成员彼此长期合作的基础。正如华为提出来的，向雷锋学习，但绝不能让雷锋吃亏，如果奉献者总吃亏，就没有人主动为组织做出奉献，就没有组织的共创共享。

二、紧张让组织永不懈怠，紧张就是战斗力

组织的战斗力往往是在危机中、紧张中、高压力中激发、高压强下爆发出来的。“共产党军队紧张，国民党军队不紧张”。蒋介石在总结为什么共产党军队比国民党军队更有战斗力时，曾感叹共产党的军队比国民党军队更紧张，更有拼命奋斗精神，而自己的军队松懈，没有紧张感，因而丧失了战斗力。任何一个组织，一定要有高绩效压力，有危机感、有内外竞争压力。没有任何一个组织是靠松松垮垮，靠懈怠，能不断打胜仗的。任正非在今年 5 月 20 日接受德国电视台采访时谈道：“美国政客拿着鞭子抽着华为，提醒我们要努力奋斗，我们只要不努力奋斗，就会把我们打垮。这点对我们也是有好处的，没有外部压力，内部就缺少动力”。在特朗普的打压下，华为人比以往更加众志成城，团结一致，共同奋斗。没有危机感的企业，就是企业最大的危机，没有让员工感受到市场与绩效压力的企业，就是企业最大的生存压力。对于一个成功的企业而言，最怕的就是组织懈怠、懒散，不再有创业时的生存紧张感和持续奋斗的激情。

紧张来自组织的生存危机意识，来自让每个人能感受到来自企业生存和市场竞争的压力。紧张让组织对外部环境的变化能敏锐感知，能警觉外部环境急剧变化对企业的威胁，企业需要不断传递危机意识，让组织成员永远处于警觉状态、战斗状态。

紧张来自挑战性的绩效目标设定、工作任务的饱满。目标高远、激动人心，催生组织成员的激情，绩效指标极具挑战性，使组织成员必须竭尽全力，使劲跳才能够得着目标。一定要让组织成员工作任务饱满，五个人的活三个人干，拿四个人的工资，人就会紧张而干劲十足。

紧张来自内部竞争淘汰机制。能力达不到要求，不能上岗；业绩达不到标准要下岗；没能力、没业绩随时就有人替代你，你随时可能丢位子，被淘汰出局。

紧张来自组织内部比学赶帮。树优秀典型、立先进标杆，让落后者紧张，以优秀分子倒逼和牵引团队成员共同奋斗。

紧张来自赏罚分明，来自高标准、严要求；来自说到做到，严格的问责机制；来自违反制度的高成本付出，也来自使命驱动，自我加压。

三、严肃让组织力量有序释放，严肃产生组织理性

组织的力量来自两个方面：一个是激情的力量，一个是理性的力量。一方面，激情的力量使组织充满活力和创新，持续奋斗，永不懈怠；而理性的力量一方面使组织方向一致，不犯战略性错误，抑制企业家的原始冲动，使企业家的欲望得到有序释放，偏执的行为受到约束，能把握成长的节奏而不翻车。另一方面，理性的力量使组织纪律严明，组织运行规范有序，高效执行。没有组织理性，就不会有组织的高效率。

严肃是企业制度建设与规范化管理的保障，是建立组织理性的基础。不严肃、不理性，企业家容易犯大错误，组织容易翻车；不理性，组织难以建立秩序与规则，组织能力形不成，企业做不大。组织的严肃性体现为组织成员对信念的坚守与价值观的践行；对规律和常识的尊重与敬畏；对组织目标与绩效达成的庄严承诺，对团队的共识与规则的遵守；对流程制度权威的尊重。

1. 严肃就是要有敬畏之心

敬畏之心是构建组织理性的根基。**人无敬畏，内心就会失去自我约束而放纵，就会失去底线而为所欲为。有敬畏之心就会自我约束、自我控制，让欲望能有序释放而不失控。**它表现为回归初心对组织价值观的信守与践行；对客户价值、员工发展、股东回报的庄重承诺；对自然规律与常识的敬畏，对法律要求守法经营的敬畏，对市场法则的敬畏，对遵守组织制度与规则的敬畏，对履行岗位职责的敬畏。

2. 严肃就是组织纪律严明，规矩严肃

纪律是为维护集体利益并保证组织内部有序运行必须遵守的规章、条文和行为规范。俄国大军事家苏沃洛夫提出“纪律是胜利之母”，没有铁的纪律就没有“铁军”。在中国共产党的历史上，曾有两个具有不同针对性的“三大纪律八项注意”。其中一个是针对人民军队建设的，始自毛泽东在井冈山创建红军时期，后成为中国人民解放军的优良传统和行为准则，1947 年 10 月 10 日，毛泽东起草了《中国人民解放军总部关于重新颁布三大纪律八项注意的训令》，

又称《双十训令》。从此，内容统一的“三大纪律八项注意”就以命令的形式固定下来，成为全军的统一纪律。1961 年 1 月 27 日中共中央下发了“党政干部三大纪律、八项注意”。这两个三大纪律八项注意成为贯彻中国共产党的路线、方针、政策和完成各项任务的重要保证，是军队战斗力的基础，也是中国共产党组织百年不衰的根基。华为为严肃干部队伍建设，规范干部行为规范，专门制定颁布了《华为干部工作作风八项规定》，要求所有干部宣誓并严格执行。

3. 严肃就是严谨的工作作风与认真的工作态度

严肃就是专注、认真、负责地做好每一件事，就是精益求精的工匠精神。严肃来自匠心，来自认认真真对待每一件事，认真将每一个工作细节做到位。

4. 严肃就是实事求是，尊重数据和事实，不搞形式主义

严肃就是华为干部工作作风八项规定所提出的：“我绝不说假话，不捂盖子，不评价不了解的情况，不传播不实之词，有意见与当事人直接沟通或报告上级，更不能侵犯他人隐私权……我们认真阅读文件、理解指令、主官的责任是胜利，不是简单服从……”

5. 严肃来自组织的庄重与仪式感

庄重感与仪式感，可以产生独特的组织心理体验，把本来单调普通的事，变得与众不同，让人对此怀有敬畏之心，让人与组织相拥，找到每个人的组织归属感和安全感。有使命感和责任感的组织都注重仪式感，从而让加入组织、承担组织任务的人有神圣感和庄重感。华为和阿里都是注重仪式感的企业，只是华为的仪式感更庄重和严肃，而阿里的仪式更具全员性娱乐和参与。某种意义上讲，仪式也是一种生产力，它是组织激情与理性力量产生的源泉。

6. 严肃就是制度面前人人平等，任何个人不能超越组织与制度之上

规则与制度一旦制定出来，就要严格执行，尤其是老板和高层要率先成为制度的遵守者，一定不能变成制度的破坏者。华为任正非的成功在于他既是华为机制与制度的缔造者，更是华为制度与规则的坚定践行者。对于企业家而言，制订制度规则容易，但从自我做起，自己坚定不移地执行，很难。

四、活泼让组织充满激情和活力，活泼就是创造力

组织的活力与创造力来自哪里？来自组织富有生气和活力；来自组织气氛活跃热烈；来自人的不呆板、不僵化；来自人的自我驱动、自我激励；来自人

的阳光、自然、率性、活泼；来自开放、包容、创新的组织文化。

1. 活泼就是要激情率性，不呆板、不僵化

激情首先来自人的信念。信念可以激发人的内在潜能，产生“核裂变”，是抵御职业倦怠，让工作激情永不衰竭的动力源。信念产生激情的力量，当一个人为信念而战时，就可以自我驱动，不顾一切，奉献担当。人开朗率性、自然简单，可以减少组织内部的沟通成本和交易成本，使整个组织充满阳光和勃勃生机。

2. 活泼就是要尊重个性，释放人的天性，激发人的内在潜能

要让组织具有活力和创新，就要尊重人的个性，让人有兴趣、有专长去工作。人是目的，不是工具。如果组织将人当工具，抹杀人的个性，让人依附于物，组织是不可能真正具有活力和创新性的。

3. 活泼就是要信任并能授权于人，让人有相对自由创新、创造的空间，让人有尊严、有价值地工作

人在彼此不信任、高度管控的工作环境中是难以创新创造的。

4. 活泼就是要不断打破组织内部平衡，适度拉开差距，防止组织过度熵增

华为2018年颁布的《华为人力资源管理纲要2.0》提出，华为人力资源管理的核心就是用熵减与开放持续激发个体的价值创造活力。它承认劳动是价值创造的主体，通过以奋斗者为本，持续艰苦奋斗的人才机制，不断反惰怠、反僵化、反不思进取，持续去激活个体的价值创造活力。

5. 活泼就是组织要开放包容，用人不求全责备，要有灰度

只有开放包容，才能海纳百川，聚天下英才为我所用；只有构建开放包容的组织文化，空降人才与地面人才才能融合；中国企业要实现创新与人才驱动，必须用高素质顶尖人才，如企业家人才、顶尖的创新人才。这些人物、大咖人才往往优点突出，缺点明显，对这类人才就要有灰度地包容其个性和不足。用人不求全责备，正如任正非提出的“有洁癖的人不能当领袖”，虽然他们有情怀，但不懂江湖，更不通人性，搞不定人才，带不了队伍。总之，毛泽东创造性提出的看似矛盾，又辩证统一的八个大字，内涵之丰富、道理之深刻、意义之深远，超越了所有的组织管理理论。任何组织能做到团结、紧张、严肃、活泼，这个组织一定有活力、有战斗力、有创造力，一定赢在组织与人，因而所向无敌。

抓六大要素，打造一个不依赖个人的伟大组织

彭剑锋

企业在成长和发展过程中，经常会出现两个突出问题：第一，方向正确，但还是抓不住新的发展机遇，战略总是落不了地；第二，老板个人能力极强，企业也有几个能人，但老板整天疲于奔命，累得半死，企业还是做不大。

我认为最根本的原因，还是忽视了组织能力问题，没有将能力建立在组织上，真正打造出强有力的组织能力。华为牛，牛在组织能力！任正非成功，成功在他打造了一个不完全依赖于他个人的伟大组织！这个组织具有“力出一孔，利出一孔”的凝聚力和超强的战略执行力；这个组织能让平凡人做不平凡的事，能让天才的潜能得到超乎想象的极致发挥。

一、传统组织模式和组织能力支撑不了新战略

大企业失败的原因，只有少部分是源于对外部机会的误判。企业之所以失败，不是因为方向错了，也不是因为企业家没有洞察到机会，而是因为无法调整和变革自己的内部组织，去构建新的组织能力，去适应已经改变的世界和新的发展机遇。

典型的案例就是诺基亚、摩托罗拉。这两个曾经非常成功的企业之所以陨落，不是因为没有看到移动互联网时代手机的智能化发展趋势。它们不仅看到了这种未来的趋势，也投入了大量的资金去做智能手机的研发，但为什么仍然没有抓住机遇？

原因在于它们过去的成功导致了失败。它们在功能型手机时代太成功了，对一个成功的企业而言，最大的敌人是自己，自己最大的敌人，是习惯性的思维方式，习惯性的组织行为方式，是不愿意走出舒适区。这种成功使它们无法调整在功能型手机时代所积攒的组织惯性，懒于组织转型变革，无法调整组织

的航道，建立起与战略转型相匹配的新组织文化，以及新的战略组织能力。

而小企业之所以活不长、做不大，难以突破成长的瓶颈，主要原因也不是企业家没有抓住风口和机会。中国企业家抓机会、抓风口的能力非常强。但是小企业的成功，往往完全依赖企业家的个人能力，没有形成团队，没有打造一个有凝聚力和整体作战力的组织。这就导致做到一定规模以后，企业的成长就受制于企业家有限的生命时间和有限的精力。企业家如果不能致力于构建一个不依赖于个人的组织，不能完成从机会成长到组织成长、从个人能力到组织能力的转型升级，企业的成长就会止步不前，进而越做越艰难。

在数字化时代，中国许多企业都在进行数字化转型升级，大家都看到了数字化是未来中国经济增长新动能。这个方向是正确的，但正确的方向要落地，还必须要有新的组织能力做支撑。任正非讲过一句话："方向大致正确，组织充满活力"。我认为企业除了要保持方向正确，同时要不断发育和构建新的组织能力，才能不断激活组织。**任正非的成功，不仅在于他个人的格局、洞见和领导力，而且在于他打造了一个强大的华为组织体系，这个组织具有高度的集体奋斗的凝聚力**。这个组织，上有强大的管控和赋能平台，下有集成综合作战能力，上下协同组织的战斗力无限。数字化时代的中国企业所面临的最大挑战，是传统组织模式和组织能力支撑不了新的战略。

对于大企业而言，实现突破的核心是主动走出成功舒适区、自我批判、转型升级，去构建、打造支撑数字化时代战略的新组织能力。对于中小企业而言，除了保持方向正确以外，最关键的是企业家的转型与组织能力的发育、建设与升级，并真正致力于将能力建设在组织上。

二、组织无能的十大表现

中国企业组织能力短缺与不足，表现为 10 个方面的问题。

1. 老板随意拍脑袋决策，企业只有个人智慧，没有群体智慧

老板随意拍脑袋决策，听不进别人正确的意见，盲目决策，导致企业经营一地鸡毛，老板成为救火队队长，天天到处救火，陷入处理日常事务的泥潭之中。企业没有稳定的高层领导团队，只靠老板一个人的能力与智慧，没有人帮老板去动脑筋思考，没有人帮老板采取行动并担责，整个组织形成不了群体智慧，更谈不上团队领导力。

有的企业家一天二十四小时电话都不敢关机，出来上两天课，频繁出去接打电话，处理企业事务，说明这个企业肯定没有一个好的高层团队，肯定没有足够的组织能力，肯定还是靠老板个人能力，去拍板决策。

2. 组织没有建立理性权威

企业不是依靠组织机制与制度去选人、用人，而是靠人治，依赖几个能人。整个组织因为没有建立理性权威，没有建立组织约束力，所以往往出现几个能人凌驾于组织之上，除了老板能管他们以外，整个组织对这些人及其团队没有纪律约束性。企业做到一定程度以后，甚至会出现能人跟老板叫板的情况，因为企业依靠的是能人的个人能力，能人一走，带走市场、客户，企业就得崩盘。

衡量一家企业好不好，有没有组织能力，关键看它的人才机制能不能使优秀人才不断脱颖而出。优秀人才层出不穷，同时，组织有组织纪律，有团队约束力，企业就不怕能人跟组织叫板，跟老板叫板，任何个体都不可能凌驾于组织之上。

《华为基本法》里面提到一个非常重要的理念，是任总当年要求加上去的。他说，**不是所有的人才都是人才，只有管理有效、负责任的、具有高度责任感的人才，才是人才**。反过来说，一个人才到了华为，不受组织约束，个人凌驾于组织之上，就不算人才，可能还是个害才，害企业之“才”。个人必须遵守组织规则，受组织约束，必须是管得住的，这样的人才才是企业真正的人才。

3. 知识个人化，知识与经验难以积累与共享，最优实践不能有效复制

一家企业的组织能力体现在个人知识的公司化，企业内部的信息知识可以共享，最优实践能够得到有效的学习和复制。很多企业是知识经验个人化，人一走就带走知识，带走经验，个人知识没有转化成公司的公共知识。知识与经验难以在组织中积累、复制、共享。企业的最优实践不能有效复制，优秀的文化基因很难传承。个人不能借助于组织的共享知识信息平台，去放大自身的人力资源效能。

科学管理的核心，是要实现管理的最优化、简单化、规范化、标准化、可复制化。这既是科学管理的基础，也是组织能力建设的基础。基于最优实践的总结提炼，最优实践的简单化、规范化、标准化，然后实现最优实践的可复制化。一家企业的组织能力不是凭空造出来的，而是建立在知识、经验以及最优实践不断累积的基础之上。

4. 组织内部不协同，山头林立

组织能力短缺的第四个表现，是企业的高端人才，尤其是企业的中高层干部，没有全局意识，不能基于企业整体发展，去实现有效的内部协同，而是各自为政，山头林立，严重内耗，导致内部交易成本过高。这种情况下一家企业看上去很肥胖，但是不强壮，内部的组织能力是一盘散沙，握不成拳头。企业只是个体户的集中营，缺乏组织凝聚力。

组织能力建设，能够把企业内部的各种资源要素、能力要素握成拳头，能够形成合力。解放战争时期，为什么国民党武器精良的军队，打不过小米加步枪的中国共产党军队？因为中国共产党的军队讲协同，有全局意识。国民党军队不协同，是手指全散开来的一个巴掌，看上去张牙舞爪，实际上握不成拳头，没有整体的战斗力。其内部各自为政，山头林立，谁都指挥不动，尤其是彼此之间不能产生协同价值，文化不能融合，有各自的利益主体，不能做到力出一孔，利出一孔。

5. 总部不能为个人赋能，一线单打独斗，综合作战能力弱

企业组织能力的不足，体现在总部没有专业能力，没有集中配置资源的能力，没法发挥整体的资源优势，不能为各业务线、各一线团队去赋能，不能提高一线的综合作战能力，导致一线单打独斗，综合作战能力弱。

很多企业总部是一种强管控，约束了下面的活力。总部只是为管而控，而不能利用总部的优势去集中配置资源，去提高总部的系统作战能力。华为为了提高作战能力，学习美军，学什么？美军在20世纪八九十年代为适应信息战、立体战的需要，做了重要的改革——养兵用兵分离。养兵的核心是要专业化，是要提高每个士兵打仗的专业化能力。用兵是要把合适的人放在合适的铁三角中，让他们去打胜仗，去呼唤炮火，集成能力，从而大大提高一线的综合作战能力。华为“铁三角”的运行，就能够获得总部和区域总部的专业能力支持和资源支持，能实现资源和能力的集成，所以总部的赋能能力和资源配置能力很强，一线的综合作战能力也很强。

所以组织能力的核心体现为：第一，能力上升，提高组织平台的赋能能力；第二，能力下沉，提高一线的综合作战能力。

6. 组织出现智障，外部反应力与自我变革能力差

现在很多企业未老先衰，组织不学习，没有危机感，出现了组织“智障”，表现为对外部反应能力迟钝，自我变革能力差。企业的组织能力应该体现为有一个共同的学习机制，能树立起危机意识，自动对外部环境的变化作出反应，主动破除组织的智障。

7. 组织人均效能低，核心竞争力短缺

很多企业的组织能力不足体现在机构臃肿，层级过多，人浮于事，人均效能低下。企业的生存，往往是靠获得政策红利，或者踏着法律边缘走路的红利，而没有真正形成独特的核心专长与技能。这种企业或许规模做得很大，但核心技术缺乏，盈利能力差，核心竞争力短缺。这也是组织能力不足很重要的表现。

8. 企业成长随大溜、撞机会，不具备抗风险和抗逆周期生存能力

组织能力取胜是基于企业的长期价值主义，自然培育出具有抗经济波动、抗逆周期生存的能力，也就是说，遇到大疫情、大的经济波动，企业的免疫力很强，自身所储备的“脂肪”很多，能够耗得起。

在经济下行期和新冠肺炎疫情面前，很多随大溜、撞机会的企业，没有免疫力、组织能力差，可能都熬不过去、活不下去。只有组织能力强，具有抗逆周期增长的能力，企业才能实现逆势成长。企业的组织能力，体现在它的生存发展不是靠随大溜、撞机会，而是靠系统思考，靠内在集聚的能量来度过冬天。

9. 组织没有危机感，员工奋斗精神衰竭，组织懒散而惰怠

组织成员没有危机感，自我感觉太好，老板压力山大，但员工感受不到外部市场压力，整个组织没有紧张感，员工懒于提出挑战性目标，不愿到艰难市场、艰苦地方去工作，许多干部官僚化，不再深入一线，热衷搞形式主义，组织懒散，不再有奋斗精神，表现为一线战斗力下降，屡打败仗。

10. 企业没有战略共识，价值观不统一，基于价值观的领导力短缺

企业家对未来发展没有系统思考，没有清晰的事业愿景与目标，高层“同床异梦”，目标追求各异，难以引领和凝聚员工朝着共同目标而努力，组织成员不能力出一孔、利出一孔。

三、企业组织能力建设六要素

企业要针对性地解决组织能力短缺或不足的十大问题，要把能力建设在组织上，应该如何做？我认为在操作层面上，企业的组织能力建设至少要抓 6 大要素。

组织能力建设要素一：打造基于价值观的团队领导力，提升组织的凝聚力和牵引力

企业家精神与企业文化是组织能力之魂，是企业组织能力发展不竭的动力源泉，企业家的自我超越与团队领导力是企业组织能力建设的第一能力要素，因此打造基于文化价值观的团队领导力，企业就可以聚集组织所有力量，力出一孔、利出一孔，从而形成组织强大的凝聚力与战略牵引力，实现企业家个人智慧到团队智慧，企业家个人能力到互补性团队领导力的转型升级。

也就是说，一个组织的核心力量来自共同的信念、共享的价值观，来自企业家精神与高层领导团队领导力。

1. **企业要打造基于价值观的团队领导力，要关注以下几方面**

（1）共享的愿景与核心价值观，共同的目标追求

要打造一个坚强有凝聚力的高层领导团队，企业家要有一个超级伟大的梦想与事业目标追求，并努力找寻到认同并相信它的优秀人才，让有才华的人觉得追随这个老板干一定能成大事，有人生意义和价值，就可以凝聚优秀人才全身心投入组织的事业之中。所以企业家第一是选择志同道合的人。雷军的高层领导团队，就是雷军一个一个三十次顾茅庐”侃过来、聊过来的。

第二，是选对认同梦想与追求的高潜质年轻人才悉心培养，在实践中摔打锤炼，如华为现任高层领导团队的四位轮值董事长郭平、胡厚崑、徐直军、徐文伟，都是任正非当年亲自招来的名牌大学硕士生、博士生，亲自长期培养带出来的。对高层领导团队成员的选拔培养，老板偷不得半点懒，要亲力亲为，不能交给人事经理。

第三，组织成员有共同的价值观和是非判断标准，这样可以减少组织内耗，实现组织能力同频共振。

第四，团队成员能力各有所长，优势互补，形成互补性团队聚合力。

（2）团队共同的学习机制与方法论

共同的学习机制与方法论，是组织能力培育和发展的基础。团队成员有共同的学习机制和方法论，可以在共同学习中达成共识，减少内部沟通和交易成本，共同的学习机制与方法论使高层组织成员具有一致行动的能力和行为规范，从而实现团队成员之间、人与组织之间的同步成长和发展。

（3）稳定而优化的组织治理与团队的纪律约束

稳定的组织治理与团队纪律约束，是组织凝聚力和战斗力的保障。团队领导力首先要基于稳定而优化的公司治理。如果一家企业股权结构不稳，股东无休止争夺控制权，而且高层领导团队成员不团结，内斗内耗，成员不稳定，高层班子走马灯式地撤换，就会导致企业人心涣散，对未来失去信心，这家企业是很难形成团队领导力的。其次，团队领导力来自统一行为规则的约定与组织纪律约束，任何组织如果没有纪律约束，个人就容易膨胀，就容易凌驾于组织之上，这个组织是没有团队战斗力的。

2. 在操作层面上，华夏基石基于价值观的团队领导力的主要做法

第一，顶层设计。通过顶层设计帮助企业家及高层领导团队实现自我超越，完成未来发展的系统思考。

顶层设计包括企业面向未来的核心价值观体系及有关事业理论，经营命题的基本假设系统与有关未来如何成长的创新性思维，是体现企业家内在的使命追求与长期价值主义主张的正确表达系统，是企业家精神与高层领导意志、智慧、共识及领导力的集中体现，是企业战略的战略。

顶层设计的核心命题是：企业的使命愿景与核心价值观；企业的事业领域界定与成长方式的系统思考与创新思维；企业战略成功的关键驱动要素与资源配置原则；企业的组织与人才机制设计等。顶层设计是方向，是根本。我们一般是通过类似《华为基本法》这种企业顶层设计的思路和方法论，帮助企业去打造具有共同的目标追求，共享价值观的领导团队。

第二，企业家与团队行动学习。引入团队行动学习的机制，从老板一个人满世界学，到老板与团队一起学、一起思考，一起剖析企业经营问题，群策群力共同找到解决问题的思路和方法。通过团队行动学习，加强彼此之间的沟通和了解，进一步达成共识，形成基于价值观的领导力。华夏基石集结顶尖师资资源压强投入打造的企业家“大师塾”以及和正和岛合作的“产业领袖塾”，就是老板与团队一起学习、一起思考、一起行动，团队学习、训战结合是打造基于价值观的团队领导力的重要抓手。

第三，建立干部价值观行为评价体系与高层领导团队行为规范与“天条”。华为、阿里等优秀企业都通过价值观行为评价体系来推动企业文化价值观的落地，通过制订干部行为规范或“天条”来约束干部违规、违法行为的发生。这是使组织做到力出一孔、利出一孔的基本底线保证。

组织能力建设要素二：聚合组织资源与优化组织结构，提升组织能力释放的强度和力度

组织资源决定着一个组织能力的大小与成长的边界。组织结构决定着资源的组合方式与组织方式，决定着资源的能量释放程度与质量，从而决定组织能力释放的强度和力度，因此，组织资源的聚合和组织结构的优化，是组织能力建设的核心内容之一。

1. **组织资源的获取、整合、配置能力**

组织资源包括人才资源、技术资源、品牌资源、资金资源、信息资源、知识经验资源、土地资源、客户资源，还有公共关系资源等。一家企业要进行组织能力建设，就要构建组织能力的资源池，构筑组织资本优势。资源的禀赋与获取，资源的积累与结构调整、优化整合，是企业组织能力建设的基础。所谓巧妇难为无米之炊，**要让各级管理者勇于承担责任，关键是要给他配置足够的资源支持**。中国企业要提升全球竞争能力，就要培育全球人才资源、技术资源、品牌资源的配置与整合能力。

2. **组织结构优化的四个要素**

第一，组织形态。企业要打造组织能力，必须要思考组织形态。你所采用的组织形态，是直线职能制还是分权的事业部制，还是矩阵式或者网络式。未来主流的组织形态，是要打破过去的金字塔式的结构，形成“平台化 + 分布式”组织形态。未来的组织形态会从单一的组织形态走向多组织形态，从单一的中心制组织形态走向多中心制组织形态。

第二，组织层级。它决定了组织的信息传递，组织的指挥命令链条的效率，也决定着对客户需求的敏捷反应速度。尤其是在数字化时代，从总的趋势来看，进行组织能力建设需要去中介化，压缩组织层级，扁平化让决策重心离市场更近，让组织更贴近客户，组织更加敏捷。

第三，组织功能升级。基于分工的组织的专业化服务与管控功能的定位和培育是组织能力的强有力支撑。如果将市场前端比作捕捉猎物的狼，那么组织中后台的专业化职能服务体系就是狈，狼前腿发达，善于捕捉猎物，狈后腿发达，为一线打仗提供空中支持，提供好的枪支弹药，提供充足的粮草。狼与狈的结合才能形成既能打大战役，又能攻山头的组织战斗力。

对于中国企业而言，最关键的是专业职能部门要整合升级。一是总部平台

职能体系要整合，职能部门要大部制、平台化；二是业务价值流程要优化，决策与审批程序要简化；三是平台业务服务部门能力要升级，要越来越与战略、业务的需求结合在一起。比如，人力资源管理，为什么要从专业职能上升到HR三支柱？因为企业内部组织的专业职能机构，它的功能定位不仅是基于分工，去发挥专业作用，它要对接企业的战略，要服务企业的业务，要成为员工的合作伙伴。在数字化、智能化时代，组织结构功能也必须要调整，对接战略，服务业务，赋能员工，要从官本位走向客户价值引领。

第四，组织权责体系。组织的权责体系既决定组织个体能力的激活，又决定组织整体能力的大小。通过有效的信任、授权、责任体系，激发组织中的每位成员的使命感和责任感，从而激发个体价值创造潜能。同时，通过责、权、利、能、廉五位一体机制，使个体能力统一于公司整体目标，要聚合成组织整体力量。

3. 组织资源与组织结构建设的3条路径

第一，加大投入，发育资源，整合资源，获取资源，提高资源的禀赋，提高资源的积累与整合的价值。

企业要进行组织能力建设，首先要重构企业组织资源的禀赋与获取的方式，对软实力、软性资源加大投入，加大对人才、技术、品牌、公共关系资源的投入。

资源的形成，尤其是企业的人才技术、品牌、公共关系资源，是基于长期价值主义的一个长期投入和积累的过程，要优先投、舍得投、连续投。这是一家企业能力构建的基础。中国企业跟全世界企业相比，为什么形成不了核心能力？是因为在软实力上，尤其人才、技术、品牌管理上，投入不够。加之中国企业面临着全球关系的重构，要提升自身的全球竞争能力，就必须加大对人才、技术、品牌、资源的投入。

在下一轮的全球化升级的过程中，尤其在“十四五”期间，我们首先要升级的是资源投入意识，而且一定要建立有多大投入、才会有多大产出的意识，摒弃投机主义，走向长期价值观，真正将人才、技术、数字化等作为战略要素来投入。过去我们在资源的投入上是机会主义导向，过于投机了，没有长期价值主义导向，没有长期的战略定力去持续投，而是短期行为，并且急于看到资源投入的效能，着急，等不及。很多企业资源的获取不是靠投入，而是靠踏着法律边缘走路，习惯于政策的寻租。

第二，通过有效的管理，提高人才、技术、品牌等资源投入的效能。中国企业组织能力建设有两大问题，一个是投入不足，一个是投入的效能不高，浪费严重。华为当年为什么要引入 IPD、引入 IBM 的管理？就是为了优化对技术创新投入的效能，缩短技术创新的周期，使得技术投入能够市场化、客户化。

第三，通过组织结构的变革创新调整，向组织结构要能力。对于中国企业而言，最核心的问题还是创新性人才短缺，技术资源、技术创新能力不足，品牌溢价不高，资金来源太单一，信息不对称。同时，企业组织结构的最大问题是官本位，而非客户价值导向。权力集中在总部，一线孤军作战。通过组织结构调整，提高总部的集中配置资源和赋能能力，提高一线的综合作战能力。总部要成为资源池和赋能能量的集聚地，一线要提高呼唤炮火和集群资源，以及综合运用资源的能力。

组织能力建设要素三：加快组织能力的积累与迭代，提升组织能力的厚度和广度

一家企业的组织能力需要建立在积累的基础之上。我认为，组织能力建设百分之六七十靠积累，百分之三四十则靠创新。企业能力的发育是一个长期的过程，不可能一蹴而就，它既是基于长期价值主义投入的过程，也是能力发展、积累和迭代的过程。

1. 企业知识与经验的积累、共享、复制是组织能力建设的核心

在数字化、智能化时代，虽然我们要从连续性曲线战略思维走向生态的战略思维，要深入挖掘各种可能性，要走出经验的曲线，但我认为，任何时候，个性化的服务都要建立在标准的基础之上。知识与经验的积累、共享与可复制，仍然是数字化时代企业组织能力建设的根本。因为在数字化时代，要实现生产者跟消费者需求的精准对接，也得标准化，才能实现效能的最大化。企业知识与经验的可积累、可共享、可复制，使得后人可以站在前人的肩膀上去创新创造。

2. 组织平台成为个人能力的放大器

个人借助于组织平台，第一，能够激发潜能；第二，能人能够创造卓越成就，平凡人能够做不平凡的事情。通过共享的知识信息平台，团队与组织之间可以实现持续稳定的协同，自动的协同，可以产生倍加的组织整体价值，实现组织整体价值最大化。

3. 数字化时代提高了知识累积的速度和效果，放大共享效能

数字化时代的创新并不等于否认原有的知识与经验的积累。在这个时代，我们能够做到每个人的所有业务行为，每个人的知识，都可以留痕。通过共享的平台，知识可以存储，知识经验可以共享，这是数字化时代能力建设的一个特点。数字化时代实际上提高了知识累积的速度和累积的效果，放大了共享的效能。

在数字化时代，企业的能力建设在应用层面上是要迭代创新的。知识经验传播的速度、可复制的速度提高了，知识与经验不断在积累，又不断在快速迭代。企业不是简单去复制过去的成功经验，最重要的是要提高学习能力。通过组织的知识信息平台，一方面加速组织知识与经验的积累，另一方面加速组织知识与经验的快速迭代。

加速组织知识与经验的积累和快速迭代，既要继承，更需要创新。未来，组织能力建设可能百分之四五十是靠积累，百分之四五十则靠创新。继承与创新也是态叠加在一起的，创新和迭代本身就是积累的一种具体形式。那么企业应该怎么去做？我认为要做好两点。

第一，抓住数字化、智能化时代的机遇，加速组织能力的积累，尤其是加速知识与经验的积累，构建知识与经验的共享平台。所有组织的知识与经验的企业化，是组织能力建设的核心。如何做到把个人知识转化成企业的公共知识，建立共享的知识信息平台，是一家企业能力积累与能力迭代升级的根本。

第二，在企业的任职资格评价体系里面，建立知识经验累积性贡献的 KPI 指标。企业要强调每个人对企业知识、经验的贡献，强调每个人业务活动的留痕，强调对每个人的知识产权的尊重。某种意义上管理经验也是企业内部的一种知识产权。

在这一点上，我认为还是向日本企业去学习，持续改善，不断优化。任正非把管理放到很重要的位置，虽然提出“管理就是企业的核心竞争力”，但他很少提管理创新，他认为管理就是一种积累、一种改善，管理的迭代即管理的持续改善。

中国很多企业之所以活不长、做不大，很重要的原因就是知识经验得不到积累，最优实践得不到复制，导致了创新无效，创新多动症。创新也需要积累，也需要迭代。所以在操作层面上，要鼓励员工对企业的知识与经验作出贡献，并且要在企业的任职资格评价体系里面，建立知识经验累积性贡献的 KPI

指标。华为很早就特别强调研发文档的标准化，将之作为某些类别员工的考核指标。文档的标准化就是对企业的知识与经验的贡献。

组织能力建设要素四：加强组织协同与一体化运营，提升组织的聚合力与整体战斗力

组织的协同与一体化运营是组织能力建设的核心要素之一。协同形成组织集成力量、聚合力量，产生加倍的价值。一体化的运营，产生系统效率与整体的竞争力。

我前面讲到，中国很多企业活不长、做不大，因为内部不协调，各自为政，没有系统效率，没有产生规模效应、协同效应。有些企业或许规模做得很大，但是效率不行，效益不好，没有产生规模效应。而没有产生规模效应，是因为内部不协同，研产销脱节，前中后台脱节，内耗，内部交易成本太高。一家企业应该如何进行组织能力建设，加强组织协同与一体化运营？

第一，找准自己在未来整个社会协同、网络协同体系之中的战略定位。

第二，建立内部运营协同机制，实现研产销一体化运营。最关键要抓几个要素：首先是业务单元的战略协同。现在各个业务单元往往是各自为政，没有实现战略协同。加强企业的协同，就要做好来自产业价值链与业务单元的战略协同。

其次是基于客户价值与产品创新进行跨团队、跨职能的协同。日本企业特别强调团队与团队之间、部门与部门之间要围绕客户价值跨团队、跨职能的协同。像华为的铁三角也好，组织机制也好，还有未来的平台化 + 分布式组织形态也好，整个组织要基于客户与市场来进行跨团队、跨职能的一体化协同。

再次是研产销的协同。许多企业现在研产销脱节，前中后台脱节，需要形成供应链与全价值链的协同。温氏为什么那么赚钱？就是因为温氏实现了内部价值的高度协同，减少了中间环节，减少了内部交易成本。华为也解决了研产销、前中后台的内部有效协同问题。

第三，以客户化业务流程为核心，构建企业协同与高效运营系统。华为的组织能力体现在整个企业的运营体系，围绕着客户价值来进行，不管是华为的 IPD（集成产品开发）也好，ISC（集成供应链）也好，都是以客户价值流为核心，来构建企业的协同，形成高效的运营体系。美的过去在事业部内部，专门有企业内部运营协同机制，每年都会颁发内部协同运营的文件。这几年美的的组织变革就是以客户为中心拉通组织流程与职能建设，通过组织赋能体系建

设，来构建起协同与高效的运营体系，实现业务突破。

组织能力建设要素五：构建组织理性与价值管理，提升组织能力的刚性与强度

1. 构建组织理性，首先就是要建立组织规则，尊重组织制度

企业必须构建组织理性。组织理性来源于组织的成员内在的确定性，主要体现在遵循规律，尊重常识，尊重市场经济的规律，敬畏规则、制度和流程；体现在建立价值创造、价值评价、价值分配三位一体的客观价值管理循环体系。

组织能力建设要实现组织能力的可持续性，提高整个组织能力运行的效率。组织具备理性，组织能力的发展就不会跑偏，就能够始终走在一个正确的轨道上，而不至于翻到沟里面去。组织有理性，它就变得有力量，有秩序，而且可持续。中国企业之所以组织能力建立不起来，就是因为组织没有理性，没有建立科学的价值管理体系。

2. 组织理性在企业中的四个体现

组织理性在企业中体现为以下几个方面：第一，企业对未来有系统思考，有战略定力；第二，企业构建了完善的规则制度和流程系统；第三，组织有完善的合规体系与组织纪律约束机制；第四，从人力资源管理角度来讲，组织理性的最重要的核心，是建立客观公正的价值评价与管理体系。

3. 组织理性与价值管理的作用：做事有标准，有规范，有流程，对人客观公正评价

组织理性体现在对事上，是做事有标准，有规范，有流程；对待人，是有客观公正的价值评价体系。这是组织理性很重要的标志。

从构建组织理性与价值管理这一要素来看组织能力建设，其作用在于一方面是要激发每个人的创新创业激情，同时对个人要形成组织约束，实现激情和理性的平衡。企业、个人和团队尊重规则、制度和流程，并且不断进行优化与完善，整个组织就有秩序和规则，就能够提高效能，提高产品竞争能力。企业要尊重制度和流程权威，一个是制度权威，一个是流程权威，并以此将性格各异、优劣势兼具的人组织好，使个人融入组织，对人进行有效的管理。

很多企业希望向华为学，其实学华为最根本的是学习它的价值观和有理性的价值评价体系。正如任正非所讲的，升官发财不是由你老板说了算，也不是各级管理者说了算，不是靠主观意志拍脑袋用人，拍脑袋发工资，拍脑袋分

钱，拍脑袋提拔干部，而是要建立一套客观公正的价值评价体系。

这套价值评价体系在华为体现为：岗位价值决定工资，能力价值决定每个人升迁，价值观评价决定每个人的股权，绩效评价决定每个人的奖金。华为从20世纪90年代就在做这套体系，它有两个基本主线，第一是以客户为中心的业务流程体系，打造客户化的组织；第二是以奋斗者为本的价值管理评价体系。我认为是做得最好的，而且一直没有变。所谓理性就在于，规则、制度和流程一旦形成，它是很持久的，不是朝令夕改、翻手为云覆手为雨的。这两者构成做事的理性和用人的理性。做事理性，有效能；用人理性，客观公正，减少交易成本，能最大化激发员工的内在潜能。

组织能力建设要素六：突破组织智障与组织激活，提升组织能力的韧性与生命力

1. 组织能力的衰减主要源于组织智障

组织本身是一个生命有机体，组织能力也会衰减，也会出现衰落、衰败。组织能力的衰减，一个方面是来自组织出现了智障，另一个方面是由于组织僵化，约束了组织能力内在潜能的激发。所谓组织智障就是：

组织出现未老先衰，内部僵化，行动迟缓的情况；

组织封闭，过于平衡与稳态，出现熵增；

组织局部思考，危机意识淡薄，出现温水煮青蛙的现象；

组织没有活力，惰怠，对外部环境的变化不能保持敏锐的感知力和学习能力。

组织要对外部环境变化始终保持敏锐感知力和学习能力，这样才能使组织具有自我调整与修复的能力。

2. 组织能力建设的标志：组织具有抗逆周期的能力

为什么很多企业一到经济下行期就活不下去，就被淘汰掉？是因为没有抗逆周期的组织生存能力。组织能力建设最终的标志就是组织具有抗逆周期的能力。你的免疫力比别人强，你准备的粮食、棉袄更多，你身上脂肪更多，能经得起严冬的考验，遇到经济下行期，别人得病你不得病，别人饿死你不会饿死，别人冻死你不会冻死。

中国企业最大的问题是肥胖不强壮，免疫力差，没有核心的竞争能力。为什么华为任正非一再强调要防止熵增，持续激活组织？而且还说美国的打压制

裁对华为是一件好事？因为成功的华为所面临的最大问题、最大危险是组织惰怠。组织太成功了，就有可能不愿意走出舒适区，不愿意突破组织智障。组织这个生命有机体，它的能力也是周期性发展的，会出现高速的成长，也会出现微不可查但察觉时有可能不可挽回的衰减。所以组织要及时发现能力衰减的根源，及时对组织进行调整，及时对组织注入活力。

3. 突破组织智障与组织激活：打造始终充满效率、活力和战斗力的高绩效组织

第一，进行文化变革和自我批判。企业家，尤其高层领导团队，要主动走出舒适区，要有自我批判精神。任正非虽然 70 多岁了，但是他仍然保持着激情和奋斗精神，我认为他突破了年龄上的局限，使他越老越有智慧。我经常讲，人不要做虾米，一红就死；要做红辣椒，越老越红，越老越辣。组织是生命有机体，和人一样，越到一定年龄越靠的是精气神，越老越要突破组织智障。像我们现在的年龄，不要认为自己退休了，自己给自己设限，这也不行，那也不敢做，我们要善于学习，要有创造能力，学会跟年轻人打交道。

我特别推荐任正非的两句话：其一，与高手过招，找标杆，向最优秀的人学习，向年轻人学习；其二，与正能量为伍，永远对未来充满信心，充满正能量。我总结人到了一定年龄，有三个对抗。其一是跟地球引力对抗，你要把自己往上拔；其二是与惰怠对抗，要接受新事物，要给自己积极的心理暗示，要给组织正能量的迁移；其三是和自己对抗，自我批判，一定要自我批判，自信的人具有自我批判精神，不自信的人才怕别人批评。

第二，组织要增强危机意识，打破平衡，防止熵增，以奋斗者为本，建立竞争淘汰机制，保持组织能力鲜活度。组织最重要的是要保持活力，始终保持组织能力鲜活度，保持组织机能的激情和战斗力。一要组织激活，把外部竞争压力全都转化为企业内部的危机意识和奋斗精神，要跟高手去过招，要对未来始终充满激情。二要始终保持对外部环境变化的敏感性和学习力，不断提升整个组织机能的战斗力。

第三，打造始终充满效率、活力和战斗力的高绩效组织。我认为毛泽东主席在 1937 年为延安抗日军政大学所提的校训“团结，紧张，严肃，活泼”，值得企业反复体会和学习。

总之，这是一个个体力量和组织能力联合制胜的时代，也是再造组织新能力的时代！

时代变化下关于“组织与人”的九点思考

张文锋

对于“组织变革”，我不太建议用“变革”这个词。所谓“变革”，带有革命内涵，具有高度的不确定性，而企业需要的是相对确定和稳健的衍生和进化。就像世界历史上任何一次民族的崛起和民族的伟大复兴都是以别的民族的流血为代价的。同样的道理，任何组织变革都以牺牲现有组织成员的利益和权力边界为代价。因此，我建议用“组织优化”，或者“组织的衍生和进化”这样的提法。

至于“组织变革中的组织与人”这是一个大主题，是更偏向理论还是更偏向实践来谈，是基于现实还是基于未来来谈呢？另外，事实上没任何一个模式适合所有的企业，不同企业在不同的发展阶段和不同的外部环境下所采用的组织方式，以及处理组织和人之间的关系的方式也是不一样的。

那么我只能尝试着把以上这些考虑糅到一起，谈谈在时代变化下对“组织与人”几个问题的认识。

一、究竟什么决定组织?

我认为战略仍然决定组织，组织方式反作用于战略的实现，这是企业永恒不变的公理。从一家企业发展的长期战略来看，一定是战略决定组织；但是从企业的短期状况来看，可能需要依靠资源和能力来决定企业的组织形态，是一种妥协，这种妥协反作用于战略能够走到哪一步。

二、企业组织在什么情况下会因人设岗?

一家高速成长型的企业不可能完全做到因岗设人，因为对于高速成长型企业来说，资源和能力永远是稀缺性的，企业往往需要在现有的资源和能力边界下决定其岗位的设定。在这方面，很多企业不能完全做到因人设岗，也不能完全做到因岗设人。在只有“几杆枪”的情况下，组织方式一定是要基于现在企业的能力，而不能完全根据战略。但当企业拥有某些要素人才时，企业往往需要根据人才的能力边界和个人诉求改变岗位的设定，随着企业规模的增长和要素性人才吸引力的提升，可能会逐渐从“因人设岗”转向“因岗设人”。

三、组织如何进行衍生和进化？

任何一次组织的衍生和进化，一定是以增量带存量。如果只是在存量中调整，组织变革往往会以失败而告终。

只能在增量中使得原有的权力边界和利益边界不受损失，但是又做出了更大的增量，在此过程中逐渐调整组织方式和人的权力的合理边界。这是一个衍生进化的概念，不是一个纯粹变革的概念。

四、组织方式设计的根基是什么？

我认为采用哪一种组织方式，其根基是战略，而战略的根基是“归核化”，即无论哪种组织方式的设计都要回归企业核心能力来思考。“归核化”的组织一般来说有三种形态：

一是统一于技术的组织方式，围绕核心技术向多行业、多客户发展，这类企业要围绕着核心技术的应用进行组织结构的规划。

二是统一于市场的组织方式，围绕行业（或大客户）为其提供一个所谓的整体解决方案和多技术服务，这类企业要围绕着如何提升客户服务的整体性、质量、效率进行组织方式的设计。

三是平台化的组织方式，围绕“核心能力平台＋插件业务”的方式实现业务规模增长和平台核心能力的增强，这类企业往往需要将核心能力平台化而不是分散到各个业务单元当中，以获得资源效率并降低核心资源流失的风险。

所以，采用何种组织方式和结构要由核心战略和企业的核心能力决定。

五、组织变革的目的是什么？

我个人认为，任何一种组织变革都是试图在资源共享和责任清晰化中寻求一个最佳平衡点。资源越共享，责任往往就变得越不清晰，尤其是在企业扩大规模和组织分工细化以后。但是责任清晰化必然带来某些要素资源的重复配置，造成资源浪费。所以我们看到有些企业（如美的）选择事业部制，有些企业（如华为）选择矩阵制，以及这些企业后来的组织变革，本质上都是依据企业当前的业务需求与所掌控的资源和能力，在资源共享和责任清晰化中寻求最佳平衡点的过程。

六、分工理论是否还适应未来？

人类社会的进步源于分工，企业效率的提升也源于分工。有人认为，传统的组织分工理论过时了，我不同意这种观点，我认为只是原有的组织分工理论主要是在企业内部，现在分工理论则应该延伸到社会资源的分工和价值共享、资源共享，其边界会变得更广。在原来的组织形态中，要依靠一个企业家带领一群人。但现在有一句非常流行的话，“但求为我所用，不求为我所有”，只要能合作，各赚各的钱。

这种方式就改变了组织原来的习惯，强调的是生态——一个企业家或一群企业家，围绕着生态价值的增值完成合作。这种机制更像由所谓的领导机制向合伙人机制的转化。在这种机制中，没有谁是领导者和决策者，提倡共生共享。

七、企业家在组织中的责任和角色是什么？

新时期如何定位一个企业家？企业家究竟应该干什么？我个人认为，企业家的功能不应该局限在具体的事项管理上，而是应该干好三件事情：一是资本资源的组织，任何一个产业如果没有资本的支持，很多战略都实现不了；二是产业要素资源组织；三是关键要素人才资源的组织。

八、组织中人的活力到底是怎么产生的？

组织要有活力，但活力是怎么产生的？我个人认为，企业要回答三个问题，这三个问题解决了，人的活力就随之产生了。

一是企业的战略是否有价值？如果组织内部的成员认为其战略没有价值，就不可能产生活力，也不会有企业愿意与之合作。

二是组织成员在组织框架下扮演什么角色？如果战略很有价值，但是个人扮演的是边缘化的角色，参与感很低，活力就会很低。

三是组织成员如何分享成功的价值？战略有价值，个人也在组织中扮演了重要角色，但价值分享如果不明确，组织成员也无法产生活力。有些组织方式设定以后，最后搞不清楚谁是创造价值的主体。当一家企业的业务从单一变得多元以后，产品、行业及区域各自形成不同的维度，有些企业就选择设行业部、产品、区域的多维组织方式，可结果并不理想，因为很难界定价值是由谁创造的。现在有一些成长型的企业探索采用股权激励方式，不是让团队搭便车，拿企业的整体股权，而是独立出一个子公司，创业团队在子公司中占10%、20%的股权，未来公司上市再用股权回购的方式保证组织内部成员的创造得到回报，使得团队成员增强了为自己奋斗的意愿。

企业在进行组织规划过程中，绕不过上述三个问题，这是以“人”为核心的组织过程。这三个问题对应的是组织结构和组织方式的设计是否有利于战略的落地？是否有利于资源的共享与责任的清晰化？是否有利于价值评价和价值分配的外化？只要回答了三个问题，组织活力的问题就能得到一定程度的解决。

九、组织形态到底有哪几种？

原来最典型的组织形态是直线职能式结构、事业部制结构、矩阵式结构。这些固有的组织形态其优劣自现，但现在出现了两种新的组织结构。

一是平台型的组织。平台型组织从外部形态上和职能型组织非常相似，以至于很多专家认为平台型组织与职能型是同一种形态，我不同意这种观点。职能型的组织仍然是自上而下的组织，是由自上而下的战略决策和组织决策部门的职责与分工，平台型组织是一种资源平台和能力平台，是自下而上通过交易或协同完成平台内部资源的重构，在组织运行机理上完全不同于职能型组织。比如，阿里巴巴就是典型的平台型组织，包括物流平台、IT平台、资本平台等。平台上的插件业务通过自下而上的自组织行为交易与协同完成组织的运行，就像马云先生说的，“我根本不管做什么，我只管不做什么”。

二是产业生态组织。产业生态组织打破了企业内部的边界，改变了原有供应商和企业、企业与代理商那种简单的交易关系，而是聚合各方的专业能力，形成能力分工与互补，共同为最终客户创造价值，以产生更大的竞争能力。在原有的竞争状态下，企业很清楚谁是竞争对手。但是，在产业生态环境下审视，竞争对手可能会转化为合作伙伴。

比如，在“平台＋分布式”的商业模式中，原有的竞争对手分别在地方性的资源、技术能力、供应链能力、政府关系、渠道能力、服务能力等方面各有所长，就可以把他们聚合起来形成“平台 + 分布”的方式。在这个产业生态当中，所有参与各方形成合伙人的运行机制与利益分配机制，并通过资本交易结构完成资本溢价的分享。通过这种方式，就把整个产业链上的竞争格局变成了生态组织。

如何高水平地判断、解决组织能力建设问题

何　屹

组织这个题目很大，本文不谈组织的整体框架，仅从我们一直在为企业提供的管理咨询实践和经验总结出发，结合我们专家团队对组织方面的研究，抽取在组织研究和组织能力建设实践过程中必不可少、无法回避的几个关键问题，和大家分享关于组织的核心基本命题。

一、组织的本质是要素资源的分工与协同，以提升效率，创造效益

商业的本质就是交换，商业计划的本质就是如何完成交换过程。企业将各种要素资源通过分工与协同组织在一起，以有效率的价值创造过程向市场提供产品或服务，通过与市场和客户价值需求的交换，满足了客户需求，获取效益。围绕价值交换的企业活动一般称为经营；围绕要素资源的价值创造、价值评价和价值分配的过程一般称为管理。所以组织，就是要素资源的分工与协同，以提升效率，创造效益。

经营和管理不是对立的概念，是相互关联、互为你我的概念，是分不开的一体两面。过于强调管理忽视了经营必将导致失败，过于强调经营而无视管理也一定会阻碍组织的发展壮大。

为什么要提这些内容？是因为当我们研究组织的本质的时候，会发现它跟商业、企业、经营和管理是分不开的。回到组织的本质这个层面，我们首先希望澄清两个误区：

第一，组织不仅是研究人。当我们谈组织的时候，不是只研究人，不要以为研究组织就是研究人，要改变这个观念。组织要研究的对象是经营管理的所有要素资源。除了人以外，技术、品牌、资金、信息、知识、经验、土地，包括客户等，都是组织要研究的要素资源。所以组织不只是研究人的问题，研究

的是能够参与企业创造价值过程的所有要素资源。

第二，我们谈组织的时候并不仅仅是一张组织架构图。组织架构图只是成员在组织体系内分工的一种简单表达。组织是什么？组织就是对要素资源进行分工和协同，以产生更高的效率和获得更高的效益，这个过程就是组织。其中的四个关键词是：分工与协同、效率与效益，所以它不仅仅是那张组织架构图表。

组织首先要有分工。这是现代化大生产阶段提升生产效率研究的核心成果。用分工实现术业有专攻、专业的人干专业的事情；实现生产作业中节点效率的大幅提升，这是组织在分工方面的核心意义。

组织要有协同。价值创造的过程是一系列经营管理活动的链条，需要将分解到各个节点的专业工作，通过协同的方式组合成价值创造的过程，这是组织在协同方面的核心意义。没有协同就是一盘散沙，谈不上组织。

组织还需要有效率。没有效率或者效率低于市场的自发交易，组织就没有存在的价值。

最后，组织的目的是创造效益，不能产生效益的组织无法存续。因此我们说**组织就是对要素资源进行分工和协同，以产生更高的效率和获得更高的效益**。组织实现效率和效益方式的核心就是分工与协同。

什么叫好的组织？什么叫有效的组织？首先是要有效率的，然后是有效益的。对于组织状态的评价，彭剑锋教授建议从以下六个维度进行研究：①组织的效益。组织必须强调结果导向。以效益衡量组织的状态和能力，以效益作为推动组织持续发展的基础，以效益为组织的核心目标。②组织的效率。评判组织理性与运行效率。包括对点、线、面效率，决策效率的研究与分析，判断组织是否存在官僚主义与形式主义，研产销脱节价值链难以整合，组织秩序与规则缺失等问题。③组织的协同。协同才能产生价值。要分析是否存在本位主义、局部思考、部门墙与流程桶、内耗，内部交易成本高，跨部门与跨团队协同领导力不足等问题。④组织的活力。分析判断组织的动力、激情与价值创造活力，研判是否存在组织僵化板结、价值创造动力不足，组织气氛沉重，员工守成、不思进取，危机与创新意识淡薄等问题。⑤组织的赋能。包括组织内外部的信息、知识、资源共享等领域，是否具备要素资源整合与专业平台赋能的能力，使组织能够放大个人的效能。研究是否存在信息屏蔽、沟通不畅、价值观离散，知识个人化，难以内生知识与经验，资源独占，利益独享，没有利益共同体等障碍。⑥组织的速度。主要是客户价值实现与运行速度。要研判是否存在组织机构臃肿，层序多，机制老化，行动迟缓、要素难以内外流动等问题。

组织是企业承载战略任务，构建核心能力的基础，是企业汇聚要素资源，通过分工协同提升效率以实现增长的根本方式。如果说资本、劳动、知识和企业家等要素资源构成了企业生产力的基本要素，那么企业的组织就是生产关系，是生产力有效创造价值的根本保障。因此企业所有经营管理的问题，都无法回避组织在其中的关键作用。

二、组织的目标：完成战略任务目标，做成事，打胜仗

讲组织的时候，大家都会讲到组织要承接战略。组织的终极目标就是完成战略任务目标，做成事，打胜仗，也就是通过效率创造效益。那么组织怎么来承接战略任务？

我们简单介绍一个组织设计的案例，看看在组织规划设计的过程里怎么样一步一步支撑战略落地（见图 1）。

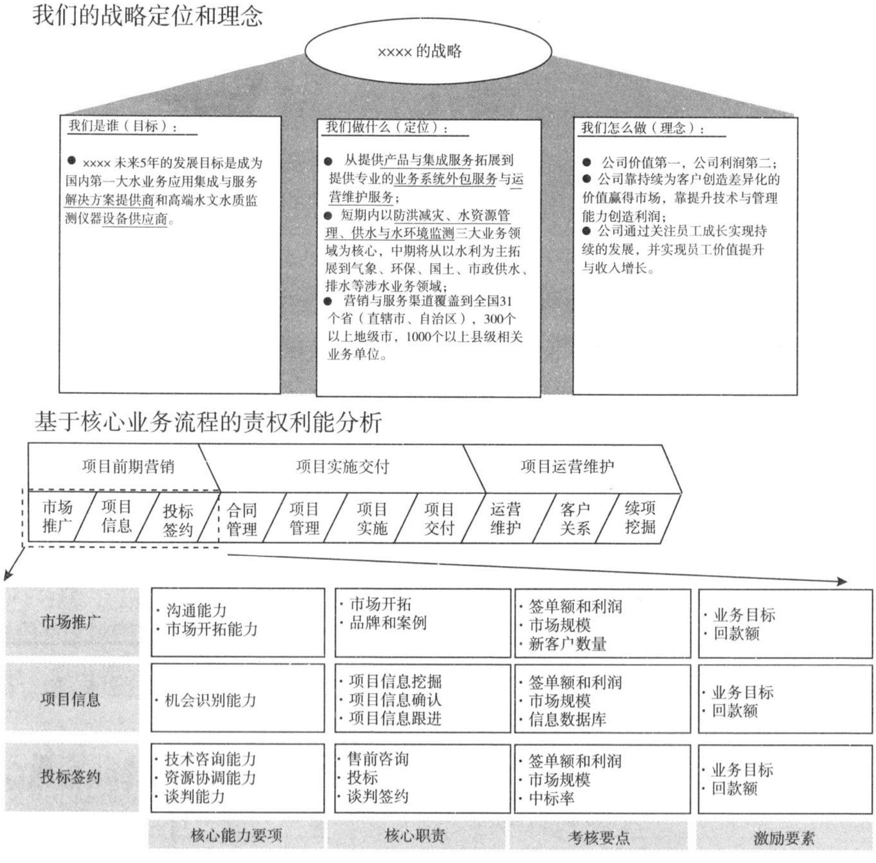

图 1　组织设计案例

市场营销系统的组织设计

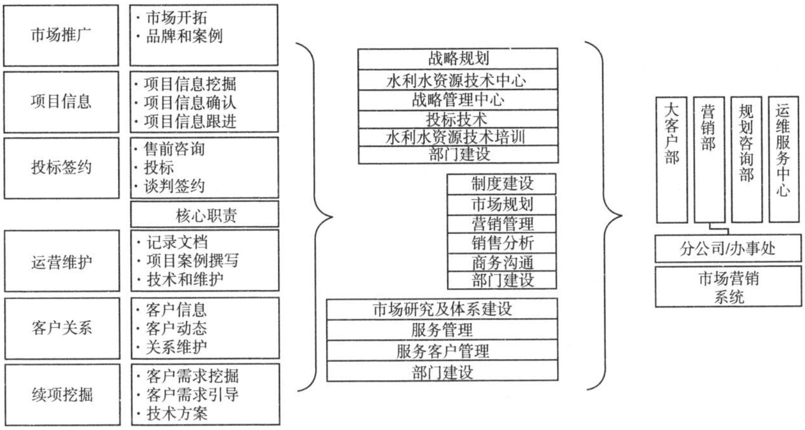

2012—2015年公司组织结构

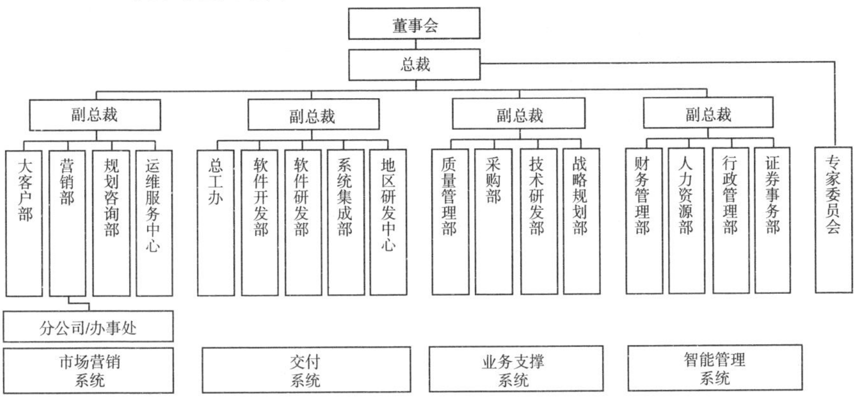

- 副总裁可根据业务实际需要和人员情况确定，或者空缺，或者由总裁兼任
- 其中专家委员会、运维服务中心、地区研发中心、战略规划部、证券事务部有序筹建
- 如果进入新的服务领域（如城市水务事业），可以先在业务支撑系统建立相应业务部门，后根据业务发展情况扩展成为事业部运行

图 1　组织设计案例（续）

这是一家做系统集成的企业，主要做水利方面的软件和系统集成。在组织设计之前，需要对战略进行思考和解读，明确自身要做什么，战略目标是什么，任务是什么，并把这些东西分析清楚。例如：量化的指标定完了以后，接下来研究企业在行业领域中竞争状况是怎样的，在竞争的环境里要取得胜利，应该具备的核心能力是什么，为客户创造价值的核心业务流程又是什么？

通过它的战略，它的核心能力，对业务一步一步地分解，逐步总结其组织体系和结构方面的要求。进而进行落实责权利能的分析。组织的设计是从核心的业务流程里，去一步一步拆解它的能力要求，每个职责要项对应相应的考核要点，然后把整个主营业务的责权利能，包括后面支撑体系的业务流程，把同类的工作整合成为部门的职责，有针对性地赋予权力，以及设计考核要点和对应的能力要项，最后形成的是企业整体的组织架构。当然这家企业业务比较单一，更大型的企业可能各个产品线都能做出一个类似这样的组织结构，也可能就转变成一个事业部的架构。对于单一产品线的结构实体也可以以这种方式进行设计。

前面讲到，组织不是架构图，但架构图是组织的一种表现形式。当要研讨一个组织的时候，就要去考虑结构。企业的组织结构是这样一步一步地从几个主要系统分拆到部门，然后再去构架它的组织结构，通过这样的责权利能体系来支撑它的核心业务流程，进而来支撑整个企业战略目标的实现。在研讨企业组织各项工作的时候，都会强调后面的这句话：做成事，打胜仗。这个案例里面，关于组织目标最核心的是，组织的根本目标就是要实现战略任务，实现战略任务最核心的就是把事做成，把仗打胜。组织就是这样通过分工，把每件事情拆解成为各项工作职责，发挥各自能力、设置任务考核标准，并赋予对应权益，保证事情做成，进而推动战略实现。

需要强调一下：企业组织有很多的组织形式，但是不要追求极致，没有任何一个组织是十全十美的。一种组织结构，能够更好地支撑某一类事项，就一定会带来一些相应的问题，可能这个结构本身就存在系统性的矛盾和问题，这就需要其他辅助手段进行解决。另外组织结构可能会随着战略随时调整，随着人员变化和业务进行调整，成为各种当下流行的组织结构，比如智能制造事业部制、流程中心组织、客户中心组织，还有现在提倡的平台化组织等。这些组织结构的出现，也会促使组织结构进行调整和变化。**任何一个组织都有它有效的地方，也都有系统性的问题。组织结构调整不是问题，而是为了适应企业的发展。**

三、组织发展的核心三要素：经营、人、体系

任何一个组织都不是一成不变的，任何一个组织都是由小到大，由弱到强，都有一个发展过程。**企业组织的发展，可以归结为三个重要因素的发展。**

第一维度是经营要素，即我们经常说的业务或者赚钱的维度。第二维度是人，讲人也好，讲团队也好，但讲的不是人力资源体系，而是活生生的、实实在在的人的问题。第三维度是体系的要求，也是整个系统的要求。任何一个组织的发展，应该是这三个要素之间不同的权重和不同的关注点的一个组合状态。

第一，经营要素。

首先是业务和营销的问题，也就是我们跟客户做价值交换的业务循环。其次，企业要持续发展，要做的投资、融资、资产重组和并购等方面。要把这些资本循环的事项也纳入经营要素。还有产业循环，跟政府去申请资金，落地配套等。去跟产业链的上下游谈，如何构建一个强大的产业链关系，这就属于产业循环。这些都要纳入经营要素里面。

华夏基石产业服务集团现在的产业服务业务重点，是围绕三个循环（业务循环、资源循环和资本循环）来帮助企业，通过提供咨询服务，能够为企业带来相对直接的效益提升。产业服务的前提，首先是围绕着新时期企业经营理念的三个转型升级来推动：从生产导向转变升级为客户导向；从销售导向转变升级为数据导向；从企业导向转变升级为产业生态导向。

这三个转变也是产业服务核心理念的重要方面。第一个转变是从原来的产品为核心到用户为核心。以前是生产什么卖什么，现在主要考虑的是客户是谁？用户场景是什么？这就是经营的转变升级。

第二个转变是从原来以产品服务为核心的 4P、4C 等工具方法，转变成通过大数据牵引，甚至直接代替原来传统的模式。如小米，现在的销售就不再是单一地去铺渠道，门店的那些东西都变成场景和展示，未来它的销售将会突破传统模式。通过大数据的分析，把用户可能需要的产品直接送到用户家门口，用户只要签单付款就可以了。类似这种营销方式的转变，可能是革命性的变化，是已经或即将会发生的事情。

第三个转变是从现在封闭的企业，完整的研产销体系链，到未来可能会看到类似小米的生态产业链模式，除用户大数据、设计、资金等核心能力外，生产、供应等传统的核心环节都采用了外包服务，放到产业的生态链里去。

这都是未来经营要素中需要探讨的话题，所以围绕这样的转变去思考问题的时候，将会有较大的不同。当这种经营重点改变以后，组织体系也会有重大的变化。

第二，人的要素。

人是组织重要的要素资源，也是组织的主要动力表现。关于人的核心问题，动机和激励是根本，共识和能力是保障。

一是事业动机。如果只是满足于做一个地方品牌或者是赚点生活费的话，企业很难去向全球吸引行业最顶尖的人才，因为你的事业动机不够高，不够大，不够深远。所以当你想吸引更优秀的人才的时候，你的事业平台需要足够大。

二是机制和利益。不能饿肚子，要努力，首先要认同这样的事业，还要做好规划，在目标推进过程中和完成以后，会有相应的激励回报机制和制度。

三是有共识、合作的精神。组织是所有要素的协同，对于人而言，要对战略的发展方向有共识，团队决策能够得到认同，有这种共识，才有合作的基础。

四是人的能力提升。如果人的能力不能随着组织发展持续提升，不但人会掉队，组织也无法打胜仗。

组织中人的问题可以分成两个层面，一个是企业家的层面，另一个是核心团队层面，就是我们通常说的干部队伍。企业家这个层面，首先是企业家本人观念和思路的转型提升。包括但不限于从“我的企业”到“我们的企业”；从个人文化和领导风格到组织文化和团队领导；从主观评价到构建客观公正的评价体系；从权威领导到赋能领导；从个人能力到群体能力和团队学习；从关注人到关注机制制度；从对股东负责到对利益相关方负责；从生意挣钱和短期机会到事业使命、长期价值主义。

企业组织未来的成功，应该有准企业家队伍作支撑。这样的准企业家出现在营销、研发、生产、运营等各个领域，才能将企业持续做大做强。准企业家团队的核心是新领导力标准画像，有了这个标准，我们就有了寻找、发现和培养准企业家的指引。

有一个通用框架可以提供给企业参考：华夏基石提出了准企业家新领导力三维度模型，从使命、责任和能力维度，对准企业家的新领导力进行了描述。使命层面，核心的两个维度是激情倡导事业理念和构建正能量场；责任层面，有三个维度，分别是当责和兜底、授权和赋能支撑以及评价分配公平公正；能力层面的三个维度，分别是带领团队打胜仗、成就组织和个体以及开放包容和灰度。

准企业家团队的打造，除了需要组织和企业家的持续投入，创造机会赋能成长以外，还需要转变思维，重构组织与人的关系。企业要从过去对人才管理的线性思维转变为新时代生态思维，对人才认知进行颠覆性的革命：把人性的假设从非黑即白转变为灰度包容；把对需求的理解从垂直层序转为网状混序；把雇佣关系转变为共识共担共创共享的伙伴关系；把等级秩序转变为协同网络关系；把威权领导转变为赋能领导；把考核激励转变为自我驱动；把单赢利己文化转变为利他共生文化；把整齐划一转变为生态多样；把边界封闭转变为开放共有；把枯燥单调的工作氛围转变为快乐奋斗的场景。

第三，体系的要素。

体系是什么呢？是经营管理活动事项各个分解动作的循环。体系是支撑各项经营管理活动的系统平台。如一个人力资源体系，是一整套的人才选用育留的制度机制管理办法，组织体系也是如此。那么组织这个体系，就是整个企业里面的组织结构怎么搭建，组织怎么管理，组织怎么调整，组织怎么运转等。这些管理体系，包括运营体系、供应链体系，以及管理的制度、流程等，称为体系或者也可以理解为管理平台或管理系统。

已经度过生存期和机会成长期的企业，体系的构建是企业持续发展绕不过去的一道门槛。组织的核心能力要沉淀在体系中，组织才能持续地发展。在这方面，华为公司给我们树立了成功榜样。我们都知道华为的业务开拓团队是铁三角的模式，非常有效地利用了客户关系、技术售前和交付专家的专业分工与协同效能。但是深入研究组织的时候，会发现华为最厉害的地方，在于它的平台和系统。实际上华为把整个公司的资源、能力、要素都沉淀在了它的系统里，比如人力资源体系，企业发展体系，法务、审计、财经等，都在管理体系里。大家都知道华为在咨询方面进行了非常大的投入，而这些投入价值何在呢？就在这些系统平台中。华为最有价值的东西是什么？就是这三要素中的体系要素。华为的铁三角、人才、经营等，实际上都是通过这个平台发育出来的，这个是组织的能力。什么叫作组织化？有了这个平台，有了这套体系，就叫组织化，不依赖于某一个业务板块，某一个或几个能人，甚至不依赖于企业家个人，这就是组织发展。

总体来看，**我们说组织发展实际上就是这三个要素：经营、人和管理体系，是这三者之间的一种互动和转化关系。在组织的发展过程中，企业从小到大，关注的这三个要素的重点可能会不一样。**

当企业在创业初期的时候，生存是最大的压力，所以经营是首要关注的事情，这个时候系统不是那么重要。老板也好，核心关键的技术和营销人才也好，最核心的都是支持业务问题，生存的问题是先把钱收回来，支持业务的运转。在度过了生存期的快速发展阶段后，就会发现人是第一要素。这个过程中，除了需要老板自己的发展，还需要老板之下有管营销的人、管运营的人、管技术的人、管供应链的人等。在这个阶段，人比经营和体系更重要，需要建立一支有战斗力的人才队伍。往下一个阶段发展，主营业务渐趋稳定，企业规模到了一定程度时，就会发现体系比经营和人更重要，为什么呢？因为在这个阶段，你的经营应该是通过体系来运转。人应该是通过体系去发现、培养和提升。这就叫作组织的发展。它是指企业从小到大的发展过程中，三要素的关注重点不一样，这是组织发展中经营管理的核心问题。初创和生存期阶段，业务是根本；机会窗出现带来快速成长的阶段，人最关键；但要考虑长期价值和持续发展时，建立有效的体系才是基石。

四、组织的运行方式：拉动，牵引代替推动

组织的运行是需要牵引和拉动的，千万不要用推动的方式。组织中的人也好，要素资源也好，就像链条的每个环节一样，是松散的堆积状态，要这些人和要素协同高效运转，需要牵引力，而不是推动力。

用什么来拉动？其实就是这六大牵引（见图2），或者也可以说六大动力（是牵引动力而不是推动动力）。

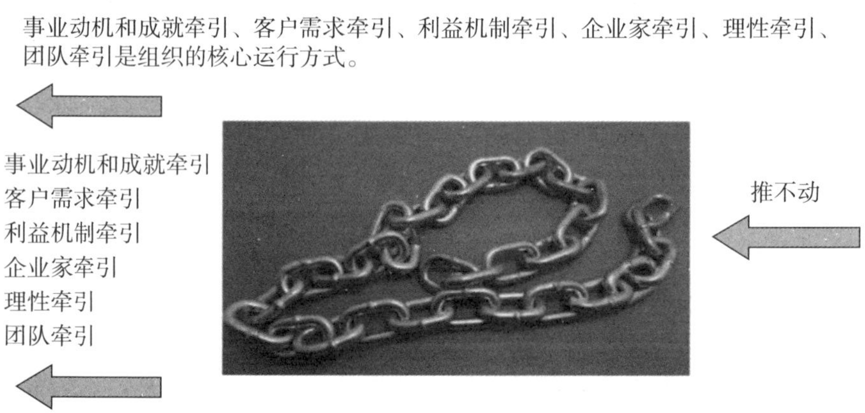

图2 组织运行的六大牵引

第一，事业动机和成就牵引。

也就是价值观的力量。被组织成员以及合作伙伴认可并接受的事业价值本身，是组织成员与合作伙伴最大的动力来源。梦想有多大，心有多大，事业就有多大；事业有多大，组织的动力就有多大。企业要不断实现发展壮大，就一定要有远大的追求，有高层对未来的统一认识，这是价值观的力量。正如华为

当年在面向未来发展的时候，先是引入中国人民大学彭剑锋教授团队认真讨论制定了《华为基本法》，明确了华为的发展方向和事业目标，这成为未来华为长足发展的根本动力之一。

鼓舞人心的事业目标包括了企业的使命、愿景、价值观、经营模式、经营管理理念、机制、政策等内容。经过企业家、核心团队与外部专家团队的多轮研讨和撰写修订，形成企业的基本法或管理大纲，完成企业面向未来经营管理的系统思考。事业目标以基本法或管理大纲形式清晰描述后，还需要围绕知、信、行的各种渠道和方式，将其落实到组织的各个层级，使其真正成为组织的行为。

事业动机还有一个层面就是要打胜仗，即事业成就感。组织需要一个接一个的胜利来鼓舞人心，坚定信念，牵引组织成员持续奋斗。企业组织打胜仗就是取得市场的成功，核心是满足客户需求，创造客户价值，赢得更大的市场份额和利润，获得组织效益。

第二，客户需求牵引。

这一点，如何强调、任何时候强调都不过分。任何一个企业组织不去围绕客户下功夫，不用客户的需求去牵引企业的发展，一定不会有长久的发展，甚至不会得到发展。所以客户需求以及用户场景，未来的客户细分，这些工作都是牵引组织方向的动力。以客户为中心，构建从客户出发的端到端的经营管理流程，是落实客户需求牵引的根本。

第三，利益机制牵引。

我们一定要强调利益分配问题。任何一个组织成员，从人性基本需求出发，都会想：首先，企业的事业我相不相信？认不认可？其次，企业的事业目标实现了，跟我有没有关系？我能不能作出贡献？最后，事业目标实现了，我能得到什么样的回报？所以组织的牵引动力必须有利益分配，组织成员的合理利益分配是与组织事业目标实现呈正相关的。这方面华为又一次成为正面的典型。正是华为有效的利益分配机制，吸引了行业顶尖人才，留住了企业核心骨干，推动了企业持续发展和成功。

我们认为，事业合伙机制是当前最有效的利益分配机制。这源于人性本身——自身利益最大化是组织成员的根本原动力。从管理学的角度来说，人类社会的进步源于分工体系的建立和分工协同机制的优化；从自己干，到委托代理，是一次社会分工协同机制上的进步；**从委托代理到事业合伙人，是又一次**

社会分工协同机制上的进步。但这其中有三种模式需要探讨。

第一种方式是自己干，花自己的钱给自己办事。对企业来说就是老板既是股东又是经理人。大股东、董事长、总经理“三位一体”，是很多中小企业目前治理结构的做法。这种模式有其不可替代的优势，但是问题也很明显，老板时间精力有限，企业不容易做大，团队成长不起来。

第二种方式是委托代理制，花别人的钱给别人办事。这是当前股份公司制度的基础。基于“契约精神”的合作，老板股东是资本要素的贡献者，经理人是知识要素的贡献者，本质上是“资本雇佣知识”的方式，你帮我赚了钱，我给你提成。但实际上，这是最没有效率的一种方式。每个人归根结底都是为自己奋斗，不会全心全意为别人服务。因此会产生各种矛盾冲突利益纷争，总体上的效率实际上是低的。

第三种方式是事业合伙模式，以共识共担共创共享的方式，花大家的钱给大家办事。事业合伙本质上不是“资本雇佣知识”，也不是“知识雇佣资本”，而是资本、知识和其他要素共创共享的方式。通过事业合伙，各自发挥长板优势，用股权比例和交易结构的设计来形成动态调整的利益分享机制，从而完成价值创造相关要素间的协同，将短期博弈的交易性合作转变为长期共创共享的紧密合作。

讲动力机制，不可避免会提到事业合伙人机制。很多企业都想学华为，华为是高绩效、高压力、高回报，但是大家可能忽略了华为所在的行业，支持较高的分配额度，因为它的行业毛利高。我们组织所从事的行业，可能本身毛利就不高，那么毛利不够高的情况下怎么办？分市值，肯定不要分利润，利润本身不够分。但是我们可以经过努力，让企业的市值高于同行业，市值要是足够高，就可以分市值。我们采用事业合伙人的机制，是因为有杠杆，大家才能解决所谓的财富自由的问题，否则你处在一个低利润低毛利的行业里，钱永远是不够分、没激励性的。如果是上市公司，可以通过资本市场的溢价，以市值为目标，来让奋斗团队有足够的分配空间。

未来利益机制需要怎么建？它涉及从治理结构到顶层的设计，到整个战略规划的一个相互联系的系列动作。不是大家上来就分老板的钱，实际上是要通过团队的努力，创造出可分配的增量，大家才有分配的空间。这种利益机制，统称起来叫作事业合伙机制。

第四，企业家牵引，任何一个有效的组织，一定有一个核心领袖。

任何组织都是需要领袖的。领袖是持续的动力源，是把不可能变为可能的前提，所以也是组织成长的核心牵引力。如华为的任正非、腾讯的马化腾、联想的柳传志、小米的雷军、苹果的乔布斯、微软的比尔·盖茨等。成功的组织，领袖的作用和价值是不可替代的。从历史的观点，到管理的理论，都证实了这一点：时势造英雄，英雄也可以造时势。企业家有百折不挠的折腾精神和灵活多变的反应速度；有鼓舞人心的人格魅力和“杀人如麻”的铁血手段；有挥金如土的洒脱情怀和一毛不拔的吝啬习惯；有力排众议的决策魄力和开放包容的学习态度。这是其他人群不易同时具备的素质。在华夏基石也是如此，彭剑锋教授是我们的领军人。企业家对组织的重要性，怎么强调都不过分。

第五，理性牵引，企业想真正打造一个组织，就必须要有组织理性。

我们说理性的力量的时候，不是说情绪上要冷静，而是说组织要有一整套的体系构建来支撑经营管理活动，而不是解决了一个点和一件事情，就希望组织获得持续的发展，这解决不了企业的整体问题。所以组织需要理性。当前新经济时代和社会经济环境下，组织理性至少包括三个层面：转变经营思维；转变经营动能；体系化的持续提升。华夏基石产业服务集团 CEO 张文锋提出了企业转变经营理念的三个方向：①从生产导向转变升级为客户导向；②从销售导向转变升级为数据导向；③从企业导向转变升级为产业生态导向。

彭剑锋教授在总结头部企业动能转化的最佳实践时，归纳了“六化”的思路。①战略生态化：成为产业生态的组织者、参与者或跨越者；②组织平台化：从层级组织转变为以用户和场景为中心的平台加分布式组织；③人才合伙化：通过分利不分权的动态股权增量分享，打造共识共担共创共享的事业合伙机制；④领导赋能化：企业从以老板为中心的调动资源为一线赋能，转向平台化、多中心、多层次，依据一线需求进行资源调配；⑤运营数字化：将用户数据的采集、维护、传递、挖掘和算法应用，贯穿经营管理活动始终；⑥要素社会化：设计交易结构，降低协同成本，与生态要素形成长期合作共赢的紧密伙伴关系。

在“三变六化”的基础上，华夏基石产业服务集团推出了冠军企业持续增长的九大提升（见图 3），帮助企业组织系统构建组织体系，提升企业组织理性：①战略系统思考与顶层设计；②事业合伙人机制牵引；③新领导力发展计划；④干部队伍与管理能力提升；⑤以奋斗者为本的人力资源体系构建；⑥基于核心能力的组织体系重构；⑦以客户为中心的智慧运营流程体系；⑧长期主义营销牵引与品牌建设；⑨产业生态与资本循环共同驱动。

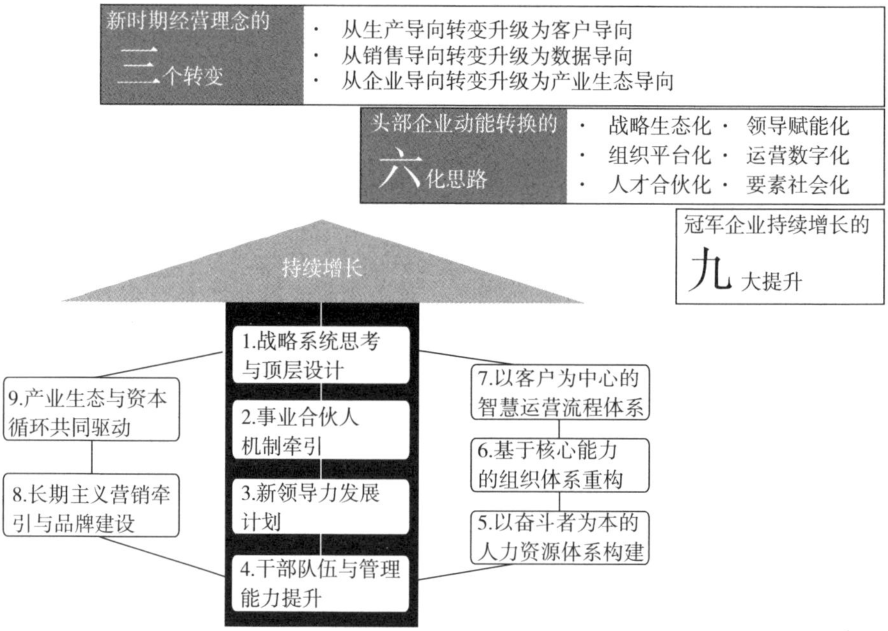

图3 业务持续增长的“三六九”体系

组织理性的力量，要求的是组织要有体系化的整体提升。

第六，团队牵引，要靠团队的力量，不能总是靠个人的力量。

企业创业初期和抓住机会的快速成长期，个人的力量和贡献可能大于组织体系和团队的力量和贡献。但组织要持续发展，不能一直寄希望于某一个能人去解决所有问题。所以一定要有团队的能力建设和团队的协同，依靠团队的力量去解决组织的问题。

我们建议组织将多种类型的人才队伍划分为四大类、九大要素型人才，并有针对性地安排选、用、育、留体系，来寻找、发现并管好用好团队。

人才的四大分类是：技术研发人才、市场营销人才、管理运营人才、资本金融人才。

九大要素型人才主要包括：准企业家人才、研发技术人才、市场营销和销售人才、运营管理人才、供应链和生产管理人才、人力资源管理人才、法务人才、资本金融人才和财务审计人才等。

这些人才，广泛分布在企业组织中的各个核心关键岗位，甚至可能在一些默默无闻的岗位上，需要组织集中精力设计画像、寻找发现，并下功夫培养提拔，才能真正构建起支撑组织持续发展的团队体系。团队的打造是一项系统工程，一个周期至少要持续两年的时间，包括定期学习、行动学习等，让大家在一起学习和研讨。坚持 2 ~ 3 年，这个团队的思想就会得到统一，能力也能够得到系统提升。

与此同时，组织也不要忽视了引入牵引机制、推动机制、压力机制和竞争淘汰机制，不断传递危机意识，真正做到以奋斗者为本、以贡献者为本。

需要强调的是：**任何时候要先解决动力的问题**。核心矛盾理顺了，具体的结构可以让当责团队自己去探索和设计，不需要去强加给他其他东西。如华为的人力资源管理，主要解决的问题都是组织的动力问题，这些都是在克服人性的弱点方面做了很多思考。大家都看过华为的人力资源战略规划 2.0，比较核心的内容是引入了活力引擎模型。任何时候管理都脱离不了人性，都得正视人性。但是人性中也有不好的地方，比如，想不劳而获、贪玩、投机取巧等。华为的活力引擎模型一直在强调的，就是组织怎么能够开始就有动力，且不断地把动力保持住，而不是想放松、想放弃、想偷懒等。所以动力才是组织的根本问题，而不是结构。

对于组织的问题，不是说怎么在后面推动就能解决。画一张组织结构图，写明了所有的管理制度、动作细节、所有的流程，但是没有解决这六个方面组织动力的问题，这就只能叫“推动”。你把岗位职责拍定了，组织结构图也画了，权责也描述得非常细了，文件做了成千上万页，但是没有梳理清楚，那套东西全都是废纸。**我们管理者始终需要自我提醒：组织不是靠推动，而是靠拉动。**

五、有力量的组织，要开放，要打破边界

现在进入了智能互联的时代。从农业文明时代到工业文明时代，再到现在的智能文明时代，经济和社会发展变化的周期越来越短，振幅越来越大。农业时代以千年计；工业时代以百年计；当前的智能时代可能五到十年就要产生颠覆性的突破。这些变化不但影响技术、经济和社会，当然也影响作为社会经济单元的企业和组织。

我们研究组织理论的时候，过去讲经典的组织和管理理论，如以泰勒为代表的分工理论，巴纳德的人际关系和组织研究，马克斯·韦伯和亨利·法约尔

的科层和分权制度，以及冲突理论和领导力理论、技术框架下的组织发展等。这些理论的背景都是在工业化的初期，大规模同质化生产的情况下，讲的都是分工，然后讲层级、讲决策和讲管控。

现代智能化时代，说的是网络社会。曾鸣教授提出智能化时代，战略就是企业在协同网络中的定位，即在点、线、面、体中的新定位选择。点是每一位服务的参与者；线是平台上的玩家；面即是平台；体是由面扩张融合而生的经济体。当前的组织理论，讲的是如何用愿景和价值观来驱动引导大家，如何用领导力来驱动和引导大家，如何用生态化的体系去代替原来的封闭的传统的组织，用平台化的方式去取代科层化的方式等。所以现在基本的组织理论模式和方式已经发生根本性的变化。这个时代每一个人的参与其实都是网络里的一个点，如果你不能跟别人合作，你就没有价值，换言之，你不在网络里。

任何一个产业发展的历史性机遇，都源于产业供给端与产业需求端匹配方式的重新配置，以及社会化分工体系的重构。可以说我们处在一个疯狂且伟大的时代，机遇和风险同时被放大，所有企业处在同一起跑线上。当前的核心主题词是：去中心化、链接交互、平台赋能、自主经营体、利他趋势、生态体系、颠覆创新、数据驱动。大量宏观政策机遇释放，产业生态机遇出现，资本市场变化，互联网和移动互联被颠覆。

针对当前来讲，从经营的思路到管理的思路，一直到组织的方式，都需要去应对以上的这些变化。这个时候，整个战略、组织、人才以及要素的资源都会转变，实际上这就是彭剑锋教授提出“新六化”转型的背景。

第一，战略，要从原来的所谓线性战略思维转变到现在的生态化战略。第二，组织要从原来的层级管理转变到现在的平台化、分布式。原来组织的结构是封闭的，边界和界限是非常清楚的。现在讲组织是打破围墙的，组织是开放共享的。第三，人才就用增量股权等分享方式，大家成为合伙人，而不是简单的老板和员工的，所谓公司和员工的雇佣关系。第四，整个运营，就是我们说的体系，应该逐步过渡到数字化的平台当中。第五，领导要做的事情不是管控，不是签批报销，要做的事情是赋能，是帮助团队，这个是领导的核心。第六，要素资源的社会化，要素资源是我们说的组织的核心对象，社会化的意思就不要封闭在企业内部，所有在行业里的要素资源都应该为我们厂商所采用，都被我们团队所采纳。要打破体制的边界，不要把资源都封闭在自己的厂房里面，重视开放和平台共享。

讲到平台，比如，京东以物流平台为基础，高通的芯片加专利的商业模式，你会看到现代大企业成功的商业模式里，不一定是一家企业做所有的环节。产业链分工更明确，然后一家企业只做其中最有价值的那一部分，这是典型的产业生态模式。

产业生态思维的核心，是要用长板理论的思维取代木桶理论的思维。木桶理论关注补短板；长板理论是把自己的长项（核心优势和能力）发挥到极致，形成不可或缺的要素稀缺性，寻找其他要素长板，紧密协同成为更大的桶，装更多的水，并根据分配机制进行价值共享。核心的要点是不要自己补短板，因为就个体来说，长板就是短板，是一体两面的。因此重点是不要锯了自己的长板补自己的短板；而是自己的长板做到更长，用别人的长板补自己的短板，桶更大，水更多。基于长板理论的产业生态构建，将是智能化时代的主旋律。任何一个企业都不可能也不需要构建产业生态的所有核心要素资源。

大家都知道，苹果或者安卓，不管它的系统还是 App，实际上都是它提供一个平台，其他人在上面做生意。这都是开放合作的典型案例。

还有小米的模式，有两个最打动人的地方。第一，实现了员工和客户之间无边界的对话，这是其他企业不太容易实现的。就是所谓的打破边界，把客户和企业的边界打破，这是很厉害的一个地方。第二，小米本身不做任何一个产品的生产，它有资本，它管渠道，它定品牌，它提供供应链，产品开发设计和用户的研究都是它本部规范和提供，但是生产全都是生态链上的其他公司在做，这是典型的无边界的经营模式。如果用传统的模式，小米应该把所有这些研产销的东西都放在自己的企业里，即传统封闭的生产方式。现在小米只做核心的东西，生产采用外包方式。所以我们很看好小米，可能未来会代替传统的行业，就是因为它采用的是这种平台加分布式的方式，可以很快速地建立很大的产能，很多新的产品。

未来的趋势，是以互联网和去中心化为思想，以平台加分布为模式，以事业合伙人为机制，以产业生态为组织形态的供给侧集群与需求侧差异化偏好在细分领域的重新匹配。

六、回顾

总结起来，关于解决组织能力建设问题有五条基本结论，需要始终关注和强调。当你面对组织方面的问题，思考解决方案的时候，我希望大家首先认识到，讲到组织不只是人，不只是结构图，组织讲的是要素资源，讲的是分工和协同，讲的是效率和效益。其次，一个组织最核心的目标就是承接战略，把事做成，打胜仗。再次，任何时候研究组织发展的时候，三个环节都要考虑：经营、人和体系，尤其对于规模企业而言，体系建设是持续发展的需求。最后，一个组织要去拉动、牵引，不要去推动。第五，组织要开放，要打破边界。

数字化转型推动企业战略升级，实现业务的二次腾飞

邹文晔

我们所处的世界是一个高速发展的世界，并且始终保持着加速度。科技彻底改变了历史演变的过程，数千年的农耕文明，到数百年的工业文明，再到现在的数十年的信息文明，较高的发展速度导致未来的不确定性持续增加。国际环境多变，对抗性成新常态，经济全球化的撕裂，社会环境的不确定性，都为传统企业带来致命挑战。同时，伴随着科技的日新月异，信息化、智能化、数字化的不断迭代，企业传统业务停滞不前，经营增收不增利，面对数字化转型和行业大变革的浪潮，我们该怎么办?

一、数字化转型：利用数字化技术，实现业务的转型升级

传统企业如何利用数字化技术，通过数字化转型，实现企业战略的升级，商业模式的创新，经营的再次腾飞?

我们先了解一下，**到底什么才是真正的数字化转型?**

数字化转型的定义：利用数字化技术，实现业务的转型升级。

这是一个传统产业转型的示意图（见图1），也就是一个双S曲线，当一个传统产业进入稳定期或衰退期，企业往往会培育一个新的业务，实现多元化发展。多元化有两类：一类是相关多元化，如向产业的上下游延伸，打通上下游产业链；也有向相似产品延伸，这是比较常见的方式，如生产汽车的厂家，开始生产发动机或轮胎等，也有企业本来生产食品，后来进入饮料行业，这些叫相关业务多元化。还有一类是非相关多元化，比如恒大集团，本来做房地产产业，后来去做矿泉水和汽车，这叫非相关多元化。

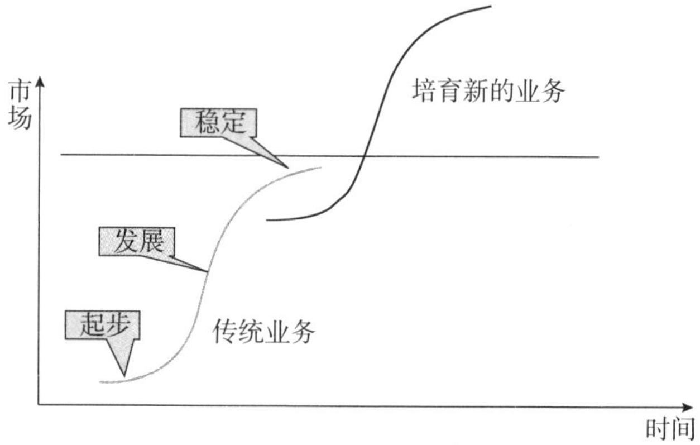

图 1　传统产业转型

我们再看图 2。

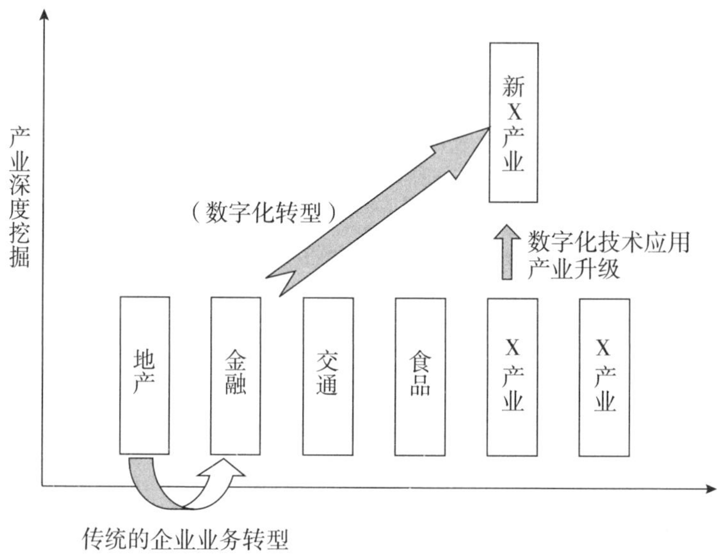

图 2　数字化转型

积极利用数字化技术，赋能传统的产业，或者开辟新的产业，我们称为数字化转型。

比如，传统的自行车租赁。以前深圳湾红树林公园有好几家做这样的业务，需要押证件，押现金，骑完车还要原地归还，非常麻烦。共享单车的出现，对原有的自行车租赁是一个致命打击，这个新的业务需要依赖移动互联网、卫星定位、智能手机、后台大数据和云计算、电子地图等多项数字化技术才能实现。再如，从柜台转账到手机线上转账和移动支付，传统的出租车市场到现在的滴滴出行，基本上都依赖于数字化技术。所以我们说依赖数字化技术，对传统业务进行颠覆和升级，或者创建新的产业，才是数字化转型的核心内容，但要记住，数字化转型的目标是业务转型升级，而不是信息化和数字化的转型升级。

二、谈数字化技术不能脱离经营和市场

数字化是手段，不是目的，业务的转型成就才是企业最终的目的，所以企业需要把精力放到业务和商业模式设计上，而不是自己的数字化技术有多牛，数字化技术有多新，技术必须服务于经营和市场。**脱离经营和市场去谈数字化技术是没有任何意义的。**

数字化转型和传统的业务转型有很多不一样的地方。数字化转型往往对原有的行业进行了新的数字化赋能，使赋能后的产业具有一定碾压优势的核心竞争力，有可能会对传统的产业产生颠覆性的影响。例如，电商是传统商业的数字化转型，但彻底改变了传统商业，电商的高速发展，让以前的传统商业超市日益艰难，各类街铺和商业中心的商铺，基本围绕餐饮行业和服务行业这些需要客户亲自上门体验的行业了。在商业中心，也只有高利润的珠宝、化妆品、高端服饰等还有生存空间，其他的传统商铺行业很多都关门大吉了。所以，现在的商业中心，至少 70% 都是餐饮行业。

所以，数字化转型进入一个新的行业，往往首先是颠覆这个行业，打破原来的行业生态，再重构有利于自己的行业生态，这就是数字化转型厉害之处。你以为对手是和你合作，其实对手过来是想消灭你、取代你，如果你没有数字化转型，或者还没有来得及数字化转型，等对手成功后，基本上这个行业就没有你什么机会了。

欧美主导的世界，非洲、拉丁美洲、俄罗斯、中东等负责提供原材料，中国、日本、德国等负责生产，西欧和美国等发达国家负责消费，这是一个三极的世界。未来行业是互联网数字化时代，数字化转型成功的企业霸占着这个行业，建立起自己的生态，占据着这个行业的生态位，那些未能转型的传统企业只能为这些网络巨头提供资源或服务了，他们吃着大鱼大肉，只留给未进行数字化转型的企业一些残羹冷炙。

特别要注意的是，那些细分领域隐形冠军的企业，因为自己的核心技术和

市场优势，市场和经营都非常好，反而往往会忽视数字化转型带来的价值和影响，在战略上和商业模式创新上会出现战略误判或战略变革延误，错失数字化转型的机会，导致自己被颠覆或被淘汰。

三、企业数字化转型的三境界、两步骤

现在我和大家谈谈传统企业该如何进行数字化转型实现战略的升级，以及业务上的再次腾飞。

首先我们要了解，什么是信息化？什么是智能化？什么是数字化？

1. 企业数字化转型的三层境界（见图 3）

如图 3 所示，这是企业信息化、智能化、数字化的三层境界。

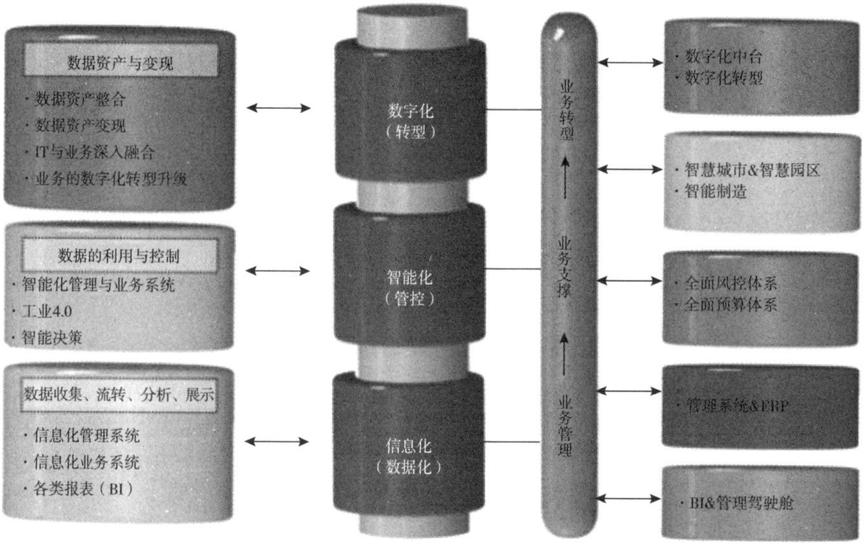

图 3　企业数字化转型三层境界

第一层，信息化层。信息化的主要目的是将我们的管理和经营中的数据进行电子化、数据化，并收集、流转、分析及展示出来。传统企业的信息化建设，IT 的建设就是这一层。信息化主要是解决业务和企业管理问题，包括各类信息化管理系统比如 OA、财务管理系统、HR 管理系统等，都是管理系统；还有一类是信息化的业务系统，包括采购管理、供应商管理、生产管理、客服管理等很多 ERP 的范畴，都是业务管理系统；再加上各类报表工具，包括 BI 展示，都是信息化的范畴。

第二层，智能化层。这层主要是围绕信息化层产生的数据进行数据的利用和控制。这层大量利用了 AI 技术，对原有的系统进行精准管控，如现在的全面风控体系和全面预算系统，识别风险，主动控制我们的业务和管理，实现经营上的自动驾驶。如果把信息化看成汽车上的仪表盘，显示车上各类数据和参数信息，供驾驶员决策，智能化就相当于自动驾驶，可以通过前期收集的数据进行分析并执行自动指令，就像自动驾驶技术可以通过我们的智能化系统控制油门和刹车，还能控制方向盘和变速箱，进行自动变道和转向。

第三层，数字化层。数字化这层更多去讲数字化转型，因为传统的数字化更多分散到了信息化和智能化这两层了，这两层也用到很多数字化的技术，唯独数字化转型和数字化技术存在本质的区别。**数字化转型是通过业务的转型升级，实现战略的升级，通过数字化技术，实现颠覆行业，重构行业生态的目标，让企业弯道超车，开辟新的业务模型，或者是跨界打击和降维打击。**所以数字化转型不同于数字化，数字化转型是战略层面的事情，而一般数字化、信息化、智能化，还是停留在战术层。

2. **企业实现数字化转型的两个步骤**

一家企业如何实现数字化转型呢？我们今天看到很多的互联网巨头都实现了数字化转型，将数字化作为新的业务增长点，并把数字化产业做大做强。

在 20 世纪末期全球市值最高的公司，还是一些银行、石油、制造业等传统企业的巨头。但今天，21 世纪 20 年代，全球市值最高的十大公司基本上都是互联网巨头，他们是数字化转型最成功的企业。例如，苹果公司市值最高的部分不是苹果手机的制造和销售，而是苹果商店 App Store，他们构建了一个个应用的数字化平台，在平台上提供非常多的功能，每秒都给苹果公司贡献海量的销售分成。苹果手机在各类游戏、视频应用中给会员充值，都要给苹果分成。这就是苹果通过数字化技术打造的数字化生态。

现在我讲一个案例，来说明传统的企业是如何通过数字化转型实现业务的突飞猛进，并实现业务的转型升级，从而到达战略升级的。

案例：房地产企业如何通过数字化转型投资企业？

一家传统的做商业地产的房地产企业，拥有大型的商业写字楼，集团传统的业务就是写字楼出租、收取租金，过着衣食无忧的生活。但随着城市大量写字楼的出现，很快该城市写字楼严重过剩，租金逐年降低、出租率低迷，传统写字楼出租业务出现经营上的痛点。董事长思考必须要进行转型了，他们很快进入了酒店、餐饮等行业，但收效甚微。

董事长深思熟虑后，决定找一家咨询机构给他们做战略规划。战略其实就是解决三件事情，一是寻找未来的业务增长点在哪里，是战略选择问题；二是证明为什么是增长的，因为战略是寻找可以持续增长的业务板块，并且该企业有能力在该板块上实现业务的持续增长；三就是讲清楚怎么增长。

我接到该项目后，和董事长进行了深入交流，并思考了一周的时间，大胆地提出通过数字化转型的思路，解决业务的转型和升级问题。

第一步，对园区进行信息化、智能化改造。

所有的停车场改造成智慧停车场，实现车辆智能识别无人管理，这已经是很成熟的一项技术了。在园区实现智慧园区解决方案，将所有的摄像头改造成人脸识别摄像头，特别是园区所有的出入口，都安装了人脸识别系统，通过人脸识别进行安防的进出入管理。最后上了智慧园区 App 应用，所有的租户都可以通过园区 App 在线办理业务，比如，缴纳房租，水电，网上申请国际会议中心会议室、网上申请报修和网上客服等动作。智慧园区 App 还能够给入驻的企业提供有偿的考勤功能（通过人脸识别）。我们在 App 上还建立了园区广场社区，让园区的员工在社区内发表文章、心得、分享照片和视频、发布二手商品买卖信息等。

做完了智慧园区项目后，该应用每天产生大量的数据，包括所有员工的进出数据，车辆进出数据，员工在社区论坛发表的心声、视频、照片等。

这些日益增长的大数据就是未来的金矿！未来的企业有四张报表，除了财务的现金流量表、利润表、负债表外，还有一张数据资产表。

第二步，也是非常关键的一步——大数据分析和筛选

我们对园区所有的企业进行大数据分析，筛选出符合如下条件的企业：①员工的数量有增无减。②董事长非常勤快，每天很早到公司，很晚回家，出差除外（通过董事长的车辆进出数据可以查看）。③员工非常勤快，该公司的员工在企业内的时长比其他企业多（通过员工的人脸识别和车辆进出数据分析）。④两年内，有两次扩大办公室使用面积。⑤员工开的车平均单价比其他企业的车要贵。⑥员工的车也在不断升级换新。⑦员工在智慧园区的社交论坛上发表负面或消极的信息非常少。⑧其他参数，比如该企业的交租及时率等。

通过以上多个参数筛选和大数据分析，我们对园区的 2700 多家企业进行了数据建模分析，并不断优化调整参数，通过一段时间分析后，显示符合的企

业为 57 家。

集团找到这 57 家企业的创始人，和他们谈投资的事情，通过现金和租金减免的方式对这些企业进行了股权投资。因为给的条件非常好，出价非常高，除了两家拒绝外，成功对其他的 55 家企业进行了投资。

重点来了：通过 2 年的投资后，这 55 家企业，有 6 家实现了超过 5 倍的营收增长，最高的一家企业，两年的时间业务收入增长了 11 倍，剩下的 49 家企业，除了一家因战略判断失误外，48 家都实现了大小不一的持续增长。

这个数字化投资业务远比传统企业的投资业务业绩高很多。

我们是基于大数据分析的方式，找到园区内未来可能持续增长的企业，对他们进行有效的投资。和传统的投资企业相比，我们最大的不同是传统的投资业务看行业，他们投资行业，要和创始人交流，看创始人的能力和对业务的规划；我们不看行业，也不和创始人谈业务发展，我们只看数据，因为数据不会说谎。

这是一个传统企业通过数字化技术成功转型到投资板块的案例。

四、深入调研和分析，寻找自己的数字化转型思路

这个数字化转型的成功案例，优点是他们的投资收益率远高于同行，但缺点是只能投资园区内的企业，园区外的企业因为没有大数据，无法分析和投资。该集团企业现在的战略是不断收购竞争对手的写字楼物业，把他们纳入自己的智慧园区范畴，增加自己投资的范围。目前业务越做越大。

每个行业都有自己的特色，只有深入了解该行业，对行业和商业模式进行深入调研和分析，总能找到数字化转型思路，通过商业模式创新，实现企业的数字化转型或战略商业模式升级。

特别是细分领域的隐形冠军企业，如果错失数字化转型的战略良机，被竞争对手先发制人，可能给自己的企业带来不可逆转的损失。数字化转型是通过少量的资金，比如营收的千分之一，去博未来数十倍甚至上百倍的业绩增长，何乐而不为呢！

生态进化：业务、资本和产业循环联动

企业进化的算法

施　炜

一、企业成长和转型（进化）

在当前的环境下，许多企业尤其是中小民营企业最核心的战略诉求是成长，也可以称作增长和生长。成长的前提是生存，即活下去，活得久，其通俗解释是企业由小变大，由弱变强。生存和成长是相互关联的——企业如果不能由小变大、由弱变强，当竞争趋于激烈时则无法生存。

我们讨论企业成长问题时，往往将其与转型联系在一起。也就是说，在目前语境下，成长蕴含着转型。这是因为许多企业不转型就不能成长，只有转型才能成长。而企业转型，如果将其理解为生命体变化，和进化的意思基本相同。

从广义（种群/生态）及长期角度看，生命体成长包含进化。如果时间永无止境、成长可以轮回，万物生长等同于万物进化。但从个体生命角度看，在一定的时间边界内，成长和进化是两个相互独立的范畴，即成长未必进化，但进化常常有利于成长。在种群中，个体生命率先发生基因变异，往往是对成长需要的呼应。

我们对企业进化的观照，采取的是企业个体角度。即研究某“个”企业进化的方向及路径。这样可能偏离了生物学从种群角度对进化的严格定义（进化是相对于种群而言的）。从某种意义上说，我们用进化一词是一种类比和喻示；我们描绘、分析企业进化时，有了一些生物学的意味。

需要指出的是，**我们分析的重点在于企业转型或进化。只有转型（进化）才能成长，只要转型（进化）就会成长！**

二、企业进化的含义

企业在适应环境、与环境互动的过程中，不断实现结构、机能等的演变和发展，改进生存模式。这就是企业进化的含义。下面我们对企业进化作进一步的解释。

第一，企业是目的性复杂系统，具有特定的功能、意义和价值属性；在长期带有随机性质的进化过程中，有目的地选择成长方式和生存模式。

第二，企业的生存模式，总地来说是其与环境的互动方式，具体包括价值模式（类似于动物种群如何繁衍壮大）和能力模式（类似于动物种群如何捕猎、凭借什么能力捕猎）。在能力模式中，包括能量获取能力、学习能力、组织形态以及文化模式。

第三，企业在长期进化中依据环境变化，发展特有能力，以此作为自身长期生存、永续经营的依托。能力发展是连续性过程，持续改善是能力发展以及价值递进的基本途径。当然，存在企业能力及价值突变的可能，只不过概率较小。

第四，和生物界一样，企业也有复制基因、扩大规模及范围的内在冲动。但复制中往往出现或大或小的变化。企业的分支机构或收购兼并企业往往会发生变异，其中的局部或边缘性差异，有可能引发整体重大变化。

第五，企业无论进化还是成长，需多次乃至无穷多次迭代。因此需遵循长期主义，对每次迭代发出指令、进行干预，在不确定环境中寻求确定性选择。每一次指令（选择）虽有不同程度的随机性，但又有一定的方向性（见图1）。

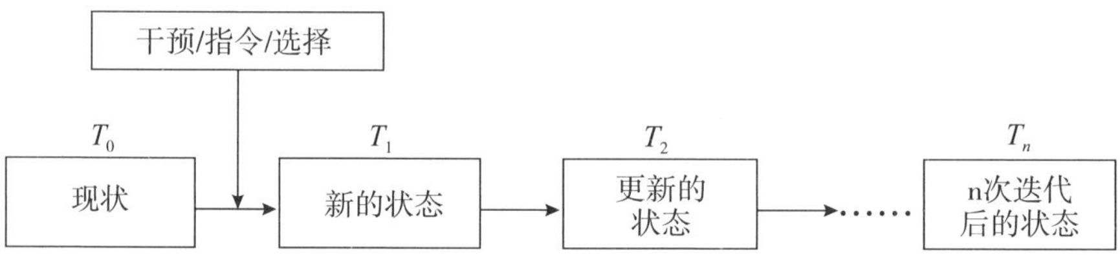

图1　多次迭代的过程

第六，企业进化起点的高低不是问题，关键是迭代要“动起来”。在超长期的时间轴上，通过每次迭代就会不断实现自我进步、不断超越竞争者。

三、企业进化的算法

很多企业家已经对自身状况与外部环境之间的巨大不适应有了深切的体认，由此陷入焦虑之中。他们到处去学习，但似乎越学习越陷入更强烈的焦虑。管理的舆论世界里流行着各种大词，如“颠覆”“跨界”“大数据”“智能商业”“人工智能”“破坏性创新”“失控”“生态”“平台组织”“自组织”“无边界组织”等。这些词代表了未来方向，但对大部分起点低、基础差的企业尤其是“中国制造”企业来说，远水救不了近火，它们不具备践行这些理念的条件。听到、看到的大词越多、越新，许多企业家就越迷茫。

许多企业下决心学习华为。但华为已经是一家世界级企业，它的做法和经验距离一些中小企业实在太遥远了。很多企业发出“华为，学不会”的感叹。

怎么办？时代向管理研究者提出了要求。我们需要为广大中小企业提供具有前瞻性、牵引性，同时又有操作性、可行性的进化、成长的方法和步骤。采用现在时髦的话说就是算法。

算法，从一般意义上说，是解决特定问题的逻辑、步骤和方法。它具有结构性、关联性的特征：若干个步骤、变量相互联结、相互作用，并存在先后顺序。我的人大研究生师兄甘华鸣先生最近在研究计算学，其理论架构给了我很大启发。他推荐了两本书，一本是由约翰·E. 梅菲尔德所著《复杂的引擎》，另一本是由格雷戈里·蔡汀所著《证明达尔文：进化和生物创造性的一个数学理论》。这两本书有一个共同的思想：万物进化皆计算。所谓计算，是执行算法的过程。将计算概念导入管理学中来，我们可以说：算法是有关企业进化的认知结构、模型或框架，而计算则是实践算法的执行过程。

著名技术经济学家、复杂经济学的创始人布莱恩·阿瑟在其名著《复杂经济学：经济思想的新框架》中，将基于新技术的经济体系形成及扩张，描绘成包含六个步骤的算法。他的宏观模型对我们思考企业转型提供了借鉴。

下面，我们将提出一套转型成长的步骤及其关键因素，它当然不是数学，而是立足于中国国情和中小企业现状的行动纲领和指南，它适用于传统实体企业（制造业/服务业），尤其适用于在新的经济环境下“二次创业”和再出发的企业。这套算法的背后，有企业转型成长成功实践的依托和支撑。

四、企业进化和成长的起点：增量

这里的增量，是指企业所创造的顾客价值增量。企业作为一个系统，其功能和输出就是顾客价值。不断做“功”（创造顾客价值）是企业系统在社会经济大系统中存在的基本理由。以顾客价值增量为改进起点，符合企业成长的正确方向和内在要求，同时具有可操作性和可行性。因为任何企业不管有无顾客价值优势，总是存在一定的顾客价值基础，总有一个顾客价值存量或基数。

顾客价值增量，是现有顾客价值基础上的价值递进和变化。也可称为顾客价值边际。从动态角度看，顾客价值持续保持增量，意味着顾客价值不断提升。顾客价值由两个因素决定，顾客价值增量相应地呈现出两种形态。下面是最常见的顾客价值公式：

$$\text{顾客价值（V）}=\frac{\text{顾客效用（U）}}{\text{顾客代价（C）}}$$

顾客效用是顾客从产品/服务中所获取的功能、作用和利益；顾客代价是顾客为获取效用而付出的代价，包括产品/服务的价格以及顾客的交易成本（如时间成本、精力成本、信息成本、交通成本等）。很显然，顾客价值与顾客效用成正比，和顾客代价成反比。这就是迈克尔·波特两种基本竞争方式（差异化和成本领先）的源头。而顾客效用要么是现有顾客效用基础上的效用差异，要么是现有顾客代价基础上的代价减值。也就是说，为顾客创造更多价值，要么走效用创新之路，要么走价格及交易成本降低之路。如果是前者，也意味着产品、服务升级。

在企业经营实践中，顾客效用和顾客代价常常是同时、同方向变化的：顾客效用增加了，但顾客代价（价格）有可能随之提高；或者反过来，顾客代价降低了，但顾客效用随之减少。这两种情形下的顾客价值增量是两者之间的顾客价值净增加值。还有一种不易出现的反方向变化情形：顾客效用上升，顾客代价反而下降，顾客价值增量是这两类增量之和。

$$\text{顾客价值净增加值}=\left|\text{顾客效用增加值}\right|-\left|\text{顾客代价增加值}\right|$$

上面的公式中，“｜｜”为绝对值符号；顾客效用增加值和顾客代价增加值可取正值和负值。

需要指出的是，顾客价值增量有的可以计量，有的则不能计量（只能定性）。顾客代价减值基本上可以量化，而顾客效用增量有些可以量化，有些则不能量化。大体上说，功能类的效用增量易于量化，设计、审美类的效用增量不易于量化。如中年男人常常用来泡枸杞的不锈钢保温杯，保温时间更长一些能够定量，但外观更漂亮一些则无法定量。但无论能否定量，都不会影响我们对顾客价值增量的定义。

从操作角度看，确定顾客价值增量，首先需分解顾客价值维度，其次选择部分维度安排增量，最后确定增量的大小（见图2）。

以大家熟悉的汽车（家用车）为例，价值维度可分为安全、节能、舒适

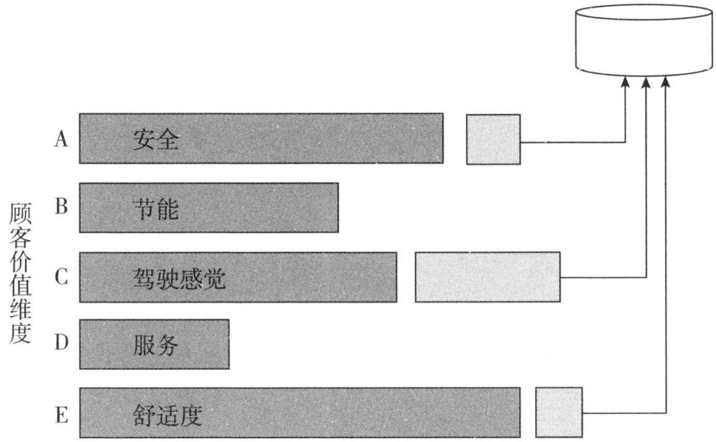

图 2　顾客价值增量确定

度、驾驶感觉、品质、服务等维度。图 2 中各价值维度的长度，代表本品牌这些维度目前在市场上的优势及顾客评价。从理论上说，可选择所有维度全面改进，但在实践中，企业通常只在少数维度上安排价值增量，以提高价值递进的针对性和聚焦度：或许使长处更长，或许弥补明显短板……而增量的大小，既取决于外部市场的竞争要求，也取决于企业自身现有的能力和条件。

以顾客价值增量为企业进化和成长的逻辑起点，体现了企业战略的“第一性原理”。它会引发企业所有价值创造活动（价值流）的变化。换句话说，企业所有的价值创造活动和资源，均需围绕着顾客价值增量进行及配置。这样做，就是把战略性资源花在战略性机会上。

确定顾客价值增量，意味着顾客价值的新定位。顾客价值增量与目标市场密切相关。现实中，两者关系存在三种情形：一是目标市场定位变了，顾客价值定位相应变化（表现为某个/些价值维度上的增量）；二是顾客价值增量引发目标市场变化；三是虽然顾客价值出现了增量，但目标市场定位并未变化。

大部分情形下，顾客价值增量并不引发商业模式变化。更准确地说，增量/边际形态的顾客价值递进，本身就属于一定商业模式前提下的渐进式创新。但是，连续的顾客价值增量，有可能使商业模式发生嬗变。微信的演变就是一个例子。此外，连续性的产品/服务价值增量变化，有可能使产品/服务改变形态而变为另外的品类。

五、企业进化和成长的基本方法：密度和迭代

1. 密度

这里的密度是从统计角度说的（不是物理学的标准定义），意指一定范围即单位空间、物质及事物（用 x 来表示），所包含的特定对象的密集程度。特定对象是我们关注、考察、计量、分析的要素、变量、场景、行为等（用 y 来表示）。密集程度是每单位 x 所包含的 y 的个数或出现次数。例如，单位面积的人口密度、一段时间的词语密度（语速）、某个生态区域的生物物种密度、某条生产线上的设备密度、一部电影的镜头数量、某场活动投入的工作人员数量、在某道数学题上投入的思考时间、一本书中的信息容量，等等。

"密度"是增加顾客价值的基本方法之一。即用提高密度的方法解决顾客价值增量定位及创造问题，它是人人都需做、时刻都需做、事事都需做、处处都需做的工作规范和行为习惯。马克思劳动价值论曾经指出，商品的价值大小取决于其中凝聚的劳动。受这一观点启发，我们认为，顾客价值增量来源于时间、人力以及各种资源投入的增量。只有顾客价值所包含的劳动及其他要素增加了，顾客价值增量才有可能实现。

我们先来谈谈劳动密度。欲提高产品/服务价值以及与之相关的各环节工作品质，往往需要增加劳动的投入。衡量劳动的指标包括劳动者人数规模、劳动时间等数量指标，也包括劳动形态（简单劳动/复杂劳动）、劳动强度等质量指标。华为的成功，很重要的一个原因是高素质劳动者（以年轻的研发工程师为主体）的劳动投入密度。我举一个具体的场景和例证：华为的销售人员经常在一起长时间地讨论与客户沟通、深化客户关系的具体细节和方法。我们经常羡慕华为销售团队所向披靡，其实每一个行动方案、每一次客户拜访行动、每一个沟通环节都包含巨大的智慧劳动。

产品/服务的改进，往往会面临天花板。很多企业的老板和员工都认为改无可改。其实，在价值流的各个环节，无论是设计、开发，还是采购、制造，以及交付、服务、客情深化，都有或大或小的改善、创新空间。关键在于能否想得深、想得细、想得透，有没有投入充足的时间和人力深入、持久、高效地讨论，能不能打破认知的极限。由此可见在劳动密度中，属于复杂劳动/智慧劳动密度的认知密度殊为重要。

认知密度是每一个方案、每一个动作中所包括的认知和思维强度。可以从

以下几个方面进行衡量：一是认知时所考虑的变量的含量及范围；变量越宽阔，认知越全面、越细致；二是认知时对变量之间相关联系和关系的认识，以及进行归因思考时对因果链长度（层次）的把握。现实生活中，一些管理人员的“点”状思维（非结构化思维）和短因果链思维就是认知密度不够的体现。三是决策时备选方案的完备程度（是否列出所有可行方案）以及选择时的理性程度。

在劳动密度中，除了认知密度，还有与之相关的行为密度。包括一定时间的动作次数（节奏）；动作的分解细致程度；动作中的细节含量；动作的力度及精细程度；动作规程的复杂程度……这些我们在丰田生产方式和精益制造中都能见到。随着工业4.0的推进，一线人员劳动强度可能逐渐下降，但和认知密度融为一体高责任、高敏感性（每个动作与整体的关系较大，稍有不慎后果严重）的行动密度将越来越大——就如飞机机长的动作。

劳动密度主要是针对员工个体及小型团队而言的。从企业整体角度看，还需重视要素（资金、技术等）投入密度。顾客价值增量决定了要素投入方向。围绕增量加大要素投入密度（一段时间内针对与价值增量有关的特定问题的投入强度），体现了聚焦和压强的战略思路，体现了持续攻克难题的锲而不舍的精神，而这恰恰是我国许多企业所欠缺的。

李序蒙老师对我说，有些日本企业提出了运营操作密度的概念。其中包括劳动生产率、资产效率的含义。就我理解，还应包括生产设备的空间密度、功能平台的支撑密度、生产体系的柔性密度、物流体系的数量密度和品种密度；价值创造活动中的数据密度；等等。

密度，可以涵盖企业价值创造活动的多个环节，可以适应多个管理层次，且容易计算及评价，是一个非常好的管理概念。借用宇宙物理学中的大爆炸理论，我们过去的成长（增长）思维属于膨胀思维：领域扩张、体量扩大；而目前可能需要“奇点”思维：将所有的能量凝聚到顾客价值这一点上，使之汇集的劳动及资源密度极其大。

2. **迭代**

迭代是持续性价值改进以及组织进化的基本方式。在计算机算法中，迭代是指计算机重复执行一组指令或一定步骤。每次重复，都从变量的原值推出它的一个新值。在系统理论中，迭代是指重复反馈。每一次反馈，都会改变系统的输出；而新的输出又成为下一次输入的初始值。所谓反馈是指系统输出成为输入的组成部分，作用于系统，影响系统输出。

动态地看，顾客价值增量的持续实现，是以多次迭代为途径的，如图 3 所示。

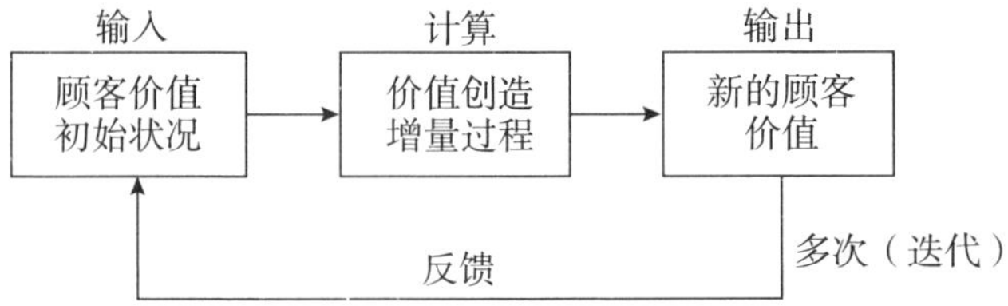

图 3　顾客价值的迭代过程

图 3 的含义是：以现有顾客价值为初始输入，通过顾客价值增量的定位、设计，以及价值创造机制和过程，形成含有顾客价值增量的新的顾客价值，它成为新一次迭代的起点。每次经计算形成的顾客价值增量，均需接受市场的检验，其结果可能好、可能坏。我们需依据它们修改价值增量的定义及其变化程度，改进、优化价值增量的实现方式，从而更有效地动员及使用资源，创造顾客价值新的增量。这样循环往复，顾客价值曲线就能持续上升（见图 4）。

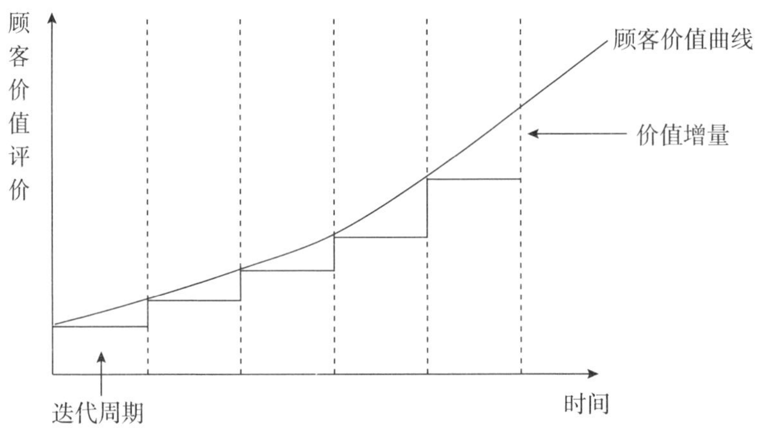

图 4　顾客价值曲线

显然，顾客价值曲线在一段时间的高度（竞争优势的高度）取决于迭代周期的长短，即多长时间迭代一次。这与产品生命周期有关，也与业务的商业模式有关。有些行业的产品/服务迭代速度快一些，有些则慢一些；有些商业模式以变化速度为关键变量和制胜因素，产品/服务迭代速度势必较快。总的来说，在目前各行业竞争趋于激烈的情况下，大多数企业产品/服务迭代速度都在加快。顾客价值增量的大小，代表了每次迭代改进的程度。这与企业自身的能力有关，也与外部竞争态势有关。有时候外部市场环境、竞争规则发生重大变化，产品及服务小幅创新可能无济于事，这会逼迫企业扩大顾客价值增量。

从一般规律看，基础较弱、起点较低的企业刚开始迭代时，顾客价值增量较小，即所谓的小步快跑。过了时间轴上的分界点之后——分界点的位置通常由组织能力决定，就可能加大顾客价值增量（主要是差异化创新程度），使顾客价值曲线加速（更陡）地拉升。当其升到一定程度，企业即进入超越竞争的境界。

虽然迭代原理不难理解，但把每次产品/服务迭代做好并不容易。在操作上，应注意以下原则。

第一，从长期看，多次迭代具有一定的随机性，也就是人们常说的顺势而为。方向大致正确，具体步骤和手段要有灵活性和灰度。

第二，每次改进，应在较狭窄的信息空间内进行。也就是说，要依据自身能够把握的、确定性大的信息作出选择。这就是在不确定环境中做确定性的事情。

第三，每次迭代，成败取决于细节。各个方面的细节（尤其是关键性的细节）做好了，进化就会在不经意中发生。反之，如果细节（即便是少数细节）做不好，也很可能在局部（优势）领先的情况下把事情弄遭，使改进或转型失败。

第四，在我们所处的环境中，总有部分信息及变量是随机的，不可预见甚至无法感知的。因此，狭窄信息空间内的确定性决策和不确定信息空间内的不确定性决策往往并存。在随机过程中作出敏捷、精准的反应，有时很难依赖科学形态的分析框架和结构，而是需依托悟性、直觉，以及勇气、意志和良知。

六、企业进化和成长的杠杆：参数、模板和战法

1. 参数

确定顾客价值增量目标后，我们可以选择并改变部分具有整体效应和杠杆效应的会计及管理参数，从而引发企业整体系统和全局的优化。整体效应意味着牵一发而动全身，局部、边缘的改进，可以引发连带性效应，产生结构性效果。杠杆效应意味着某些参数的微小变化，但使其他相关参数产生较大的变化。

在所有参数中，会计核算体系中的相关科目及其数值是最重要的参数。对于企业的价值流以及经营过程、结果，会计核算体系作出了数据化的呈现和反映，提供了直观、量化、包容面广以及层层递进的分析工具和方法。我们可以将 3 张会计报表，以净资产收益率为目标和指向，融合在图 5 中。

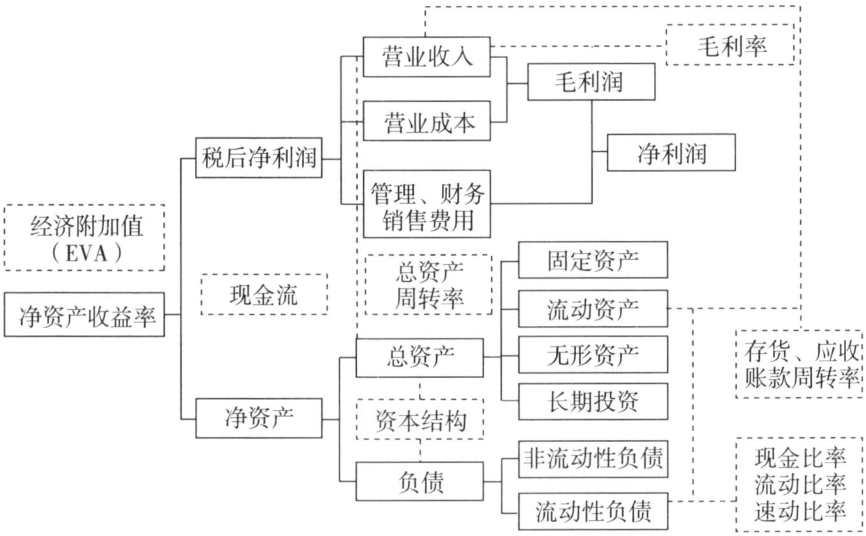

图 5　净资产收益率的会计科目分解

会计科目（参数）的选择，需从顾客价值增量出发。如果增量属于价值差异化范围，那么毛利率就是重要的参数；如果增量属于成本降低范围，那么成本、费用参数以及表示效率的参数（资产周转率等）就是最重要的参数。如果增加产品/服务品种、提高个性化需求的满足程度，那就应选择存货周转率等指标。

除会计科目及财务指标外，一些综合性管理指标也是重要的参数，如人均效率（劳动生产率）指标、产品/服务品质指标、价值流运动的速度（节奏）指标、交货指标等。

通过参数改进顾客价值，最为关键的不是参数选择以及数值的确定，而是以参数为杠杆和抓手，推动企业所有人员、机构参与的管理改进运动。如果是财务性参数，那就是战略性财务管理改进运动。从我接触到的企业案例看，这类运动可以穿透指标和实物、行动，便于考核和激励，只要抓得实、抓得紧，往往会有非常好的效果。

2. **模板**

模板的基本含义是事物相对固定和标准的结构。我们这里所说的模板，是企业长期实践的经验及规律总结和提炼，是将解决问题方法抽象化之后形成的方法论，是未来的顾客价值改进和创新的基础、指南和依据，也是可以传递和共享的知识平台。有了方方面面的模板，企业价值创新活动才能高效完成。从动态角度看，模板是企业价值创新活动循环进行、持续向前的技术性保障和支持。可以这样说，无模板就无迭代，只有沉淀出模板，创新才能以循环迭代方式进行，这意味着，价值创新大都不是从头再来，而是在一定基础之上层层递进。我们前面所提到的产品服务价值初始值就是一个模板型的结构，以后的多次迭代（每次均形成新的价值增量）就是在这一结构上的不断进化。当顾客价值维度不变时，多次迭代显然不会改变产品模板；即使改变顾客价值维度，在迭代过程中，产品/服务的基本结构通常也不会改变。如果更换了初始的产品/服务模板，则意味着调整了价值创新的跑道。

企业中的模板不仅仅包括产品/服务模板——尽管它们是最重要的模板，还包括其他技术、经营、管理类等多个类别。从模板的层次看，小到微小的经营管理及技术等方面的工具（如 PPT 格式），大到企业某项业务整体的技术框架、工艺结构、流程体系等。所有的模板组合起来就是体系。

模板不仅仅是静态的格式和规范，其表象下蕴含着价值理念以及逻辑算法。它是抽象思维的产物，是企业组织中的知识基础。抽象不仅使我们的认知更接近事物的本质和规律，也为企业基因复制（知识扩散、代际传承、组织扩张、收购兼并）创造了条件、构建了桥梁。

3. **战法**

战法是企业业务战略中的组成部分，是在竞争中取胜的方法，也可以称为赢的逻辑和步骤。顾客价值的迭代，是在竞争环境中进行的，是在与竞争对手争夺顾客的过程中完成的。除了顾客价值增量的设定要有竞争基础外，竞争中获胜的方法殊为重要。

和相对规范、标准的模板不同，战法通常只是一个框架，在适用时因环境、场景不同，有更大的灵活性和机动性。从内容层次看，战法包括企业某项业务或组合业务顾客价值创新以及获取竞争优势的战略，也包括价值创新活动各部分、商业模式各环节，围绕顾客价值增量目标、支持整体竞争优势、壮大自身能力的策略，还包括面向特定顾客群体以及区域市场的营销运作模式，甚至包括一线人员取胜的战术安排。可以说，战法是从战略/策略到战术的立体体系。

我国古代的《孙子兵法》等兵书蕴含着战法的内容。游击战、运动战、包围战、闪电战等则是某种战法的总称。战法不等于谋略，虽然其中有一定程度的谋略意味，它是具有智慧和策略含量的操作指南。抗日战争期间的游击战战法，提出了清晰、直白的动作和行动指引：到敌人后方去；敌进我退、敌驻我扰、敌疲我打、敌退我追……

在前互联网时代，我国一些著名的消费品企业，凭借深度分销战法（划小市场管理范围，扁平通路结构，优化网点布局，控制零售终端，等等）取得了市场优势；在后互联网时代，阿里等企业通过“平台—流量”战法成为商业生态的主导者。

战法中不仅包含价值链运动方式以及市场运作方式，往往还包括了人员分工和组织方式。战法靠人去完成，人的因素常常也是战法的组成部分。由此可见，战法在一定程度上是战略/策略/战术和组织/团队的结合体。

企业较宏观层面的战法主要来源于企业高层的谋划和设计，而较微观层面的战法往往是局部或典型经验的总结，通过组织内部学习机制复制至企业内部以及协同价值网络的更大范围。这也从一个侧面证明战法的意义：组织统一、协同行动的重要依据和保证。只有将经过试验已被证明有效的战法推广至其适用的所有场景、区域，以及使全部或大部分运用战法的团队、人员理解、掌握战法，才有可能取得全局性胜利。当然，复制、移植战法时需因地制宜，有所创新，这是不言而喻的。

概括起来说，战法是结构性的（组合拳）；战法是分层次的（适用于不同的竞争空间）；战法是可复制的（具有规律性）；战法是可传播和认知的（经过训练全体指战员都能够掌握）。

七、企业进化和成长的组织机制：学习、数字、负熵

1. 学习

对生物种群来说，进化就是学习，学习就是进化。在适应环境的过程中，向环境学习，探索环境的奥秘，掌握环境变化的趋势和规律，用知识改变环境。在适者生存的竞争中，向竞争者和领先者学习；在相互交往中，向合作者学习；借助他人的知识及能力提高自身的能力。在组织内部，倡导团队学习和

共同学习，实现知识共享，开发、积累、扩充知识资产（前面我们所说的“模板”“战法”都属于知识资产）。

企业学习必须围绕顾客实现价值增量这一核心目标，目的在于提高创造顾客价值所需的员工平均素质，提升解决问题的专有能力。应尽可能消除不符合顾客价值目标的无效学习。令人迷惑的是，许多企业无效学习占据了大部分学习时间和学习资源。这里有病急乱投医的心态原因，有急于求成的机会主义理念原因，也有无法辨识自身学习需求以及不能准确评估知识供给质量的认知和能力原因。那么，什么是有效的学习呢？

第一，干中学。在实践过程中、在价值创造的场景中学习，训战结合；带着问题学，注重学习实用、科学的方法。随着顾客价值的迭代，学习内容和方式也进行迭代。

第二，重视模仿。找到模仿、借鉴的标杆和来源，引入外部知识。在自身不具备知识基础和能力积累的领域，不盲目地探索和创新，直接借鉴被实践证明符合科学原理和规律，并且行之有效的方法体系。模仿时，不要过于强调自身的特殊性；植入外部基因时，不过于强调自身基因的优势。“先僵化，后固化，再优化”。如果没有这样的态度，连模仿都做不到，更不用说创新了。对许多基础较差的企业来说，模仿是进化的第一步。关键是要浓缩模仿过程，以空间换时间。

第三，传承经验。形成经验代际传承机制（师徒制等）；将已积累下来的隐性知识（以有经验的老员工为载体）显性化，形成可传播和共享的显性知识（以软件、书本、课件、音视频媒体为载体），并构建两类知识发生的循环机制。

第四，营造知识“场”。汇集企业内外部知识，借助互联网手段，构建企业知识平台、云服务机制和传播网络，形成知识赋能的“场”（知识密布且作用于每个个体的氛围和环境）。在这一“场”中，知识是流动、共创和共享的。

第五，加大强度。和前面所说的“密度”相对应，学习也需增加密度。应提高知识引进、借鉴的速度和频次，扩大所学知识体量和规模，延伸学习的深度，提高知识学习的效率。对一些员工知识基础薄弱的企业来说，一段时间内大水漫灌式的学习方式是需要的。否则难以持续进化以及完成差异较大的进化，更不用说突变了。

第六，倡导讨论。企业需营造和构建平等、民主的氛围和机制，鼓励自由探讨和质疑、辩驳，并为讨论提供组织保证（如设立蓝军）以及技术平台（网上社区、论坛等）。

明茨伯格曾经说过，管理者的绩效取决于如何学习特有的思维方式，以便有效解决问题（《简单管理》）。企业所有学习中最重要的学习，是培养员工尤其是管理者正确的思维方式，帮助他们构建有助于企业及自身生存和发展的底层认知结构。

2. 数字

严格地说，应该是数字资产。互联网时代，数字化既是外部环境对所有企业提出的进化要求，也是企业自身转型成长的有效途径和有力手段。数字化既是当今企业进化的契机，也是企业进化的牵引和方向。

所谓数字化是指在企业信息化建设和运行的基础上，实现内部的数字连接以及与外部的数字连接，开发和积累数字资产，增进和创新顾客价值和体验，提高价值创造活动的效率。也就是说，顾客价值以及价值创造活动依托信息系统运行，呈现出数字化形态。

企业数字化建设包括以下步骤和内容。

第一，实现顾客价值（产品/服务）形态数字化，增加顾客的数字化体验。有些本身就属于信息、知识服务类或内容提供类的产品/服务，转变为数字化形态是顺理成章、势所必然的。如线上教育、线上诊断等。更多的产品/服务，过去以实物、行为、场景为要素，则需增加数字化含量，丰富和增加数字供给，使数字也成为融合在其中的要素。站在顾客角度，即顾客在其价值链（实现价值的过程）各环节都能获得数字服务和体验。

第二，将价值创造活动（包括直接创造价值的核心流程，也包括支持核心价值活动的辅助流程）数字化，使流程的运行表现为数字化形态，做到流程、数字一体化。在端对端的价值流中，通过数字化更好、更快、更直接地理解顾客需求，无缝隙地、无边界地与顾客交互，满足顾客的个性化需求，支持多品种、少批量、多频次、快节奏的供应链运行模式，提高价值链运行管理。同时借助数字化，提高企业所有流程的运行效率以及数字化驱动的程度。

第三，在流程和数字一体化的基础上，形成横向到边、纵向到底的数据流，通过对数据流的管理，使之资产化。同时，通过各种途径，将外部数据内部化，使之成为企业所能利用的资源。无论数据来源如何，均需不断扩充、丰富数据资产的种类、规模，拓展数据资产的用途，利用数据资产创造效益，使数据资产增值。在所有数据资产中，顾客类数据资产，作为顾客核心价值来源的技术、知识类资产以及作为管理经验积淀的管理体系资产尤为宝贵和重要。

第四，在各个领域和环节，在组织的各个层级，尽可能构建、导入公开、透明、可测试和计算的数字化标准，作为提高品质和效率、持续改进的手段。这些标准和我们前面所说的“密度”“迭代”两种基本方法以及“参数”“模板”“战法”三个杠杆、抓手密切相关，是这些要素和变量产生作用的条件和依据。

第五，将数据和人工智能相结合，利用信息系统和数据进行辅助决策。

第六，构建企业内部数字化服务平台，提高信息、知识共享程度，增进组织内外部的沟通和协同，为弹性、无边界组织以及自组织的运行提供保证和支持，使组织的各项赋能功能更好地实现。

3. 负熵

熵是物理学、信息学以及系统科学的概念。在管理学中，熵是对组织复杂程度、活力程度的测度。负熵就是指减少组织的复杂程度，提升组织的活力。借用物理学语言，即消减组织中不做功的能量；或使不做功的能量重新做功；使低功效能量变成高功效能量；改变低能效平衡的状况，形成非平衡势能。主要做法有：

第一，调整人员队伍结构，补充高素质、高能量人才。

第二，在组织转型和成长之初，适度加大人员的流动性，强化淘汰约束。

第三，抓住组织活力中最关键的变量——干部，他们是影响企业成长的“关键少数”。不能总是将目光投向企业之外，要坚信三步之内必有“芳草”。在客观、科学的基础上，通过公平、公开的赛马机制，选拔一批优秀干部，既能激活组织，又能重塑文化，这是代价最小、见效最快的负熵举措。同时，浓缩年轻干部的职业生涯，加快其职业转换的节奏，发现真正能打仗、能打粮食的干部。

第四，一方面，适当削减人员数量、提高人均效率；另一方面，提高人均薪酬水平，并向创造价值的人才倾斜。根据企业的实际情况，不同程度地扩大内部分配差距，提高组织内部的张力，打破“低绩效—低报酬—低能力—低绩效……”的不良循环。在顾客价值增量实现的同时，设计、安排、实施员工薪酬增量计划。

第五，对以一当百、以一当千甚至以一当万的核心、关键人才（如营销领军人才、研发领军人才），采取“超级人力资本”行为，以极具吸引力的分享机制、合伙人机制吸引其加入。

第六，按照结构产生能量的理念，调整组织的形态、架构和运行机制，为激发团队、个人主动性、积极性创造条件。在管理体制上，增加员工自主运作、决策的空间，按照顾客价值创造的要求扩大一线人员的权限，切实将权责下移；在组织形态上，根据环境对组织进化的多向、多重要求，丰富组织的属性，增加组织的弹性和流动性，使组织既是大企业，也是小企业；既能聚合，也能分解；既是集中式，又是分布式；既有边界，又无边界；既激活了个体，又实现了协同。

八、企业进化和成长的关键性、约束性因素：领导和文化

1. 领导

这里的领导，既指领导者以及领导力，也指领导者的领导行为。显然，企业领导是企业进化的关键，其自身的进化是组织进化的前提和保证。

由此我们提出进化型领导的概念。其领导力特质和行为特征如下。

第一，强烈的使命感、水滴石穿的意志和攻坚克难的勇气。转型和进化是一个长期、艰苦的过程，没有使命驱动不可能持续取得进展；转型和进化中企业会面临无数的困难，没有意志和勇气，无法高质量地进行一次又一次的迭代。

第二，长远、宽阔、系统的战略思维。长远是从时间角度说的，意指制订战略目标及方案时尽可能将时间轴右移，企业的各项活动具有长期意义和顺序纵深。宽阔是从空间角度说的，意指战略思考的变量有宽广的范围和立体的维度，战略扫描和选择的扇面有平阔的角度。需要指出的是，战略思维的宽度和企业业务选择的宽度并不必然相关；拓宽思维的宽度，往往是为了更加精准的选择；聚焦的前提是对所有可行方案的搜索和认知。系统思维是关联性、结构性思维。企业进化是多个因素、变量、环节相互关联的整体性进化，只有系统思考才能把握进化的方向和过程。本文所提出的“算法”，就是系统思考的产物。

第三，更“空”的认知。企业进化和成长具有不确定性，无论是方向还是

路径、手段都需解放思想和创新。企业领导者不能过于依赖过往的经验，不能因路径依赖而延误转型和变革。“空”既是一种谦虚、纯真的心态，也是一种慧明、灵动的思维方式，意味着不固执、不僵化，意味着创造力、想象力和未来进化的无限可能。

第四，平常的领导者。所谓“平常”，是指尊重常识和规律；理解普通人的喜怒哀乐；认知事物时，能够发现底部逻辑和深层机理，有实感和质感；平等待人，善于融入团队以及发挥非职权影响力。先做个平常人，才会有平常心。只有做个平常的领导者，才有可能激发组织所有成员的自主性，使进化在多个方向和层次自发进行。“平常”也意味着自然而然（明茨伯格就很崇尚“自然型”领导）。因此，平常领导重培育平台、生态以及设计、构建良性的机制。和平常型领导相对应的是英雄型领导、高大上式的领导。

第五，扎实的科学方法和实践智慧。进化型领导知行合一，有明确的价值理念和战略方向，也有实现目标的管理及领导动作，以及可行的方法、举措。

2. 文化

文化是组织运行和进化的约束。换个角度看，约束就是自觉的选择。约束是方向，是底线，是保证，是基石，是奔腾河流的河床。无正确约束的进化，容易走向衰退、毁灭的不归之路。

什么是正确的约束呢？评价的标准是从企业组织的基本功能出发，看看它们是否有利于企业组织生存和发展。这里我们提出 3 个方面的敬畏。

一是敬畏天道。对企业来说，天道就是顾客价值以及客观规律。企业的文化约束不需要唱高调，满足顾客需求、创造顾客价值，是最基本也是最重要的约束。同时，无论环境变化还是企业自身成长，都有客观原理和普遍规律。接受原理、规律的约束，为企业进化确定了坚守的轨道。

二是敬畏人道。这里的人道不是“人道主义”的人道，而是组织中人与人关系的约定。敬畏人道就是尊重人性，尊重组织中人与人的契约，尊重组织有关权利、责任、利益的规则。

三是敬畏良知。这是每个组织成员（尤其是企业领导者）对个人伦理的敬畏。这些伦理是人类社会在长期进化中沉淀下来、根植于每个人心中的基本价值，违背这些价值，人的社会属性就不复存在。这些基本价值包括仁爱、恻隐、善良、公正等。

九、总结

企业进化的算法，包括 8 个变量和步骤，它们是一个具有逻辑层次的整体。其结构如图 6 所示。

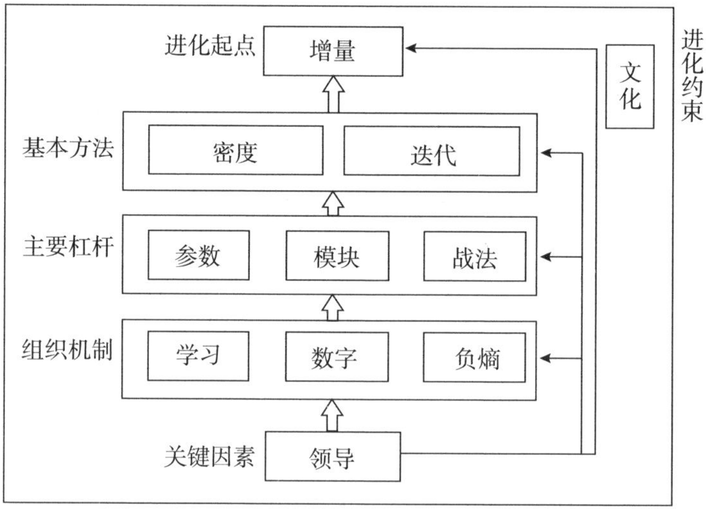

图 6 企业进化的逻辑结构

图 6 体现了两个基本原则：**战略决定组织；价值决定能力。**

十步构建产业生态：详解华夏基石产业生态构建方法论

张文锋

詹姆斯·卡斯在《有限与无限的游戏》一书中提及“市场至少有两种游戏，一种是有限游戏，另一种是无限游戏。有限游戏以取胜为目的，无限游戏以延续游戏为目的。”企业故步自封，就只能玩一玩有限游戏，而如果善于把行业资源、全球资源整合起来，就可以参与无限游戏，玩得更长久，更有收获，因为无限的资源在等着你，无限的可能性在不断呈现。

我们与大家研讨产业创新生态的话题，正是想让企业家朋友们从了解无限游戏的基本法则和起步招式开始，顺应时代与产业发展的大趋势，勇于实践，成为积极参与生态创建的行家里手。

构建企业生态，我们建议大家分这样几步走。

第一步，找到产业机遇和创新的原点。

第二步，形成价值生态化的价值主张（去中心化利他主义的具体表达）。

第三步，找到自己的长板。

第四步，形成长板能力的平台化。

第五步，找到第一个生态合作伙伴。

第六步，理解生态伙伴的真实需求。

第七步，设计交易机构和合伙模式。

第八步，帮助你的生态合作伙伴取得成功。

第九步（见图1），与更多的潜在生态伙伴完成链接与交互，形成模式的复制（完成1~10），通过链接、交互、创新与价值增值三个要素，重复前面的八个步骤，加速产业生态参与方的数量、质量、黏性。

第十步：持续迭代，使产业生态保持创新的活力与优势（完成10~N）

为什么我们要强调这十个步骤？因为我们发现很多企业在重复犯着同样的

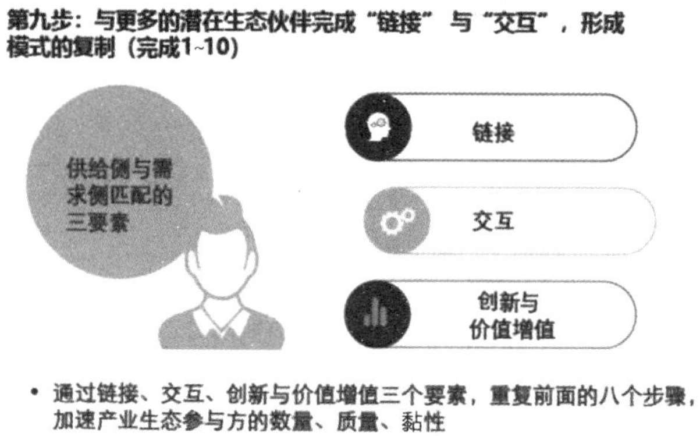

图 1　产业生态构建的第九步

错误，一说要搞产业生态，就吹牛说自己有多大的能量，能号召多少人马，结果到了见真功夫的时候，该有的东西还是没有，只能沦为纸上谈兵。

第一步：找到产业机遇和创新的原点。

构建产业生态，我们首先要定位一个理念，回答好构建生态的领导力的问题。所以第一步是找到产业机遇和创新的原点，说白了就是别人凭什么要跟你合作。先完成这个领导力的思考，建立模式，再去完成 0 ~ 1、1 ~ 10 的步骤。然后在这个基础上进行复制，这是一个呈几何级数快速成长的过程。

拿我们自己做例子，我们华夏基石做的第一个产业集群项目，其实是花了几年的时间，摸索了很久才成功的，但现在的情况发展为，在一年的时间里，我们现在能做到的事情是过去的几十倍，几乎每天都会接到咨询业务或意向。

1. 产业机遇和创新的原点如何有发生的可能

关键在于合作必须产生增量，没有增量，就不可能有产业生态的构建。你跟别人合伙，你们的合伙生意必须有增量，这样才能赚到钱，不然早晚要散伙。未来 10 年，有以下两个重大的机遇大家要把握住。

——宏观环境形成的产业机遇：产业红利、政策红利、逆周期红利，等等；

——产业链协同形成产业机遇：基于长板产业协同，形成 1 + 1 + 1 = 111。

未来的 10 年我们认为是中国企业发展难得遇到的好机会，这个观点为很多企业所认同。在这 10 年里，风险和机遇同时被放大了，把握住了这个机会，那就是机遇，如果没把握住，那就是风险。

可以肯定的一点是，未来不会有那么多中小企业。中国改革开放40多年，经济一直在向上走，现在出现了拐点。我常说的一句话是，大地主都是在灾年产生的，同时，还请你记住另一句话，不会有很多大地主，现在的几十家、上百家企业，将来很可能剩下一两家就不错了。剩下的这几家都是巨头，它们的产业集中度都大幅度提高了。

政策红利。国内政治形势稳定，在这个大形势下，各地政府纷纷推出招商引资的利好政策。

过去大家的日子都好过的时候，你想要跟别人协同，别人未必愿意理你。现在很多企业日子过不下去了，所以大家都愿意协同了，由于经济整体的下滑，反而带来了产业协同的有利环境和大好机遇。综上所述，这就是现在我们面临的两个机遇，一个是宏观政策上的机遇，另一个是微观上产业链条整合的机遇。

2. 先想清楚我怎么帮别人赚钱，再想自己怎么赚钱

构建或加盟生态构建工程，找到创新的原点，企业家先要回答以下四个问题。

①增量在哪里？

一定是合作的双方各自具备独特的优势，双方的优势通过互补、融合，能产生更大的效益和增值，这样就有了增量市场。

②别人为什么愿意跟我合作？

要把别人的诉求搞明白。很多人想跟互联网巨头们合作，但这些巨头们到底想要什么，它们最看重的是什么，很多人未必能看得明白。如果你去跟京东说，我能给你带来多少利润，京东大概不会感兴趣，因为在它的估值逻辑里，利润并不是最重要的一项指标。

不同机构、企业跟你合作，它们各自想要的价值点是不一样的，所以我们首先要搞清楚，对方想要的是什么？要站在合伙伙伴的角度去思考问题，养成生态思维、利他与共生思维。

③别人跟我合作怎么盈利？

实施合作，要设计出一个结构，企业家要有结构设计的能力。很多企业都有与战略互补型企业合作的愿望，但它们只是停留在表达愿望，就是提不出具体的合作方案。

④我怎么盈利?

以上这四个问题是有先后顺序的。在这个思考过程中，一定要以生态化的思维方式，先想清楚我怎么帮别人赚钱，再想自己怎么赚钱。有些企业在考虑合作时，琢磨这四个问题的排序是反过来的，先考虑自己怎么赚到钱，然后选一家认为能帮自己赚到钱的企业，跟人家去谈合作，结果往往发现，人家根本不需要它。这四个问题的思考顺序，是华夏基石在十多年的战略合作实践中摸索出来的经验之谈。

把以上这四个问题考虑清楚了，构建产业生态的第一步工作就完成了。学会做减法，减到有足够的资源和能力把一个生态穿透

第二步：形成战略生态化的价值主张（去中心化、利他主义的具体表达）。

这里包括三个重要的理念。

1. **去中心化思维**

越是以自我为中心，越无法成为中心；越是去中心化的思维，不想成为中心都难；越想成为产业链组织者，越无法成为产业链组织者；越是能够为他人赋能的企业，越能成为产业链的真正组织者。这也就是现在有很多互联网公司，它们本来有潜力创建产业生态，但为什么大家都不愿意跟它们合作的原因。问题就在于它们的初衷和做法不是去中心化，而是总想着把别人的中心去掉，变成自我为中心。

没有去中心化的利他思维，老想着通过与别人的合作，把别人的好东西弄过来，把别人的某个资源优势变成自己的资源优势，如果心里打的是这种算盘，即便忽悠了合作伙伴做起来，这个生态也是假生态、自私自利的生态，恐怕难以长久。

2. **傻的经营哲学**

企业要傻一点，优秀的企业家都懂得傻的经营哲学。因为你傻，所以别人都想占你的便宜，当所有人都占你便宜的时候，你反而是最占便宜的。而全世界最傻的事情就是你认为自己比别人聪明。有的人认为我比政府聪明，我去忽悠政府，结果发现，可能最后还是政府比自己聪明，想占到的政府便宜无法得逞，有的企业以为自己能忽悠渠道合作伙伴，还有的老板以为自己能忽悠员工，有办法让员工多干活、少拿钱，结果可能是众叛亲离，这样自私自利的企

业不可能发展前途。

这是华夏基石总结的生态合作原则：赚钱的事让别人干，不赚钱的事自己干；先赚钱的事让别人干，后赚钱的事自己干；别人能干的事让别人干，别人不能干的事自己干；别人愿意干的事让别人干，别人不愿意干的事自己干。这其中的道理在于，现在多做不赚钱的、没人愿意干的事，这很可能就是当下的一种刚性需求，随着你服务合作伙伴能力的增强，将来可能就是你独特的优势、稀缺的能力，以后别人都愿意跟你合作。我讲过，我们华夏基石一不做基金、二不做地产、三不做培训，别人都不愿意干行业咨询，我们现在干行业咨询，结果现在基金公司、地产公司都愿意来跟我们合作。

3. 学会做减法

很多企业只会做加法，不会做减法，尤其是大企业。对小企业来说，有时做加法是必要的，因为需要充实、扩张，满足生存的需要。而越是大企业，越要学会做减法，要减到你有足够的资源和能力去把一个生态穿透。管理大师德鲁克说：没有一家企业可以做所有的事，即便有足够的钱，它也永远不会有足够的人才。它必须分清轻重缓急。最糟糕的是什么都做，但都只做一点点，这必将一事无成。这番道理我们应该记在心里。

成功的企业不是建立在由一堆“小土豆”堆砌而成的业务组合上的，而是建立在若干核心业务或核心能力，形成唯一的价值——产品的定价权与产业生态利润的分配权。

以上这三条价值观有其内在的逻辑性。企业不一定这三条价值主张都要具备，不同的行业情况有一定的差别，但如果要把企业做成头部企业，做成产业生态的创建者，那么就应当遵循这一套价值主张。

第三步，找到自己的长板。

平台化能力，决定性掌控，分布式经营，利他性合作。

在这里，企业常存在的一个误区是把自己的优势当作长板，必须要强调的是，在产业生态中，你的优势不一定是你的长板，你的合作伙伴最需要的东西才是构建生态所需要的长板，才是你要去建设的长板（见图 2）。以京东为例，物流现在已经成为它的核心长板，物流能力恰恰是京东生态所需要的，当初它下决心自建物流，也是考虑到京东生态圈合作伙伴普遍存在的一个痛点和迫切需求。

· 短板理论和终结：开放与封闭的理论基础的不同。
· 长板理论：把自己的长项（核心优势：如技术、市场、产能、资源等）发挥到极致，形成不可或缺的稀缺性，用自己的长板去寻找其他长板，形成更大的木桶，装更多的水，并根据分配机制进行价值的共享

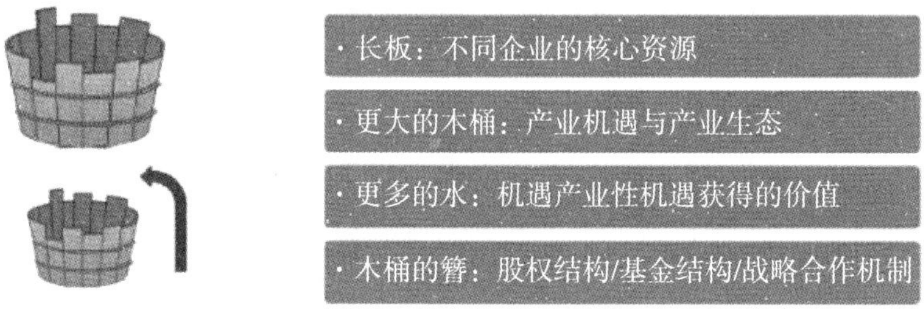

图 2　找到企业的长板

第四步，形成长板能力的平台化。

图 3 是小米的经营理念，横向是它的品类，小米的品类还在不断扩展中，服装、食品等领域也将涉足。图中的纵轴是它打造的平台化核心能力，小米有资本平台、渠道平台、品牌营销平台、供应链管理平台、产品研发平台、用户研究能力、设计能力。

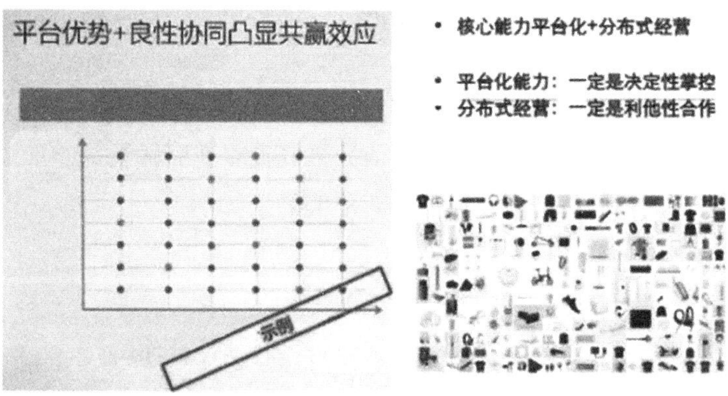

图 3　形成长板能力的平台化

我们从海尔不断迭代的经营理念里，也能得到同样的启示。张瑞敏认为海尔精神就是怎样与时俱进，做好“时代性的大战略”，主动拥抱体验经济和共享经济。他说，“共享经济里面很关键的一点就是使用权大于所有权，不是我一定要拥有这一辆汽车，只要有汽车满足我的服务就可以。……外部来讲一定

是共享的生态圈。这个生态系统不管有谁，是什么资源的，只要你上来都是攸关各方的利益最大化。**攸关各方利益最大化一定是平台的最大化。攸关各方利益最大化就是创建产业生态的旨归。**

最近我们在跟海尔合作的过程中，又在创新设计的理念和过程，我认为未来的设计将进化为一套新的设计思想和路径。往往很多企业在开发的时候，常常先做产品设计，其实第一个应该做的是场景设计。如海尔有一款洗衣机放洗衣液的槽是弧形设计，这个设计优于通见的直形设计，这是从客户的使用场景中获得的设计灵感，使用场景在我们的工作、生活中无处不在，如体现客户日常生活习惯的客厅场景、卧室场景、书房场景、厨房场景、卫生间场景，及相应的解决方案。

继场景设计之后，然后才是工业设计，设计产品的外观、形象，再之后才是技术设计，这是我们华夏基石所认为的未来消费品设计的一个发展趋势。依据这个理念，我们预备与海尔合作成立中央研究院，在产品的场景设计上进一步发挥创意，更好地服务于消费者不断升级的多元化需求。

这里面要提到一点，核心能力平台通常是不与别人合作的，开放是有限度的，在这个资源的建设上不是开放的。其中的道理容易理解，因为核心能力平台是生态创建者生存、发展的根本，是凸显生态创建者自身价值的所在。

平台化能力一定是决定性掌控，分布式经营一定是利他性合作，大家记住这两句话就够了。

第五步：找到第一个生态合作伙伴。

成功的案例是生态创建者的信任背书和领导力背书。大家不要轻视这个步骤，有的企业一上来，就在这个地方犯错，一开始，先找 100 家企业，结果干个一两年、两三年，发现都合作不成，因为做事情的逻辑错了。正确的做法一定是试点、示范、推广。为什么要试点、示范？首先要完成生态化的领导力建设，只要你让第一个合作伙伴赚到钱了，你放心，不用再去找另外 99 家，下一个伙伴会主动来找你。这也是我们现在帮很多企业推进生态构建的一个重要原则，不要开始就找一堆，开始只找一个，找准这一个，用心做好这一个。要忍耐住快速扩张的心态，把 0 ~ 1 的过程夯实。

那么，第一个合作伙伴应该怎么选择？我们总结出选择第一个生态伙伴的四个原则：

（1）从信任度最高的伙伴开始——交易成本最低。不要从最大的、最难的开始，应该从最容易结成伙伴的企业开始。

（2）从协同效应最高的伙伴开始——价值最大化。你们之间的互补性越强，增量就越大；增量越大，可分配的利润空间越高。

（3）从最需要你的伙伴开始——合作黏性最高。在这个选择上还是充分体现去中心化的利他思想，不要从你最想去合作的企业开始，而是从最需要你、最愿意跟你合作的伙伴开始。

（4）从最简练的生态模式开始——最容易理解并开始合作。什么模式最简练？我们双方成立一个合资公司，这事就干成了，这就是最简练。很多企业的生态战略不对，弄十个八个参与方，合作结构太复杂了，往往越简练的商业模式越容易成功，越复杂的模式越不容易成功。过去也有一些企业想跟我们合作，结果一堆老板坐在一起，讨论怎样构建生态，讨论来讨论去，因参与方太多，而且大家所抱的期望值普遍过大，最后的结果是各方意向合作伙伴希望持有的股份加起来不是100%，而是200%。这样就干不成。

最简练的、最容易的合作模式是分别一对一地结成合作伙伴关系，这种关系最为简洁明了，运作起来效率最高。等到一个伙伴、一个伙伴地站稳，发育好了，我可以再综合发展。

把第一个合作伙伴干成，就形成了一个合作的标杆。**我们一定要重视标杆的作用，一个成功的合作案例等于让生态创建者有了信任背书和领导力背书**。在构建生态的过程中，要有坚持的耐性和资源的聚焦，用心链接，全力推进，形成标杆的作用，去影响和带动其他生态伙伴。从0～1是最艰难的，因为没有背书，而往往从0～1、1～10、10～N所需的时间是一样多的，道理很简单，你只有先夯实基础，将来才能快速复制，这整个过程欲速则不达。

此外，不要去苛求你的合作伙伴，在合作的过程中，他们如果表现出人性的自私，这是正常的。他自私，你不能自私，你要忍耐，你的事业是一个宏伟的蓝图，海纳百川，有容乃大。对于第一个合作伙伴，我们要舍得让渡利益给对方，甚至自己亏钱，也要帮助他成功。

把合作标杆树立起来以后，再往后走，你会发现，第1单你是亏钱的，第2单到第10单是盈亏平衡的，从第11～100单，你想不赚钱也难了，那个时候生态的能力和规模都饱满了，到了收获的季节，所以这是一个水到渠成的过程。

第六步：理解生态伙伴的真正需求。

永远不要认为你能很轻易地理解生态伙伴的需求。他们对你声称的要求往往未必是他们真正的需求。我们一直认为客户最关注“成本”，但实际上客户真正想说的是：除了成本之外，你们好像不能给我提供其他有价值的东西。

我们在构建合作关系时，也展开过类似的调查，发现不同的企业、不同的企业家对于优先关注的因素是非常多样化的，其中，质量、客户关系、技术和品牌等是他们共同最为关切的几个因素。天天跟你喊“价格能不能再低点儿”的客户，他心里想的到底是什么？你要站在他的角度去想，才能理解他的真实需求。

大家在京东上买东西，它的东西并不比淘宝的便宜，可是为什么还是有很多客户选择了京东？因为它服务周到，送货非常快，客户对得到的综合价值还是比较满意的。而现在蜂巢的模式为什么失败？因为产品价值、用户价值都没有做好，怎么能有盈利模式出现呢？我认为蜂巢把本来简单的事情反而弄得复杂了，让客户找不到理由去选择你的服务。

真正的需求一定是在使用场景中产生的，要换位思考，到现场去做判断。我最佩服的管理学家不是某个管理学者，而是日本丰田的缔造者大前研一。他说过：我从来不知道什么叫丰田模式，那是你们这些专家对丰田的解读。我对丰田的所有贡献来自对所有现场问题的发现、分析和解决。

真理永远在现场被发现，大家不要在办公室里做战略，不要自以为是地替客户做判断，那些东西一定有假象。老板本人要到业务现场去，这个事情不能委托别人，企业家要在现场发现问题，探求根源，在真实场景中寻找经营管理的解决之道。

我发现老板愿意跑现场的，企业的增长速度就快，老板如果天天坐在办公室发号施令，企业发展就会停滞，因为他的想法逐渐脱离了实际，缺乏实感，经营思维会出问题，管理的制度、规章也会出问题。

第七步：设计交易结构与合伙模式。

在设计生态交易结构的时候，建议大家找专业的智库咨询机构合作，对方应该具有证券服务、财务服务和律师服务能力，收购兼并、合资合作是专业性很强的事情，不能随便处理。国外公司在做收购、兼并这类动作时，都聘请专门机构、专业团队来咨询、监管。雇用专业服务这笔钱不要节省，不然企业容易犯错误，并为之付出更惨重的代价。

只有把交易结构设计好了，你的合作伙伴对自己的责任和收益才能了然于心，这时他们用小学算术就能算清楚，跟你合作，它们能得到什么样的收益，比起跟别人合作，跟你合作的好处体现在哪些地方。

第八步：帮助你的生态伙伴取得成功（完成0~1）。

请谨记，帮助别人成功，别人才会客观上帮助你成功，其次，通过你所有或部分的平台化能力，给合作伙伴赋能，为它们的成功创造必要的条件。帮助伙伴成功不是一句空话，是通过你首先建立起强悍的平台能力，然后给生态伙伴赋能，为其铺垫成功的道路。

华夏基石产业服务公司设立的企业赋能中心包括政府攻关平台、底层规划平台、基金规划平台、产业规划平台、行业研究平台，能力应该是平台化的，这样才能同时为更多企业赋能。

产业生态各参与方通过赋能与协同，各自作出增量贡献，获得各自的增值收益。例如，属地企业成为生态伙伴，它们的属地资源优势和我们的技术赋能+市场赋能+数据赋能+资本赋能，形成了完美结合，双方的利润都增长了。等于我们创造了一个客户，把我们的产品买走了。未来这个属地公司如果独立上市，我将可以和代持股份的资金机构分享我们与之合作的股权，最后让大家得到满意的结果。

在很多领域，竞争对手都可以做这样的协同。如大家都在零售行业，我们可以做采购协同、营销协同，还可以共同推动某一产品的销售，让它成为市场爆款，协同企业共同达成互惠互利。跨界企业之间成为生态伙伴，通过赋能，这些企业能够链接更多的用户，增加生态的服务内容。

第九步：与更多的潜在生态伙伴完成“链接”与“交互”，形成模式的复制（完成1～10）。

如果不能完成大规模的链接，就不可能达成大规模销售、做成大规模生意。什么叫链接？比如，我们过去不认识，今天通过课堂认识了，大家加个微信，这就完成了第一步链接。链接虽然完成了，但如果接下来没有成功的交互，生意也做不成，就像有的人相互加了微信好友，但可能永远也不会有一句话的交流。交互之后，才可能产生新的商业模式和价值增值。

在复制、迭代中，生态创建者要重复思考前面的八个问题，不断去思考每一个合作伙伴的诉求是什么，它们需要你做哪些事情，你们应该怎样合作，合适的交易结构应如何设计，这些都是不能省略的步骤。

第十步：持续迭代，使产业生态保持创新的活力与优势（完成10～*N*）。

你在0～1阶段的时候设立的交易结构，在1～10阶段的时候可以再进行优化。比如，0～1阶段，为了让合作伙伴赚到钱，我让渡了自己的利益，本来可以占30%的股权，但我只占了10%，当生态发展到1～10阶段，你可以提出30%股权的诉求，对方应该是接受的。在0～1阶段，双方如果都是实缴出资，那么在1～10阶段，我可以改为认缴出资，到了10～*N*阶段，可以再改为不出资。所以持续迭代不是简单的复制，而是在迭代中不断优化、进化，保持产业的活力和效益的增值。

至此，让我们一起来回顾产业生态构建的十个步骤。这个过程讲起来并不复杂，但在实际操作中，企业的具体情况和诉求都是个性化的，各有不同，同时，不同企业所在的政策环境不同，行业竞争环境不同，企业的核心能力和战略导向不同，这些因素导致了每家企业生态化战略的差异性。

总之，有一点，当行业协作有增量产生时，就有生态化的需求，有生态合作的可能，如果没有增量产生，就没有生态化的可能性。

最后，我还是把这句话送给大家，我们认为中国新一轮产业机遇的到来，未来的产业趋势是以互联网和去中心化为思想、以平台＋分布为模式、以事业合伙人为机制、以产业生态为组织形态的供给侧集群与需求侧差异化偏好在细分领域的重新匹配。这个趋势在家居、食品、服装等很多行业都会发生，我们认为**在任何一个垂直细分领域，它的生态化过程不是已经完成了，而是刚刚开始，这就是最大的机会。**

政府该如何服务企业——把服务做成标准化模式

冯向阳

深圳先行示范区的发展定位备受关注，关于深圳发展经验的各种讨论很多，观点多、说法多，有些故事还很精彩。但是关于深圳成功的奥秘，意见还是比较统一的，那就是较好地处理了政府与市场的关系。

那么深圳是怎么做到的？是服务，特别是政府对企业经营发展高效能的服务。福田区作为深圳的中心城区，在企业服务方面的做法具有较强的代表性。

福田区的企业特别多元、特别密集，央企、国企、港企、外企、民企，应有尽有，78 平方千米的区域内注册了 30 多万家法人企业，包括世界 500 强总部 3 家、中国 500 强企业 12 家，但大多数还是中小微企业。产业形态多样，金融总部、创新平台、供应链、商贸旅游，什么样的企业都有。

政府该如何服务企业？我们的想法比较简单，认为既然是面向所有企业做服务，就应该把服务做成标准化模式，方便操作，覆盖到更多的企业。于是，我们从 2012 年成立福田区企业发展服务中心之日起，就着眼于服务供给的集成化、标准化，并持续进行探索和尝试。

一、最核心的突破是集成化

关于政府如何服务企业这个命题，我们更多的是从实践、从解决问题的角度去破题，经过八年的点滴积累，取得了一定的成效，最核心的突破就是实现了服务集成化。

企服中心架构和角色的价值在于集成化。企服中心将全区各产业部门跟企业对接的末端职能进行整合，将涉企事务进行梳理整合，构建起政府与企业联系的统一端口，彻底打通政府与企业的沟通渠道，为政府的企业服务全方位集成提供了支撑。具体包括四个方面。

一是信息集成。政府与企业之间最大的障碍是信息不对称。一方面，企业对政府政策、管理规定、执法要求不清楚。这种情况在政府惠企政策方面表现得特别明显，企业往往不了解政策，也不知道从哪里去了解，总以为自己是被政府遗忘的部分。另一方面，政府对企业需求也不清楚，所有的认知都是碎片化的，出台政策的依据大多是列举式的，对政策实施情况存在严重的效能焦虑。企服中心在企业面前代表政府，在政府各部门面前代表企业，通过建立大数据智能服务平台将政企的各方面信息集成对接起来，最大限度地解决了信息不对称问题。

二是标准集成。全面梳理政府服务企业的制度、流程，形成一套完整的标准体系，从需求发现、政策发布、申请受理、审批办理、拨付兑现到满意度评价进行全流程的规范，实现一个平台、一次申请、一步到位，大大增强了协同效应。

三是渠道集成。前台后台、线上线下、软硬服务一体化管理，实现无差别服务。

四是技能集成。企服中心的全部工作人员都是服务专员，而且是能力复合型的专员，从信息咨询、业务办理，到跨部门问题的协调，都能处理。

在当前新冠肺炎疫情防控的特殊时期，福田企服中心模式也得到了验证。比如不少企业在复工复产时很慌张，不知所措，对疫情情况不了解，对复工标准条件不明确，对复工以后员工吃饭、交通等问题很担心。

企服中心按照成型的模板制订出了《企业复工复产操作指引》，所有细则规范清晰明确、具体可行，印发执行后，迅速化解了企业的焦虑，深得好评。

福田企服中心的集成服务模式，从实践上看实现了便利性，优化并提升了企业服务体验。从商业思维上看提高了效率、控制了成本。不管是“放管服”改革，还是推进治理体系、治理能力现代化，关注点都是政府服务效能，集成服务模式较好地解决了这一问题。

福田企服中心的组织治理模式在全国也有很好的反响，深圳南山区、苏州昆山市等全国30多个市、区（县）直接复制，承德市、哈尔滨市更是在市和区（县）两级整体复制。

二、专业素养关键靠培训

企服中心在企业面前代表政府，每一位服务专员自然就是政府服务的全权代表。这客观上要求人人都是复合型人才，具体来说是能讲、能配、能办、能调、能提的“五能专员”。

一是能讲清楚企业需求。全区遴选出1000家重点企业作为专员分工包干的对象，每人负责担任20家企业的服务专员，对这20家企业基本情况要随时能讲清楚。企业经营状况、主要需求、反映问题办理情况，甚至董事长、总经理的个人情况，都要了解，都要熟悉。

二是能为企业匹配政策。国家、省、市和区的政策不仅要熟悉，还要能结合企业的情况，匹配出精准的政策清单。

三是能提供代办服务。要求服务专员熟悉各项涉企事项的责任权属、基本工作流程，知道哪个职能部门办、怎么办。我们一般不提倡甚至反对代办，坚持认为不讲原则凡事都代办，容易养成“巨婴”式的企业，但必须有代办的能力。

四是能够协调解决问题。对企业的涉及多部门的复杂问题，能够协调解决好。对企业提出的不应由政府解决的事项，能提供解决方案，告诉企业应该去找谁、应该怎么办，是法律问题去找法院，是市场的问题就到市场上去匹配，是商协会的事情就去找商协会。

五是能够提出政策建议。在接触企业、处理企业反映问题的同时，还要能了解掌握“沉默的大多数”的情况，并进行甄别分析，提出综合性、趋势性的意见，为改进工作和修订政策，提供建议和方案。

做到“五能”，关键靠培训。我们连续两年多坚持每周一培训，每个月开四个培训课。

第一个课是到各行各业代表性的企业，做现场培训。

第二个课是请企业家或专业人士到企服中心上课，律师、会计师、上市公司创始人，只要有代表性的都请来讲。

第三个课是请各产业部门的业务骨干讲课，比如，发改局讲产业规划，科创局讲创新服务和知识产权，税务局讲税法调整，还有社保局、商务局等。

第四个课是每月开一次工作汇报会，讲清楚全区被服务企业有哪些部署安排以及具体落实方案。

这些培训让所有人的服务意识、服务观念、服务理念发生了根本性的转变，对企业的先进管理方法有所感知，对各个部门的职能范围和主要工作有所了解。

到企业去成为一种常态，按规范模板办事则成为习惯。现在，65 名专员中至少有 40 人，任何时候都可以讲清楚福田区的各种惠企政策，而且可以到商协会、企业培训会上做宣讲，不能讲或没有去宣讲过政策的，年度考核不能评为优秀，也没有机会被提拔重用。

福田企服中心是在合并两个不被待见的落后单位基础上组建起来的，经过严格的专业化培训，提高了个人素质，提振了团队的士气，在组织治理方面也有意想不到收获，让工作人员找到了工作的乐趣。

这当中我们体会最深的是：组织治理的关键点在于末梢的响应和反馈。基层治理的改革，做一个漂亮的方案、画一张精美的图表很容易，但要在末端真正兑现非常非常难。治理末端最重要的是人，人员培训到位了，机制就能合理运作，反馈就能丰富及时，组织自然也就能保持活力。

三、识别误区，做“在意”服务

服务企业是有门槛也有陷阱的，底线是不能以服务的名义干扰企业。当前的企业服务，最明显的误区有四个。

第一误区，“服务是做好事，不受欢迎才怪”。事实上，经常有政府公职人员发牢骚：“我们做服务，提供帮助，企业还不高兴。”他们看上去很辛苦也很委屈，但他们就是没有考虑过企业的需求是什么，也不知道自己提供的只是想当然的、强加的服务，对企业来说是彻头彻尾的负担。

第二误区，“贴身服务、代办服务等于精准服务”。代办服务甚至包办服务被一些媒体渲染成营商环境进步的标志，真是天大的误会，这有悖服务的本义，服务只是为别人提供条件、为企业发展提供帮助，绝不能大包大揽。否则，将模糊企业的责任和义务，让法人企业变为“乏”人企业。

第三误区，“只要目的正确，可以不拘方法”。举一个例子，这次新冠肺炎疫情防控期间，福田区也一度发生了口罩荒，许多企业想复工却买不到口罩，急得都快溃了。

政府此时就应提供服务。那么该怎么服务呢？可采取的措施无非有几种，一是政府出面代企业采购口罩。因为全国都缺口罩，渠道有限，政府也只能为极少数的企业采购，结果是没经此渠道买到口罩的企业感到不平衡；二是发动商协会从海外采购口罩，允许他们加价 10% ~15% 分销给辖区企业，价格问题肯定让不少企业提出质疑；三是在货源稍多的时候，政府向小微企业送口罩，质量差异又让企业有非议；四是企服中心搭建口罩采购对接平台，企业报需求数，企服中心委托商协会为平台采购并原价转发相关企业，平台运维由企服中心补贴，企业对此普遍给予高度评价。这充分说明服务是技术活，必须有节、有止、有度地服务，多做、做过、做偏的代价很大。

第四误区，“用强力形象推动服务升级”。去年曾有省级地方领导说“谁跟企业家过不去我就跟谁过不去”，宣传效果很好，自然也上了热搜榜。不过，深圳的几个企业家当天的反应却是：看到这消息之后，我们起码知道了哪个地方是万万不能去投资的。

理由很简单，那种不按市场准则和习惯的“暴力”作风，太不靠谱，今天他可以这样说，明天他完全可能反过来说。他们很心急，出发点也很好，但政府服务形象的基础是法治，营商环境品质是政府、社会、企业共同塑造而成的，个别的强硬表态对服务生态没有帮助。

福田区按照“规则理性，服务适配”的思路推动服务升级，强调服务观念本身要正确，服务规则要有普适性，服务方法要专业适度。经过多年自觉的打磨，形成了以“在意”为标识的企业服务文化。

“在意服务”由“让福田认识您、让福田激励您、让福田温暖您、让福田成就您”四个板块三十项措施构成，主张“福田企业不分大小，企业发展不管快慢，发展进程不论喜忧”统统放在心上，真正做到了在意企业的方向、在意企业的需求、在意企业的体验、在意企业的机会，福田企业服务的获得感好，营商环境竞争力自然强。

四、政府的“元服务”，支撑服务生态的构建

在智能时代，市场经济归根结底就是服务经济，企业竞争力不取决于智能技术水平而取决于企业服务生态。那么，在社会主义市场经济环境下，政府服务的功能角色怎么定位呢？福田的实践表明，政府服务在市场经济服务中发挥着“元服务”的作用，支撑着整个企业服务生态的构建。

一方面，政府的职能转变改革，推动了服务型政府建设，所有的管理都从服务的角度切入，让每一家企业都能感受到政府的善意和责任。

另一方面，政府的“元服务”，通过为商协会等社会组织、专业机构、服务型企业提供服务，激发调动了全社会的服务力量，构建了能量强大、秩序稳定的服务生态，为打造与先行示范区地位相匹配的营商环境创造了关键的条件。

福田企服中心在“元服务”的前端，所有工作人员都很享受为企业发展提供服务的过程和体验，其源头在于每个人都把服务企业真正放在了心上。推而广之，每一位共产党员、每一位公职人员都把企业放在心上，真正在意自己的工作，那么，我们的组织将无坚不摧，我们的事业将无往不胜。

（本文作者为深圳市福田区企业发展服务中心主任。本文原发表于《华夏基石管理评论》）

经营管理赋能：华夏基石企业价值倍增路径大思考

屈全军

一、引言

有一篇火遍朋友圈的文章叫《你们公司30亿市值都不到，我们接待不了》，直接戳痛了众多中小市值上市公司老板的心。为什么会出现这种情况？最近一两年，国内资本市场政策频出，《中华人民共和国证券法》的修订、科创板的推出、注册制的实施、深圳主板和中小板合并、上市公司可分拆子公司境内上市等新规则出来之后，给国内资本市场带来了诸多变化，正在迅速改写A股原有的资本生态。目前A股一共4000多家上市公司，供给速度加快，估值中枢明显下调，30亿元以下市值的公司超过1000家。在那些成熟的资本市场，如香港股市，真正交易活跃的只有100多家公司，大部分上市公司沦为“仙股”“僵尸股”。

而现在公募基金的产品募集动辄百亿千亿元，如果一个30亿元市值的公司，买到5%，可能才2亿~3亿元人民币的当量，哪怕涨了可能也不影响这些产品的净值变化。如果30亿元市值都不到，甚至都进入不到基金经理可以交易的白名单里，怎么能期待获得这些公募基金的垂青？这会带来一个恶性循环，市值越低，关注越少；关注越少，越进不了一些大机构的选股池，买的机构越少，市值越低。而且，“叶飞爆料上市公司坐庄内幕事件”的出现，更是让监管层高度重视，重拳出击，再次强调“零容忍方针”，依法从严、从快从重打击包括恶性操纵市场、内幕交易等在内的各类重大违法行为。随后，立即启动了对涉嫌操纵股票价格的企业立案调查。

中小市值上市公司越来越不被投资人关注，生存空间越来越小，越来越向香港的“仙股”趋势发展。那么在这种不利的情况下，**企业如何发挥阳光下的增长战略，又如何从30亿元市值变成100亿元市值？**这是一个非常具有现实意义的问题。

对于未上市公司来说，上市是老板们最大的梦想。但是大部分企业离上市标准还有些距离，券商在初期不愿意真正进场花时间花精力。一个有情，一个无意，怎么办？

即使券商投行进场了，由于他们擅长的是企业上市之前的规范运作和改制辅导工作，鉴于国内投行的现状，一切都以监管层的审核理念为指挥棒，甚至忽视企业的发展阶段，过于强调规范性而不计成本不考虑企业生产经营实际。原因很简单，很多投行人员比较年轻，没有企业经营经验，没有意识到上市是一个“技术＋艺术”的平衡过程，过于强调个人的免责，不愿意承担一点点风险，反正成本是企业的，风险是自己的，当然是越严格越好，什么都一刀切。企业也不懂，对于上市是“大姑娘上花轿头一回”，投行说什么就是什么，何况言必称“证监会、交易所”，一般高管谁敢说个不字，“上不了市你负责啊”。现实中你会发现，有些公司竟然是被所谓的“上市”给拖死了！明明企业还处于生存发展期，为了所谓规范付出了大大超出企业承受能力的高额成本，上市时间一受阻立马就不行了。有些企业为了上市，听了一些投行的建议，“憋住”，几年内什么都不敢做，又遇上 IPO 暂停或者 IPO 堰塞湖，耽误了多少发展的良机！扪心自问，这真的是我们帮助企业上市的初衷吗？

企业发展到一定阶段，既需要 IPO 上市的指导，也需要战略、组织和人才的规划，实现业绩的快速增长，两者都很重要。一般的投行，懂上市懂资本但是不善于也不愿意深度介入企业生产经营的发展，因为对他们来说性价比太低了；一般的管理咨询公司，懂战略懂组织懂人力，但是基本不懂上市也不懂资本，学也学不会，因为门槛太高了。

所以无论是对于咨询机构还是对于券商投行，新的挑战和机遇已经来临。只有具有综合性的服务实力才能帮助企业解决实际问题，才能真正帮助企业实现业务和资本的跨越式增长。

那么有没有这样一家机构，既真正懂企业的运营管理，又对资本市场了如指掌，甚至还懂政府、懂政策、懂产业，可以真正解决企业面临的多方位困难？华夏基石“咨询＋资本＋产业”多元化顶级人才的配置和几年来的实践，将深刻改写国内咨询行业的现状，而其面对企业的综合服务能力即将成为行业的标杆和顶配。在“长期价值主义”的坚定理念指导下，这一创新必将为企业带来持续发展和价值的倍增。

二、企业价值及其增长路径

通过十多年的理论和实践，笔者总结了企业实现价值倍增的实施路径。

企业价值的增长 = E（利润）增长 * PE（市盈率）增长 = 经营管理赋能 + 资本赋能 + 产业赋能 = 内生性增长 + 外延式增长 + 产业服务型增长

华夏基石的项目团队，可以称为铁三角战队，是由“管理咨询顾问 + 资本顾问 + 产业顾问”等复合型人才构成的。华夏基石之所以能够区别一般的咨询机构实现 3 合 1，是由华夏基石特殊的人才组成结构决定的。鉴于华夏基石几十年来对于人才和组织的深刻理解，自身越来越多地会聚了一大批来自不同行业不同领域的顶级专家，成为国内唯一既有管理咨询团队、又有资本团队，还有产业团队的专业型顶级服务咨询机构。聘请 1 个华夏基石，相当于聘请 3 个完全不同方向的服务机构，为客户大大节省成本和沟通效率，也为企业实现价值持续增长和价值倍增提供了很好的基础。

三、经营管理赋能：“三变六化九大系统”

企业和人一样，都是环境的产物。没有永远成功的企业，只有不断顺应时代变化的企业。面对新趋势、新常态、新格局，中国企业和企业家该如何面对？如何在不确定性中找到确定性？如何提升逆周期下企业的生存能力？如何实现持续成功？

结合国内众多领先企业转型成功的经验，我们认为，企业应该秉持长期价值主义，进行深入系统思考，追求价值持续增长。为此，华夏基石最近在管理咨询界率先提出了“3 - 6 - 9 理论”。纵观其根本，最终目的是提升企业的经营管理水平和盈利能力。

（一）“3”——三变

在新经济环境下，企业要完成经营理念的三大转变：①从生产导向转变升级为客户导向；②从销售导向转变升级为数据导向；③从企业导向转变升级为产业生态导向。

（二）“6”——六化

“六”，即实现企业持续成长的“六化”动能转换。在数字化、智能化时代发展潮流中，企业要改变思维与认知模式，重新思考经营管理的六大基本命题：战略、组织、人才、领导、资源、运营。企业要围绕以下“六化”转型升级，构建持续增长的新动能。这“六化”是指：①战略生态化；②组织平台化；③人才合伙化；④领导赋能化；⑤运营数字化；⑥要素社会化。

（三）“9”——九大系统

“九”，优秀企业持续增长的九大系统提升方案，内容包括：①战略系统思考与顶层设计；②事业合伙人机制牵引；③领导力发展计划；④干部队伍与管理能力提升；⑤奋斗者为本的人力资源体系构建；⑥基于核心能力的组织体系重构；⑦以客户为中心的智慧运营流程体系；⑧长期主义营销牵引与品牌建设；⑨产业生态与资本循环共同驱动。

四、资本赋能：“独孤九剑”

华夏基石资本团队可以在九个方面对企业提供资本赋能，形成了独树一帜的“独孤九剑”，最终目的是对企业在资本市场的市盈率进行“阳光管理”，从而大大提升企业的市场估值水平。

（一）重新梳理资本市场战略和企业定位

我们分析一家企业，首先是判断它是属于哪个行业？不同的行业在资本市场的“待遇”（市盈率 PE 值）是不同的。

《上市公司行业分类指引》（2012 年修订）将上市公司的经济活动分为 19 个门类和 90 个行业大类。

2. 分类原则与方法

2.1 以上市公司营业收入等财务数据为主要分类标准和依据，所采用财务数据为经过会计师事务所审计并已公开披露的合并报表数据。

2.2 当上市公司某类业务的营业收入比重大于或等于 50%，则将其划入该业务相对应的行业。

2.3 当上市公司没有一类业务的营业收入比重大于或等于 50%，但某类业务的收入和利润均在所有业务中最高，而且均占到公司总收入和总利润的 30% 以上（包含本数），则该公司归属该业务对应的行业类别。

2.4 不能按照上述分类方法确定行业归属的，由上市公司行业分类专家委员会根据公司实际经营状况判断公司行业归属；归属不明确的，划为综合类。

目前计算并发布至大类行业的静态市盈率等相关数据如表1所示。

表1　证监会行业市盈率（以2021-05-27为例）（静态市盈率）

行业	市盈率
农、林、牧、渔业	16.75
采矿业	20.98
制造业	36.54
电力、热力、燃气及水生产和供应业	16.73
建筑业	7.63
批发和零售业	22.24
交通运输、仓储和邮政业	22.39
住宿和餐饮业	—
信息传输、软件和信息技术服务业	42.79
金融业	9.27
房地产业	8.05
租赁和商务服务业	36.82
科学研究和技术服务管理业	65.83
水利、环境和公共设施管理业	23.54
居民服务、修理和其他服务业	—
教育	66.76
卫生和社会工作	117.93
文化、体育和娱乐业	23.54
综合	27.57

从以上权威数据中很容易看出，不同行业市盈率相差是很大的。所以被归属于哪个行业特别重要。

有些企业是多元化的，有些企业是新旧行业更替的，有些企业是要重组装入新资产的。所以我们要对企业的行业属性进行重新地战略梳理、定位和规划，让资本市场重新认识并"定位"这家企业，发现它的价值，让人感觉"焕然一新"。这也是我们常说的上市公司要有一个好的概念，主业清晰，发展前景良好，资产重组装入的资产要“性感”，因为这些“企业的外表感观”会直接影响资本市场对这家企业的估值。

另外，我们要判断这家企业的产业属性是朝阳产业还是夕阳产业，是周期性产业还是非周期性产业，是产业多元化还是产业单一，是新兴产业还是传统产业，国家的支持力度如何，另外，我们要判断，这家企业的商业模式如何，盈利模式如何，企业的核心竞争力如何，行业地位如何，是细分行业的冠军吗，老板具有优秀企业家的特质吗，高管团队有能力把企业带入更高层面的发展吗?

这些企业顶层架构设计的要素，都将最终影响企业在资本市场的市值。所以我们有必须认真地重新梳理战略规划，进行更加合理的顶层架构设计。

（二）股东结构设计及优化

同样一家企业，它的股东结构不一样，企业的发展结果可能完全不一样。在企业的不同发展阶段，需要有意识、有步骤地对股东结构进行管理，从而提高企业的价值。

对于股东结构优化，我们归纳为几句话：“稳定老股东，增加新股东，引进名股东，避免刺股东”。

前面几句话都好理解，那么什么叫“避免刺股东”呢？避免刺股东，就是避免会对企业发展产生伤害的股东。无论他多么有钱，多么有权，多么对你情有独钟，请你远离他!

举个例子，对于拟上市公司 IPO，有一个敏感的话题，就是突击入股。众所周知，国内 A 股上市目前还是一个“造富运动”，选择什么身份的股东在什么阶段进入，是一门很有意思的学问。可喜的是，监管部门已经发现这一问题，并且最近措施不断。这就是“避免刺股东”。

拟上市企业的股东结构是需要专业设计的，不是有钱有权就能入股，其结果必然会耽误上市进程，甚至造成无法解决的上市障碍。对此，企业要有清醒的判断。

（三）4R 关系管理：投资者、研究员、媒体、监管机构

和私人企业不同，上市公司既然成为公众公司，获得了资本市场的融资，就有义务去面对各种不同的人群，挖掘企业的价值，宣传企业的价值，让大家了解企业的价值。上市公司和人一样，其实也是讲究“情商”的。

我们在实践中发现，有些上市公司尤其是技术专家出身的董事长，对于媒体关系和投资者关系不是很“感冒”，他们认为扎扎实实把企业做好就行了，不需要理会这些“虚”的东西。但事实是，酒香也怕巷子深。随着A股企业数量的快速增长，研究员和基金经理的覆盖广度和研究强度大大增加。在这种情况下，一般的中小市值的上市公司还不重视自身的价值挖掘和价值传播，不主动进行4R关系管理，就会越来越边缘化。具体表现为：基本没有研究员覆盖，也没有什么研究报告，机构投资者很少，二级市场换手率极低，上市以来市值基本没有增长，与同行业的竞争对手的差距越来越大……

鉴于以上情形，我们建议这类型的上市公司要高度重视4R关系管理：①把4R关系管理的地位提到战略高度。②在一些关键节点积极开展路演和反路演，尤其是在北上广深重点地区，要加强投资者沟通的广度和深度，尤其是重量级的投资机构和明星基金经理。③找到关键的坚定支持者。这个世界有人不认同你就一定有人非常认同你。要通过各种方式找到这类投资者，通过他们的行业影响力影响其他的投资者。④新时代下，专业社群和专业自媒体、意见领袖正发挥着越来越重要的角色，尤其是在个人投资者的影响力越来越大。要学会使用现代媒体的管理手段，学会引导他们。⑤平时加强和媒体尤其是权威媒体的合作。⑥做好预期管理，坚持长期价值主义。

（四）信息披露及规范运作

信息披露是上市公司的法定义务。上市公司规范运作涉及公司治理、三会运作、董监高和股东管理、募集资金管理、内部控制等诸多方面细节。随着新形势下，证券监管的日益趋严、监管规则的日益繁杂，上市公司如何进行高质量的信息披露和规范运作，变得越来越重要。一个细节不注意，可能就会收到监管函，引起股价的大跌。所以笔者认为好的信息披露和规范运作也能为企业带来价值的增长。

这类工作很重要，也很繁杂，国内上市公司主要是董秘和证券事务代表在具体运作。目前，市场上也出现了专门从事上市公司信息披露的咨询公司和专业的信息披露系统软件，提高了董秘们的工作效率。

以前管好股东、董监高的“嘴”和“手”已经很不容易了，现在连区域的销售负责人都要管起来，尤其是涉及媒体采访，机构调研、内幕信息这一领域。所以，上市公司信息披露及规范运作的能力直接影响企业价值的变化。

（五）并购及并购整合

一般普遍认为，2013 年是国内并购大发展的元年，当时 IPO 的暂停导致了并购热潮的兴起。券商 IPO 部门没活儿了，大家都去做并购了。其实这只是表面上的理解。从根源来说，企业的增长分为内生性增长和外延式增长。当上市公司面临了成长的压力，内生性增长又遇到了瓶颈，就只能寻求外延式的成长，尤其通过并购，这是核心的内在因素。

这几年，IPO 越来越市场化，注册制、科创板、退市制度等政策的频繁施行，企业 IPO 没那么难了，对于产业并购反而存在着制度性的机会。从经济发展的周期来看，躺着赚钱的时代已经过去了，低速增长甚至是个别行业的逆增长将成为经济发展的新常态。很多企业面临发展困境，产业转型、新业态的冲击以及新技术的变革不可避免。这种情况在上市公司中表现得特别明显，因此需要通过延伸产业链或者进入新行业等方式去探索新的业绩增长点。对于一些快速增长的新兴行业而言，同样需要通过快速的并购扩张来迅速占领市场获得先机。

纵观世界 500 强企业，大多数是通过并购来实现转型或多元化发展的。以美国为例，100 年来至少发生过 5 次并购整合浪潮。通过研究发现，国外 100 多年的并购史及其驱动因素中有两条非常重要：技术变革和监管变革，它们几乎是颠覆旧行业、催生新行业最重要的两个因素。

从宏观上来讲，任何一家企业都应该至少具备两种增长能力：一种是基于产品的生产经营增长能力，另一种就是基于资本市场的并购整合增长能力。二者缺一不可。目前，国内企业大多缺乏第二种能力。

就产业的发展逻辑而言，一个产业走到一定阶段，必然会经历整合，无论是横向整合、纵向整合还是多元化整合。一个领袖级的企业要对产业进行整合必定要通过资本市场。因为只有资本市场才可以对资产进行合理估值定价，并被大家接受，也只有资本市场才有源源不断的融资输血能力，并为参与各方带来价值的增长和巨大的收益。

具体到企业并购项目的实施，需要从 4 个方面把握。

（1）并购的战略。并购战略需要考虑到几个不同的维度：经济周期、产业竞争格局、资本市场周期等。周期是决定成败的重要因素。顶尖的并购者都是行业低谷的时候重仓抄底，行业顶峰的时候全身而退。这是一个反人性的行为，也就注定了并购是一个大概率失败的高风险事件，是少数胜利者的游戏。

（2）并购的时机。并购的时机要考虑外部机遇和内部时机。外部机遇是指资本市场牛市、熊市的转换以及相关政策的推出对并购的影响。牛市中并购成交数量多，但失败概率也大，因为牛市中的并购经常会犯两个错误：过于乐观和溢价过高。熊市中并购者有心无力，成交的数量也少，但价格便宜，并购机会多，也容易成功。内部时机是指并购企业对自身发展阶段的认识及自我能力的把握。**优秀的并购者像一匹狩猎的狼，善于分析环境、善于寂寞地等待，而时机一到，就全力出击，毫不犹豫。**

（3）并购的执行能力。是指并购者对并购标的的选择，并购方案的制订、并购谈判的设计，并购条件的拿捏，并购合同的实施等具体步骤的执行能力。国内的并购相比较于国外并购，监管的力度会更大些，各方利益平衡的诉求会更强些，对于创新性的考验会更多些。在这一方面，券商并购部或者投行部的背景会有较多经验和较大优势。

（4）并购的整合能力。并购整合是一个很重要的问题，所谓“三分交易，七分整合”。国内企业的并购，往往非常重视交易的架构、交易的价格和交易的执行，比较忽略交易后的整合。其实，在并购交易开始谈判的那一刻，并购整合就应该开始了。不要期待整合是一蹴而就的，不要低估人性，也不要期待激励或者制度能理所当然的解决所有问题。并购整合是否成功，最关键的还是“人”和“文化”。人员如何整合，谁进入谁退出，什么样的人该放在什么合适的位置，这是一个高度依赖人力资源管理能力的大事情。“文化文化，文而化之。”如何用企业文化化解矛盾、凝聚人心，统一思想，提升价值，也是摆在并购实施者面前的现实问题。

综上所述，产业并购对参与各方的要求是较高的：需要有对产业的深度研究和发展趋势的判断，需要有资本市场的丰富经验和对投行交易的深刻理解，需要有筛选优质企业的眼光并以长期价值主义赋能陪伴成长的能力，需要有高度的人力资源能力和企业文化功底促进组织之间的有效融合。

我把以上的理解归纳为：**“研究发现价值、交易创造机会，资源提供赋能，文化促进整合。”**

国内传统券商从事的并购更多的是在交易层面上的实施，而真正的并购应该是产业并购，是指围绕公司的发展战略，沿着产业链上下游进行并购整合和产业转型。这种基于产业发展逻辑的并购才是国际主流的并购，而这样的并购活动在国内才发展不久。

基于此，华夏基石产业团队对于行业的理解，咨询团队在战略、组织、人力、文化的国内顶尖能力，资本团队多年的券商投行并购及资本市场的实践经验，结合华夏基石坚持的长期价值主义理念，将率先为国内的产业并购及整合领域作出探索性的贡献。

（六）产业并购（投资）基金的设立

产业基金在中国已有十余年的发展历史。2005 年，中国第一支真正意义上的产业基金——渤海产业投资基金获批。2014 年开始，伴随着 PPP 模式的推广和股权投资的兴起，产业基金进入一个快速发展期。2017 年，产业基金模式迎来了一个转折点。随着金融监管的强化，产业基金作为私募基金的一种，受到多层嵌套、期限匹配、合格投资者、结构化设计限制等的制约明显。即便如此，产业基金在聚焦培育战略性新兴产业，促进优势传统产业改造升级，以全球视野整合资金、项目、人才等优势资源方面，有着不可替代的作用。

目前，我国的政府引导基金规模将近 2 万亿元，由于采用母基金投资子基金的操作模式，其带动的整个基金规模大概在 8 万亿元。

表 2 为目标规模千亿以上政府引导基金成立情况。

表 2　　政府引导基金规模表（部分）

引导基金名称	级别	目标规模（亿元）	设立时间
长江经济带生态基金	国家级	3000	2018 年
新疆 PPP 政府引导基金	—	2500	2016 年
中国光谷母基金	区县级	2500	2017 年
甘肃省公路基金	省级	2000	2017 年
广州城市更新基金	地市级	2000	2017 年
四川产业发展投资基金	省级	2000	—
中国政企合作投资基金	国家级	1800	2016 年
国新央企运营基金	地市级	1500	2017 年
国创基金	国家级	1500	2017 年
国家集成电路产业投资基金二期	国家级	1500	2018 年
鲲鹏基金	地市级	1500	2016 年

续表

引导基金名称	级别	目标规模（亿元）	设立时间
国家集成电路产业投资基金	国家级	1387	2014 年
安庆市同安产业并购基金	地市级	1200	2017 年
安顺市扶贫子基金	地市级	1200	2017 年
交通建设产业基金	地市级	1100	2015 年
山西太行基金	省级	1050	2017 年
江西省发展升级引导基金	省级	1000	2017 年
北京市政府投资引导基金	省级	1000	2016 年

相比国家和政府的产业基金，上市公司和民间的产业（并购）基金也日趋活跃，市场化程度更高。如著名的“并购女王”刘晓丹女士离开华泰联合证券，就发起了一支 68 亿元人民币的产业并购基金。

上市公司的产业并购基金在产业整合中发挥出越来越重要的作用。并购基金可在上市公司体外进行外延并购，前瞻性投资孵化优质并购标的，提升利润，促进市值增长。同时，上市公司为并购基金又提供了确定的退出渠道及可靠的投资回报，形成良性互动模式。

上市公司设立并购基金具有重要的意义：①有利于引进专业投资团队，增强上市公司投资能力；②有利于在上市公司体系外运作，进行风险隔离；③有利于以较小的代价提前介入标的企业，锁定控制权；④有利于对标的资产培育孵化后再并购，提高上市公司投资成功率；⑤有利于撬动政府引导基金和社会资本；⑥运作优秀的并购基金是上市公司实际控制人增加持股比例或获得现金回报的可靠路径。

（七）IPO 及多样化的投行工具

对于未上市公司来说，IPO 上市是最重要的资本市场手段。对于已经上市的企业来说，分红送转配、定增、并购、回购、增持、减持、股权激励、分拆上市等都是影响企业价值的投行工具。

企业的价格是围绕企业的价值上下波动的。我们要学会使用投行工具帮助上市公司在不同的阶段实施不同的资本运作方案，在市值的波动中提升企业的价值。比如，若认为二级市场价格低于企业真实价值，可以采取大股东增持、管理层或者员工股权激励，公司回购缩股等方式，因为这个时候股价是便宜的，用现金换股权是划算的，而且这些措施有利于增强投资者对公司的信心和预期，促进公司股价上涨；若认为二级市场价格明显高于企业真实价值，可以采取企业增发扩股、换股并购等方式，当然大股东也可以逢高减持实现资金回笼。因为这时候股价是贵的，用股权去换现金、换资产是合适的。

我们发现，有些企业上市很多年了，基本没有什么资本运作，暮气沉沉；而有些上市公司非常善于利用资本市场工具，利用资本市场周期，在一次次的股权吞吐中实现了各方盈利和正向循环，大大提升了企业的价值。

（八）债权融资

对于企业来说，资金融资是非常重要的，既是企业发展的生命线，更是实现价值倍增的助力器。

一般来说，企业的融资根据性质的不同可以分为股权融资、债权融资和混合融资。股权融资主要是未上市企业首次公开发行并上市（IPO），已上市企业公开增发、配股和非公开发行股票；债权融资主要包括发行公司债券、企业债券等；混合融资是指既具有股权特性，又具有债权性质特性的产品，包括上市公司可转换公司债券、优先股、上市公司股东发行的可交换公司债券等。

目前，中国国内企业信用债券的发行按业务监管部门的不同可分为三类：①国家发改委监管的债券，如企业债等。②中国证监会监管的债券，如公司债等。企业债和公司债只能由证券公司承做，具备主承销商资格的证券公司主承销。③银行间市场交易商协会（由中国人民银行主管）管理的银行间债券市场，如短融、中票等，主要由商业银行和少数大型证券公司承销。三类债券的主要品种如图1所示。

（九）二级市场的综合表现

对于上市公司而言，二级市场的股价直接反映了其市值的大小。影响二级市场的要素很多，短期内二级市场的涨跌不一定能真实反映企业的内在价值变化。企业基本面的改善不一定马上带来市值的增长，但是没有公司基本面的改善带来的市值增长，一定会打回原形，空忙一场。历史多次证明了这一点。虽然，二级市场的表现是“果”，但是建议企业把更多的把精力放在提升核心价值的“因”上，而不要本来倒置，资源错配。

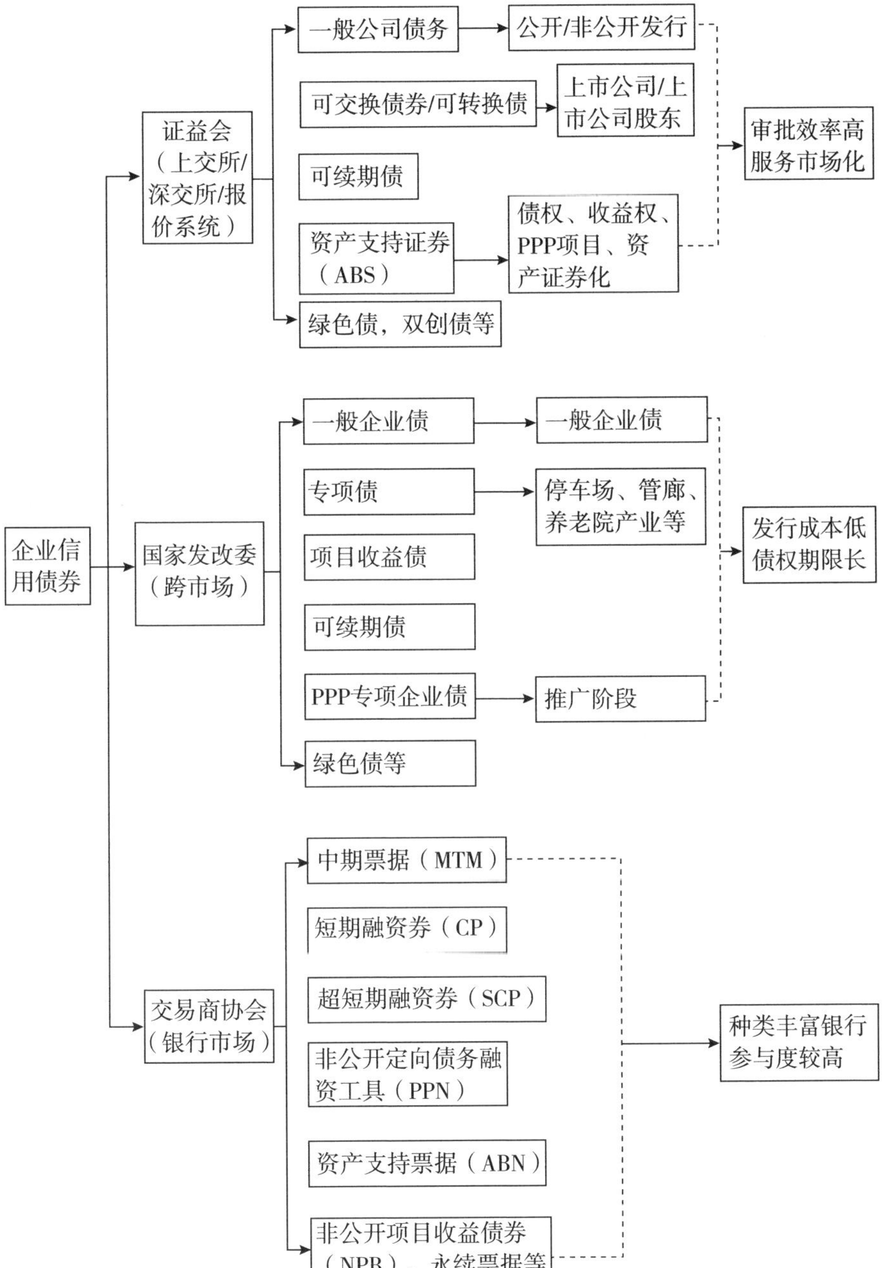

图1　三类债券的主要品种

关于二级市场的表现和市值管理，还有一个很敏感的话题：“如何区分市值管理和操纵市场”。2021 年 5 月的“叶飞爆料事件”之后，几大官媒纷纷发文澄清：市值管理与操纵市场的界限是清晰的。前者以提高公司内在价值为本，通过提高公司透明度，增强与投资者的信息交流，改善投资者关系来促进市值增长；后者则舍本逐末，与非法资金配合，以内幕信息或虚假信息拉抬股价，最终“收割”弱势投资者。市场要增强对这两种不同性质行为的识别能力，不能让一些动机不纯的人将市值管理作为操纵市场的外衣和护身符。

那么如何衡量资本赋能对上市公司价值提升的最终效果呢？笔者认为，一定要在相对合理的时间周期内进行综合评价。首先，当然是市值的增加，其他的判断要素还包括：同行业市盈率的比较、企业盈利能力的加强、企业战略和资本市场主题的明晰、企业治理结构的完善、企业融资能力的提升、企业行业地位的提升、市场研究报告数量的增长、媒体关注热度的提升、股东结构的明显改善、机构投资者股东的增加、企业市场形象的改善等。

最后，想和大家聊一聊董秘这一角色。董秘在上市公司的职责特别重要，以上很多资本工作应该是由董秘推进。但是，纵观国内上市公司的董秘现状，水平参差不齐。有的董秘业务经验较少，基本只会做信息披露，类似于证券事务代表；有的董秘经验非常丰富，但是过于油腻，让老板有些担心；更多的董秘或是背景单一，年纪较轻，或是从本企业内部提拔，对于本企业之外的知识、经验和认识高度、深度和维度有限，力小而任重。

新的时代对董秘提出了更高的要求：董秘角色必须知识全面；信息与资源丰富；政策与法规理解透彻；对业务与战略了解深刻；交际与管理能力必须强，有最低要求而上不封顶。对证券办（或者董秘办）这个部门也提出了更高的要求：战略规划参谋部，品牌建设宣传部，资本运营规划部，市值管理统战部。就上市公司的市值管理而言，要求更高了。可以形象比喻成“一个有组织的集体大合唱”，而不仅仅是董秘的“独角戏”。实控人是总导演，证券办是合唱队，分析师是和声部，媒体人是扩音器，事业部是亲友团，董秘做好总指挥，还有更多的工作人员在台前幕后……

要求这么高，董秘怎么办？老板怎么想？企业怎么做？

华夏基石的资本综合团队，类似于企业老板的外部董秘军团；而项目的铁三角人员构成，则相当于是企业老板身边的军师团，统筹战略、组织、人力、资本、产业，给予企业全面赋能和价值提升。

五、产业赋能："城市投资银行"

新经济形势下，地方政府的经济发展工作要求越来越高，简单地通过卖地、发债、招商引资等传统模式的老三样已经越来越失效。这倒逼着各地政府以新思维、新高度、新方法创造性地开展工作。

在此基础上产生了新的政企合作模式。政府与各行业优质企业形成新型的"事业合伙人"关系，政府帮助优质企业成为产业领袖并为其战略生态化建设提供"政策资源、土地资源、资本资源与业务资源"；而优质企业因其天然的经营实践和人脉优势，可以帮助当地政府在全国甚至全球"选秀"，成为政府的"外部招商局"，从而政企双方形成合作共赢模式。一方面，企业为地方政府创造了 GDP、税收和产业聚集，另一方面，政府可以为企业发展提供政策、税收、土地、资金、资本和业务资源。

对企业来说，政府需要招商引资和产业升级的迫切愿望变成了可以借力的优势。那么，企业如何借助政府招商引资的痛点，借助产业集群的优势，在产业互联网时代实现自身的企业价值倍增，是一个非常有意义的研究课题。

笔者在现实中看到，有些上市公司老板是技术出身，出于各种原因，不愿意和政府打交道，也没有团队能力和政府对等谈判，争取最优惠政策。

以税收优惠为例，要有团队能力和政府谈判最优惠的税收政策，要考虑地方政府的财政情况和兑现程度，要考虑地方税收留存比例，不同优惠的税种和税率，要有专业人员一条条地对照政府税收文件，理解并设计税收返还路径，要有专业人员和政府深度对接，日常还要上报很多政府需要的各种文件，以及处理很多日常烦琐的细节问题。

需要和政府打交道的还有资本、资金、业务对接等很多方面。那么，上市公司老板有没有考虑过，把重心放在做好自己的主业上，让专业的平台机构来处理政府关系，从而获得更多的支持和优惠政策呢?

华夏基石除了咨询和资本外，在产业方面也配备了行业内的顶尖人才，有头部央企地产集团出身的副总裁，有政府官员出身的招商局局长，有央企国企出身的中高层，还有很多熟悉产业的各类专家学者。因为这些综合性的人才和能力，让企业抱团参与产业集群、和政府共建产业生态、争取最优支持成为可能。

我们认为，中国新一轮产业机遇已经到来。未来产业的发展趋势一定是：

“以互联网和去中心化为思想、以平台＋分布为模式、以事业合伙人为机制、以产业生态为组织形态的供给侧集群与需求侧差异化偏好在细分领域的重新匹配。”

我们认为，企业需要思考自己在新型模式中如何定位，如何解决行业发展的痛点和难点，从而创造属于自己的产业生态。整个产业生态的构建是一个大的逻辑结构，涉及三个循环：产业循环、资源循环和资本循环。三大循环会催生出对构建产业生态很重要的“四个反哺”：即政策反哺、土地反哺、业务反哺、资本反哺。尤其在逆周期时代，产业集中度会提高，但前提是必须创造更多的增量能够跟产业上下游的合作伙伴分享。

对于如何帮助政府和企业构建良好的产业生态，华夏基石正在实践着 8 个“1”理论：即围绕 1 个产业生态，形成 1 个产业园区，吸引 1 批上市公司，发展 1 个产业集群，设立 1 支产业基金，建立 1 个产业孵化器，筹建 1 个产业研究中心，构建 1 个产业协会联盟。

这“八个要素”相辅相成，和“三大循环”“四个反哺”遥相辉映，构成了华夏基石产业服务的深厚基石。

六、结束语

通过多年的实践和思考，笔者深信这是一个充满机会的时代。一家善于学习和借势的企业，只要愿意秉承长期价值主义的发展思路，就一定能够站在别人的肩膀上，借助所有可以借助的资源，发挥核心优势补足先天短板，**通过“经营管理赋能＋资本赋能＋产业赋能”，完成“内生性增长＋外延式增长＋产业服务增长”，从而实现企业价值的倍增，成就企业成长“质”的飞越。**

持续增长：三变六化九大提升

以长期价值主义推动企业持续增长，华夏基石启动“三六九”系统工程

华夏基石产业服务集团

做一家企业，最高的追求是什么？——持续成功、基业长青。

做一家中国企业，我们能向世界输出什么？——具有世界竞争力的卓越绩效、具有东方智慧的长期价值主张与优实践。

中国企业现在从规模上来讲，相比于世界级企业并不逊色，但是客观来看，我们很多大企业，在全球竞争能力方面跟发达国家的企业相比，差距还是很大的。这就是我们一直说的，大而不强。那么真正的世界级领先企业是什么样的？华夏基石通过研究，将具有全球竞争力的世界领先企业绩效标准归结为6大方面：①领先的技术与产品能力；②产品的市场竞争能力与新产品的产生率、产品的盈利能力；③领先的品牌影响力与品牌价值；④领先的全球产业影响力和话语权；⑤领先的管理效率和经济效益；⑥领先的价值主张和最优的管理实践。

再过一二十年，中国一定会产生一批优秀的企业，这些优秀企业不仅在规模上能够成为世界领先企业，更重要的是他们的思想，他们的最优实践，能够成为全球企业学习的标杆。我们也希望将来中国优秀企业的管理思想，不仅是中国的，更是世界的。

未来，中国企业不光是要贡献世界级企业的卓越绩效和具有全球竞争力的产品，更重要的是要输出具有东方智慧的长期价值主张和最优实践。要实现这样的目标追求，我们倡导中国企业坚持长期价值主义，以长期价值主义推动企业持续增长。

长期价值主义就是摒弃投机主义，确立长远的目标价值追求，长时间为之奋斗，以足够的耐心和定力坚持做好心中认定的大事。

华夏基石归纳长期价值主义有以下十大特征及内涵。

①有远大的目标追求，有坚定的意志力；②持续不断地打造为客户创造长期价值的能力，致力于赢得客户的忠诚，追求品牌的长期价值增长；③摒弃投机主义，选择正确的方向与赛道，深根行业，以足够的战略定力和耐心掌控属于自己的成长节奏；④舍得为长期发展投入和付出，注重软实力和内在管理能力提升，在核心能力尤其是人才、技术、管理这些软实力建设上，“舍得投、连续投、长期投”；⑤注重产品技术创新，真正实现产品领先，真正去弘扬工匠精神，把产品做到极致；⑥能正确处理和平衡发展与稳定、创新与储能、短期与长期的矛盾关系，同时能够强化内部监督控制体系，有效控制经营风险，关注经营现金流的健康；⑦敬畏规律，尊重常识，底线经营，创造阳光利润，享受坦荡生活；⑧追求相关利益方的价值，提倡合作共赢，拒绝狭隘的零和博弈，真正能够建立共生的产业生态，承担相应的社会责任。⑨长期艰苦奋斗的文化与持续激活的人才机制，构建长期绩效评价与中长期的计划；⑩不断自我进化，不断自我批判，主动走出舒适区，勇于变革创新。

如何以长期价值主义推动企业持续增长？华夏基石提出“三六九工程”。“三”，在新经济环境下完成经营理念的三大转变；“六”，实现企业持续成长的“六化”动能转换；“九”，冠军企业持续增长的九大系统提升方案。

一、新经济环境下中国企业经营理念的三大转变

保持对环境的深刻洞察，在不确定性中找到确定性，是企业生存必修课。在可预见的未来，中国企业的经营环境将至少受到以下四个方面因素影响：第一，在国际环境方面，战略竞争与对抗状态将成为新常态；第二，在社会环境方面，新冠肺炎疫情和抗疫将成常态化；第三，中国宏观经济方面，经济结构调整中提质缓速，开启“双循环”新发展格局是新常态；第四，全球科学技术方面，数字化、智能化成为常态。

面对新趋势、新常态、新格局，中国企业该如何面对？如何在不确定性找到确定的方向？如何提升抗经济逆周期的生存能力？如何坚持活下去并实现持续成功？华夏基石认为，解决问题的关键是经营理念的转变，秉持长期价值主义追求企业持续增长，持续增长是企业坚持长期价值主义的核心命题。

结合国内众多领先企业转型成功的经验，华夏基石建议企业深入系统思考和完成经营理念的三个转变：从生产导向转型升级为客户导向；从销售导向转

型升级为数据导向；从企业导向转型升级为产业生态导向。

（一）从生产导向转型升级为客户导向

（1）从“先定义产品”到“先定义用户”。这要求企业重新审视从用户出发的价值创造链条，从用户的角度重新思考自己一直以来的工作，并且定义未来的工作。

（2）从关注广义市场到关注细分市场。是面向广义市场，无须进行顾客（需求）细分的情况将越来越少见，与此相关联，大众营销将慢慢消失，针对细分市场的差异化营销、个性化营销是当下的主流。

（3）从客户需求和用户场景出发重构企业的价值链条。以经营用户为导向来经营产品，先定位需求，再根据需求生产产品。过去是我生产什么卖什么，现在是用户需求什么，我生产什么；过去是大量库存再经销，现在是零库存，可直接从生产方到需求方手里。

（二）从销售导向转型升级为数据导向

（1）大数据应用带来顾客交互链与流通链的全新变化。营销方式的转变，背后的逻辑是顾客交互链发生了全新改变，以及这种改变带来的流通与交付方式的变化。

（2）业务流程将基于大数据进行梳理与重构。顾客端的信息（数据）决定企业端的信息；关注销售额，更要关注市场份额；关注流量，更要关注与用户的连接程度。

（3）数据导向的内核仍然是客户导向。要认识到数据是企业最大的资产，要关注数据资产的价值；要经营数据，挖掘数据的价值；实现生产与消费者的精准匹配。

（三）从企业导向转型升级为产业生态导向

（1）构建开放竞合的产业生态体系。未来，整个社会是一个开放的协同体系，企业的战略定位就是你在这个社会化协同体系当中的定位。也就是说，你必须自觉地把自己看成生态体系中的一个点，依据与其他的点的协同，连成生态链、生态圈，继而在一个巨大的面（生态网络）上获取比传统模式下大得多的商机。

（2）从对称性战略到非对称性生态型战略。现在的战略定位是在整个社会化协同体系中怎么找到自己的定位。从企业的战略优势来讲，要形成内在核心能力 + 外在生态优势，内外双轮驱动的两大战略优势。从战略的格局来看，要跨界融合、开放无界，从封闭式的战略思维走向开放式的战略思维，从有围墙的花园走向与用户融合的生态圈的思维。

（3）坚持长板主义，与产业生态要素资源共同发展。产业发展中最核心的是要素资源的使用与配置，过去，企业之间的竞争主要是要素资源的抢夺，而在产业生态思维下，企业要做的事情，就是要坚持长板主义，与产业之间进行要素资源协同，以谋求产业生态发展。

（4）企业要成为产业生态的组织者、参与者或者穿越者。生态是技术和商业发展的必然，企业在未来发展的路径上将不得不与产业生态共舞。

小结：华夏基石认为，在数字化、智能化时代发展潮流中，未来的企业发展趋势会是这样的——以互联网和去中心化为核心思想，以平台 + 分布为模式，以合伙人为机制，以产业生态为组织形态的供给侧集群与需求侧差异偏好在细分领域的重新匹配。企业要顺应时代潮流、跨越经济周期和成长陷阱，抱持长期主义追求企业持续增长和成长转型，首要的是进行认知革命与思维创新，进行三大经营理念之变：从生产导向转型升级为客户导向；从销售导向转型升级为数据导向；从企业导向转型升级为产业生态导向。

二、企业持续增长的“六化”新动能

在新经济环境下，在数字化、智能化时代发展潮流中，企业要以长期价值主义追求持续增长，首先要改变的是思维与认知模式，**在三大经营理念的改变下，重新思考经营管理的六大基本命题：战略、组织、人才、领导、资源、运营，围绕如何进行战略生态化、组织平台化、人才合伙化、领导赋能化、运营数字化、要素社会化的“六化”转型升级，构建持续增长的新动能。**

（一）战略生态化：打破战略边界，成为产业生态组织者、参与者或跨越者进行战略生态化的转型升级有两项关键任务

一是完成企业持续成功的顶层设计思考。顶层设计的思考围绕五个主要的命题进行：共同的目标追求什么；价值观和立场是什么；核心的经营命题假设与商业的底层逻辑是什么；如何打造和激发一支能打胜仗的队伍；如何打造组

织能力。

二是基于生态的企业战略选择与战略定位转变。未来是产业互联网与物联网时代，企业需要有基于产业生态的战略思维：从战略长度来讲，就要更具前瞻性战略思维，站在未来看未来，走出经验曲线，勇于突破资源与能力局限，创新成长；从战略宽度来讲，就要具有跨界融合、开放无界、利他取势的战略思维，在社会化网络协同体系中找到企业的战略定位；从战略深度来讲，必须要有全产业布局与产业整合、全球资源配置与运营的战略思维，必须站在全球化的角度整合人才，让全球人才与智慧为我所用。

（二）组织平台化：从层级组织转变为面向需求和场景的平台化+分布式组织

组织无变革不成长。无数企业兴衰的案例证明：大企业失败的原因只有少部分是源于对外部战略机会的误判，大部分是因为无法调整内部组织及人才机制以适应已经改变的世界与新机会。市场和人才在倒逼组织变革，同时，企业积累的不适应新时代的组织与人才机制问题又逼着组织不得不变。

从组织发展大趋势来看，未来组织将是平台化+分布式前端（项目、自主经营体）的生态组织模式。我们在研究了十多家生态组织实践后，认为未来的平台化经营与组织管理模式可以用48个字来概括：生态布局、网状结构，数字驱动、平台管理，责任下沉、权力下放，领导赋能、任务协同，自主经营、独立核算，共识共担、共创共享。

（三）人才合伙化：动态股权增量分享，打造共识、共担、共创、共享的事业合伙机制

我们认为，事业合伙制是针对创新、创业者的内部战略性动力机制，是企业的一种长期的战略动力机制，是吸引、激励、培养和保留创新性人才的有效制度。建立事业合伙制的关键要求是先选对合伙人。以事业合伙机制为战略动力机制，凝聚和激励企业知识创新者与经营管理人才，持续奋斗，突破企业事业发展瓶颈，实现企业事业与业务新增长的32字方针（华夏基石事业合伙制32字价值主张）：志同道合，利他取势；共担共创，增量分享；相互赋能，自动协同；价值核算，动态进退。

（四）领导赋能化：以领导替代威权，以赋能支撑团队价值创造

实现领导赋能化，一是要求从威权领导向赋能式领导转变。从威权命令驱动到愿景与正能量引领，从老板高高在上决策、集权力于一身，到老板深入一线洞察市场与客户，授权于一线决策者；从以老板为中心调动资源、为一线赋能转向平台化、多中心、多层次地依据一线需求进行资源调配与赋能。领导就是指明方向、激发活力、组织赋能。

二是要求高层领导团队重构。高层领导团队要真正是一个使命驱动、志同道合，对未来发展达成共识的团队；领导团队需要进行专业化变革，要有开放包容的心态和生态化的战略思维；领导必须是分享、赋能，绝对不能独享利益，独享权力；强调领导首先能进行自我批判和自我超越。

（五）运营数字化：将用户数据的采集、维护、挖掘和传递贯穿经营管理的始终

数字化与智能化转型是认知与思维革命。数字化转型，不仅是一种技术革命，更是一种认知革命，是一种思维方式与经营模式的革命。一些企业推行数字化失败，究其原因是对数字化转型升级缺乏系统思考与战略共识，导致转型升级的战略准备度不够，变革领导力不足，战略执行力差等。数字化转型是一场系统的变革，要伤筋动骨，要涉及很多利益关系的重构，不仅要实现信息的数字化，更重要的是要实现业务活动数字化，实现整个企业从战略到运营全价值链的数字化转型。

实现数字化经营的六大要素是：数字化的战略思维与商业模式创新、数字化领导力、数字化的组织与人的关系、企业运营与业务的数字化、营销体系与客户连接的数字化、数字化人才管理平台与人才社区等。

（六）要素社会化：将简单交易升级为合作共赢，与社会生态要素长期共生

要素社会化的底层逻辑是从要素资源的所有权思维转变使用权思维，由此构建成一个产业生态，把产业做大，产业生态伙伴共享增量，这是要素社会化的途径。企业要构建产业生态，一方面要开放合作，要将内在产业要素社会化，转化为社会化的共享与基础系统，另一方面要将社会化要素内部化使用，

要开放合作，集聚社会化要素资源为我所用。

要素社会化实现的关键点是：做增量。要素合作必须产生增量，没有增量，就不可能有产业生态的构建。简单的例子：你跟别人合伙做生意，你们的合伙生意必须有增量，要能赚到钱，不然，早晚要散伙。要素社会会的合作道理是一样的，因此构建或加盟产业生态，要先找到要素社会化的创新原点。

小结：面向未来，企业只有在创新和改变中不断求生存、求发展。数字化与智能化不仅是一种技术革命，更是一种对世界、对社会、对组织与人、对人与人关系的认知与思维革命。认知与思维的革命要从经营管理的基本命题开始：即战略、组织、人才、领导、资源、运营。在数字化与智能化新时代，企业要围绕这六大命题进行转型升级，实现企业持续增长的六大新动能转换：战略生态化、组织平台化、人才合伙化、领导赋能化、运营数字化、要素社会化。

三、冠军企业持续增长的九大系统提升方案

在华夏基石多年的管理咨询服务实践过程中，我们发现，企业从机会成长到系统成长的台阶跨越对其持续发展来说是一场生死考验。这一阶段，多数企业的企业家尚未完成系统思考和思维转变，甚至成为企业持续发展的天花板；企业核心团队自驱动力不足，共识不够坚定，能力不足的问题非常突出；企业经营管理的坚实系统和支撑体系尚未形成和有效发挥作用；企业的业务、资本和产业循环互为前提、互相推动的体系尚待探索。

基于经营思维三个转变和六化新动能，华夏基石原创性地提出了冠军企业持续增长的九大系统提升解决方案，内容如下（见图1）。

①战略系统思考与顶层设计；②事业合伙人机制牵引；③新领导力发展计划；④干部队伍与管理能力提升；⑤奋斗者为本的人力资源体系构建；⑥基于核心能力的组织体系重构；⑦以客户为中心的智慧运营流程体系；⑧长期主义营销牵引与品牌建设；⑨产业生态与资本循环共同驱动。

这其中，战略系统思考与顶层设计解决企业发展方向和共识的问题；事业合伙人机制牵引解决核心团队自发动力的问题；新领导力发展计划解决准企业家与核心人才的问题；干部队伍与管理能力提升解决管理能力不足的问题；奋斗者为本的人力资源体系构建、基于核心能力的组织体系重构、以客户为中心的智慧运营流程体系解决内部管理体系建设的问题；长期主义营销牵引与品牌建设解决业务拉动和业绩提升的问题；产业生态与资本循环共同驱动解决外部

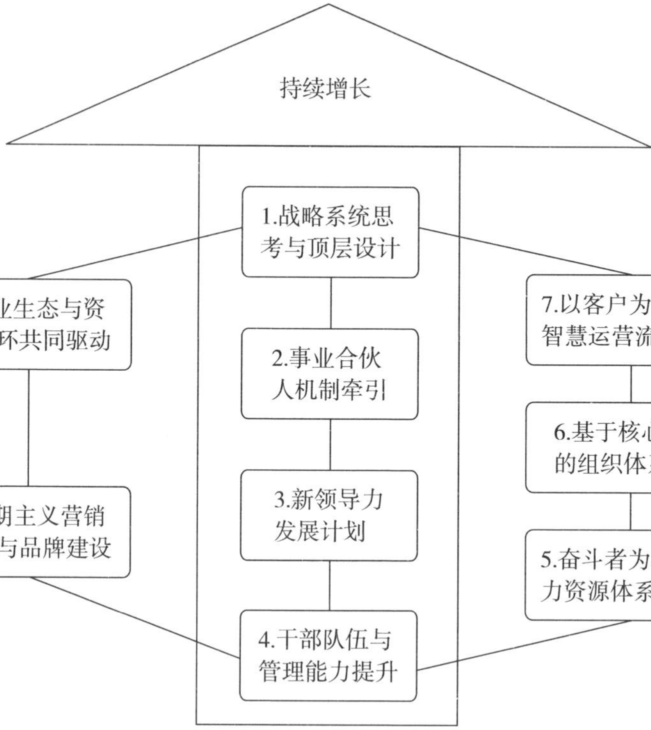

图 1 冠军企业持续增长的九大系统提升方案（华夏基石原创）

经营和发展的问题。

冠军企业持续增长的九大系统提升方案核心目标是：实现持续增长。

我们认为，实现持续增长是企业经营管理的核心命题。企业的客户、股东、员工和社会都需要企业的持续增长以带来信心、信任和利益回报；持续增长也是解决企业内、外部问题的唯一途径。正如我国数十年改革开放的成功经验：发展才是硬道理。

要实现持续增长，企业需要审时度势，对环境变化和技术进步及时作出适当反应。与此同时，企业的增长和转型需要整个管理团队的合力，而不是老板个人或决策层小团队能独立完成的。核心团队要构建共识、共担、共创、共享的合作机制，并通过交易结构绑定有价值的外部资源要素和合作伙伴。只有通过内外部要素资源和人才的共同努力，企业才能够在日趋激烈的竞争环境中脱颖而出，取得增长业绩。

冠军企业持续增长的九大系统提升方案具体介绍如下。

（一）战略系统思考与顶层设计

对于已经度过生存期的企业来说，完成关于企业发展的系统思考是这一阶段所有任务的首要关键。华夏基石基于多年服务企业的咨询经验，结合《华为基本法》等优秀企业的成功实践，提出了转型升级阶段企业系统思考的框架线路图。这一线路图分为三个层面，分别是事业层面、团队层面和企业家层面。

在事业层面，我们建议企业家与核心团队一起，在外部专家的引导和碰撞过程中，深入思考围绕事业本身的四个核心命题：我们愿意和应该为之奋斗的事业是什么；我们的事业如何创造价值；我们的经营原则和价值立场是什么；引领我们事业持续成功的要素和路径是什么。通过围绕事业的深入讨论，澄清企业的使命愿景价值观、构建专属于本企业的事业理论，坚定事业信心和事业追求。

在团队层面，建议围绕谁是我们事业的同路人；我们如何让团队更有效率和效益；持续保持团队活力和动力的机制原则是什么；对如何让团队持续发展和更新迭代等命题进行研讨，以及对承担我们事业的核心团队进行画像描述和组织。

在企业家层面，核心的任务是帮助企业家实现自我突破和超越，路径是通过引导企业家深入思考如何从企业家的企业转型升级到企业的企业家；如何从威权领导转型为赋能领导；如何从关注业务转型为关注人；如何从短期机会主义转型为坚持长期价值主义。

系统思考为企业转型升级明确了方向和路线，而对战略和业务进行全面重新定位，是系统思考中事业层面的重要内容。在新经济环境背景下，对战略和业务进行全面重新定位，其内容包括重新理解客户需求和用户场景，重新分析产业生态和要素资源，重构商业模式，重塑战略定位与核心能力等。

在战略生态化思想的引导之下，顶层设计的一个核心工作就是打破组织边界和围墙，放眼全局思考人才、资本、技术等要素资源的分布与协同，并采用有效机制协同要素资源，建立长效的合伙关系，降低成本，提高效率，共同发展。此外，企业前期快速发展过程中积累的基础管理体系甚至治理结构方面的问题与瑕疵，也必须在这个过程中得到梳理优化和完善。

（二）事业合伙人机制牵引

很多企业把事业合伙人机制与一般的股权激励、利润分红等中长期激励手段混淆在了一起，只突出了激励效应，却忽视了业绩承诺、动态分配、共担共创等核心要素，令事业合伙人机制的有效性打了巨大折扣。

华夏基石推出的事业合伙机制，以事业合伙机制为战略动力机制，凝聚和激励企业知识创新者与经营管理人才，持续奋斗，突破企业事业发展瓶颈，实现企业事业与业务新增长，是一种有效的事业合伙人机制。

华夏基石事业合伙制的有效性主要体现在三个方面：第一，体现在各自承担经营任务的多层级合伙人体系设计上。针对不同层级的合伙人，区分命运共同体、事业共同体和利益共同体，安排不同的任务目标和激励方案，才能保证合伙机制有效落地。第二，基于动态股权的增量分配是有效事业合伙人机制的核心要素，针对利益而不是针对权力进行分配是关键点。第三，事业合伙人机制将战略、治理结构、业务和资本等核心要素相结合，构建系统性力量推动企业持续增长。

（三）新领导力发展计划

顶层设计指出了企业持续增长的方向，事业合伙人机制让核心团队充满了奋斗激情，但如何使核心团队领导力提升，如何寻找和培养准企业家队伍，这是新领导力发展计划层面需要明确的问题。

新领导力发展计划的核心是新领导力模型。华夏基石提出了基于使命、责任、能力的三维度新领导力模型。在使命维度，新领导力的核心体现是激情倡导事业理念以及构建正能量场；在责任维度，新领导力的核心体现是当责和兜底、授权和赋能支撑以及评价分配公平公正；在能力维度，新领导力的核心体现是带领团队打胜仗、成就组织和个体以及开放包容和灰度。

华夏基石从早期服务华为、美的、华侨城等企业的咨询实践，到近期服务京东、苏宁、途牛等互联网企业的咨询实践中，积累了大量的优秀案例和成功经验，在专长于帮助企业家完成企业发展的系统思考的基础上，结合企业发展和持续成长所必需的新领导力，设计了新领导力发展计划专项解决方案，赋能于准企业家团队，帮助企业构建新一代强大核心领导团队。

（四）干部队伍与管理能力提升

明确了发展方向，调动起团队成员的内生动力和奋斗激情，完成了系统思考并凝聚了增长共识之后，核心团队经营管理能力的提升就成为推动企业持续发展的关键保障。华夏基石推出了“7431 干部铁军管理体系”，由 7 项主题任务，4 张地图，3 个循环，1 个干部部构成一套完整的干部管理体系。

在干部队伍体系建立的同时，团队的管理能力提升与赋能需要同步开展。华夏基石提出“三层四维十二项”的训战赋能计划。以年度训战计划为基础，对分层分类的核心团队进行赋能提升。针对企业基层、中层、高层三个干部层次，从文化维度、业绩维度、组织维度和成长维度四个方面，推出了十二项训战项目。文化维度的训战内容包括事业理论、文化变革和战略规划；业绩维度的三个内容是战略落地、目标管理和高效运营；组织维度的三个内容是人才管理、团队和领导及组织和人力资源；成长维度的三个内容是角色认知、干部提升和学习成长。每个训战内容都会安排结合企业经营管理实际问题的训战课题进行实战演练。实现以战代训，训战结合的赋能体系。

对于核心团队来说，围绕价值观、业绩、能力和成长等维度需要安排不同形式和层次的能力提升内容。如基层重在理解和执行，中层重在相信和协同，高层重在规划和超越，分层分维度训战，使得各层级管理团队对公司、对工作、对团队和对自己等几个方面的经营管理能力持续提升以至超越，走出自己的舒适区，实现自我价值的持续提升。

（五）奋斗者为本的人力资源体系构建

基于赋能平台加分布式组织方式下的人力资源体系，将从传统的模块化职能系统转变成为赋能型支撑体系。管控思维将被赋能思维替代；被动复杂的绩效管理将被主动担当的目标任务替代；僵化矛盾的薪酬激励将被中长期的超额收益和动态股权机制激活；散漫无效的招聘培训预算将因直指业绩增长的能力提升和广泛协作而大幅削减。由此而构成的组织和人力资源体系将更有效地支撑企业持续增长。

（六）基于核心能力的组织体系重构

组织体系是企业战略落地的能力支撑体系。传统的组织强调责权利能的匹配，重点在于层级划分，强调分层分类的管理。而在当前新的经济环境下，企业转型升级需要打破层级管理，以赋能替代管控，将企业核心能力汇聚在平台层面，以大平台、小前端的组织方式构建平台化组织形态，才是最有效的资源效率组织方式。

以赋能平台为生态基础，为各类通过自组织方式形成的“小前端”提供链接、镶嵌、融合、共生、繁殖和创造价值的环境。缺乏平台的赋能和支撑，“小前端”将成为一个个散落的“小土豆”，无法对外取得竞争优势；没有“小前端”的价值引导、自成长、自驱动，赋能平台难以产生活力与效率。

（七）客户为中心的智慧运营流程体系

数字经济经历了信息数字化、业务数字化的发展阶段，当前已进入数字转型发展的新阶段。数字化不仅能扩展新的经济发展空间，促进经济可持续发展，而且能推动传统产业转型升级，促进整个社会转型发展。

数字化的智慧运营流程体系通过大数据分析、信息共享、数据透明化，联结供应商、专营商、销售终端、消费者等相关方，形成生态链互通模式，形成“订单即运单”的快速响应机制，彻底颠覆了传统企业的运营管控模式，大幅提升了企业经营管理的效率与效益。因此，如何进行数字化转型，如何提升数字化生存能力，如何进行数字化转型与运营管理重构，如何加速创新以应对商业范式的断点、突变与不连续，如何从线性思维到生态组织思维的数字化转型将成为企业的核心战略。

（八）长期主义营销牵引与品牌建设

当前，互联网、移动互联、云计算、大数据等新技术已成为人类生活和经济商业领域的基础应用，由此带来客户需求和用户场景的根本改变，以及对产品服务的全新需求是企业必须面对的创新方向。企业必须基于长期主义的发展思路，通过认真分析客户需求和定义用户场景，依据战略顶层设计规划制订有效的营销战略规划、商业模式规划、核心能力与要素资源规划以及协同机制设计规划，并且依托品牌渠道、数据和信息系统、供应链、技术研发和管理运营流程的支撑，创新地组织营销队伍和实施营销活动，真正有效实现通过价值创造满足客户需求的经营活动。

（九）产业生态与资本循环共同驱动

在企业发展和成长的过程中，企业决策层比较容易出现两个极端的倾向：一个是太过注重资本循环的力量，大量抵押借贷或将业务现金流以短债长投的不当方式投入资本循环中，造成“供血不足”，拖累主营业务发展；另一个是受到资本泡沫以及坑害投资人等许多故事的刺激，完全封闭资本循环资源的助力，纯粹以经营现金流去买地、买资产、买资源，企业负担越走越重，甚至限制了业务发展速度和规模。

产业循环联动也是当前新经济环境下企业要坚持持续增长必须认真思考的关键要素。经济增速放缓的环境下，企业生存压力增大，市场竞争环境日趋恶化，业务集中度、产业集中度和区域集中度日益明显。企业需要打破企业边界，全面审视业务、产业和区域等相关要素资源，采用相应的手段和机制连接有效要素资源，以较低成本将要素资源绑定，提高协同效率，推动业务发展和企业的持续增长。

小结：华夏基石认为，持续增长是企业面向未来的经营管理核心命题。实现持续增长的路径：首先是有明确的战略定位和发展方向，以及一批志同道合不断进步的核心骨干团队；在打造有效的组织和运营体系的基础上，围绕业务循环、资本循环和产业循环会聚更多资源，实现企业转型升级，以支撑企业实现持续增长，并且在增长中构建持续增长的系统化能力。

需要强调的是，华夏基石围绕持续增长的企业转型升级系统解决方案，并不是理解或认可了其中含义就可以一蹴而就的灵丹妙药，而是需要专家团队深入企业全面了解后，为企业有针对性地规划落地方案，并且要求企业按计划、有步骤、坚持不懈地推进，如此才能真正帮助企业实现转型升级。